청동기시대 전기 호서지역 취락 연구 I

● 지은이

허의행_許義行

1975년 경기도 출생
2000년 고려대학교 고고미술사학과 졸업
2006년 고려대학교 대학원 문화재학과 고고학전공(석사)
2013년 고려대학교 대학원 문화재학과 고고학전공(박사)
현재 한국고고환경연구소 책임연구원

논저

2004, 「土器造 우물에 對한 考察」『錦江考古』創刊號, (財)忠淸文化財研究院.
2006, 「주거지 복원 및 실험 -전기주거지를 중심으로-」『야외고고학』창간호, 한국문화재조사연구기관협회.(2인 공저)
2007, 「호서지역 역삼동·흔암리유형 취락의 변천」『湖西考古學』17호, 호서고고학회.
2008, 「청동기시대 복원주거의 화재실험」『嶺南考古學』44호, 영남고고학회.(2인 공저)
2008, 「前期 靑銅器時代 竪穴遺構의 性格과 變化樣相」『靑銅器學報』제3호, 한국청동기학회.
2009, 「청동기시대 전기 주거지의 폐기와 소멸연구 -토층퇴적양상과 유물출토량을 중심으로-」『韓國上古史學報』제65호, 한국상고사학회.
2010, 「청동기시대 전기취락의 입지와 생업환경」『韓國考古學報』第74輯, 韓國考古學會.(2인 공저)
2010, 「湖西地域 無文土器의 變化와 編年」『湖西考古學報』23, 湖西考古學會.(2인 공저)
2011, 「호서지역 청동기시대 후기 저장수혈의 양상과 변화」『嶺南考古學』58號, 嶺南考古學會.
2012, 「湖西地域 靑銅器時代 灌漑體系와 展開樣相」『湖南考古學報』41號, 湖南考古學會.
2013, 「송국리문화 재래기원설에 대한 재검토」39, 韓國古代學會.(2인 공저)

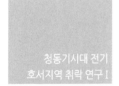

한국고고환경연구소 학술총서 13

청동기시대 전기
호서지역 취락 연구 Ⅰ

초판인쇄일　2014년 6월 26일
초판발행일　2014년 6월 30일
지 은 이　허의행
발 행 인　김선경
책 임 편 집　김윤희, 김소라
발 행 처　도서출판 서경문화사
　　　　　주소 : 서울시 종로구 이화장길 70-14(동숭동) 105호
　　　　　전화 : 743-8203, 8205 / 팩스 : 743-8210
　　　　　메일 : sk8203@chol.com
인　　쇄　바른글인쇄
제　　책　반도제책사
등 록 번 호　제 300-1994-41호
ISBN　978-89-6062-131-2　94910
ⓒ허의행, 2014

정가 22,000

청동기시대 전기 호서지역 취락 연구 I

허의행 지음

서경문화사

군대를 제대하고서 청원 남촌리유적 현장 아르바이트를 할 때였다. 열심히 삽과 물아일체(?)의 경지에 들어서고 있던 그 때, 뒤에서 나지막한 소리가 들려왔다.

'너 아르바이트 마치고 어디 가냐?', 뒤를 돌아보았다.

'네! 냄비공장에서 아르바이트 하기로 했는데요.'

'얼마 준다는데?'

'60만원 받기로 했습니다'

'10만원 더 줄 테니까 현장에 있어라'

이홍종 선생님과 대화였다. 10만원의 유혹(?)에 필자는 결국 고고학의 길에 들어서게 되었다. 남촌리유적 아르바이트를 마치고, 연지리와 주교리유적 현장으로 옮기게 되었다. 그 곳에서 수천년 후 모습을 드러내는 유구와 유물의 신기함은 '왜 그럴까'라는 학문적 호기심으로 이어지게 되었고, 결국 그러한 호기심이 인생에 있어 고고학이라는 학문과 직업을 선택하는 결정적 계기가 된 것 같다. 그 선택은 학문적 호기심 뿐 아니라 먹고 사는 문제에 대한 미래의 희망도 있었다. 지금 생각해 보면 당시의 선택이 미래를 이렇게 바꾸어 놓을 줄 몰랐다. 그 당시에는 아르바이트를 하면서 학비도 벌고 그 돈으로 학부를 졸업한 후 다른 전공의 길을 찾고자 했던 때였으니까.

고고학의 늪에서 헤어나오지 못한 이유는 아무래도 발굴조사 현장을 마치고 숙소에 들어와 식사를 하면서 나눈 '밤의 고고학' 때문인 것 같다. 발굴조사 기간 내내 밤을 세면서 선생님과 동료, 선·후배들과 나눈 현장조사와 고고학이라는 학문적 이야기는 필자의 생각과 학문의 방향을 만들어 주게 되었다. 더불어 논산 마전리유적과 부여 구봉·노화리유적의 발굴조사는 청동기시대에 대한 전공을 결심하게 한 계기였다. 더구나 마전리유적의 논과 수리시설물에 대한 발굴조사는 지금 당장은 아니지만 앞으로 필자가 계속해서 관심을 갖고 연구하고 싶은 주제를 만들게 하였다.

대학졸업 후 발굴조사 전문기관에 입사하면서 부여 가탑리 유적 백제시대 논 발굴조사는 주거와 생산유구 모두를 아우를 수 있는 취락으로 세부 주제를 결정하는데 도움을 주었다. 뒤이은 천안 운전리유적과 당진 자개리유적의 발굴조사와 보고서 작성은 청동기시대 전기 취락에 한정한 석사논문으로 이어지게 되었다. 당시 실시한 발굴조사와 보고서는 지금 생각해 보면 많이 부족하고 부끄럽기만 하다. 어린 나이에 현장을 담당하면서 수많은 고민을 하였지만 층위와 발굴기법, 취락의 형성과 폐기에 대한 여러 고민 등이 충실히 보고되지 못한 아쉬움이 아직도 남아 있다. 다만 위안을 삼는 것은 그때의 경험과 생각이 석사학위논문의 일부 주제로 이어졌다는 점이다.

또 하나 위안을 삼고자 하는 것이 있다. 청동기시대 취락을 발굴조사하면서 다양한 실험을 실시한 것이다. 특히 주거와 취락의 문제를 풀고자 실시한 주거의 복원과 화재폐기 등의 실험고고학의 성과는 필자의 고고학 인생에서 가장 큰 행운이며 귀중한 경험이다. 그때 규진이형과 여러 생각과 교감, 실질적 행동 등이 없었다면 이루어내지 못했던 성과였다. 너무 고맙고 감사하다.

이처럼 천안과 아산지역의 전기 청동기시대 유적의 발굴경험과 실험고고학적 성과는 더불어 취락 유형 문제에 대한 고민과 관심, 조사 방법론의 생각을 더 다듬게 하였고, 이를 바탕으로 여러 편의 논문을 작성할 수 있었다. 결국 당시의 성과가 지금의 박사학위논문으로 이어지게 된 점은 행운이라 여겨진다.

이 책은 이러한 학위논문의 내용을 일부 수정하고, 사진과 도면들을 추가하면서 다시 단행본으로 내놓게 된 것이다. 책의 관점은 청동기시대 전기 취락의 모습을 일생사의 순환과정으로 살피는 것이었다. 모든 생물과 사물이 그러하듯이 취락 또한 발생(등장)하고 전개하며 쇠퇴(소멸)해 가는 과정을 겪는다. 생성과 유행, 소멸의 형식학적 변천의 모습을 취락에도 적용해 보고자 한 것이다. 그러나 필자의 능력이 여전히 부족하여 겉핥기식의 접근이 이루어졌다는 점은 부인할 수 없다. 마찬가지로 연구의 대상지역도 호서라는 지역에 한정하여 자료를 모으고 분석하여 해석하는 수준이어서, 연구능력의 한계를 느낄 수밖에 없었다. 앞으로 취락의 이론적 접근과 타 지역 청동기시대 분석해 취락과 비교ㆍ검토함으로써 이 책의 내용을 보완하고 별도의 논문을 작성해야 하는 부담은 분명 필자가 안고 가야 할 것이다.

책을 간행한다는 점이 이렇게 큰 부담이 되고 주저함을 갖게 하는 줄 몰랐다. 하지만 필자의 학위논문 간행과 이를 단행본으로 출간하게 한 많은 분들의 격려와 도움이 있었기에 감히 조심스럽게 내놓고자 한다. 고고학을 알게 하시고 항상 따뜻한 미소로 격려를 해주신 윤세영 선생님. 발굴조사의 중요성을 깨우쳐 주시고 연구를 항상 종용하시며, 더불어 필자 생활의 많은 면에 도움을 주신 지도교수이신 이홍종 선생님. 큰 은혜에 비해 술 한잔 정겹게 많이 하지 못한 마음 늘 죄송하다. 그리고 박사학위 논문을 심사해 주시면서 많은 조언과 질책을 해 주신 박순발, 최종택, 山崎純男, 손준호, 김범철, 이희진 선생님께도 감사한 마음을 전하고 싶다.

이밖에 필자의 고고학이라는 학문에 여러 아이디어와 조언, 학문의 방향을 제시해 준 규진이형, 윤재형. 동생으로서 부족한 부분이 많지만 항상 따라가고 싶은 마음이 있다는 것을 말씀드리고 싶다. 연구소에서 일과 공부를 하는데 있어 많은 배려를 해 주시고 때로는 피로에 지칠 때 술잔을 같이 기울여 주면서 힘을 준 민규형과 대환이는 박카스와 같은 존재이다. 너무 고맙다. 지금은 박물관에 있지만 같이 공부하면서 많은 도움을 준 재현형과 원표형도 잊을 수 없다. 그리고 선배로서 많은 도움을 주지 못했지만, 부탁하면 거절하지 않고 묵묵히 도와 준 후배들 각자 각자에게도 감사의 마음을 전한다. 일일이 거론하지 못할 정도로 주변의 많은 선생님들이 도와 주셨다. 그 분들을 만나 정겹게 술 한잔 해야겠다.

그리고 매번 일과 논문을 핑계로 늦게 들어가지만, 다음날 아침 힘들게 일어나 따뜻한 밥 한 끼를 차려주면서 남편을 묵묵히 지지하고 사랑해 준 아내 김지혜 여사와 아빠를 놀이기구로 생각하면서 늘 밝고 활기차게 웃으며 다가오는 두 딸 가온이, 아인이에게 사랑한다는 말을 전하고 싶다. 여기까지 올 수 있게 늘 기도해주신 아버지와 어머니, 장인과 장모님께도 너무 감사하다. 마지막으로 잘 팔리지도 않는 책의 출판을 결정해 주신 서경문화사의 김선경 사장님과 수정을 맡아주신 관계자 여러분들게 깊은 감사의 말씀을 전하고 싶다.

차 례

I
머리말

1. 연구의 목적과 방향

호서지역은 충청남북도의 별칭으로 제천 의림지의 서쪽에 해당한다. 한반도를 기준으로 서남쪽에 치우쳐 있지만, 예부터 정치의 중심을 이 지방에 둔 경우가 많아 한반도에서도 중요한 거점지역의 하나로 인식해 왔다. 더구나 이 지역은 미호, 예당평야 등 충적지가 발달하여 선사시대 이래 인간이 거주하는데 좋은 환경을 구비하였다(이홍종 2008: 5). 그리고 차령산맥에 의해 두 지역으로 나뉘면서 뚜렷한 지역 문화를 형성하고 있다. 이러한 지역의 특징은 청동기시대에도 그대로 나타나는데, 주거와 인구가 타 지역에 비해 많이 집중하는 모습이 보일 뿐 아니라, 차령산맥 以西와 以東 지역의 서로 다른 문화를 갖춘 취락유형을 공존하게 한다. 특히, 청동기시대 前期에 그러한 모습은 뚜렷이 관찰되는데, 이서지역에는 역삼동・흔암리유형 취락이 이동지역에는 가락동유형 취락이 지역권을 가지면서 분포한다. 따라서 이 지역은 청동기시대 전기에 한정해서 취락유형의 상호 비교와 검토가 유리하며, 나아가 이들의 문화 전반을 다양한 관점에서 이해할 수 있는 이점이 있다.

필자는 이처럼 호서지역 내에서 뚜렷한 지역 분포를 갖으면서 문화의 차이를 지닌 취락유형들을 靑銅器時代 前期라는 특정시기로 제한하여 파악하고자 한다. 더구나 각 취락유형별 등장과 전개, 소멸과정의 一生史(life cycle)의 흐름 속에서 살펴볼 것인데, 앞서도 언급하였듯이 전기 취락유형의 상호 비교를 통해 문화 특징을 도출해 낼 수 있기 때문이다. 그러나 취락을 대상으로 한 life-cycle에 대한 논의는 많지 않아 연구의 접근이 어렵다.

최근 개별 유구로 수혈건물지에 대한 일생사 연구가 진행된 바 있어(郭鍾喆 2004:

표 1_취락의 life cycle 모식도(小林謙一 1994의 표에서 수정 및 가필)

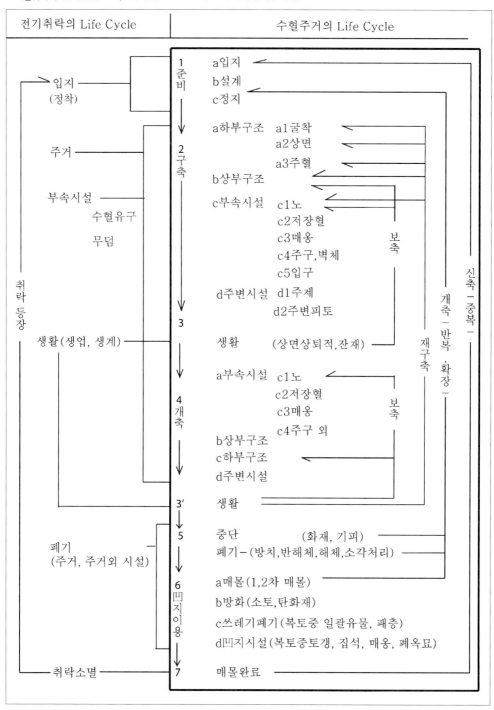

13~26), 이론의 논의 뿐 아니라 실제 유적과 유물을 대상으로 한 연구에 접근할 수 있는 기반은 충분히 마련됐다.

주거에 대한 life-cycle 연구는 수혈건물지의 계획, 구축, 사용, 수리, 폐기, 재이용, 매몰이라는 一生的 과정을 역으로 소급해가면서 고고학적으로 조사하고 복원해가는 이론적 개념이자 분석 장치인데(小林謙一 1996), 이 개념과 원리, 분석을 취락(마을)에 확대하여 적용할 것이다〈표 1〉. 따라서 다음과 같은 절차와 방향으로 연구를 진행하고자 한다.

먼저, Ⅰ장에서는 연구 방향을 모색하기 위해 청동기시대 전기 취락 연구와 관련한 내용을 간략히 살펴보고, 본고의 전개와 구성에 대한 내용을 언급한다. 특히 논의의 본격 진행에 앞서 청동기시대 시기와 지역을 설정 및 구분하여 본고를 구성하기 위한 체계를 마련한다.

시기 구분은 선학의 연구성과를 본고의 논의 관점에 맞추어 참고하며, 지역 구분은 호서지역에 한정하여 이 지역만의 지형 조건을 감안할 것이다. 이렇게 필자의 시·공간의 기준을 명확히 하여 뒤이어 논의할 내용의 토대를 세울 것이다.

Ⅱ장에서는 호서지역 내 전기 취락유형의 검토와 설정, 그리고 등장에 대한 모습을 먼저 언급하고, 각 취락유형별 편년 작업을 진행하여 뒤이은 전기 취락 문화의 모습을 살피는데 기초를 삼을 것이다.

취락유형에 대한 개념과 설정은 기 연구된 내용을 재검토하면서 실시한다. 이를 통해 기존 호서지역 내 취락유형 설정의 비판과 필자가 제시하는 안의 타당성에 관한 견해를 언급한다. 이렇게 설정된 취락유형을 바탕으로 전기 청동기시대 취락의 등장에 대한 모습을 살펴보는데, 신석기시대 늦은 시기의 연결 문제와 최근 논의가 급증한 早期의 호서지역 내 설정과 관련한 문제도 검토하여 청동기시대 전기와 직·간접의 연결관계를 찾아보고자 한다.

상기 정리한 내용을 바탕으로 각 취락유형별 편년작업을 자세히 진행하고자 하는데, 기존 연구 성과를 참고하면서 필자의 관점에 따른 편년안을 도출한다. 편년 작업은 시간 흐름을 빠르게 반영할 수 있는 토기를 대상으로 하여 실시할 것이다. 마지막으로 이렇게 마련한 유구와 유물에 대한 편년안으로 각 취락유형별 유적을 시간의 순서에 따라 나열할 것이다.

Ⅲ장은 청동기시대 전기 취락이 등장하고 한 지역 내 정착하는 모습과 취락 내의 생활을 살펴본다. 정착의 모습은 각 취락유형별 입지를 통해 살펴보며, 생활의 모습은 입지에 기반한 생계와 생업방식의 경제문제의 접근으로 한다.

입지 검토는 그간 진행해 온 단순한 지형 분류의 검토를 벗어나 자연환경의 요소를 유적에 대비하여 세분된 지형분류안을 제시할 것이다. 기후와 지질, 토양, 가시권 등의 현재 기상조건과 분석방법을 참조할 것이다.

이러한 취락의 입지 선정은 분명 생활방식에서 생계와 연관될 것이 분명하다. 따라서 각 취락유형별 유적의 입지 요건의 특성과 유적 내에서 확인되는 석기의 조성비 등을 같이 검토하고 대비하면서 분석할 것이다. 분석한 내용은 개별 유적 내 주 생계 방식의 파악과 생산과 저장, 소비 등의 사회경제 활동의 접근에 적용한다.

IV장은 전기 취락의 등장 이후 전개되어 가는 과정을 살펴본다. 특히 취락의 각 개별 구성요소와 이들 간의 조합을 통한 취락구조의 특징과 변화 양상에 접근한다.

전기 청동기시대 취락 내 구성요소는 주거지와 부속시설인 수혈유구만으로 이루어져 왔다. 최근에는 분묘의 수가 증가하면서 새롭게 구성요소의 하나로 인정되고 있는데, 이와 관련한 내용도 같이 살펴본다.

주거는 기존 연구사례를 바탕으로 내·외부의 시설물과 형태 등에 대한 내용을 살펴보고, 복원작업을 실시하여 각 취락유형별 주거의 뚜렷한 특징을 먼저 도출한다. 상기 특징 도출 후, 취락유형별 시간의 흐름에 따른 주거 변화상과 그 의미에 대해 접근한다. 마찬가지로 수혈유구에 대한 접근도 유사한 방법으로 진행한다. 수혈유구는 취락을 구성하는 하나의 요소로 인정할 수 있지만, 아직까지 제대로 된 논의가 진행된 바 없다. 따라서 글의 전개에 앞서 이들의 개념과 성격, 특징에 대한 전반의 내용을 정리할 것이다. 분묘는 상기 취락 구성요소에 비해 그 수가 적고 연구도 미진하다. 따라서 자세한 분석은 아직 어렵지만, 그간 조사된 자료와 연구 성과를 바탕으로 구조 특징에 대한 검토를 다시 하고, 이들이 취락 구성요소로 편입되어 가는 과정을 살펴볼 것이다.

이상, 개별 취락 구성요소에 대한 검토 후 주거와 외부 부속시설, 분묘의 결합과 조합으로 이루어지는 다양한 취락 구조를 파악할 것이다. 이러한 취락 구조도 시간의 흐름에 따라 변하는 모습과 그 과정에서 사회적 의미에 대한 접근도 같이 진행한다.

V장에서는 이렇게 등장한 전기 취락이 더 이상 전개 및 발전하지 못하고 폐기 및 소멸되어 가는 모습을 살펴본다. 이러한 목적을 달성하기 위해 최근 활발히 진행된 주거 폐기 연구와 실험 성과 등을 참고하면서 유적별 주거 폐기양상에 대한 구분을 실시한다.

취락 소멸은 상기한 개별 주거들이 더 이상 재사용되지 못하면서 발생하는 것으로 이해하는데, 자세한 주거 폐기의 원인을 살펴보고 그 이유가 취락의 소멸로 왜 이어지게 되는지 파악하고자 한다. 취락 소멸에 대한 원인은 다양한 측면에서 접근할 수 있겠지만,

여기서는 내·외의 요인을 찾아 접근할 것이다.

VI장에서는 상기 취락의 분석과 관련한 내용 등을 정리하고, 그간 논의된 문제점과 앞으로의 연구방향을 제시하면서 마무리한다.

2. 시·공간적 범위 설정

1) 시간적 범위

청동기시대 시기구분은 2분기설(林炳泰 1969; 後藤直 1973; 이홍종 1996)과 3분기설(藤口建二 1986; 河仁秀 1989; 宋滿榮 1995; 安在晧 1996)로 양분하였다. 2분기설은 전기(가락동유형, 역삼동·흔암리유형)와 후기(송국리유형)로, 3분기설은 전기(가락동유형, 역삼동·흔암리유형), 중기(송국리문화), 후기(점토대토기문화)로 구분하여 왔는데, 2000년대 초반까지는 대체로 3분기설이 정설로 받아들여졌으나, 2000년도 중반부터는 2분기설이 다시 힘을 얻고 있다. 최근에는 점토대토기문화의 후기 단계가 다시 대두하고 있어, 시기와 관련한 합의는 제대로 진전을 이루지 못하고 있다.

본고는 3분기설에서 후기로 구분된 점토대토기문화는 송국리유형 단계부터 초기철기시대에 걸쳐 존속하기 때문에 청동기시대 시기구분에서 독자의 존속시기가 인정되지 않기 때문에(이홍종 2000), 전기와 후기로만 구분하는 2분기설을 바탕으로 시기 구분한다. 최근 제시된 미사리유형의 早期(安在晧 2000)는 전국적인 분포와 물질자료로 보았을 때에는 시기 설정에 큰 문제는 없지만, 호서지역만으로 한정해서 검토해 보면 아직 논란의 여지가 많기 때문에 본고에서는 이를 따르지 않는다. 이에 대해서는 전기 취락 등장에 앞서 조기라는 시기의 존재와 설정에 대한 필자의 견해를 간략히 언급하도록 하겠다.

2) 공간적 범위-지역권 구분

호서지역은 태백산맥에서 서남쪽으로 분기한 차령산맥과 노령산맥이 지나며, 북쪽의 안성천과 남쪽의 금강을 경계로 하고 서쪽은 서해와 접하고 있다. 더구나 호서지역은 중앙을 관통하고 있는 차령산맥과 금강의 수계망을 중심으로 전기 취락의 여러 유형이 뚜렷하게 분포한다. 차령산맥 동쪽의 금강 중상류유역권(대전-청주)의 가락동유형과 서쪽의 곡교천유역권(천안-아산)의 역삼동과 흔암리유형이 그러하다. 물론, 후기에는 이러한 취락의 지역내 분포 현상이 희미해지는데, 이는 송국리유형의 등장과 전개 때문이다.

이처럼 호서지역 내 청동기시대 각 취락유형의 지역별 분포는 전·후기 각 취락의 상호 비교 연구에 도움을 주며, 세부 편년작업을 통한 시기별·지역별 특징 또한 도출하는 데 유리하게 작용한다. 나아가 전기와 후기의 문화변동 과정과 그 원인을 밝히는데 있어서도 지역별 양상 치이를 분명히 할 수 있다.

따라서 논의의 전개를 위해 지역권 구분을 실시한다〈표 2, 그림 1〉. 지역권 구분은 현재의 기상청 기후시스템 분류를 기준으로 하였는데, 공교롭게도 호서지역 취락 유형 분포와 거의 일치하고 있다는 점에서 상기 지역 구분의 문제의식은 타당하다.

표 2_지역권 설정과 취락유형의 분포

	지역권	지역	유형
1	서해안지역	서산, 당진, 태안, 보령, 서천	역삼동·흔암리, 송국리
2	충남 북부내륙지역	홍성, 예산, 아산, 천안	역삼동·흔암리, 송국리
3	충남 중부지역	공주, 청양	역삼동·흔암리, 송국리
4	충남 동부지역	대전, 금산, 계룡	가락동, 송국리
5	충남 남부지역	부여, 논산	송국리
6	충북 중부지역	청주, 청원, 보은	가락동, 송국리
7	충북 북부지역	진천, 음성, 충주, 제천	가락동

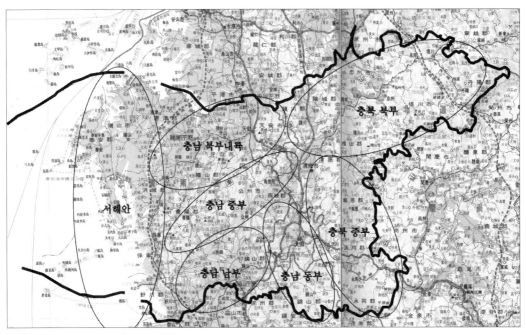

그림 1_호서지역 지역권 설정

II
취락유형과 편년

1. 취락유형 검토와 설정

호서지역 내 청동기시대 취락유형은 시기와 지역에 따라 다양하게 확인된다. 조기(또는 전기)의 미사리유형, 전기의 가락동·역삼동·흔암리유형, 후기의 송국리유형, 초기철기시대 수석리유형 등이 그러하다. 여기서 미사리유형은 금산 수당리유적, 대전 관평동 유적 등지에서 돌대문 관련 토기 등을 확인하여 설정의 가능성을 제기하지만, 전국적인 분포와 발견 예에 비하면 호서지역 내 설정은 아직 의문이다. 최근 증평 송산리유적(손명수·김용건 2010)과 연기 대평리유적(백제문화재연구원 2010; 충청남도역사문화연구원 2010; 이홍종 외 2012)에서 이들의 발견사례가 잇따르고 있어, 서서히 이 지역만의 미사리유형 관련 연구를 진행하기 시작하였다(현대환 2012; 공민규 2012).

그러나 아직 이들을 청동기시대의 한 시기로 편입하여 사회·문화의 일면을 밝힐 만큼 그 예가 많지 않고, 현재도 조기 설정과 관련한 논의가 분분하여 자세한 언급은 아직 가능하지 않다. 따라서 여기서는 논지 전개에 필요한 경우를 제외하고 취락 유형 분류를 행하거나, 취락의 검토와 분석을 따로 실시하지 않는다. 다만, 최근 진행된 논의를 간략히 언급하는 선에서 전기 취락과 연결 관계를 살펴볼 것이다.

무엇보다도 본고는 청동기시대 전기 취락 문화를 살피는데 목적이 있으므로 기존의 가락동, 역삼동, 흔암리유형 문제에 더 집중한다. 이 내용을 근거로 호서지역 내 전기 취락유형의 설정에 대한 필자의 견해를 피력할 것이다.

논의의 본격 검토에 앞서 본고에서 사용하는 청동기시대 전기 취락의 '類型'에 대한

그림 2_호서지역 청동기시대 전기 취락유형의 분포와 지역상(2012년 12월 기준)

〈가락동유형〉

1. 제천 능강리, 2. 제원 계산리, 3. 제원 양평리, 4. 충주 지동리, 5. 충주 조동리, 6. 충주 장성리, 7. 음성 하당리, 8. 증평 송산리, 9. 진천 신월리, 10. 진천 장관리, 11. 진천 사양리, 12. 청원 대율리, 13. 청원 마산리, 14. 청원 풍정리, 15. 청원 송대리, 16. 청원 학소리, 17. 청주 정북동, 18. 청주 송절동, 19. 청주 봉명동, 20. 청원 국사리, 21. 청주 내곡동, 22. 청주 향정 · 외북동, 23. 청주 비하동, 24. 청주 강서동, 25. 청주 원흥2리, 26. 청주 분평동2, 27. 청주 운동리, 28. 청주 용정동, 29. 청원 쌍청리, 30. 청원 황탄리, 31. 연기 신흥리, 32. 연기 연기리, 33. 연기 응암리 가마골 B, 34. 연기 종촌리 · 송담리, 35. 연기 송원리, 36. 연기 대평리, 37. 공주 제천리, 38. 공주 신관동, 39. 공주 귀산리, 40. 대전 미호동, 41. 대전 상서동, 42. 대전 관평동, 43. 대전 용산동, 44. 대전 용산동 구석기유적, 45. 대전 용산 · 탑립동유적, 46. 대전 노은동, 47. 대전 장대동, 48. 대전 궁동, 49. 대전 둔산, 50. 대전 괴정동, 51. 대전 원신흥동. 원신흥동 덜레기, 52. 대전 상대동, 53. 대전 용계동, 54. 대전 관저동, 55. 대전 비래동, 56. 대전 가오동, 57. 계룡 두계리, 58. 보은 장신리, 59. 보은 상장리, 60. 금산 수당리(표고재배), 61. 금산 수당리.

〈역삼동 · 흔암리유형〉

1. 천안 유리, 2. 천안 업성동, 3. 천안 백석동, 4. 천안 백석동 고재미골, 5. 천안 백석동 새가라골, 6. 천안 두정동, 7. 천안 불당동, 8. 천안 쌍용동, 9. 천안 용곡동 눈돌, 10. 천안 용곡동 두터골, 11. 천안 신방동, 12. 천안 청당동 진골, 13. 천안 청당동, 14. 천안 두남리, 15. 천안 운전리, 16. 천안 용원리, 17. 천안 용정리, 18. 아산 장재리 안강골, 19. 아산 갈산리, 20. 아산 명암리 9, 21. 아산 명암리 11 · 12지점, 22. 아산 용두리 산골, 23. 아산 백암리 점배골, 24. 아산 백암리. 번개들, 25. 아산 용두리 용머리 · 진터, 26. 아산 명암리 밖지므레, 27. 아산 송촌리 1지점, 28. 아산 송촌리, 29. 아산 운용리, 30. 아산 둔포리, 31. 아산 석곡리, 32. 아산 신법리, 33. 아산 신남리, 34. 아산 와우리, 35. 아산 신달리, 36. 아산 대흥리, 37. 아산 군덕리, 38. 아산 남성리, 39. 아산 용화동, 40. 아산 풍기동, 41. 아산 풍기동 밤줄길1-2, 42. 당진 도성리, 43. 당진 금천리 서죽골, 44. 당진 원당리, 45. 당진 우두리, 46. 당진 석우리 · 소소리, 47. 당진 자개리 2, 48. 당진 자개리 1, 49. 서산 갈산리 무리치, 50. 서산 부장리, 51. 서산 왕정리, 52. 서산 일람리, 53. 서산 기지리, 54. 서산 신송리, 55. 홍성 교항리 탁골, 56. 예산 삽교 두리, 57. 예산 신가리, 58–59. 홍성 남장리, 60. 홍성 송월리, 61. 홍성 학계리, 62. 홍성 장척리, 63. 태안 고남리, 64. 보령 주교리, 65. 보령 관산리, 66. 보령 구룡리, 67. 청양 광암리, 68. 청양 학암리, 69. 청양 분향리, 70. 청양 송방리 방축골, 71. 부여 가중리 산직리, 72. 부여 심룡리, 73. 서천 저산리, 74. 서천 화산리.

개념정의를 우선한다.

유형에 대한 개념은 이청규(1988)와 박순발(1999)이 자세히 정리한 바 있다. 이청규는 유형을 '일정지역의 공통된 특성을 갖춘 유적 유물 갖춤새 전체를 가리키는 문화의 유형보다는 좁은 의미의 개념'이라 하였으며, " '무문토기 문화' 는 토기와 석기를 중심으로 한 유물복합군으로 일정한 무문토기군을 표식으로 하는 개념이며, 무문토기군이나 무문토기 문화 모두 표식적인 유적의 지명을 똑같이 빌렸지만, 전자는 〈식〉으로 후자는 〈유형〉으로 구분"한다 하였다(李清圭 1988: 42-43). 처음 유형 개념 도입이었지만 이때의 유형 개념은 '동일하거나 비슷한 성질과 특징으로 한데 아우를 수 있는 것들의 총체' 정도로 생각할 수 있었다(金玟澈 2008: 9-10). 한편 박순발은 '동질적 문화전통을 가지고 있으면서 고고학적 동시간대로 포괄될 수 있는 제작·사용집단에 의해 제작·사용된 일련의 유구 및 유물군' (朴淳發 1999: 81)으로 보다 명확하게 정의하였다. 하지만 여전히 이러한 유형 개념이 기존 견해와 같이 고고학적 문화의 의미와 큰 차이가 없는 것으로 생각하였다(金玟澈 2008: 11). 하지만 박순발은 고고학적 문화를 '일정한 공간범위 내에서 동일한 유형의 고고학 자료들이 반복적으로 확인될 경우에는 해당 유형을 표지로 하는 고고학적 문화로 부를 수 있다' 라고 분명히 언급하고 있어 유형과 문화의 개념은 명확하게 정리하였다.

물론 유형과 고고학 문화에 대한 개념은 여전히 논의해야 할 문제이다. 하지만 호서지역 내 전기 취락으로만 보면 유구와 유물, 기타 고고학적 제 양상 등에서 뚜렷한 특징이 관찰되므로 현재 사용하고 있는 개별 취락유형과 문화의 개념을 적용하는데 문제는 없을 것이다.

1) 가락동유형

가락동유형은 "서울 가락동유적(金廷鶴 1963)의 토기군을 표식으로 한, 서북한 지방 신흥동식 토기(팽이형토기) 변형으로 이해하고 이중구연, 단사선의 구연부 장식을 특징(李清圭 1988: 41)"으로 하는 것에 대한 자세한 유형 기준을 설정한 이후, 장방형주거지에 위석식노지를 비롯하여 초석, 저장공 등의 세 요소를 전부 또는 부분적으로 공유(屯山式住居址)한 주거구조와 이단병 또는 유혈구 마제석검을 비롯한 삼각만입석촉, 이단경석촉, 양인석부, 반월형석도 등의 마제석기가 공반하는 석기상을 추가하면서 개념 정립이 확립되었다(孔敏奎 2003: 6-8; 李亨源 2001: 133). 여기에 대전·청주를 중심으로 하는 차령산맥 以東지역의 분명한 분포권(金壯錫 2001)을 인정하면서 지역상도 설정하였다. 최근에는 역삼동유형의 전형으로 여겨진 평면 세장방형의 형태에 무시설식노지를 갖춘 주거지 내부에 가락동식토기를 공반하는 주거지를 하당리식 또는 대율리식 주거지로 언급하면서 폭넓게 가락동유형 주거에 포함하면서(공민규 2010: 37-38), 유구·유물복합체 모습이 다양해졌다. 이처럼 가락동유형 물질자료의 다양함이 확인되면서 연구자마다 다

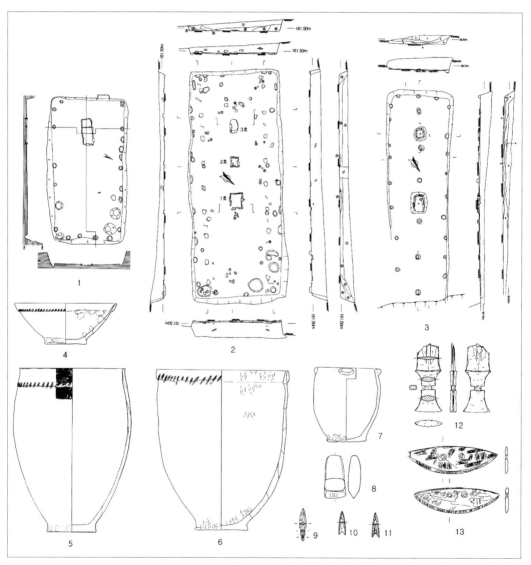

그림 3_가락동유형의 유규와 유물(주거지 1/200, 유물 1/8)

1. 둔산동 1호, 2. 하당리 6호, 3. 용정동Ⅱ-10호, 4. 용산동 1호, 5. 둔산동 2호, 6. 용산동 1호, 7. 용산·탑립동 2-4호, 8. 둔산동 1호, 9. 관평동 2-10호, 10·11. 둔산동 2호, 12. 궁동 2호, 13. 운동동 1호

른 시각에 따른 설정을 진행하지만, 대체로 시간의 흐름에 따른 변화양상으로 이해하고 있다.

가락동유형의 기원과 성립지역에 대해서는 팽이형토기문화의 중심 분포지인 대동강 유역(李白圭 1974: 99), 신암리 제2문화층 단계의 압록강유역(朴淳發 1999: 85), 대동강과 청천강유역(金壯錫 2001: 60), 나아가 신석기시대 중국 동북지방의 요하를 중심으로 한 요서와 요동지역에서 압록강-청천강유역까지(孔敏奎 2003: 52-61)를 언급하는 등, 대부분의 연구자들이 서북한 지역에 주목한다.

이 유형의 호서지역 내 등장은 청천-대동강 유역에서 미송리형 토기를 사용하는 비파형동검 집단의 청천강유역 진출에 따른 집단의 남하로 파악하는 견해가 우세하다(金壯錫 2001: 60).

연대 또는 시기와 관련해서는 탄소연대측정 근거와 타 취락유형과 상호관계 속에서 선·후를 결정하여 왔는데, 기존에는 대략 기원전 10세기 대에 호서지역 내 처음 등장하는 것으로 보았다. 하지만 대율리유적과 용산·탑립동유적 이중구연토기 등에서 이른 형식이 관찰되고, 탄소연대측정을 바탕으로 한 절대연대 또한 13~15세기까지 상향조정되고 있어 등장과 존속시기, 소멸시기 차는 점차 넓어지고 있다.

이렇듯 가락동유형의 개념과 물질자료의 해석, 기원지, 남한 내 등장시점 등은 연구자 간 세부의 견해차이가 있지만 공통으로 인식하는 몇 가지 주요한 특징이 있다. 서북한 지역의 기원지, 차령산맥 以東에 입지한 뚜렷한 지역 분포상, 이중구연과 단사선문의 문양 요소를 가진 토기상, 초석과 위석식 노지를 갖춘 주거상을 말한다. 일부 물질자료를 구분하는 차이는 존재하나 대체로 유구와 유물이 전부나 또는 일부라도 확인될 경우 가락동유형으로 인식하고 있다. 이들의 등장 시기는 앞서도 언급하였듯이 연구자들 간 시각차는 있으나 대략의 소멸 시기는 송국리유형 등장과 함께 하는 것으로 이해한다.

2) 역삼동유형

역삼동유형은 가락동유형과 함께 전기를 대표하는 문화유형으로 인식하여 왔다. 서울 역삼동유적 발굴조사(金良善·林炳泰 1968)를 계기로 명명된 이 유형은 세장방형의 평면형태에 내부에는 무시설식노지와 주공을 갖춘 주거지와 두만강유역을 중심으로 한 동북한 지역에서 남한 지역으로 파급된 공열과 구순각목 문양을 가진 토기를 표지로 하는 것으로 파악하였다(李淸圭 1988: 47-59). 하지만 구순각목문은 신석기시대부터 고구려시대에 걸쳐 나타나고 역삼동 및 가락동유형에서도 확인되므로 특정지역·시기에 따른 문화계통으로 이해하기는 어렵다(李亨源 1998). 따라서 토기의 개별속성 중 공열문만을 대상으로 역삼동유형을 규정하기도 한다(黃銀順 2003: 10).

지역 내 분포는 한반도 남부의 전역인 것으로 인식하지만, 이전에는 서울·경기지역

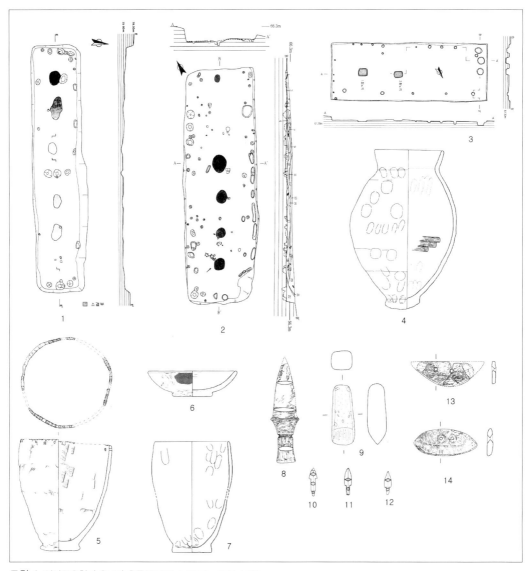

그림 4_역삼동유형의 유규와 유물(주거지 1/200, 유물 1/8)

　　　1. 명암리11지점 전-10호, 2. 불당동 Ⅲ-9호, 3. 쌍용동 Ⅲ-1호, 4·8·9·13·14. 명암리11지점 전-14호, 5. 대흥리 큰선장 7호, 6. 대흥리 큰선장 5호, 7. 명암리 11-전 13호, 10·12. 신달리 1호

을 중심으로 한 중부지역을 집중 분포지로 파악하였다. 이러한 인식 하에 호서지역 내 역삼동유형의 등장과 전개과정도 언급하여 왔는데, 한강유역에서 호서지역으로 역삼동유형이 전파되면서 형성되었을 것으로 생각하였다. 그러나 현재의 고고학 자료는 역삼동유형이 한 지역 내에서 사회·문화적 기반을 두고 성장한 취락 유형으로 인정하기는 어려울 듯하다. 중부(특히 서울·경기지역)와 호서지역 나아가 한반도 남부 전역으로 이 유형의 유구와 유물 등이 폭넓게 분포하기 때문이다.

상기한 문제에 대해서는 일찍부터 김한식도 지적하였다. 그는 서울·경기지역에 흔암리유형 취락의 존재를 다수 확인할 수 있고 시기가 앞서는 예가 많으므로 역삼동유형과 동일한 집단 유형으로 볼 수 없다고 하였다(김한식 2006: 29-30). 이 지적과 관련해서는 필자 또한 동의하는 바이다. 하지만 유구와 유물의 양상이 서로 크게 다르지 않다는 점에서 다른 집단유형으로 보는 것도 적절치 않다. 두 유형의 유구상은 전혀 다르지 않고 유물상에서만 약간의 차이가 있을 뿐 전반의 고고학 양상이 유사하기 때문이다. 마찬가지로 호서지역에서도 이러한 모습을 확인할 수 있다. 자세하게 각 취락유형의 분포와 시간의 선후관계를 바탕으로 언급해 보자.

먼저 순수 역삼동유형으로 인정하는 취락의 경우 호서지역 전역에 분포한다〈그림 2〉. 하지만 순수한 공열토기만 반출하는 유적의 예는 많지 않고, 대부분 이중구연 또는 단사선문 토기와 공반하거나 결합한 상태로 발견되는 예가 많다. 연대는 주거지와 유물의 형식학 순서, 탄소연대측정을 바탕으로 한 절대연대를 보면 순수 공열을 출토하는 주거지가 대체로 늦은 시기에 집중한다〈그림 8〉. 이상의 근거들은 호서지역 내 역삼동유형이 분명 全域的 분포를 보이지만 흔암리유형과 대비될 정도로 뚜렷한 지역 내 분포를 갖지 않는다는 것을 말한다. 물론, 시기상으로 타 취락유형보다 늦다는 경향성 정도는 인정할 수 있다. 이와 관련한 추가적인 내용은 호서지역 내 취락 설정에서 다시 언급하고자 한다.

여하튼, 호서지역 내 역삼동유형과 관련한 내용을 정리하면, 주거의 경우 평면 (세)장방형에 무시설식 노지를 갖췄으며 유물의 경우 공열과 구순각목이 단독 출토하거나 공반하는 것으로 본다. 다만, 이들의 등장시기와 전개 과정에 대해서는 아직 연구성과가 많지 않아 접근에 어려움이 있지만, 대체로 흔암리유형과 관계 속에서 이들이 설정 및 정립되어 왔다.

3) 흔암리유형

흔암리유형은 흔암리유적 발굴조사(金元龍 外 1972) 결과를 바탕으로 이백규에 의해 서북지방 팽이형토기와 동북지방 공렬토기의 결합으로 형성됐다는 견해(李白圭 1974) 이후, 청동기시대 전기 이른 시기 또는 늦은 시기의 개별 취락 문화의 한 유형으로 인정해 왔다. 하지만 2000년대 이후 흔암리유형은 역삼동유형의 분포권, 연대, 문화에서 전혀 차이가 없다는 견해를 제기하면서(金壯錫 2001) 역삼동·흔암리유형이라는 동일한 문화집단으로 파악하고 있다(李亨源 2002).

이들의 공통된 견해는 흔암리유형이 역삼동유형을 기반으로 하여 형성한 것으로 파악하면서 동일한 문화유형의 하나로 인식한다. 그러한 문제제기의 핵심은 세 가지로 요약할 수 있다. 흔암리유형의 핵심인 토기와 주거구조에서 역삼동유형과 유사하다는 점, 지역 분포에서 뚜렷한 독자의 범위 없이 중복한다는 점, 연대에서는 시기차를 파악할 수 있을 정도로 뚜렷하지 않다는 것이다(金壯錫 2001; 李亨源 2002). 물론 이에 대해서는 큰 이견이 없다. 다만 최근의 자료를 바탕으로 다시 분석해 보면 기존 연구와는 다른 견해를 피력할 수 있다. 이에 대해서는 뒤에서 다시 자세히 언급하고 논의 전개에 앞서 흔암리유형의 개념, 유구와 유물의 고고학의 여러 양상에 대한 내용을 우선 간략히 정리하고자 한다.

흔암리유형에 대해서는 박순발이 기존의 연구성과를 모아 정리한 바 있다(朴淳發 1999). 그 내용을 요약하면, 주거지는 평면 장방형에 무시설식 노지를 갖고 저장구덩이가 내부에 배치되며, 토기는 무문토기 기술적 유형으로 공렬토기, 이중구연에 단사선, 거치선, 격자선 등의 음각선이 시문되거나 이들 각 요소들과 공렬이 결합된 토기의 공존, 그리고 적색마연토기의 기술적 유형을 갖는 원통형굽다리가 달린 토기의 존재를 말하였다. 석기는 이단병식 마제석검이 주종이면서 유혈구식이 확인되며, 반월형석도, 환상석부, 마제·타제·합인석부, 무경식삼각만입촉을 주류로 하였다(朴淳發 1999: 81-82). 이처럼 유구와 유물상의 특징을 정리하였으며 특히 시·공간의 변이상을 잘 반영하는 토기의 부분유형을 흔암리유형의 주요한 표지로 파악한다. 이에 앞서 이청규는 상기 토기의 결합과 공존을 흔암리유형으로 보았다(李淸圭 1988). 황은순은 여기에서 더 나아가 각 유형을 대표하는 토기형식의 공반과 결합을 흔암리식 토기로, 가락동유형 토기와 역삼동유형 토기가 공반하는 주거지를 유구복합형 흔암리식 주거지로, 한 개체에 가락동유형 요소와 역삼동유형 요소가 복합되어 출토되는 주거지를 유물복합형 흔암리식 주거지로 구분하였고, 가락동유형의 석기와 유사한 사릉부 양인석부를 석기상의 주요 특징으로 파악하면서 더 자세히 흔암리유형을 규정하였다(黃銀順 2003: 8-16).

상기 연구자들은 흔암리유형을 독립한 취락유형으로 인정하지만, 이와는 다른 견해를 제시하는 연구자도 있다.

김장석은 토기문양 점유율을 각 유적별로 분석하면서 흔암리식토기는 역삼동식토기보다 현저하게 비율이 낮게 확인되므로, 유형이라고 판단할 수 있는 핵심요소를 가지고 동일한 기원과 양식의 전통을 공유한 하나의 문화로 보기는 어렵다고 하였다(金壯錫 2001: 49-50). 물론, 토기 점유 비율상으로 공렬문이 우세한 것은 사실이지만, 이러한 현상만을 가지고 흔암리유형 존재 자체를 부정하기에도 문제가 있는 것 또한 사실이다. 역으로 토기 점유율을 시간의 의미로 이해한다면, 이중구연단사선+공열문 위주의 흔암리식 토기에서 공열문 위주의 역삼동식 토기로 변화의 흐름을 보이는 것으로 생각할 수도 있기 때문이다. 이러한 문제점은 여러 연구자들이 분명하게 밝히지는 않았지만 대체로 인식하는 듯하다(朴淳發 1999; 김현식 2008c; 김한식 2006).

이처럼 각 연구자들 간 견해의 차이는 흔암리식 토기를 어떻게 보느냐에 따라 논의의 전개가 달라질 수 있음을 말해준다. 만일, 역삼동식과 가락동식 토기를 대표하는 문양이 서로 결합한 토기만을 흔암리식 토기로 인정하면 흔암리유형 유적 수는 상당히 줄어든다. 그러면 기존 견해와 같이 역삼동유형 기반 위에 흔암리유형 형성과 변화과정을 이야기할 수 있다. 하지만 반대로 순수 가락동식토기와 역삼동식토기의 유구 내 공반까지를 흔암리식 토기의 범주로 인정하면, 상기 설명의 틀은 역으로 바뀔 수 있다. 필자의 경우 흔암리식 토기를 주거 내 공반과 토기 내 결합이 모두 확인되는 것을 대상으로 해야 한다고 생각한다. 그 이유는 기존 흔암리식 토기 설정은 이질의 전통 문양이 하나의 토기 내에서 같이 한다는 것을 의미하며, 이는 한 개체의 토기 내 문양 결합 뿐 아니라 타 문양의 주거 내 공반도 포함하기 때문이다.

한편, 유물과는 달리 흔암리유형 주거지는 역삼동유형 주거지와 형태상 다르지 않고 가락동유형 주거지와는 분명한 차이가 있다. 대개 가락동유형 주거지를 서북한 지역의 압록강, 청천강유역 주거형태와 유사하다고 인식하는 반면에 흔암리유형 주거지는 계통과 관련한 연구가 전무하여 자세한 논의를 어렵게 한다. 그러한 이유로는 이 시기에 한반도 전역으로 유사한 주거 형태가 분포하여 당시 유행한 주거 패턴으로 인식해 왔기 때문이다. 필자 또한 흔암리유형 주거는 규모에 따른 평면형태 변화를 보이지만, 내부시설이나 노지의 모습 등에서 일부 지역을 제외하고는 대체로 유사한 면이 많아 당시 한반도 전역에서 채용한 보편의 주거형태였다고 인식한다. 이러한 주거형태가 특정 문화계통의 산

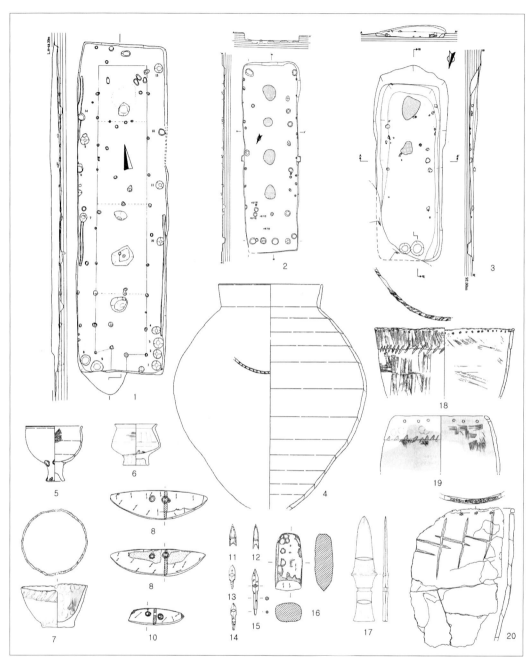

그림 5_흔암리유형의 유구와 유물(주거지 1/200, 유물 1/8)

1. 관산리 KC-004, 2. 백석동 B-21호, 3. 운전리 A-3호, 4. 백석동 B-20호, 5. 백석동 A-4호, 6. 용화동 가재골 22호, 7 · 19. 장재리 안강골 1호, 8~10. 백석동 B-19호, 11~14. 용곡동 두터골 3호, 15. 백석동 A-7호, 16. 백석동 II-10호, 17. 용화동 가재골 21호, 18. 갈산리 무리치 2호, 20. 백석동 III-4호

물이 아니라는 점을 일찍이 지적한 견해도 있다(朴淳發 2003: 106).

결국, 위석식노지나 초석을 갖춘 주거지를 제외하고 무시설식 또는 토광형 노지를 갖춘 (장)방형의 주거지는 신석기시대부터 오랜 전통을 유지하여 계승 발전한 주거 형태여서 흔암리유형의 표지 유구로 무시설식 노지를 갖춘 주거지를 언급하기는 문제가 있다. 이러한 주거 형태는 앞의 역삼동식 주거와도 유사하기 때문이다.

4) 취락유형 설정

(1) 각 취락유형의 분포와 형성지역

앞에서 각 취락유형의 특징에 대해 살펴보았다. 특히 역삼동, 흔암리유형은 서로 유사한 부분이 많고 가락동유형의 물질자료와 분명한 차이를 파악할 수 있다. 이러한 모습은 각 취락 유형의 지역 내 분포를 통해서도 뚜렷이 확인된다.

먼저, 가락동유형은 차령산맥을 중심으로 동쪽지역에 주로 분포한다. 반면에 역삼동과 흔암리유형은 한반도 전역에 분포하는 특징이 있다. 한반도 중부 지역까지 확대해서 이들의 분포를 살펴보면, 북쪽으로는 경기도의 서·북부 지역까지, 동쪽은 차령산맥이 위치한 지역까지, 북쪽은 강원도 전역에서 확인된다〈그림 2와 6 참조〉. 이는 청동기시대 전기의 세 취락유형이 한반도 내 중부지역을 거점으로 분포하는 것을 명확히 보여준다.

이를 다시 호서지역으로 좁혀서 분포를 살펴보면 그 특징은 더욱 뚜렷하다〈그림 2〉. 물론, 가락동유형의 주 분포권역으로 생각할 수 있는 충북 북부의 충주와 진천에서는 일부 역삼동유형으로 보이는 유적이 있다. 제천 계산리와 양평리, 충주 지동리, 조동리, 장성리유적 등이 그러한데, 이 유적들에서는 가락동식 또는 역삼동식 주거 형태에 내부에는 역삼동식 토기나 가락동식 토기를 출토한다. 그렇다면 가락동유형의 주 분포권역에 이러한 역삼동식 주거와 유물이 확인되는 양상을 무엇으로 이해할 수 있을까. 아마도 지역, 시간의 측면에서 원인을 찾을 수 있겠다.

지역 측면의 원인으로는 각 취락 유형별 일정 분포권역의 경계지대에서 발생하는 문화의 접점 또는 접변 현상으로 이해할 수 있다. 앞서 언급한 상기 유적들이 자리한 곳은 충북 북부지역이며, 경기도 및 강원도와 맞닿은 지역이다. 이 지역의 유구와 유물은 대체로 흔암리유형의 고고학 물질자료 특징에 가깝다. 즉 이 지역내 가락동유형 주 분포권역과 서울·경기·강원의 역삼동유형 분포권역이 서로 중첩되는 곳이다. 따라서 서로 다른

그림 6_서울 · 경기지역 역삼동유형과 흔암리유형의 분포(2012년 12월 기준)

1. 문산 당동리, 2. 파주 옥석리, 3. 가평 달전리, 4. 파주 당하리, 파주 당하리(전원부지), 파주 교하리, 5. 인천 영종도 · 운서동 · 중산동, 6. 부천 고강동, 7. 하남 망월동, 8. 안양 관양동, 9. 시흥 목감동 · 오남동, 10. 용인 죽전 대덕골, 11. 수원 서둔동, 12. 수원 율전동, 13. 화성 북양동, 14. 화성 남양리, 15. 오산 가장동, 16. 화성 방축리, 17. 화성 금의리, 18. 평택 지제동, 19. 평택 소사동, 20. 안성 만정리, 21. 연천 삼거리, 22. 김포 마송, 23. 인천 불로동, 24. 김포 학운리, 25. 인천 원당동 4구역, 26. 하남 미사리, 27. 하남 덕풍골 수리골, 28. 서울 가락동, 29. 양평 삼성리, 30. 군포 대야미동, 31. 수원 이목동, 32. 군포 부곡동, 33. 수원 율전동, 34. 수원 영덕동 14지점, 35. 평택 현화리, 36. 안성 만정리1, 37. 안성 반제리, 38. 안성 만정리, 39. 여주 흔암리, 40. 연천 삼거리, 41. 고양 구산동, 42. 서울 장지동, 43. 평택 칠괴동 · 토진리

문화를 가진 취락의 물질자료가 일부 관찰되는 것은 당연하며, 이는 취락 간 접촉과 접변의 정황의 근거로 인정할 수 있다.

물론, 이러한 현상을 별도의 취락 유형으로 파악하고(공민규 2010)[1], 흔암리유형이 역삼동과 가락동유형의 두 계열로 분리될 수 있다는 견해를 피력한다(나건주 2010). 하지만 새로운 유형의 설정을 위해서는 시기, 지역, 문화의 특징이 도출되어야 하고, 계열

---

1) 이러한 주거는 두 형태로 구분된다. 하나는 주거 내부에 위석식과 무시설식노지가 공존하는 형태이며, 다른 하나는 내부에 무시설식노지만 나타나는 형태이다. 전자는 가락동유형 주거의 변천과정에서 내부시설이 무시설식 노지로 정형화되어 가는 것으로 판단한 반면, 후자는 주거의 처음 등장부터 무시설식을 갖추고 있는 것으로 시간 흐름에 따른 변화는 보이지 않는다.

분리에 대한 논의를 위해서는 흔암리유형에 뒤이은 역삼동과 가락동유형으로 진행하는 시간 흐름에 따른 변화를 설명해야 하는데, 아직 그러한 부분에 대한 설명과 고고학 증거는 부족하다. 물론, 타 유형간 접촉에 의한 물질자료의 변화 현상도 분명 문제는 있다. 하지만 두 취락 유형이 만나는 지역에서 유구와 유물의 혼합과 결합이 있다는 점은 분명 어떠한 방식과 방법으로 이들 간 만남의 가능성을 반영하는 것이다.

위 견해와는 달리 시간의 흐름에 의해 나타나는 현상으로 이해할 수 있다. 그 예로 제천 능강리유적 주거지와 여기서 출토된 구연의 두께가 얇은 이중구연토기의 시간 위치에서 살필 수 있다. 이 유물은 뒤이어 진행할 필자의 토기 편년 안에서 보면, 가락동유형 II단계 늦은 시기 또는 III단계에 해당할 가능성이 크다. 주거지는 가락동유형의 늦은 시기에 발생한 노지의 소멸 및 쇠퇴 현상과 관련된다(공민규 2011). 이러한 모습들은 본지역 내 늦은 시기에 발생하는 주거와 유물의 현상으로 이해할 수 있게 한다.

이상, 몇 유적 예를 제외하고는 대체로 각 취락유형은 호서지역 내 뚜렷한 분포의 특징을 갖는다. 그렇다면 이처럼 뚜렷하게 분포한 각 취락유형의 형성지역은 어디이며, 이들이 호서지역에 등장하는 문제를 언급해 보자. 이 문제는 각 취락유형을 대표하는 유물의 계통과 시간의 편년 위치를 통해 접근할 수 있다.

먼저, 역삼동유형을 대표하는 공열문토기의 계통과 시기 문제이다. 아직 이에 대한 문제가 명확하게 밝혀진 바 없지만, 단독공열문의 출현이 반관통 공열에서 파생하였으며 자생하였을 가능성이 제기되었고(朴淳發 2003: 105; 김한식 2010; 14), 최근 신석기시대 주거지에서 공열문토기의 출현이 보인다[2]는 점에서 이른 시기 한강유역에서 계통을 추적하려고 한다. 그러나 공열을 대상으로 한 토기 문양은 한반도 서북과 동북지방 등의 이른 시기에도 빈번하게 확인된다는 점에서 한강유역이 공열토기의 중심지였다고 언급하기는 어렵다. 아무래도 신석기시대 이후 토기 내 공열 문양을 시문하는 행위가 한반도의 일부 취락에서 채용되다가 점차 유행하여 갔을 가능성이 있기 때문이다.

반면, 가락동식 토기인 이중구연과 단사선문은 서북지역과 관련이 높다는 점은 대부분의 연구자들이 인지하고 있으며 이에 대해 필자 또한 공감한다. 그러나 여전히 공열문과 단사선·이중구연문이 결합 및 공반하는 흔암리식 토기의 형성지역이 어디인지에 대한 문제가 있다. 기존에는 서북지역 팽이형토기와 동북지역 공열문토기가 한강유역에서

---

2) 최근 신석기시대 말기의 주거지에서 원저의 발형토기에 공렬문이 시문된 것(사진 1. 참조)을 바탕으로 자생설의 가능성을 생각하기도 한다(김장석 2008: 109).

사진 1_공열문양이 시문된 신석기시대 토기(좌 : 을왕동 I 유적 출토 토기, 우 : 인천 중산동 2-1지역 2호 주거지 출토)

결합하였다고 보았지만(李白圭 1974; 李淸圭 1998), 원산만 부근에서 형성하였다는 설이 설득력 있게 인정받아 왔다(박순발 1999). 하지만 원산만 부근 지역에서 확인되는 주거는 평면형태 방형이며 출토하는 유물은 유구석부 등이어서, 시기는 전기에서도 늦을 가능성이 높아 이른 시기 흔암리유형이 형성한 지역으로 언급하기는 어렵다. 이와 관련해서 원산만 부근의 유적을 흔암리유형의 북한계선으로 파악하는 견해가 주목된다(김현식 2008c: 23). 즉, 흔암리 유형은 이른 시기부터 한반도 중남부에 넓게 분포하였으며 원산만 지역이 분포의 북쪽 경계가 되었을 것이라는 점이다. 이러한 견해에 대해서는 필자 또한 대체로 동의한다.

그렇다면 흔암리식 토기의 형성지로 다시 한강유역을 주목할 수 있다. 이 지역은 흔암리유형 유적 중 이른 시기 연대가 기원전 15세기까지 상회하는 자료가 증가하고 있으며, 이른 시기 또는 신석기시대 후기에 해당하는 공열문 토기가 존재하면서 점차 그 예가 증가하고, 이중구연 토기의 계통지와 관련하여 이와 유사한 문양을 가진 팽이형 토기단계의 취락이 한강지역과 맞닿은 북쪽에 자리한다는 점 등으로 보아, 한강유역에서 재지의 공열문토기와 팽이형토기문화권역의 외래 이중구연토기가 접촉하면서 유구와 유물이 결합하여 취락 유형이 형성되었을 가능성이 있다.

(2) 취락유형별 시간 순서와 연대

기존 각 취락 유형의 시간 순서는 서로 간의 관계 속에서 선·후를 결정하였다. 편년 연구 초기에는 가락동과 역삼동식 토기에 이어 흔암리식토기의 등장이 있었을 것으로 파악하였으나(李白圭 1974; 李淸圭 1988; 朴淳發 1999), 2000년대 이후 역삼동·흔암리, 가락동 유형의 동시기 병존(金壯錫 2001; 李亨源 2002)이 힘을 얻고 있다. 그러한 이유는 형식분류에 의한 편년과 탄소연대측정을 통한 절대 연대상에서 큰 차이가 없다는 점이다. 하지만 최근 다시 호서지역 전기 무문토기의 문양과 기형 등을 분석하여 가락동-흔암

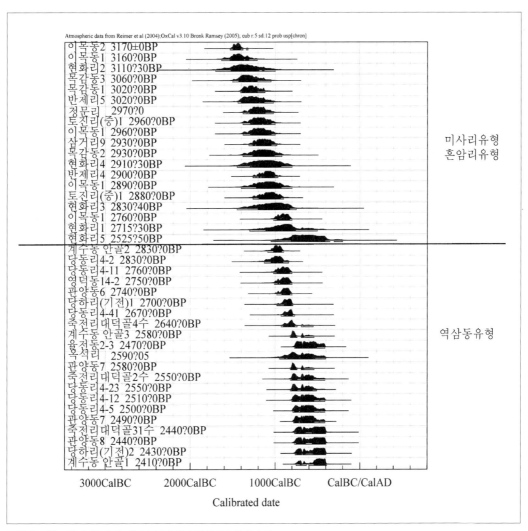

그림 7_서울 · 경기지역 흔암리유형과 역삼동유형의 탄소연대 순서

리-역삼동식 토기의 시기 변천관계(庄田愼矢 2007, 김현식 2008a: 27-28; 李弘鍾 · 許義行 2010; 송만영 2001, 2010)를 다시 설정하고 있다. 이와 유사한 연구는 역삼동유형의 주 분포지로 파악하였던 서울 · 경기지역에서도 실시하고 있다. 즉, 흔암리유형의 존재가 분 명하고 시간상으로도 흔암리-역삼동식으로 변천한다는 관계가 재정립되고 있다(김한식 2006, 2010; 김권중 2010).

지금까지의 연구와 자료를 보면 호서지역 내 흔암리유형 자체를 不正하는 것은 재고 해야 한다. 물론, 경기와 호서 지역에 존재한 흔암리유형 취락 간, 그리고 여타의 각 취락

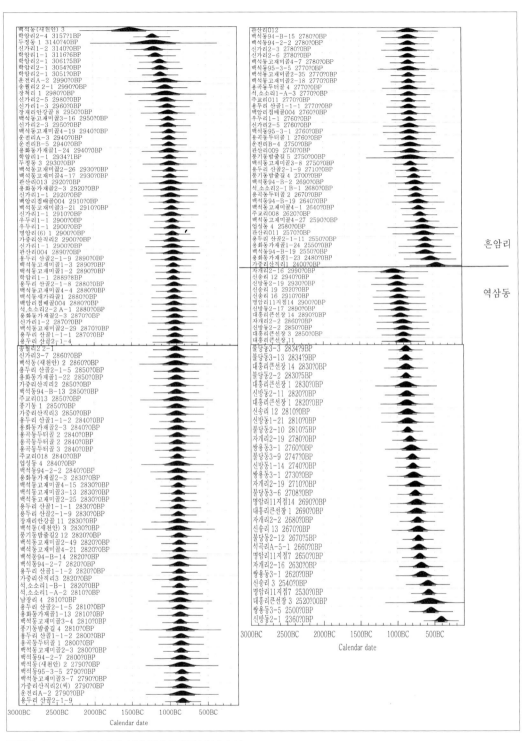

그림 8_호서지역 흔암리유형과 역삼동유형의 탄소연대 순서

유형 간 시간 차이가 어느 정도 인지는 더 논의가 필요하겠지만, 최근의 절대연대치는 두 지역 모두 기원전 15-14세기까지 상회하는 자료들이 많아지고 있어, 적어도 일부 취락 유형은 동시기 등장과 전개의 모습을 생각할 수 있다. 서울 · 경기와 호서지역의 절대연대 자료를 통해 이 문제에 더욱 접근해 보자.

〈그림 7 · 8〉은 상기 두 지역에서 확인한 청동기시대 전기 취락의 탄소연대를 앞에서 언급한 유형 개념에 따라 흔암리유형과 역삼동유형으로 구분한 후 순서대로 나열한 것이다. 그림을 보면 대체로 흔암리유형 취락의 이른 시기 연대 차이는 크지 않다. 하지만 서울 · 경기 지역이 다소 이르다는 것을 알 수 있어 흔암리유형과 역삼동유형 취락 간 선후관계는 흔암리가 약간 빠르다.

더구나 흔암리유형과 역삼동유형의 선후관계는 뒤에서 언급할 필자의 토기를 바탕으로 실시한 편년에서 다시 확인할 수 있다. 여기서는 가락동식 토기 이후에 흔암리식 토기가 나타나고 뒤이어 문양이 소멸하면서 전형의 역삼동식 토기로 변모하는 것을 볼 수 있다. 이와 유사한 견해는 김현식(2008)도 언급하였는데, 그는 복합문양과 단독문양의 토기를 순서배열하면서 각 유형간 선후관계를 명확히 하였다. 또한 지역을 달리하지만, 송만영(2001, 2010)과 김한식(2006)의 연구에서도 상기 연구자들과 각 취락 유형간 시간의 선후관계는 유사한 편이다. 물론, 이들이 취락유형 간 변화에 대해 분명하게 언급하진 않았으나 흔암리유형에서 역삼동유형으로 변화를 인정함은 분명하다.

이상, 각 취락유형의 시간의 선후관계와 연대를 검토하였다. 모든 취락유형은 빠르면 기원전 15세기 정도의 이른 시기에 등장하는 것을 알 수 있으나, 대략의 취락 간 선후관계는 가락동유형이 더 이르고 뒤이어 흔암리, 역삼동유형 순이다. 단, 흔암리유형은 가락동유형 뒤에 나타나는 취락 유형이 아니라 이들과 동시 병존하면서 역삼동유형화 하는 현상으로 이해할 수 있다.

(3) 호서지역 내 취락유형 설정

이상 호서지역에서 각 취락유형에 대한 개념과 연대, 형성지와 분포지역에 대해 살펴 보았다.

먼저 그동안 논의되어 왔던 유형의 개념을 각 취락유형별 유구와 유물별로 정리해 보면 다음의 〈표 3〉과 같다. 다만, 여기서 문제는 흔암리유형의 설정이었는데 기존의 연구 성과와 자료들을 재검토한 결과, 흔암리유형은 형성지가 한강유역이었을 가능성을 다시 제기할 수 있으며, 유구와 유물상에서 뚜렷한 특징을 관찰할 수 있으므로 전기 취락유형의 하나로 설정 가능하다. 하지만 역삼동 유형과 관계를 보면 이들을 따로 구분하여 별개의 취락유형으로 설정할 수는 없을 것이다. 왜냐하면 공열과 이중구연이 유적 내 일부라도 공반 또는 결합된 모습을 흔암리유형에 적극 포함하면 흔암리유형과 역삼동유형 취락이 동시 공존한 것이 아니라 흔암리유형이 먼저 등장한 후, 뒤이어 역삼동유형으로 변할 수 있기 때문이다.

여기서 분명히 할 것은 두 유형이 전혀 다른 문화를 기반으로 하여 등장, 소멸의 과정을 거치는 것이 아니라, 동일 문화의 기반 위에 흔암리유형이 발전, 쇠퇴하면서 역삼동유형화 한다는 점이다. 다시 말해, 흔암리식 유물을 대표하는 문양요소가 퇴화 및 소멸해 가면서 역삼동식 유물로 변하는 것이다.

표 3_호서지역 각 취락유형의 개념과 분류(밑줄은 공통된 양상)

	가락동	역삼동	흔암리
주거구조	평면 : (세)장방형 내부시설 1 : 위석식노지, 초석, 저장공 내부시설 2 : 무시설식노지, 주공, 저장공	평면 : (세)장방형 내부시설 : 무시설식노지, 주공	평면 : (세)장방형 내부시설 : 무시설식노지, 주공
토기상	단사선문, 이중구연, 이중구연단사선문, 적색마연토기, 대부소호	공렬토기, 구순각목토기, 적색마연토기, 대부소호	공렬·구순각목토기, 이중구연단사선문토기, 상기 두 유물의 결합, 적색마연토기, 대부소호
석기상	(혈구)마제석검, 삼각만입석촉, 이단경석촉, 사릉부양인석부, 반월형석도 등	(혈구)마제석검, 삼각만입석촉, 이단경석촉, 원형양인석부, 반월형석도 등	(혈구)마제석검, 삼각만입석촉, 이단경석촉, 사릉과 원형양인석부, 반월형석도 등

결국, 상기의 각 취락유형 중 흔암리와 역삼동유형은 문화의 실체[3]가 아닌 시간의 변화과정에서 나타나는 동일 취락유형 개념으로 보는 것이 타당하다.

만일, 상기 두 유형을 모두 실체로 인정할 경우에는 다음과 같은 문제를 지적할 수 있다. 즉, 한 유적 내 두 유형을 함께 확인한다면 이들을 시간의 흐름에 따라 서로 순서를 나열해야 하거나, 어느 하나의 유형으로 변한다는 것을 살펴야 한다. 나아가 유형을 집단과 연계할 경우에는 한 유적 내 다른 문화전통을 가진 두 집단이 공존한다고 볼 수 있다.

---

3) 이성주는 유형에 대해 집단의 실체가 없는 관념의 요소로 파악하며, 이 개념은 편년을 위해서 사용되어야 한다고 하였다(이성주 2006: 18-20). 이성주 견해의 타당성을 인정하지만, 복잡 다양한 청동기시대 고고학 자료를 체계적이고 합리적으로 설명할 수 있는 유용한 틀로서 아직까지는 충분히 이용될 필요는 있다(李亨源 2009: 6)고 생각한다.

이럴 경우 두 유형(집단)의 공존에 대한 설득력 있는 논의를 필요로 한다.

그러한 점에서 호서지역은 유적의 단순분류를 위한 기존의 세 유형 구분은 인정해도 좋을 듯하다. 하지만 실체적 문화를 가진 유형은 가락동과 역삼동·흔암리유형만을 인정해야 한다(김장석 2008: 110, 李亨源 2002). 따라서 기존의 역삼동·흔암리유형, 가락동유형의 구분은 적절하다고 볼 수 있다.

그러나 필자는 상기 역삼동·흔암리유형의 용어에 대해서는 비판하고 싶은데, 위 유형은 역삼동유형의 기반 위에 흔암리유형이 형성됐다는 의미가 강하고 동일한 문화기반 위에 다른 유형 또는 집단의 존재를 반영하고 있는 듯해 적절하지 않다. 따라서 필자는 앞에서 살펴본 바와 같이 취락유형의 등장이 역삼동 유형보다 우선되었고, 확인된 유적의 수가 많다는 점에서 '흔암리유형'의 용어 사용이 바람직할 것으로 생각한다. 그러나 유형설정을 하게 된 주거 유적 발견이 역삼동유적이 이르고, '역삼동유형'이라는 학사 명칭 부여가 우선된 점, 이 용어가 고유명사식으로 광범위하게 연구자들에 의해 불리고 있다는 점, 아직 상기 유형에 대한 개념 설정에 대한 논의가 미진한 편이어서 이를 대체할 수 있는 적절한 용어가 인식되기 전까지 기존의 '역삼동유형'을 계속하여 사용하고자 한다.

한편, 호서지역의 이러한 특징의 유구와 유물복합체를 '관산리유형'(千羨幸 2003)으로 구분하여 지역 양상으로 파악하려는 견해도 있다. 지역 특징을 보여준다는 점에서 적절하다고 생각하지만 기존의 역삼동, 흔암리유형의 유구와 유물상에서 차이를 뚜렷하게 하기 어렵고, 다양한 유형의 설정은 혼란을 일으킬 소지가 많으므로 기존의 취락유형 개념을 그대로 사용하는 것이 옳을 것이다. 따라서 호서지역 전기 청동기시대 취락유형은 가락동유형과 역삼동유형으로 구분하는 것이 바람직할 것이며 상기 두 유형 개념을 바탕으로 앞으로의 논의를 진행하고자 한다.

이상 그간의 논의를 통해 언급한 내용을 정리하면 다음의 〈표 4〉와 같다.

표 4_호서지역 전기 청동기시대 취락유형의 개념과 분류(필자 분류)

	가락동유형	역삼동유형(흔암리유형 포함)
주거구조	평면 : (세)장방형 내부시설 1 : 위석식노지, 초석, 저장공 내부시설 2 : 무시설식노지, 주공, 저장공	평면 : (세)장방형 내부시설 : 무시설식노지, 주공
토기상	단사선문, 이중구연, 이중구연단사선문, 적색마연토기, 대부소호, 유돌형파수, 절상돌대	공렬·구순각목토기, 이중구연단사선문토기, 상기 두 유물의 결합과 공반, 적색마연토기, 대부소호
석기상	(혈구)마제석검, 삼각만입석촉, 이단경석촉, 사릉부양인석부, 반월형석도 등	(혈구)마제석검, 삼각만입석촉, 이단경석촉, 사릉과 원형양인석부, 반월형석도 등

2. 전기취락의 출현

1) 신석기시대 후·만기의 양상

호서지역에서 청동기시대 전기 취락의 처음을 보기 위해서는 먼저 신석기시대와 연결과정, 곧 신석기시대에서 청동기시대로 전환하는 과정에 접근해야 한다. 먼저 이 지역의 신석기시대 마지막 단계의 유적에 대해 살펴보자.

호서지역 신석기시대 마지막 시기의 유적은 많지 않다. 그나마 후기 또는 만기로 볼수 있는 유적으로 충청내륙지역의 학암리와 봉명동 1·2호 주거지 이외(구자진 2010: 35, 92-93) 뚜렷하게 확인할 수 없다. 상기 신석기시대 집자리를 대상으로 편년한 연구에의하면 이들은 III기에 해당하며, 절대연대는 기원전 2,000년을 내려오지 않는 것으로 판단하고 있다(구자진 2010: 34). 호서지역 전체로 확대하여 신석기시대 늦은 시기의 유적을 보면 관창리와 둔산, 대천리, 쌍청리유적 주거지 등을 살필 수 있다. 이 유적들 또한 대부분 III기에 속하며 대략의 절대연대는 기원전 3,000~2,500년대이다. 물론, 신석기시대 가장 늦은 단계인 IV기는 기원전 2,500~1,500년대여서(林尚澤 2006: 53) 청동기시대 상한[4]과 거의 병행할 가능성이 있지만, 호서지역 내 청동기시대 전기와 연결할 수 있는 신석기시대 가장 늦은 단계의 유적은 현재의 자료상 없다.

결국, 상기 연구성과와 유적의 연대 등을 종합하면 호서지역에서 신석기시대 후기(또는 만기)와 청동기시대 전기의 시간 폭은 상당히 크다는 것을 알 수 있다. 물론, 신석기시대 후·만기 유적이 분명 이 지역에도 존재할 가능성은 배제할 수 없다. 그러나 아쉽게도 호서지역보다는 남부 서해안에 이 시기 유적이 집중하고 있어, 아직까지는 신석기시대와 청동기시대의 공백을 메우기는 어렵다.

이처럼 신석기시대 늦은 시기에서 청동기시대 전기로 전환하는 동안 호서지역은 짧게는 500년, 길게는 1,000년 정도의 시간의 공백이 확인된다. 반면, 남해안이나 경상도지역에서는 전환기 공백을 메울 수 있는 유적과 유물의 존재와 발견이 잇따르고 있어, 이러한

---

[4] 청동기시대 상한연대와 관련하여 석검의 비파형 동검 모방설을 근거로 기원전 11~12세기로 보면서, 안정되게 12~13세기까지 소급하고 있다(이형원 2007: 49-50). 상한의 자세한 절대연대가 문제가 되지만 그가 언급한 11~12세기의 상한을 인정한다 하더라도 신석기시대와의 시간적 차이는 분명히 있다. 필자의 뒤 절에서 실시한 편년한 결과에서 보면, 적어도 호서지역 청동기시대 상한은 가락동유형 I 단계를 최대 14세기까지는 올려볼 수 있다. 반면에 역삼동유형 상한연대는 아직 13세기를 넘어서는 사례가 많지 않아 좀 더 검토가 필요할 것이다.

현상은 호서지역만의 특징으로 볼 수 있다.

그러나 필자의 이러한 생각은 남해안 지역 신석기시대 말기 토기의 하나로 인정하는 이중구연이 호서지역 내에서도 확인된다[5]는 점을 근거로 말기의 공백현상[6]을 우려한다 (배진성 2005: 21; 천선행 2007: 17). 하지만 유물들의 발견이 있다 하더라도 아직 호서지역 내 全域의 현상이 아니라는 점, 유적 내 출토한 유물도 몇 개체의 소량만 확인된다는 점, 출처를 분명히 할 수 있는 유구 출토품이 아닌 대부분 지표 채집한 유물이라는 점, 그리고 전체 기형을 알지 못하는 파편 위주라는 점 등에서 전기 이중구연토기와 연결을 적극 말하기는 아직 시기상조이다. 또한 유적의 분포 특징에서도 이들을 적극 인정하기는 어려운데, 호서지역 내 중심지가 아닌 주변부에서만 이들이 확인되기 때문이다.

현재 이들의 발견이 잇따른다 하더라도, 존재 자체를 가지고 적극적으로 청동기시대 전기와 연결하기는 아직 무리가 따른다. 최근 이 지역에서 발굴을 활발히 진행하고 있음에도 불구하고 상기 예를 제외하고는 아직 청동기시대와 연결할 만한 신석기시대 자료는 여전히 없기 때문이다. 설혹, 신석기시대 후기를 청동기시대 등장 시점인 기원전 15~13세기까지 내린다 하더라도 유독 이 시기의 유적이 해안지대에 집중하는 점도 설득력 있게 언급해 주어야 한다.

필자의 이러한 언급과는 다르게 신석기시대에서 청동기시대로 전환하는 과정과 현상을 급격한 단절성으로 파악하는데(金壯錫 2002), 자세히는 청동기시대 등장과 동시에 신석기시대가 소멸하는 현상으로 이해하기도 한다(金壯錫 2002: 104). 이의 논의를 구체화하기 위해서는 신석기시대 늦은 시기와 청동기시대 이른 시기의 연대 폭이 크지 않아야 적절한 설명이 되겠지만, 앞에서도 언급한 바와 같이 호서지역은 아직 그러한 시기차를 줄일 수 있는 유적이 전혀 발견되지 않고, 물질문화상의 유사성(배진성 2005, 2007)도 전혀 찾아볼 수 없다.

결국 호서지역은 신석기시대 후기 이후 타 문화의 등장 없이 공백 상태-시기든 지역이든-로 남은 것으로 보인다. 물론 이러한 현상을 근거로 공백지로 판단하는 것도 문제일 수 있는데, 구릉지에 한정한 발굴조사만 이루어져 당시의 기후환경에 따른 취락민의

---

5) 봉명동 1호주거지(차용걸 외 2004), 송촌동 지표채집품(충남대학교박물관 1997), 영동 금정리(이융조·신숙정 1988)유적 등에서 이중구연토기를 확인하였다.

6) 그러한 점에서 그가 언급한 호서지역의 신석기시대와 무문토기시대가 뚜렷한 접점 없이 급격히 전환되는 지역으로 본 견해는 타당하다고 생각한다(천선행 2007: 26).

충적지 입지와 거주 등의 문제 등을 전혀 고려하지 않았기 때문이다[7].

2) 조기의 설정과 현황

따라서 신석기시대와 청동기시대의 공백현상을 메우고자 청동기시대 시작시점[8]을 올린다거나 早期를 설정(安在晧 2000)하는 연구를 진행하고 있다. 특히, 조기의 설정은 청동기시대 전기와 신석기시대 후·만기의 시간 공백을 줄일 수 있는 의미 있는 연구 성과로 받아들인다. 하지만 층서를 통한 전기와 조기의 시간의 순서 결정 미비, 일부 지역에 한정하여 조기 유적이 확인된다는 한계, 탄소연대측정을 통한 타 취락유형의 상한연대와의 교차 검증 부족으로 인해 재고의 필요성이 제기되어(김장석 2008b), 전기 청동기시대뿐 아니라 신석기시대와 연결 문제는 여전히 의문이다(河仁秀 2006). 무엇보다도 조기에 해당하는 유적의 한반도 중남부 전역으로 분포하는 양상에 비해 호서지역에서는 그 예가 매우 적어, 조기라는 시기의 타당한 설정에도 불구하고 일부 지역의 편중한 현상으로 받아들일 수 있다.

물론, 최근에는 호서지역에서도 조기의 표지 유구와 유물로 판단하는 석상위석식노지를 갖춘 주거지와 돌대문 토기를 반출하는 유적의 예가 증가하여(현대환 2012: 22-26), 조기의 시기와 새로운 취락유형의 설정 가능성은 매우 높아졌다. 즉 기존 가락동, 역삼동유형 취락 이외에 미사리유형(朴淳發 2003a)의 단독 취락유형의 설정을 말할 수 있다. 하지만 유적의 절대연대가 가락동유형보다 빠른 예가 증가한다 하더라도〈그림 10〉, 대체로 가락동유형의 이른 시기와 중첩하는 예가 많고 주거지나 토기에서 전기보다 이르게 볼 수 있는 유물 형식이 뚜렷하지 않다는 점에서 아직은 전기보다 이른 조기로 설정하기는 어려울 것이다. 오히려, 호서지역에서는 타 전기 취락 유형들과 일정시기에 동시 병행하면서 발전 및 소멸의 과정을 겪어 나아갔을 가능성이 높다. 이러한 가능성은 금산 수당리유적 등의 일부 가락동유형 취락에서 미사리식토기와 가락동식토기의 존재를 통해 동

---

7) 최근 충적지 발굴조사 자료를 집대성 한 내용을 보면, 호서지역 내 신석기시대 주거지가 확인된 유적은 서산 기지리(5기)와 연기 대평리유적(1기)이 있다(이홍종·손준호 2012: 49). 하지만 주거지들의 연대는 청동기시대 전기와 연결할 만큼 시간 간극은 좁지 않다. 따라서 아직까지 호서지역은 청동기시대 전기 취락이 등장하기까지 공백지로 남았음을 의미한다.

8) 2000년대 이전까지는 청동기시대의 상한연대를 기원전 10세기에 보는 견해가 대세였으나, 이른 시기로 판단되는 유물의 발굴자료 증가, 이에 따른 탄소연대측정자료의 축적 등으로 인해 기원전 15-14세기까지 상한연대가 올라가고 있는 추세이다.

시기에 병행한 관계로 파악하거나(김현식 2008c: 4-5), 돌대문관련 토기 출토 유적을 조기라는 시기에 설정하기 보다는 전기 타 취락유형과 공존한 하나의 유형으로 보는 견해(이기성 2012: 19-23)[9] 등과 접근의 시각은 다르지만 같은 생각이다.

이와 유사한 견해는 일찍이 몇몇 연구자들에 의해 논의의 방법에 차이는 있지만 기 지적한 바 있다. 김장석은 조기를 전기보다 이른 시기로 적극 설정하고자 하는 연구자와는 달리, 무문토기의 성립시점에 돌대각목문토기와 가락동식 토기가 외부에서 남한에 등장하고, 역삼동식 토기와 이중구연거치문토기는 자생하여 발생하였을 가능성을 언급하면서(김장석 2008: 110), 계통은 다르지만 이들 취락유형의 동시기 발생과 존재를 인지하는 듯하다. 천선행과 이형원 또한 동시기 병행의 모습을 인정한다. 다만, 조기가 전기보다 다소 이르다는 시간의 우위를 인정하는 점에서 차이가 있다(이형원 2002, 千羨幸 2005). 자세히 보면, 천선행은 호서지역 내 돌대문토기의 일부는 전기 III기에 타지역권과 교류에 의해 출현하는 것으로 보면서, 이 지역 내 돌대문토기는 조기가 아닌 전기의 한 시기로 판단하였고(千羨幸 2005: 90), 이형원 또한 전기 가락동유형이 시간으로는 늦지만 미사리유형과 일정기간 병행하였던 단계가 있었을 것으로 파악하고 있다(이형원 2002).

이처럼 김장석과는 달리 몇몇의 연구자들은 조기가 전기보다 이르다는 점을 분명히 하고 있는데, 아마도 돌대문토기 등장을 중국동북지방의 기온 하강에 따른 이주에 의해 발생한 것으로 보면서, 그 대략의 시기를 기원전 14~13세기 정도로 이르게 생각하고(김재윤 2004: 60), 마찬가지로 중국지방 연대자료 비교를 통해 상한연대를 상기 시간대로 보는 견해 등(이건무 2006: 197-199)에 의해 전기의 타 취락유형과는 달리 좀 더 이르게 본 것으로 생각한다.

하지만 그간 축적한 고고학 증거를 보면, 조기 미사리유형의 호서지역 내 등장과 전개는 기존 취락유형과는 차이가 있음을 알 수 있다.

먼저, 등장의 시기에서는 타 취락유형들과 큰 차이를 보이지 않는다. 다만, 이들의 등장과 형성 배경에는 두 견해로 구분할 수 있다. 하나의 견해는 신석기시대 이중구연토기가 조기까지 이어진다는 입장이고(이하 '자생설'로 부르고자 한다), 또 다른 하나의 견해는 돌대문토기의 중국 동북지방 이주에 의해 형성되었다는 입장이다(이하 '외래설'로 부른다).

---

9) 이기성은 기존 조기의 설정이 전환기 내용을 담았다는 의미에서 많이 퇴보한 것으로 규정하면서, 문화사적 시기구분으로서 조기로 규정한 특징들을 전기로 포괄하여 부르자고 제안하였다.

전자의 자생설은 조기를 신석기시대 이중구연에서 발전하여 성립한 것으로 파악하는데(裵眞晟 2007: 82-86; 安在晧 2000; 천선행 2007: 18-22, 이건무 2006: 191; 金炳燮 2009), 형식학 변천의 타당성은 충분히 인정 가능하지만 이들의 연구대상이 주로 남부지역 신석기시대 만기의 이중구연토기에 제한하고 있어 지역내 현상으로 생각할 수 있다. 물론, 미사리유적 등 중부지역에서 확인되는 이중구연토기는 요동지역과 연관하는 것으로 보면서 지역 내 전개 과정에서 나타나는 차이를 무시하지는 않았다. 신숙정도 신석기시대 만기 이중구연토기가 중국 등의 외부에서 한반도의 남해지방으로 먼저 유입되고, 이것이 서해도서를 중심으로 하여 전역에 확산하면서 분포하는 것으로 파악하였다(신숙정 2002: 145). 그는 이중구연토기의 지역에 따른 등장을 농업경제라는 새로운 기술의 등장과 함께 하는 것으로 생각하였다. 즉, 신석기시대에서 청동기시대로 전환하는 과정에 농경이 역할을 하였던 것으로 파악한 것이다. 조기의 설정은 아니지만 농경의 도입과 함께 청동기시대와 연결하려는 등장 배경을 언급하고자 하였다.

반면, 후자의 외래설은 조기의 대표 표지유물인 각목돌대문토기의 한반도 내 등장을 압록강유역 및 중국동북지방과 관련한 것으로 파악한다(安在晧 2000; 김재윤 2004; 朴淳發 2003a; 千羨幸 2005; 김장석 2008: 110). 이들 견해의 핵심은 조기가 신석기시대부터 이어져 온 것이 아니라, 형성에 외부의 영향이 크게 작용한 것으로 파악한다.

상기 상반된 두 연구 견해를 종합하면, 한반도 내 청동기시대 조기는 남부지역에 한해서는 신석기시대에서 조기로 그리고 전기로 이어지는 자생의 계승성이 크지만 외부의 영향 또한 전혀 무시하지는 않았다. 반면, 그 이외의 지역은 외부로부터 영향이 강하게 작용한 것으로 인식한다. 결국, 상기 견해들은 조기 설정의 지역 차이를 인정하면서도 형성에는 내·외부 요인이 달리 작용하였을 것으로 인정하고 있다.

하지만 중부를 포함한 호서지역은 상기 견해들을 뒷받침할 자료의 예가 적어 뚜렷한 견해를 내세우기가 아직은 어렵다. 다만, 신석기시대와 연결할 만한 조기 자료가 적어 외부의 요인에 의해 형성하였을 가능성이 높을 뿐이다. 호서지역 내 조기 자료의 증가를 더 기다려야겠지만, 가설로서 청동기시대 전기의 이른 시기에 중부지역에 자리한 미사리유형 취락이 호서지역으로 확산 및 전개하는 과정에서 나타나는 것일지도 모른다[10]. 반면

---

10) 중부지역 돌대문토기의 편년과 절대연대 등을 살펴보면 대체로 이른 시기에 해당하는 예가 많아(鄭元喆 2012), 이 지역에서 확산 및 전개가 진행되는 과정에 호서지역의 돌대문토기가 등장하였을 가능성을 생각해 볼 수 있다.

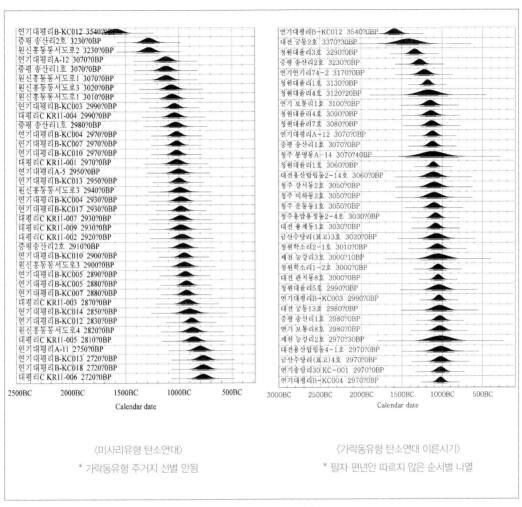

그림 9_호서지역 돌대문토기 관련유적 탄소연대와 가락동 이른 시기 탄소연대

에 전개와 소멸과정은 타 취락유형과 전기의 늦은 시기까지 함께 하지 못하고 어느 일정 시점에 사라진 것으로 보인다. 이는 기원전 10세기 이후 유적 존재를 잘 확인할 수 없다는 점에서 그러한 추정을 가능하게 한다. 또한 가락동유형 분포권에서만 이들이 점상으로 분포하고 구릉지로 취락을 확대하지 못한 점, 확인되는 취락의 규모가 타 취락과는 작아 집단의 응집된 힘을 발휘하기 어렵다는 점 등으로 보아 가락동유형 취락의 영향에 의해 점차 또는 급격히 소멸하였을 가능성이 있다.

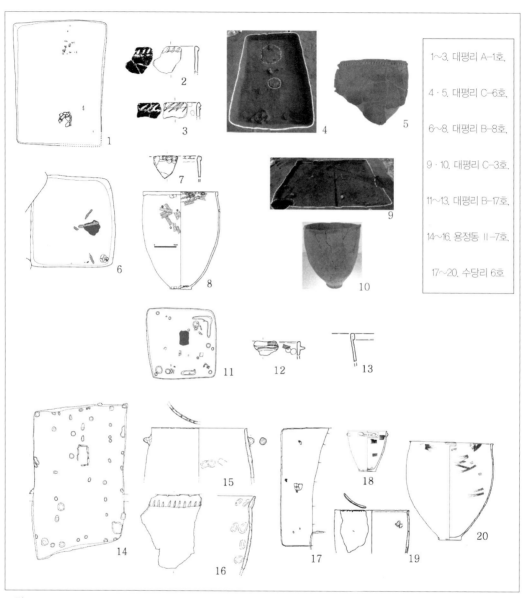

그림 10_호서지역 미사리유형 유구와 유물
(주거지:1/400, 유물:1/8, 8·20:1/15, 사진: 축척부동, 현대환 2012 〈표 3〉을 재편집)

1∼3. 대평리 A−1호,

4·5. 대평리 C−6호,

6∼8. 대평리 B−8호,

9·10. 대평리 C−3호,

11∼13. 대평리 B−17호,

14∼16. 용정동 Ⅱ−7호,

17∼20. 수당리 6호

3) 전기 취락의 등장

그렇다면 청동기시대 전기 취락의 등장 시점과 모습을 살펴보도록 하자.

전기의 등장에 대해서는 즐문토기적 잔재가 거의 간취되지 않는 무문토기 일색, 즉 조기부터 이어진 돌대문토기를 제외되고 유혈구 마제석검이 출현하는 시점부터를 언급한다(이형원 2007b: 32). 최근에는 청동기시대 전기의 시작에 이중구연단사선문 초기의 특징[11]을 바탕으로 한 돌대문계 토기의 편입을 적극 시도하는 분위기다. 더 나아가 대율리 유적 등 연대가 빠르면서 전형 가락동유형의 유구와 유물에서 벗어난 비가락동계 유형의 독자 성격의 취락을 설정하려고도 한다(공민규 2010: 43-46). 이들의 견해는 연구의 방향이나 시각에 논의의 차이는 있지만, 전기의 이른 시기 새로운 취락유형의 설정 가능성을 열어둔 것이다.

필자는 기존의 연구성과와 편년안을 바탕으로 호서지역 내 청동기시대의 전기 취락의 등장은 가락동유형 취락이 먼저 한 것으로 파악한다. 즉, 호서지역 내 가락동유형 취락집단은 대략 14세기를 전후하여 이 지역에 먼저 등장하였다고 보는 것이다[12]. 그리고 뒤이어 역삼동유형 취락이 약간의 시간차를 두고 늦게 등장한 것으로 본다. 하지만 미사리유형 취락이 가락동유형 취락보다 먼저 등장하였을 가능성도 전혀 부인할 수 없다. 아무튼 청동기시대 전기 취락의 출현은 늦고 빠름의 시간차는 있지만 일찍부터 다양한 취락이 존재하면서 시작한 것은 분명하다.

그렇다면, 호서지역 내 청동기시대 시작과 함께 출현한 각 취락유형의 등장 원인에 대해 검토해 보자. 이와 관련한 논의는 거의 이루어진 바 없지만 각 취락유형의 등장에 농경을 담당한 집단 이주가 있었을 것이라는 견해가 주목된다(金壯錫 2002, 2008; 김재윤 2004). 비록 상기 연구가 가락동유형 취락의 등장에 초점을 맞춘 것이지만, 그 내용은 호서지역 내 전기 취락 등장의 모습을 구체화할 수 있는 견해라 생각한다.

가락동유형 취락은 한반도 서북지역의 기온하강에 따른 보다 나은 환경지대를 찾아 취락민이 이주한 것으로 언급한다. 물론, 이주한 원인을 다양한 관점과 시각에서 파악해야 하지만 적어도 이 지역에 전기취락이 등장하는 이유의 의문 일부는 해결할 수 있다. 그러나 왜 이들이 호서지역 내에서도 산지가 많은 충북 중·북부와 충남 동부지역에 먼저 나타났는지, 이 지역을 선호한 이유는 무엇인지에 대한 논의는 여전히 의문이다.

필자는 가락동유형 취락 이주의 원인을 원거주지의 자연환경에 대한 적응 기제의 발

---

11) 안재호는 이를 上馬石系二重口緣으로 언급하였는데, 이 토기는 이중구연부의 상하폭이 좁고 단면상의 융대가 뚜렷한 토기여서 전형의 가락동식 토기와는 다르다는 입장을 취하고 있다(안재호 2010: 23). 물론, 이러한 토기 등을 전형 가락동식 토기에서 분리할 경우에는 조기로 볼 필요가 있다고 언급하여 이른 시기의 유물로 보기도 한다(배진성 2010: 66).
12) 여기에는 공민규의 비가락동계 주거지도 가락동유형에 포함하여 살핀 것이다.

현과 당시의 정치 요인 등이 같이 고려되어 나타난 결과로 생각한다.

　자연환경에 대한 적응 기제의 발현은 원거주지와 이주지 내 입지 환경의 유사성으로 살펴볼 수 있다. 가락동유형 원 거주 지역의 자연환경이 이주지인 차령산맥 동부와 대체로 유사하다는 점은 이주민들의 정착에 큰 도움을 주었을 것이다. 이는 인간이 고향에 대한 향수를 느끼는 심리가 이주지의 지형과 입지를 선택하는데 있어 부시불식간에 인지되었음을 의미한다.

　남한지역에서 가락동유형 취락이 입지한 지역과 자연환경을 보면, 지역은 대체로 충북지역과 충남의 동부, 영남 북부에 해당한다. 이 지역들은 침식분지가 많고 카르스트가 형성된 자연 지형 환경을 갖는다[13]. 여기서 주목할 곳은 한반도 남부 가락동유형이 주로 분포하는 금강 중상류와 낙동강 중상류지역인데, 이 지역들은 서로 간 지형 환경이 매우 유사하다. 마찬가지로 가락동유형 기원지로 인식하고 있는 청천강-대동강(金壯錫 2001: 59-60) 중·상류유역의 덕천, 청송, 북창[14]도 침식분지에 해당한다. 따라서 상기 지역 간 입지의 유사함은 가락동유형 취락민이 호서지역의 차령산맥 以東에 머물게 한 원인의 하나로 작용하게 하였을 것이다.

　반면에 이주의 정치적 이유는 타 유형의 취락 분포권으로 진입하지 못하는 점으로 이해한다. 즉, 북한지역 내 가락동유형 집단이 이주하는 과정에서 대동강-청천강유역에 자리한 팽이형토기문화 지역을 피해 해안이나 태백산맥의 서쪽 산줄기를 따라 남하하는(安在晧 2010: 48) 이유를 생각하게 한다. 물론, 이 지역을 벗어났다 하더라도 여전히 한강유역은 역삼동유형 취락의 중심 분포 지역이므로, 계속된 남하를 진행할 수밖에 없다. 따라서 상기 지역 모두를 피해 호서지역 충북 중·북부와 충남 동부지역에 도달하였을 것으로 추정한다. 이 지역은 자신들이 이전에 거주했던 지형 환경과 유사하고 타 취락 집단의 존재가 없었으며, 여기에 머물던 재지의 수렵채집민과 상호작용도 할 수 없었기 때문에 (김장석 2002: 107) 큰 충돌 없이 수월하게 정착한 것으로 볼 수 있다.

　여하튼, 청동기시대 전기 취락의 호서지역 내 등장은 이상의 여러 내용과 근거로 보아

---

13)　침식분지는 하천 중상류의 국지적인 화강암이 다른 암석으로 둘러싸인 곳이나 하천의 본류와 지류가 합류하는 곳에서 침식작용으로 형성된 분지상의 평야지대로 한강 중상류지역의 양구, 춘천, 충주, 원주 등지와 금강 중상류 지역의 대전, 옥천, 청주, 무주, 그리고 낙동강 중상류의 거창, 대구, 안동, 섬진강 유역의 구례, 남원, 임실 등지에서도 보인다(李旼熙·張載勳 1984: 605-607).
14)　이 지역은 가락동식 주거지의 특징인 위석식 노지가 확인되는 유적이 자리하며(정찬영 1974; 서국태 1996), 지형 여건 또한 남한의 가락동유형 취락이 분포한 곳과 대동소이하다.

도 가락동유형이 먼저-필자의 가락동유형 Ⅰ단계-였으며 역삼동유형은 다소 느렸다고 생각한다. 그렇다면 역삼동유형 취락의 호서지역 내 등장은 언제부터인가. 아마도 가락동유형 Ⅱ단계에 들어서면서 진행한 것으로 보인다. 이 시기에 앞서 역삼동유형 취락은 서울·경기 등 중부지역을 중심으로 먼저 등장하였고 점차 충남 서부지역으로 확산하여 간다. 물론, 이 과정에 가락동유형 취락은 차령산맥의 이동에 자리 잡으면서 서쪽과 충남 서부지역으로 확산을 계속 진행하고자 하였다-필자의 가락동유형 Ⅱ단계 이후부터-. 하지만 더 이상 전개하지 못하고, 충남 남부지역으로 눈을 돌려 취락을 전개해 가는데, 아마도 역삼동유형 취락 집단과 접촉과 대립을 추정할 수 있다[15].

3. 취락 편년

호서지역은 청동기시대 다양한 취락유형이 존재하는 곳으로, 이 시기 연구의 중심지 위치를 차지한다. 따라서 남한 내 각 지역별 청동기시대 연구 또한 이 지역과 관계 속에서 편년, 유물상, 주거상, 취락형태 등에 대한 다양한 비교 연구를 진행하여 왔다. 하지만 정작 호서지역만을 대상으로 한 연구는 부족하고, 본 절에서 다루고자 하는 취락의 세부 편년 작업 또한 미진하다. 일부 연구자들에 의해 편년연구가 진행된 바 있지만 토기 등의 유물 자체를 대상으로 편년한 것이 아니라, 주거형태에 맞추어 유물의 선후관계를 결정한 부분이 많았다. 따라서 주장하고자 하는 의도로 편년관이 뒤바뀔 여지가 충분하였다.

주지하는 바와 같이 주거 형태와 석기는 변화 폭이 상당히 긴 편이어서 편년에 적합지 않고, 지역상의 특징을 파악하는데 적절하다. 그러나 토기는 속성별로 빠르게 변화하는 특징이 있어 편년 작업에 유용하며, 이를 통해 각 시대 및 시기별 문화변천 과정을 세밀하게 파악할 수 있는 이점이 있다. 따라서 여기서는 청동기시대 문화상을 밝히는데 유용한 토기를 바탕으로 취락유형별 편년작업을 실시한다.

---

15) 필자는 역삼동유형 취락이 주로 분포하는 천안 지역에 가락동식 주거의 일부요소를 받아들인 불당동 Ⅲ-11호 주거지 및 운전리 B-6호 주거지를 교류의 증거로 파악한 바 있다(허의행 2007). 이러한 가능성은 최근 가락동유형 취락유적인 송원리 KC-032호 주거지에서 역삼동식 공열토기가 공반하는 상황을 통해서도 추정 가능하다. 상기 불당동, 운전리 주거지는 평면형태나 내부 시설물의 배치 등으로 보아 가락동유형 Ⅱ단계에 해당할 가능성이 높은데, 이 단계에는 가락동유형 취락의 확산이 천안지역까지 이르면서 취락유형별 서로 교류가 진행될 가능성을 생각할 수 있다. 하지만 반대로 역삼동유형 취락의 확산에 의해 가락동유형 취락의 확산이 저지된 것으로 볼 여지도 있다.

편년은 시간의 흐름을 잘 반영하는 토기기종과 문양을 선별한 후 형식 분류하고, 타 토기와 공반 관계 등을 고려하면서 단계를 설정한다. 이렇게 설정한 단계는 탄소연대측 정치를 제시하여 역연대를 도출한다. 물론, 토기만을 대상으로 편년한다는 점에서 문제 제기의 소지는 있지만, 앞에서도 언급한 바와 같이 주거지와 석기는 형식 변천의 시간 폭 이 크기 때문에, 본고에서 다루지 않음에도 불구하고 문화 변화양상을 파악하는데 큰 어 려움은 없다.

1) 편년유물 선정과 형식분류

(1) 기종분류와 선정

청동기시대 토기기종 분류는 윤무병에 의해 정리된 이후(尹武炳 1975), 동일기종이라 하더라도 연구자의 시각차에 의해 용어만 달리하여 사용할 뿐 전체 기종의 가감은 많지 않 다. 현재까지도 각 연구자에 따른 기종분류 기준이 달라 통일된 안을 제시하지 못하고 있 다. 예를 들면, 전기의 직립경토기(尹武炳 1975: 20)와 송국리식 외반구연토기의 형태가 유 사하다고 해서 모두 호형토기로 분류하기도 한다. 하지만 전기의 토기는 저장용으로, 후기 의 토기는 자비용[16]으로 주로 사용하였기 때문에 기능과 형태의 차이는 분명하다. 따라서 송국리식 외반구연토기는 자비용의 옹형토기로 분류하는 것이 타당하다(李弘鍾 1996).

본고에서는 전기의 외반구연토기(直立頸土器)를 호형토기로 명명하고, 그 밖에 토 기는 선행 연구자들(尹武炳 1975, 禹姃延 2002a·b, 羅建柱 2006, 이현숙 2000, 강병학 2005)의 분류기준에 따라 발형(盌, 淺鉢, 鉢, 深鉢), 마연(플라스크형 토기 포함)토기, 굽 다리 토기(대부소호, 대부완, 대부완) 등의 용어를 그대로 사용한다.

상기 토기들은 대체로 시간의 흐름에 따라 변화양상이 잘 파악되므로, 공반한 양상과 같이 잘 관찰하면 호서지역 내 청동기시대 취락 편년을 재정립하는데 도움을 줄 것이다.

(2) 속성분석과 형식분류

각 기종에서 관찰되는 가능한 속성을 수치화한 후, 형식분류를 시도하고자 한다. 단,

---

16) 송국리식 옹형토기에 대한 연매흔 관찰에서 40리터를 넘는 대형의 옹관을 제외하고는 대부분의 토기가 자비용으로 이용되었을 것이라는 연구성과가 참조된다(孫晙鎬·庄田愼矢 2004). 옹관에 대한 분석이었지만 전기의 호형토기와는 달리 煮沸의 주 이용을 충분히 생각할 수 있다.

수치화의 의미가 없다고 판단되는 토기편 등은 예외로 하였다.

① 盌形과 鉢形土器

　盌形土器는 대접이나 접시와 같은 기형(尹武炳 1991; 26)을 말한다. 발형토기는 크기에 따라 천발형, 발형, 심발형 등으로 구분하여 왔다. 하지만 완형과 천발형토기는 구분이 다소 애매하므로, 여기서는 盌形土器를 발형토기의 범주에 모두 포함하여 분석한다.

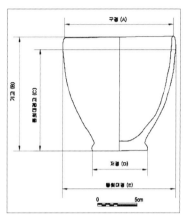

그림 11_천발형토기 계측속성
(김범철 외 2007; 45에서 전재 후 수정, 계측시 저부각, 팽만도, 기벽두께는 제외)

　〈그림 12~14〉는 상기 토기기종을 분석에 앞서 크기(기고와 구경)에 따라 재분류하였다. 크기를 기준으로 삼았을 경우 5종류로 구분 가능하지만〈그림 12~13〉, 기고의 28cm와 구경의 35cm정도에서 빈도봉 형성이 미약하거나, 분류를 행할 만큼 수가 많지 않아 여기서는 하나의 개체로 묶는 것이 바람직할 것이다. 따라서 기고와 구경과의 분포상태를 바탕으로 발형토기를 구분할 경우 〈그림 15〉와 같이 4개 군으로 대구분하는 것이 적절하겠다.

　상기 분류기준을 바탕으로 토기에 대한 계측치를 수치화하여〈그림 11. 참조〉변화의 속성을 찾고자 4개 군의 토기기종을 전·후기로 구분하여 살펴보았다. 〈그림 15·16〉을 보면 완형과 발형토기 모두에서 기고와 구경, 저경, 그리고 동최대경의 속성에서 시간 흐름의 경향성을 파악할 수 있다. 특히, 각 토기 기형별 동최대경과 동최대경의 높이에서 변화의 모습 파악이 뚜렷한데, 전기에는 동최대경이 중·상위에 위치하다가 후기에 들어서면서 중·하단부로 이동한다. 이러한 모습은 완형과 발형토기의 기형이 동체에서 구연으로 연결되는 형태가 내만에서 직선화되는 것과 관련된다. 아무튼, 이 변화의 모습은 전·후기 완형 및 천발형 토기뿐 아니라 중·대형의 발형토기에서도 동일하게 나타난다.

　상기 속성 변화 결과를 바탕으로 완형과 발형토기는 크게 4가지의 형(A~D)으로 구분 가능하다〈표 5, 그림 17〉. A형과 B형은 盌形과 淺鉢土器로 저부에서 구연으로 이어지는 형태가 곡선인 A형과 직선인 B형으로 구분한다. 다음으로 C, D형은 鉢形과 深鉢土器로 앞의 토기와 마찬가지로 구연의 직선화(C형)와 곡선화(D형)로 구분한다. 자세히 보면 C형은 구연형태의 내만이 확실하여 동최대경이 중·상위에 위치하며, D형은 동체 중위부터 구연까지 직선형태로 연결되며, 동최대경은 구연 혹은 동체 중·하위에 위치한다.

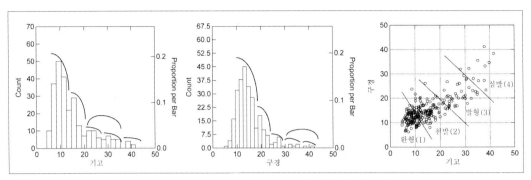

그림 12~14_발형토기의 기고에 따른 분류 · 발형토기 구경의 분포도 · 발형토기의 기고 대 구경

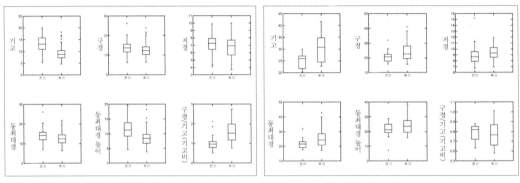

그림 15_전 · 후기 완형 및 천발형토기 각 속성별 검토   그림 16_전 · 후기 발형 및 심발형토기 각 속성별 비교

　　각 형식의 변화과정을 살펴보면 A형과 C형은 전기, B형과 D형은 후기에 집중되고 있어 구연이 내만화에서 직선화되는 경향성을 보인다(우정연 2002). 물론, 후기 주거지에서도 내만형이 출토되지만, 이는 전기 발형토기 속성이 후기까지 지속되고 있음을 의미한다.

표 5_발형토기의 형식분류

형식	구연형태
A	저부에서 구연까지 완만하게 곡선을 이루는 형태
B	저부에서 구연까지 직선인 형태
C	구연 근처에서 내만하는 형태
D	동체에서 구연까지 직선인 형태

형식	발형 A	발형 B	발형 C	발형 D
유물	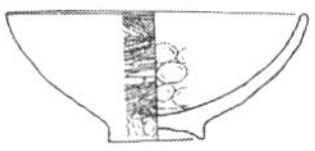	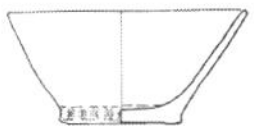	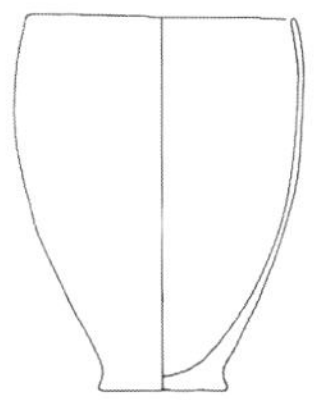	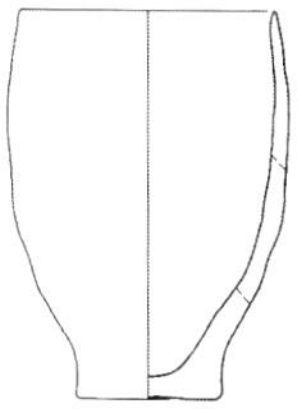
유적	서산 휴암리 A호	부여 송국리 54-9호	청원 황탄리 KC-006호	대전 구성동 C-2호

그림 17_발형토기의 형식분류(토기 : 1/10)

발형토기 형태와 속성의 빈도별 분포차이를 지역별로 구분하여 전·후기로 살펴보았다〈그림 18〉. 이를 살펴보면, 전기 발형토기는 지역별로 큰 편차는 없지만 후기 발형토기에서는 내만형이 서해안과 충남북부지역에서 많이 보이고 있어, 이 지역이 발형토기의 전기 요소가 강하게 지속되는 곳임을 알 수 있다(형식으로는 A형과 C형). 토기 속성상으로 보면 동최대경의 높이가 서해안과 충남 동부지역이 대체로 동체 중·상위에 위치하고 있는 모습과 관련된다. 이는 서해안지역 발형토기가 전기의 전통이 오래 지속된 것을 추정하게 한다.

이상, 완형과 발형토기의 변화를 살펴보았지만 변화의 속성은 뚜렷하지 않고 전·후기에 각 단계별 변화 모습도 잘 관찰되지 않는다. 다만, 전기에서 후기로 이행되면서 전반의 변화 경향성만 간취된다.

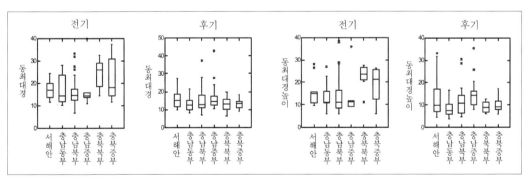

그림 18_전·후기 발형토기 속성의 지역별 차이

② 호형토기

호형토기(直立頸土器)는 구형에 가까운 둥근 동체에 길고 곧은 직립경이 달린 형태를 말한다(尹武炳 1975: 20). 플라스크형토기와 굽다리토기 등을 제외하면 전기의 대표 기

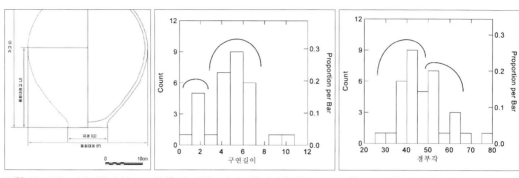

그림 19_호형토기의 계측 속성　　　그림 20_호형토기의 구연 길이에 따른 분류　　그림 21_호형토기의 경부각에 의한 분류

종이지만 출토량이 적어 시간 변화를 관찰하기에는 어려움이 있다. 그러나 구연의 형태, 동체의 팽만도, 경부각의 완급 등에서 변화의 속성이 감지되어 왔다.

표 6_호형토기의 형식분류

형	구연형태	동최대경위치	동체세장화	견부형태
A	구연 長(4cm 이상), 직립	중위	구형	각있음(50도 미만)
B	구연 長(4cm 이상), 살짝 외반	중위	구형	각있음(50도 미만)
C	구연 長, 직립 및 살짝 외반	중상위	세장	곡선화(50도 이상)
D	구연 長 · 短(4cm 미만), 직립 및 외반	중위	구형?	각 및 곡선화
E	구연 長 · 短, 완전외반	중하위	구형 및 세장	각있음형식

형식	호형 A	호형 B	호형 C	호형 D	호형 E
유물	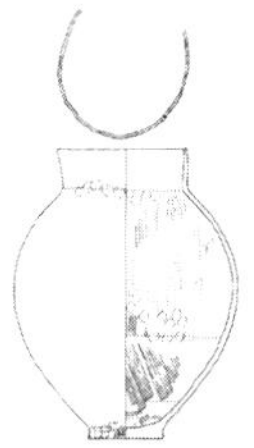	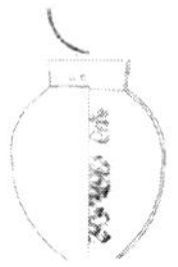	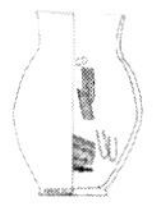	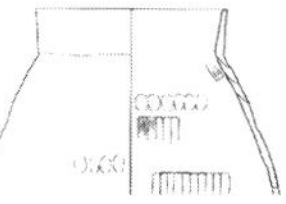	
유적	천안 용곡동 두터골 5호	천안 청당동 2호	보령 관산리 12호	아산 명암리 (11지점) 6호	보령 구룡리 1호

그림 22_호형토기 형식분류(토기 : 1/20)

　　천선행(2003)은 구경부와 견부의 경계가 명확하면서 구경부가 외경하는 형태(Ⅰa)→경계가 명확하면서 구경부가 직선인 형태(Ⅰb) · 경계가 뚜렷하지 않고 곡선인 형태에 내만(Ⅱc) · 곡선 형태에 구경부만 살짝 외반(Ⅱe)→곡선 형태에서 구경부 전체 내만(Ⅱ

d)·곡선이면서 구경부 중간부터 외반(IIf)·곡선이면서 구경부 전체외반(IIg)의 모습으로 변화하는 것으로 파악하였다(千羨幸 2003: 34). 나건주(2006 :18)와 庄田愼矢(2007)는 긴 구연에서 짧은 구연으로의 변화, 그리고 동체의 세장화 등 추가적인 변화속성을 파악하여 편년의 기준으로 삼았다.

구연길이가 긴 것에서 짧은 것으로 진행한다는 점에는 동의하지만 구연의 길이가 긴 것이 전기 늦은 시기에도 관찰되므로 세부의 변화상을 반영하는데 있어서는 무의미한 것으로 파악되는데, 기종별 개체수가 많지 않고 구연 길이를 계측치로 살펴본 결과 대부분 4cm 이상을 나타내는 것이 많고 짧은 구연은 5개체 미만에 해당하기 때문이다〈그림 20〉. 따라서 구연 길이보다는 구연 외반도(구연각)가 시간 흐름을 더 잘 반영하는 것으로 생각된다. 이와 함께 동최대경과 동최대경의 높이, 견부각 등에서 속성별 상관성(0.892, n=11)이 높아 같이 변화하는 모습을 추정할 수 있지만, 완형개체수가 적어 확언하기는 어렵다. 다만 최근 호형토기를 중부지방까지 확대하여 편년한 연구에 의하면, 필자의 변화상과 큰 차이가 없는 것으로 확인된다(박상윤 2011).

아무튼, 상기 연구성과들과 금번 연구를 통해 얻어진 호형토기의 변천양상은 직선구연에서 외반구연으로, 중상위 동최대경 높이에서 중위의 동최대경 높이로, 이와 함께 팽만화된 동체에서 세장형의 동체로 변화하는 모습이 살펴진다.

이처럼 시간 변화를 반영하는 속성들을 바탕으로 호형토기를 분류하면 총 5개 형식으로 구분 가능하다〈표 6, 그림 22〉. 각 형식은 A→B→C→D→E의 순으로 변화의 흐름이 관찰된다. 하지만 D와 E형식은 후기의 유적에서도 확인되고, A-C형식과의 연결성을 찾기가 다소 애매한 점이 있지만, 큰 변화의 흐름은 이와 같다고 할 수 있다.

다음으로 호형토기 형식별 지역상을 살펴보면, 충남동부지역에 이른 시기(A형)의 것이 많이 확인되어, 호형토기 등장과 변천과정을 밝히는데 시사하는 바가 크다. 즉, 호형토기는 가락동유형과 함께 등장한 후, 변화 발전하는 과정에서 주변의 역삼동유형에 영향을 끼쳤을 가능성을 생각할 수 있다. 한편, 늦은 시기 호형토기(C, D, E형)는 서해안지역에 주로 확인되어 발형토기와 마찬가지로 전기 전통이 강하게 남아있는 곳임을 알게 한다.

③ 마연(플라스크형)토기

마연토기는 적색마연토기, 홍도, 붉은 간토기, 단도마연토기 등 여러 용어로 불리우는데, 그 기형은 플라스크형 혹은 복주머니 모습이고, 청동기시대 전 기간에 걸쳐 사용된 특수 용기이다.

이 토기의 형식분류는 기존의 연구성과를 바탕으로 한다. 시간의 상대서열은 공반토기들과 관계 등을 고려하면서 제시하고자 한다. 왜냐하면 이 토기들은 확인되는 개체수가 적거나 편으로 출토된 예가 많아 수치를 통한 변화의 양상을 파악하기에는 어려움이 있기 때문이다.

마연토기는 일찍이 형식분류와 편년안이 제시되었는데(이건무 1986; 하인수 1989; 李花英 2008), 대체로 저부와 동최대경, 구연의 형태에서 변화의 속성을 찾고 있다. 호서지역에서 확인되는 마연토기는 상기한 속성을 바탕으로 살펴보면 크게 6가지 형식이 확인된다〈표 7, 그림 23〉. 관찰된 속성의 변화를 보면 구연은 점차 외반하고 동최대경 위치는 중하위로 이동하며, 저부형태는 말각평저로 진행한다. 이와 함께 경부각이 사라지면서 완만하게 외반한다.

표 7_마연토기의 형식분류

형식	구연형태	동체형태 (동최대경위치)	저부형태	경부형태
A	직립 후 구순 약간 외반	구형(중위)	평저	뚜렷
B	직립 또는 직립 후 완만 외반	편구형(중하위)	평저	희미해져 감
C	급한 외반	구형(중하위)	말각평저	뚜렷
D	완만하게 외반	구형(중위)	말각평저	희미
E	완만하게 외반	편구형(중하위)	말각평저	희미
F	급하게 외반 및 구연단	하위	평저	희미

형식	A	B	C	D	E	F
유물	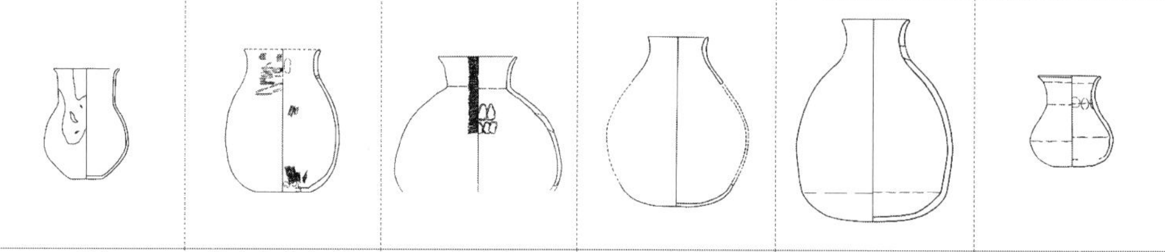					
유적	제천 능강리 1호	대전 용산탑립동 6-10호	천안 백석동 I-23호	충주 조동리 6호	부여 송국리 54-14호	당진 자개리 I 26호

그림 23_마연토기의 형식분류(토기 : 1/10)

④ 굽다리토기

굽다리 토기는 대부소호, 굽다리토기 등으로도 불리는데 청동기시대 전기와 초기철기시대 유적에서 출토된다. 이 토기는 출토량에 비해 너무 다양한 모습을 가지고 있어 형식을 구분하기가 용이하지는 않다. 하지만 기존 연구성과와 타 유물의 공반관계를 통해 어느 정도 편년이 가능하다.

강병학의 연구성과를 참조하면(강병학 2005), 대각의 형태는 호서지역에서 3가지 형식(IV, V, VI형식)만 확인된다. 역삼동 유형은 IV·V형식, 가락동 유형은 III형식과 V형식, 송국리 유형은 서천 도삼리유적과 장원리유적에서 VI형식의 저부, 송국리유적·서천 당정리유적·봉선리유적에서는 IV, V형식이 출토된다. 편년안에 의하면 I→II→IV→V·III→IV형식으로 변화한다(강병학 2005: 23-26).

표 8_굽다리토기 형식분류

형식	형태
A	저부는 짧은 오목굽의 형태
B	역제형의 형태
C	역 'U'자형의 형태
D	신부는 호형이며, 저부는 원통형의 형태, 대각의 형태는 2형식보다 좁아짐
E	D형식의 저부보다 낮아지면서 오목굽의 형태
F	B형식과 유사하나 대각이 넓게 펼쳐짐
G	C형식과 유사하나 대각의 길이가 다소김, 역 'V'자형
H	나팔형과 원주형의 저부 결합 형태

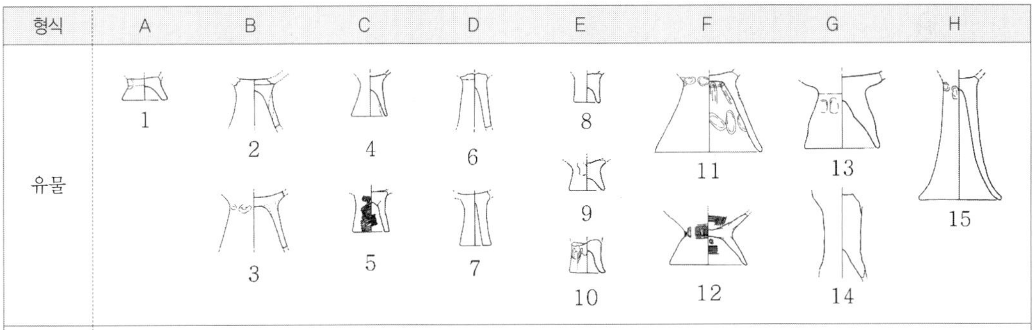

형식	A	B	C	D	E	F	G	H
유물	1	2, 3	4, 5	6, 7	8, 9, 10	11, 12	13, 14	15
유적	1. 청주 강서동 1호, 2. 대전 둔산동 1호, 3. 금산 수당리 1호, 4. 천안 두정동 2호, 5. 천안 백석동 II-2호, 6. 충주 조동리 3호, 7. 충주 조동리 9호, 8. 아산 갈산리 2호, 9. 천안 불당동 III-7호, 10. 천안 운전리 C-3호, 11. 아산 와우리 7호, 12. 천안 백석동 I-15호, 13. 서천 봉선리 3-III-10호, 14. 서천 당정리 3호, 15. 서천 도삼리 3호							

그림 24_굽다리토기 형식분류(토기 : 1/8)

호서지역 가락동 유형 굽다리토기는 V형식에 가깝다. V형식의 굽다리 토기는 8-5세기와 3세기로 구분되는데, 호서지역 가락동유형의 연대를 감안하면, 보다 이른 단계의 굽다리토기로 보는 것이 타당할 것이다. 청주 강서동 1호 주거지에서 출토된 굽다리토기 저부편〈그림 24-1〉은 강병학의 Ⅰ형식인 무산호곡동 출토 저부형태와 유사하기 때문에 가장 이른 단계로 보여지며, 낮고 짧은 오목굽에서 점차 높아지면서 원주형으로 변화하는 것으로 파악된다. 역삼동 유형은 가락동유형과는 달리 역 'U'자상의 저부형태에서 낮고 짧은 오목굽으로 변화가 보인다. 그러한 변화과정에서 가락동유형의 영향을 받은 Ⅵ형식이 출현한다.

호서지역 출토 굽다리토기를 분류해 보면, 〈표 8〉·〈그림 24〉와 같은 8가지의 형태가 관찰된다. 이를 종합하면, A→H형식으로의 변화상이 추정되지만 앞서 살펴 본 마연토기와 마찬가지로 다양한 형식들 간의 공존양상을 보여주고 있어 형식분류에 큰 의미가 없다.

⑤ 토기문양

이상, 토기 각 기종별 변화의 모습을 갖는 속성을 찾고, 이를 형식분류하여 시간의 흐름을 파악하였다. 그러나 토기의 형식과 더불어 전기 청동기시대 편년에 중요하게 인식되어온 것이 문양이다.

문양은 전기 토기를 편년하기 위해서 가장 중요시 되어 왔는데, 전반의 큰 흐름은 시간 흐름에 따라 토기 내 문양이 무문화되어 간다는 경향성이다. 본고에서도 이 흐름의 변화상을 다시 추적하고자 다음과 같은 방법으로 분석하였다.

우선, 문양 속성을 〈그림 25~26〉의 기준으로 수치화하고 시간 흐름을 반영할 수 있는 문양들을 추출해서 형식분류한 후, 타 토기 기종과 공반관계 등을 고려하여 순서배열하였다. 각 문양들은 독립한 상태로 변화의 흐름을 갖지 않고 타 문양과 결합하면서 변화하기 때문에, 먼저 속성 간 결합성이 높은 문양을 찾고자 하였다〈그림 28〉. 이를 통해 확인된 문양의 모습을 다시 지역별〈그림 34. 참조〉, 시간별로 종합하였다.

먼저, 공열은 공열의 직경(지름)과 공열간의 간격, 공열과 구순부간의 간격 등으로 구분하여 살펴보았다. 그 결과, 공열 직경은 시간 흐름이나 지역성을 반영하지 않는 것으로 파악되었지만, 공열간 간격은 지역별 차이가 있음을 알 수 있다. 거의 동일한 간격을 유지하면서 공열이 배치된 점은 전 지역이 같지만 충남북부지역에서 공열간 간격이 다소 넓다는 점이 관찰된다. 또한, 공열과 구순부간의 간격은 충남 동부지역이 가장 길다. 그러나 양자 모두 시간 흐름을 반영한 것으로 보기에는 아직 분명히 언급할 수 없기 때문에 일단은 지역 차이로 보는 것이 타당할 것이다〈그림 33〉.

구순각목은 충남북부지역에서 폭이 좁고 넓은 것, 시문방향은 사선과 직교 등 다양하

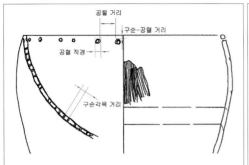

그림 25_공열과 구순의 계측 속성

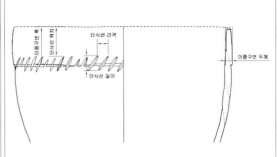

그림 26_이중구연과 단사선문의 계측 속성

게 확인되고, 충남 중부지역에서는 직교의 시문방향만 확인된다. 그러나 공열문과 구순각목문은 지역성은 인정되지만 시간성을 파악하기에는 어려움이 많다. 반면, 이중구연과 단사선문은 높은 상관관계를 가지면서 시간에 따른 변화의 흐름이 비교적 뚜렷하여 그간 편년의 기준이 되어왔다. 이중구연과 단사선문의 변화는 맥을 같이하기 때문에〈그림 27〉, 이 두 문양간의 관계를 통해서 시간 흐름을 파악할 수 있다. 기존 선학들의 연구에서도 이중구연의 폭과 두께, 그리고 단사선문의

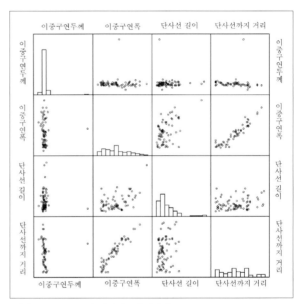

그림 27_이중구연과 단사선문의 상관관계

구연부 위치와 길이가 시간성을 반영하는 것으로 이해되어 왔다. 즉, 이중구연의 폭은 좁은 것에서 넓은 것으로, 두께는 두꺼운 것에서 얇은 것으로, 단사선의 위치는 이중구연의 폭과 마찬가지로 구연근처에서 먼 곳으로, 단사선의 길이는 짧은 것에서 긴 것으로 변화한다(이형원 2004; 안재호·천선행 2004).

따라서 이 문양이 편년토대가 될 것이므로 형식 설정을 위해 〈그림 28~31〉과 같이 분석을 실시하였다. 그림을 보면 이중구연의 폭은 2.7cm와 5.0cm, 단사선 길이는 1.7cm에서, 단사선 위치는 1.0cm와 3.0cm에서 빈도봉이 형성되어 분포의 변화가 관찰되므로 형

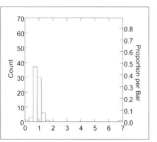
그림 28_이중구연 두께의 분포도

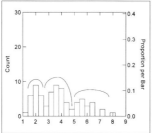
그림 29_이중구연 폭의 분포도

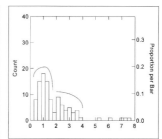
그림 30_단사선 길이의 분포도

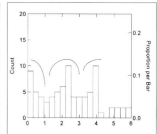
그림 31_단사선 위치의 분포도

식을 설정하는 기준으로 작용할 수 있을 것이다. 단, 이중구연의 두께는 수치상 뚜렷하지 않지만 이중구연의 유무만으로도 파악이 가능하다.

표 9_문양의 속성과 형식분류

형식	이중구연 두께	이중구연 폭	단사선 길이	단사선 위치	단사선 시문위치
A	두꺼움	2.7cm 이하	1.7cm 미만	1.0cm 미만	이중구연 내에 시문됨
B	두꺼움	2.7cm~5.0cm	1.7cm 미만	1.0cm~3.0cm	이중구연 내에 시문됨
C	두꺼움	2.7cm~5.0cm	1.7cm 이상	3.0cm 이상	이중구연을 넘어섬
D	얇음	5.0cm 이상	1.7cm 이상	3.0cm 이상	이중구연을 넘어섬

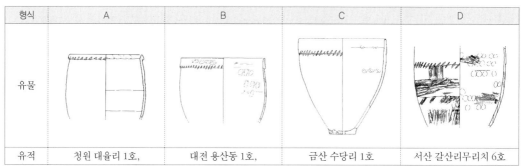

형식	A	B	C	D
유물				
유적	청원 대율리 1호,	대전 용산동 1호,	금산 수당리 1호	서산 갈산리무리치 6호

그림 32_문양속성과 형식분류

또한, 단사선의 시문 위치도 의미를 가지는데, A·B형식은 이중구연 내에, C·D형식은 이중구연을 넘어서 시문된 경향이 보인다[17].

---

17) 기 논고에서는 C형의 문양이 설정되었으나, 본고를 작성하는 중에 기존 C형은 단사선의 길이에서만 차이가 있을 뿐, 여타의 속성들을 보면 오히려 B형에 포함하는 것이 적절할 것으로 파악하였다. 따라서 본고에서 문양에 대한 형식분류는 4개 형식으로 다시 설정하였다.

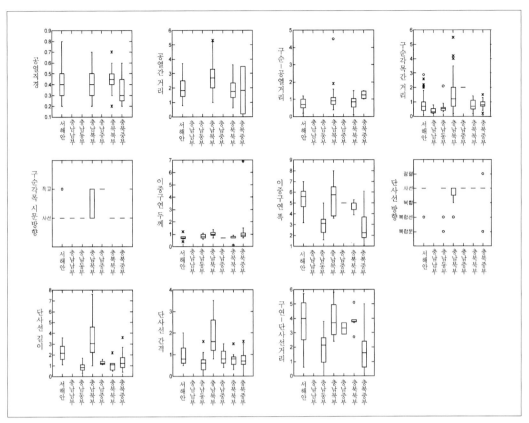

그림 33_지역별 문양 속성 차이

상기 분류기준을 토대로 〈표 9, 그림 32〉와 같이 문양은 4가지 형식으로 구분 가능할 것이다.

전체의 변천과정은 A형식에서 D형식으로의 진행이 인정되지만, 대율리 1·5호

주거지는 타 토기와 공반관계로 보아 A형식에 속함에도 단사선의 길이가 1.7cm 이상 이어서 예외라 할 수 있다.

다음으로 문양의 지역별 분포상에 따른 전체의 전개과정을 살펴보겠다.

〈그림 33〉은 각 문양 속성을 지역별로 살펴 본 것이다. 앞의 분석결과와 비교하면, 이 중구연과 단사선의 경우, 대체로 충남 동부와 충북 중부지역이 이른 편이고 서해안과 충 남북부지역이 상대적으로 늦음을 알 수 있다. 이러한 모습은 전기 토기의 변천과 더불어 각 취락유형간 선후관계를 밝히는데 유용하게 적용할 수 있다. 전자의 지역은 가락동유 형이, 후자의 지역은 역삼동유형이 우세하다. 이는 가락동유형이 역삼동유형 보다 앞선

다는 것을 보여줌과 동시에 서해안과 충남북부지역에 기반하였던 역삼동유형은 송국리 유형이 유입된 이후에도 여러 요소들이 잔재했음을 보여주는 간접의 증거라고 판단된다.

2) 형식의 변화와 편년

(1) 단계설정

앞 절의 분석내용을 토대로 주거지 출토 토기를 순서배열한 후, 각 유형별 변화단계를 설정해 보고자 한다.

〈표 10〉은 형식분류된 토기와 문양을 순서배열하여 정리한 것이다. 표를 살펴보면, 각 토기의 형식을 기준으로 전기 청동기시대 각 취락유형별 단계설정이 가능하다. 즉, 형식 설정에 유효한 토기의 등장과 소멸, 공반양상 등을 고려할 때, 전기의 가락동유형은 크게 3단계, 역삼동유형은 5단계로 구분될 수 있다. 물론, 단계별로도 더 세분될 수 있는 여지 는 있지만 큰 변화의 흐름은 위의 틀에서 움직였다고 판단된다.

이상의 내용을 요약한 것이 〈표 11〉로서 각 취락 유형별 단계의 토기 특징을 살펴보자.

먼저, 가락동유형 Ⅰ단계는 A형의 호형토기와 A형의 문양, 그리고 굽다리토기와 마연 토기가 등장한다. Ⅱ단계는 A형의 호형토기는 지속되고 문양이 B형으로 변화한다. 마지 막으로 Ⅲ단계가 되면 A형의 호형토기가 소멸하고 B, C형의 호형토기가 성행한다. 문양 면에서는 C형으로 바뀌지만 소멸의 시기는 상당히 느리다. E형의 굽다리토기와 C, D형 의 마연토기가 관찰된다. 전체의 단계설정에 가장 유효한 토기는 호형토기이며 문양 속 성 또한 변화의 흐름을 잘 반영한다.

표 10_토기유형별 순서배열과 단계의 설정

단계		유적	유구	발형				호형토기				토기문양				굽다리토기							마연토기				
가락동	역삼동			A	B	C	D	A	B	C	D	A	B	C	D	A	B	C	D	E	F	G	H	A	B	C	D	F	E
Ⅰ		강서동	1호									●			●														
		강서동	2호			●						●																		
		봉명동	A-3호									●																		
		봉명동	A-14호									●																		
		대율리	1호			●						●																		
		대율리	4호									●																		
		용산탑립동	4-1호									○																		
		용산탑립동	4-5호									●																		
		비하동2	7호									●																		

분류	유적	호수										
	용정동	2-7호					●					
	대율리	3호									●	
	둔산동	1호		●		●	●		●			
	수당리(표고)	3호									●	●
	용산탑립동	6-10호					●					●
	국사리	1호				●						
	관평동	I-3호					○					
	대율리	2호					○					
II	둔산동	2호					●	●				
	내곡동	1호					●	●				
	용산동	2호					●	●				
	용산동	1호	●	●			●	●				
	대율리	5호					●	●				
	용정동	1-1호		●			●					
	사양리	2호		●			●					
	사양리	4호					●					
	관평동	1-1호					●					
	두계리	4호					●					
	비하동	5호					●					
	송대리	1호							●			
I	두정동	1호					●			●		
	저산리	4-2					●					
	용산탑립동	4-2호					●					
	용산동구석기	1호					●					
	용산탑립동	2-4호					●					
	용정동	2-1호					●					
	제천리	1호		●			●					
	제천리	2호					●					
	신관동	1호					●					
	운전리	A-2호	●	○	●	○	○					
	용산탑립동	6-12호					○					
	용정동	2-8호		●			○					
	관평동	2-9호					○					
	대율리	7호				●	●					
	두리	1호					●					
	마산리	1호					●					
	백석동	새-2호					○					
	백석동	III-2호					○					
III	갈산리무리치	7호					○	○				
	능강리	1호					○				●	
	수당리	1호			●		●		●			
	갈산리무리치	5호		●			●					
	백석동	III-6호					●					

단계	유적	호	1	2	3	4	5	6	7
II	백석동	B-12호	●			●			
	갈산리무리치	2호				●			
	주교리	8호				●			
	부장리1	51호				●			
	부장리2	9호				●			
	백석동	II-2호				○		●	
	운전리	B-6호				○			
	장재리안강골	4호		●				●	
	용정리2	7호		●					
	신방동	2-12호	●	●					
	신방동	1-21호	●	●					
	용곡동두터골	3호	●	●					
	용곡동두터골	5호	●	●				●	
	아산대흥리	14호		●					
	밤줄길	1호		●					
	왕정리	I-10				●			
	왕정리	I-11							
	용두리2-2	6호				●			
	백석동	A-4호	●			●	○	●	
III	부장리2	2호		●		●	●		
	용정동	III-1		●		●			
	신방동	1-15호	●	●	●				
	부장리1	42호	●	●	●				●
	용화동	8호	●	●	●				
	신방동	2-23호	●	●	●				
	풍기동앞골	17호			●	●	●		
	용두리2-2	1호			●				
	갈산리	4호	●			○			
	명암리6	1호			●				
	운전리	B-4호	●			○	●		
	부장리1	61호				●			
	주교리	18호				●			●
	주교리	7호				●			
	주교리	13호				●			●
	백석동	II-10호				●			●
	갈산리무리치	6호				●			
	일람리	2호				●			
	백석동	II-5호				●			
	백석동	II-3호	●			●			
	관산리	13호				●			
	관산리	12호	●		●	●			
	풍기동앞골	4호				●			
	용두리1-1	2호				●			

구분	유적	호수	1	2	3	4	5	6	7	8	9	10	11	12	13	14	15	16	17	18	19	20	21	22	23	24
	부장리1	18호												●												
	풍기동앞골	1호						●																			
	백석동	새-11호						●																			
	백석동	B-2호			●			●																			
	백석동	B-3호			●			●																			
	백석동	II-7호			●			●									●										
	청당동	2호						●																			
	운전리	C-2호						●																			
	아산대흥리	16호						●																			
	아산대흥리	5호	●	●	●			●																			
	신방동	3-1호			●			●																			
	신방동	3-12호															●										
	신방동	1-20호															●										
	조동리	6호																									●
	조동리	9호				●												●									
	조동리	3호						●						○				●									●
	조동리	1호			●	●												●									
	용산탑립동	2-1호																									●
	백석동	B-19호						●																			
IV	불당동	3-7호																	●								
	신방동	2-1호					●	●	●																		
	아산대흥리	1호			●			●	●																		
	부장리2	5호							●										●								●
	갈산리	2호			●														●								
	신방동	1-5호			●				●																		
	와우리	5호	●																●								
	백석동	I-23호																	●							●	
	와우리	7호																		●							
	백석동	I-15호																		●							
	관산리	1호							●																		
	불당동	2-20호							●														●				
	갈산리무리치	8호																					●				
	봉명동	B-12호																					●				
	정북동	1호																					●				
	상장리	1호																					●				
	군덕리	3호																					●				
	명암리11	7호							●																		
	두계리	10호							●																		
	갈산리	3호																									●
	와우리	8호				●																					●
	백석동	III-5호							●																		
	백석동	I-2호																									●
	하당리	6호																									●

		백석동	A-8호						●												
		자개리II	19호	●	●				●												
		남장리(충문)	7호						●												
		자개리 I	5호				●		●												
		명암리11	6호		●				●												
		쌍용동	3-5호		●	●			●												
		용정동	I -5호						●							●					
		가오동	4호		●					●							●				
		남장리(충문)	9호							●											
		남장리(충문)	11호							●											
		밤줄길	4호		●					●											
		구룡리	1호		●					●											
		명암리11	14호		●	●				●										●	

역삼동유형은 토기 변화상이 단계별로 가락동유형보다 빠르게 진행되는 것을 알 수 있다. 즉, 토기 속성에서 문양의 등장, 유행, 소멸 과정과 호형토기와의 공반관계 등을 종합해 보면, 대략 4단계의 변화상을 상정할 수 있다.

I 단계는 가락동유형과는 달리 A형의 호형토기와 문양이 보이지 않고 바로 B형의 문양이 처음 등장하는 점으로 보아, 취락 등장이 가락동유형 보다 다소 늦다는 점을 알게 한다. 굽다리토기는 C형이지만 가락동유형 토기와는 다르며 마연토기는 나타나지 않는다. II단계와 III단계는 호형토기와 문양이 유행하던 시기로 볼 수 있다. II단계는 초기형의 A형 호형토기가 여전히 사용되고 있지만, 문양이 C형으로 변화하면서 점차 쇠퇴화의 모습을 보인다. 기타 토기기종은 B형의 굽다리토기가 출현하지만 유행은 짧고 바로 C형의 굽다리 토기가 유행한다. III단계가 되면 B형의 호형토기가 등장하며, 문양은 D형으로 변화하면서 소멸의 단계에 들어선다. 굽다리토기는 C형과 D형 사용되고, 마연토기는 B형 소멸 후 곧이어 D형이 등장한다. IV단계는 다양한 토기형식의 등장과 함께 문양이 완전히 소멸되어 존재가 확인되지 않는 시기이다. C·D·E형 호형토기가 주를 이루지만, 문양은 확인되지 않는다. E·F형의 굽다리토기 등장 및 바로 소멸하며 마연토기 또한 C형이 등장 후 소멸한다.

이상 전기 취락유형의 단계별 토기 변화상을 살펴보았는데, 편년에 호형토기와 문양의 변화가 주 기준이 됨을 알 수 있었으며, 기 연구자들의 견해와 변화의 큰 차이는 없다. 다만 필자는 기존의 전기 2단계(전반, 후반) 또는 3단계(전엽, 중엽, 후엽)의 편년안 보다는 좀 더 세분될 가능성이 있음을 언급하였다.

표 11_청동기시대 전기 각 취락유형별 단계설정과 토기변화

단계		각 취락 유형별 토기 변화상	
가락동	역삼동	가락동	역삼동
I		A형 호형토기, A형 문양, A · B형 굽다리토기 · 마연토기	
II	I	B형 문양, B형 굽다리토기	B형 문양 등장, C형 굽다리토기 등장
III	II	C형 문양, D형 문양은 없음(늦은시기에 역삼동유형과 유사하게 문양이 소멸됨), E형 굽다리토기, B · C · E형 호형토기 등장(조동리만), A · C · D형 마연토기.	C형 문양, B형 굽다리토기 소멸 및 C형 굽다리토기 유행
	III		B형 호형토기 등장, D형 문양등장, C형 굽다리토기 소멸 후 D형 굽다리토기 등장, B형 마연토기 소멸 후 D형 마연토기 등장.
	IV		C · D · E형 호형토기, 문양소멸, E · F형 굽다리토기 등장 및 소멸, C형 마연토기 등장과 사용 후 소멸.

표 12_청동기시대 단계별 유구수의 변화

단계			유형(유구수)		역연대
가락동	역삼동	송국리	가락동 유형(54)	역삼동 유형(74)	
I			17(31.4%)		13C~11C
II	I		24(44.4%)	5(6.7%)	12C~10C
III	II		13(24.0%)	17(22.9%)	11C~9C
	III			27(36.4%)	
	IV			25(33.7%)	10C~8C
		I			9C~7C
		II			8C~6C
		III			7C~5C
		IV			

표 13_청동기시대 단계별 유적수의 변화

단계			유형(유구수)		역연대
가락동	역삼동	송국리	가락동 유형(36)	역삼동 유형(42)	
I			11(30.5%)		13C~11C
II	I		15(41.6%)	4(9.5%)	12C~10C
III	II		10(27.7%)	10(23.8%)	11C~9C
	III			12(28.5%)	
	IV			22(52.3%)	10C~8C
		I			9C~7C
		II			8C~6C
		III			7C~5C
		IV			

가락동	단계 역삼동	후기	완형 및 발형	호형토기	토기문양	옹형토기	굽다리토기	마연토기
I			1	2	1, 3		4, 5	6
II	I		7, 8, 9	10	11, 12		13, 14	
	II		15, 16	17	18		19, 20, 21, 22	
III	III		23, 24, 25, 26	27	28, 29		30, 31, 32	33, 34, 35
	IV		36, 37	38, 39			40, 41, 42	33, 34, 35
			46	47, 48				49

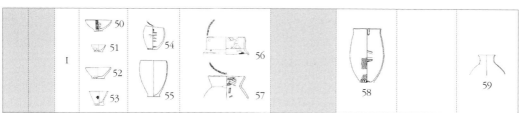

1. 청원 대율리 1호, 2. 대전 둔산동 1호, 3. 청주 용정동 2-7호, 4. 청주 강서동1호, 5. 대전 둔산동 1호, 6. 청원 대율리 3호, 7. 천안 백석동 새-5호, 8 · 9. 전 용산동 1호, 10. 천안 운전리 A-2호, 11. 대전 관평동 Ⅰ-1호, 12. 천안 두정동 4호, 13. 천안 두정동 1호, 14. 청원 송대리 1호, 15. 천안 신방동 Ⅱ-12호, 16 · 17. 천안 용곡동두터골 5호, 18 · 19. 금산 수당리 1호, 20 · 21. 천안 백석동 Ⅱ-2호, 22. 천안 용곡동두터골 5호, 23 · 24. 아산 대흥리큰선상 5호, 25. 천안 백석동 Ⅱ-7호, 26. 천안 백석동 B-2호, 27. 천안 백석동 Ⅱ-7호, 28. 아산 갈산리 4호, 29. 보령 주교리 18호, 30. 천안 백석동 Ⅱ-7호, 31. 충주 조동리 1호, 32. 충주 조동리 3호, 33. 천안 백석동 Ⅱ-10호, 34. 충주 조동리 3호, 35. 보령 주교리 18호, 36. 아산 명암리(11지점) 7호, 37. 아산 갈산리 2호, 38. 천안 청당동 2호, 39. 천안 불당동 Ⅱ-20호, 40. 천안 불당동 Ⅲ-7호, 41. 아산 와우리 5호, 42. 천안 백석동 Ⅰ-15호, 43. 천안 불당동 Ⅱ-20호, 44. 청주 봉명동 B-12호, 45. 천안 백석동 Ⅰ-23호, 46. 서산 휴암리 A호, 47. 서산 휴암리 A호, 48. 당진 자개리 Ⅰ 54호, 49. 대전 가오동 4호, 50. 서산 휴암리 A호, 51. 당진 자개리 Ⅰ 54호, 52. 서천 한성리 3호, 53. 아산 와우리 8호, 54. 보령 관창리B 98호, 55. 청원 황탄리 KC-006호, 56. 보령 죽청리 가, 57. 보령 구룡리 1호, 58. 보령 관창리B 53호, 59. 아산 군덕리 1호

그림 34_청동기시대 전기로의 변천과 단계

다음으로 유형별 변화상에 따라 주거지 수와 유적 수를 빈도별로 살펴보면〈표 12 · 13〉, 상기 두 유형 모두 유구나 유적 수에서 등장-유행-소멸의 일정 패턴을 보여주고 있는 것으로 나타나 급작스런 변화는 인지되지 않는다. 다만, 역삼동유형은 가락동유형과는 달리 가장 성행하던 시기에 급작스럽게 소멸의 단계로 접어드는 모습을 볼 수 있다. 이는 아마도 사회경제의 기반을 달리한 송국리문화의 등장과 더불어 급작하게 변혁이 진행된 결과가 아닐까 생각해 본다.

(2) 연대설정

앞에서 살펴본 바와 같이 기종과 토기문양의 속성을 찾아 형식분류한 후, 순서배열 등을 통해 각 유형별 상대편년을 실시해 보았다. 문제는 쉽게 해결할 수 없는 각 단계별 실연대의 설정이다. 현재까지 보고된 AMS의 연대측정에 의존할 수밖에 없는 형편이지만 더 많은 자료의 축적을 기대하면서 참고자료로 제시해 보고자 한다.

〈그림 35〉는 각 단계별 방사성 탄소연대 측정결과[18]를 나타낸 것이다.

탄소연대측정의 한계상, 이것을 가지고 절대연대를 제시하는 것은 무리지만, 단계별 좌

---

18) 보정연대는 Oxcal 프로그램을 통하여 직접 산출하였다. 산출은 단계에서 가장 빠르거나 느린 탄소연대는 제외하고, 안정적인 범위를 취했다. 뚜렷하고 정확한 연대를 산출하지는 못했으나 빠르고 느린 단계의 전반의 양상과 대략의 역연대를 추정하는데 도움을 준다.

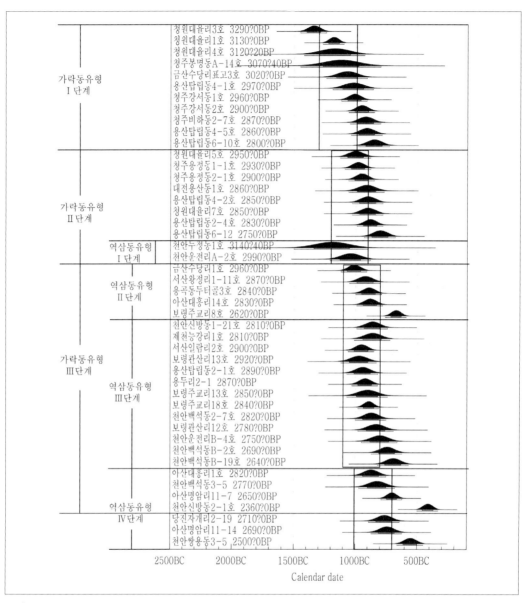

그림 35_청동기시대 전기 취락유형 단계별 절대연대

우 경계지점의 연대값을 참조하면 대체로 존속시기는 신뢰할 수 있을 것이다.

  그 결과, 가락동유형 Ⅰ단계는 기원전 13C-11C[19], Ⅱ단계는 12C-10C, Ⅲ단계는 11C-

---

19) 가락동 유형의 빠른 단계는 대체로 이 시기를 넘지는 않는 것으로 본다(李亨源 2002, 孔敏奎 2003).

9C에, 역삼동유형의 Ⅰ단계는 기원전 12C-10C, Ⅱ·Ⅲ단계는 11C-9C, Ⅳ단계는 10C-8C 까지 이어진다.

3) 취락유형별 유적 편년

이상, 청동기시대 전기의 편년 결과를 주거지와 함께 살펴보았다. 여기서는 상기 편년 결과를 바탕으로 각 취락유형별 유적의 단계를 설정할 것이다. 이를 바탕으로 청동기시대 전기 취락의 다양한 모습을 살피는데 기초를 삼고자 한다.

표 14_역삼동유형 취락유적의 단계와 존속기간[20]

유적	Ⅰ단계	Ⅱ단계	Ⅲ단계	Ⅳ단계	취락유형[20]
두정동					흔암리
운전리 A					흔암리
두리					흔암리
백석동					흔암리
장재리안강골					흔암리
용정리					흔암리
운전리 B, C					흔암리
주교리					흔암리
갈산리무리치					흔암리
신방동 1, 2					흔암리
아산 대흥리					흔암리
풍기·용화동					흔암리
갈산리					흔암리
관산리					흔암리
신방동3					흔암리
명암리6					흔암리
용곡동두터골					역삼동
청당동					역삼동
불당동 2,3					역삼동
와우리					역삼동
군덕리					역삼동
명암리11					역삼동
자개리1,2					역삼동
쌍용동					역삼동
구룡리					역삼동

---

20) 앞 절에서 언급한 취락유형별(역삼동, 흔암리, 가락동유형) 시간 흐름을 뚜렷이 보기 위해 흔암리와 역삼동유형을 구분한 것이다.

표 15_가락동유형 취락유적의 단계와 존속기간

유적	I단계	II단계	III단계
강서동	■		
봉명동 A	■		
용산탑립동 4지구	■		
수당리(표고)	■		
국사리	■		
내곡동	■		
둔산동	■	■	
대율리	■	■	
용산탑립동 6	■	■	
비하동	■	■	
용정동2	■	■	
관평동1	■	■	
관평동2		■	
용정동1		■	
사양리		■	
송대리		■	
용산동구석기		■	
제천리		■	
신관동		■	
용산동		■	
마산리		■	
두계리		■	■
용산탑립동 2			■
수당리			■
능강리			■
조동리			■
정북동			■
상장리			■
하당리			■
봉명동B			■
가오동			■

호서지역 각 취락유형별 단계를 설정하려면, 한 유적 내 존재한 주거지 개개를 정치하게 편년하여야 한다. 1-2세대의 시간폭에 대한 편년망이 구축되어야 취락고고학의 연구가 가능하기 때문이다(安在晧 2011: 105). 하지만 유적 내 모든 주거지를 편년하기 위한 내부 유물 출토가 일부를 제외하고는 빈약하다. 따라서 거시적인 경향성 파악을 위한 큰 단계의 편년을 실시하는 것이 취락 연구에 도움을 줄 수 있다.

이러한 의식 하에 유물편년을 바탕으로 다음의 〈표 14·15〉와 같은 취락유형 유적별 단계를 설정하였다. 표를 보면 주거가 많은 유적은 장기 지속하는 것을 알 수 있다. 몇 단계에 걸쳐 존속하는 것으로 보인다. 여기서 주목할 수 있는 유적이 서산 갈산리 무리치 유적이다. 주거의 수가 적음에도 불구하고 장기 지속하는 모습이다. 앞의 유물 편년에서 이와 같은 결과가 도출되었는데, 아마도 유적의 입지가 폐쇄하여 내·외부의 영향이 적었던 점이 이러한 장기지속을 가능하게 한 것으로 생각된다. 이 문제에 대해서는 심도 있는 논의가 필요하지만 논의 전개상 여기서는 자세한 설명은 생략한다.

장기 지속하는 유적은 대체로 역삼동유형 취락에 많다. 반면에 가락동유형 취락은 역삼동유형과는 달리 주거의 수도 적고, 규모가 크지 않다는 점에서 단계별 지속은 길지 않아 보인다. 물론, 최근 가락동유형 취락(연기 송원리, 송담리유적)에서도 역삼동유형취락(백석동유적)과 규모가 유사한 유적이 확인되었는데, 이를 분석하여 편년한 바에 의하면 전기의 이른 시기부터 늦은 시기까지 취락이 장기 지속한 모습을 볼 수 있다(이홍종 외 2010; 오원철 2010). 따라서 더 많은 장기 지속 취락의 발굴 예를 기대한다.

III
취락의 입지와 생계

1. 취락의 입지

1) 입지연구와 요인의 설정

(1) 입지연구 현황과 연구 목적

청동기시대 취락 입지연구는 대체로 생업경제와 서로 관계를 맺으면서 진행하여 왔다. 취락 입지와 관련한 연구는 기존에는 고고학과 지리학의 공동연구(吳建煥・郭鍾喆 1989)나 지리학의 취락 입지 연구를 차용(郭鍾喆 1993; 蔡奎敦 2001)해 왔다. 이제는 그 단계를 벗어나 고고학의 관점에서 분석과 연구를 시도하고 있다. 그러나 여전히 유구・유물을 대상으로 하는 형식 분류식 연구가 입지에도 그대로 적용하고 있다. 입지를 몇 개의 유형으로 단순 구분하고 이를 유적에 대입한 것이다.

지금은 취락 입지 연구는 생업 경제의 문제(鄭澄元 1991; 郭鍾喆 1993; 金賢峻 1996; 崔憲燮 1998; 安在晧 2000; 宋滿榮 2001; 김권구 2001; 金度憲・李在熙 2004)와 함께 다양한 사회 현상을 인식하는 중요한 대상으로 변하고 있다. 따라서 2000년 이후의 취락 입지 연구는 경관 또는 환경고고학 관점에서 분석을 진행해 가고 있다. 특히, 기존 취락 입지의 단순분류와 분석을 넘어 지형, 지리, 토양학 내용을 바탕으로 한 새로운 해석들을 시도하며(李基星 2001; 이홍종 2003b; 洪周希 2004; 金範哲 2005; 오규진 외 2005; 許義行 2006; 김용탁 2009), 이를 바탕으로 한 생계와 생업문제의 틀에 접근하고 있다.

본 장에서는 유적지 입지 연구의 단순한 지형 분류를 지양한다. 예전에는 청동기시대 전기와 후기 취락 입지연구는 고지성 또는 저지성 구릉으로 단순 구분하여 생계경제 상 차이를 언급하였으나, 지금의 취락 입지연구를 보면 단순한 지형분류가 유적에 그대로 맞추어지지 않는다. 구릉·저지대·산지 등의 지형에 관계없이 조성 가능한 모든 곳에 이들이 입지하기 때문이다.

상기 문제를 인식하면서 취락 입지의 새로운 분석과 해석을 실시한다. 연구는 유적이 집중한 지역을 선택하여 취락 입지 요인을 파악한 후, 그 의미에 대한 접근을 실시할 것이다. 취락들은 동시기 동지역에 존재하여도 모두 유사한 입지조건을 갖추지 않는다. 이는 생업 경제뿐 아니라 당시의 사회 적응 방식의 차이를 의미한다. 따라서 이를 파악하기 위해 취락지와 그 주변의 입지 환경에 대한 다양한 분석을 실시하고 물질문화의 증거 등을 종합할 것이다.

논의 전개에 앞서 각 취락유형별 연구대상 지역을 선정하였다. 역삼동유형 취락의 경우 충청남도의 천안과 아산 일원으로, 가락동유형 취락은 연기군 남면 일대와 대전 유성구 지역을 선택하였다. 상기 지역들은 대규모 개발에 따른 넓은 면적에 대한 지표, 시·발굴조사를 실시하여 청동기시대와 관련한 유적의 존부를 모두 확인하였다. 따라서 동일 지역 내 유적의 입지 조건을 비교 검토하는데 유리하다.

(2) 입지요인의 설정과 분석방법(許義行 2006: 17~22)

취락 입지는 자연·지리, 문화, 사회의 여러 요인들에 의해 결정된다. 따라서 취락 입지를 연구하기 위해서는 이 모두를 총체로 살펴보고 결정하여야 한다. 하지만 기록이 부족한 선사시대에는 그러한 요인들을 찾기란 쉽지 않다. 또한, 남겨진 유구와 유물만을 대상으로 접근하는데도 한계가 있다. 따라서 이러한 한계를 극복하고자 지리학과 공동연구하여 입지에 대한 새로운 접근을 시도하기도 한다(박지훈·오규진 2009). 하지만 여전히 기존의 입지 연구 방법을 크게 탈피하지는 못하였다.

필자는 취락 입지분석에 지형과 토양분석 자료를 적극 활용한다. 지형이나 토양 등의 자연환경은 시대의 흐름에 소소한 변화는 있지만 전반의 특징과 특성에서는 지금과 큰 차이가 없기 때문이다. 따라서 현재의 자연환경을 근거로 과거 선사시대의 입지 요인을 분석하는 작업은 큰 무리가 없을 것이다.

분석은 다음과 같은 절차로 진행한다〈표 16〉.

먼저, 유적의 입지 장소에 대한 전반의 기후 환경을 살펴본다. 기후는 예부터 주거와 의식주 등의 문화를 형성하는데 영향을 주는 주요한 요인이다. 주거의 경우 구조와 형태 그리고 배치를, 식물의 경우는 재배 등의 방법을 결정하는데 중요하게 작용한다. 따라서 기후는 취락이 입지하는데 있어 우선하여 살펴볼 조건이다.

기후를 파악한 후에는 취락 입지를 결정하는 첫 번째 요인으로 지형을 살펴본다. 분석은 연구지역 내 취락이 주로 구릉에 입지하므로 산지 지형을 세밀하게 살펴본다. 특히, 거시적 관점의 지형 분류를 우선하고 미시적 관점의 세부 지형을 분석한다. 미시적 관점의 지형분석은 해발고도, 저지대 고도, 경사도, 구릉사면의 향, 하천과의 관계를 볼 것인데, 이는 일조량의 확보를 위한 방향성 등의 입지 인자 검토와 함께 기후에 의한 북서계절풍의 영향, 그리고 방어지로서의 장소, 연료와 채집대상이 쉬운 장소, 건조한 지반조건, 자연재해에 대한 안전성 등(吳洪晢 1989: 304-307)의 입지환경 요소를 살피는데 도움을 주기 때문이다.

미시적인 지형은 다음과 같은 내용을 파악하기 위해 실시한다.

먼저, 고도의 경우 유적지 내 해발고도와 함께 주변 저지대와의 고저차를 계산한 상대고도 등을 살핀다. 상대고도는 주거지가 입지한 구릉과 생산유구가 입지한 저지대와의 접근 용이성과 이용 측면의 농경방식을 추정할 수 있기 때문이다.

경사도 분석은 주거 조성과 농경지 축조의 호불호, 취락 내·외부로의 이동의 효율성을 파악하는데 필요하다.

경사면 방향 분석은 유적이 위치한 지형 내 경사면이 주로 어느 방향을 많이 향하느냐를 파악하는 것이다. 이 분석은 식생과 농작물의 성장과 관련된 분야를 비롯하여 생태계와 환경계획 분야에서 유용하게 활용된다. 경사면 방향이 북쪽인가 또는 남쪽인가에 따라 태양 일사량 및 계절풍의 영향과 온·습도가 달라지므로(이희연 2000), 이를 파악하면 주거와 경작지 조성의 유리한 장소를 결정할 수 있기 때문이다.

마지막으로 하계망 또는 하천분석은 하천차수, 유역면적, 물의 흐름방향, 하천과의 최단거리 등을 측정하는 것이다. 하천과의 관계를 파악하면 충적대지에 입지한 유적의 경우, 당시 자연재해와의 관련도 유용하게 분석할 수 있다. 그러나 청동기시대 유적 대부분은 구릉에 입지하므로 재해에 의한 피해가 적었을 것이므로, 여기서는 용수의 취득이나 생계를 위한 하천 이용 측면에서 접근할 수 있다. 따라서 다양한 하계망 관련 분석보다는 유적지와 가장 가까운 하천의 거리와 차수의 관계를 우선한다. 하천거리는 유적지에서 용수의 취득을 위해 가장 가까운 곳을 이용하였을 것이라는 상식의 접근이며, 하천차수는 수치가 높을수록 하천의 유역 면적이나 그 규모가 상대적으로 크기 때문에, 어로와 같은 생계 경제활동 모습을 살필 수 있다는 전제를 바탕으로 한다.

상기의 분석은 입지요인 파악에 대한 일차의 접근이며, 그 다음으로 토양과 지질분석 등의 입지 요인을 찾는다. 이를 위해 최근 활발히 이용하고 있는 전자토양도를 활용하여 유적지와 그 주변의 토양 이용과 경작지 조성의 유·불리함을 판단한다. 특히, 유적지와 그 주변의 작물재배적지 분석을 실시하여 입지장소에서 농경활동 가능성에 대한 파악도 동시에 한다. 여기서 언급하는 작물재배 적지분석은 토양특성, 작물생산성, 기후조건 등을 고려한 작물별 재배적지를 기준으로 설정한 것이다. 물론, 작물재배적지가 당시의 환경을 그대로 반영할 수는 없지만, 현재의 토양과 기후조건 등이 당시와 큰 차이가 없다면 상기 분석을 이용한 유적지 내 농경산물의 재배환경 등을 이해하는 것도 의미가 있다.

표 16_청동기시대 취락 입지 결정 요인과 분석과정

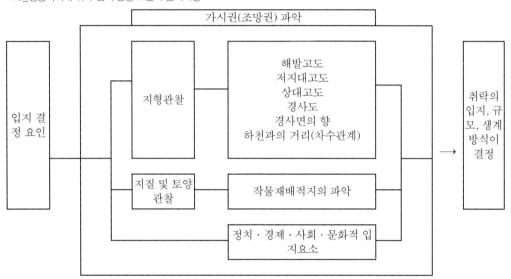

이상의 입지 결정 요인을 분석한 후, 마지막으로 유적지 내 조망권을 살핌으로서 주변 자연환경과 취락 등을 인지하는 모습을 살펴볼 것이다.

취락입지 요인은 상기한 것 이외에도 상당할 것이지만, 이들을 분석하고 종합하면 전기 취락이 일정 지역에 입지하는 원인과 당시 사회 구조의 일단, 문화양상을 살피는데 도움이 될 것이다.

2) 취락의 입지환경

(1) 역삼동유형

① 기후

역삼동유형 취락은 대체로 기원전 10세기를 전후로 하여 존재한다. 이 시기 기후와 관련한 연구는 아직 많지 않지만 현재의 자료를 종합하면 대체로 전시기(신석기시대)의 온난한 기후에서 한랭화가 진행되는 시점으로 인식하고 있다(조화룡 1987; 김연옥 1998: 115; 채현석 2008: 11; 김혜령 外 2009; 정회성 2009: 74). 반면에 인접한 중국의 이 시기 기후[21]는 한랭 건조기에서 온난화로 이어지는 시점으로 파악한다(배진영 2009: 176 180). 이처럼 당시 기후를 파악하는데 연구자간 견해 차이는 있지만 그 차이는 크지 않다고 판단된다. 당시 기후가 현재와 큰 차이가 없는 것으로 여겨지고[22](신숙정 2001: 3) 기후 변화에 따른 식생 또한 신석기시대 이래 큰 차이가 없는 것으로 파악되기 때문이다(안승모 1993: 181~182). 따라서 최근의 기후자료를 바탕으로 연구대상 지역의 기후환경을 참고하는데 문제는 크지 않다고 보인다.

기후 분석은 의식주를 결정짓는 온·습도와 강수량, 바람 등의 기상조건을 파악하는데 중점을 둔다. 〈표 17~19〉는 천안·아산지역과 주변지역의 기후관련 최근 자료를 정리한 것이다. 최근 30년까지의 통계치를 살펴볼 수 있는데, 기온의 경우 겨울철에는 최저 영하 8도 정도까지 하강하며 여름철은 최고 30도 정도를 유지하는 것으로 나타난다. 한반도 전체로 보면 중부지역의 평균 기온에 해당하지만 타 지역과 비교해 보면 상대적으로 추운 편에 속한다.

강수량은 최소 평균 20mm이며 장마철에는 최대 300mm 정도의 유량을 나타낸다. 따라서 가뭄과 같은 기상재해는 크지 않아 보인다. 습도와 안개로 인한 視界의 영향도 타 지역에 비해 좋지도 그리 나쁘지도 않은 편이다. 기온과 마찬가지로 거주에 적절한 환경을 보여준다.

---

21) 전 시기인 신석기시대에는 현재의 기온보다 약 2도 정도 높았지만, 상 후기에는 현재의 기온과 거의 비슷한 것으로 파악하였다.
22) 2000년대 이후 온도는 계속 상승하고 있다. 과거의 온난한 환경의 정점을 향하는 것으로 보인다. 이 시기는 대체로 청동기시대 후기와 연결된 것이며 반면에 2000년 이전의 기후환경은 한랭기의 저점을 지나 온난한 단계로 진입하는 것으로 추정되는데 청동기시대 전기와 비슷할 것이다.

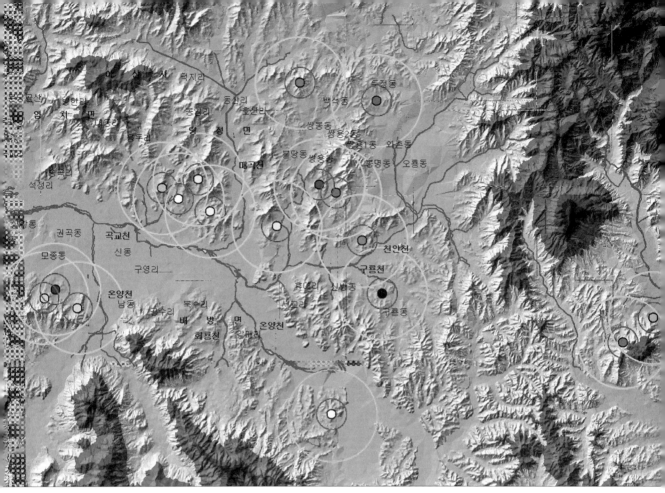

그림 36_연구대상유적의 위치와 주변 자연환경(유적지 : 원형점, 원 : 직경 1~3km)

바람은 사계절 평균 2.5m/s 정도의 경풍으로 강도는 그다지 세지 않다. 다만, 풍향은 좋지 않은데 겨울철에는 대륙성 고기압의 영향을 받아 서쪽에 집중(약 30% 정도)하여 실온도보다 체감 온도가 더 많이 떨어졌을 것이다. 반면에 여름철에는 남태평양 고기압의 영향을 받아 남동쪽에 집중(약 20%)하여 습한 더위를 많이 느끼게 한다〈표 19〉. 이러한 바람은 생활에 제약을 많이 주는데, 특히 주거지 배치에 결정의 영향을 미치기도 한다. 청동기시대 전기의 주거는 線上배치되었으며 주축방향은 대체로 남북위주여서 추운 서풍의 영향을 덜 받았을 것이다. 선상배치 취락은 대체로 이른 시기에 집중하는데(李亨源 2003, 宮里 修 2005, 安在皓 2006, 허의행 2007), 아마도 전기 이른 시기에 주거 축조에 풍향이 고려되었을 가능성이 있다[23]. 그러나 이후에는 주거 구조와 배치상의 변화가 분

---

23) 최근 청동기시대 전기 주거의 입지에 풍향이 주거 축조에 일정의 영향을 미쳤을 것으로 판단하는 견해가 있다. 풍향과 주거 축조 관계를 파악하는데 주목할 만한 논고이다(吳圭珍 2011: 97-98).

명하므로 주거 조성 당시 풍향 조건을 고려하지 않은 것으로 보인다.

표 17_천안 기상청 30년 기준 기후자료 월평균 값(http://www.kma.go.kr)

요소	01월	02월	03월	04월	05월	06월	07월	08월	09월	10월	11월	12월
평균기온(℃)	-3.0	-0.9	4.4	11.3	16.8	21.3	24.8	25.0	19.8	13.2	6.1	-0.1
최고기온(℃)	2.3	4.6	10.7	18.3	23.4	27.0	29.6	30.1	25.8	20.0	12.2	5.3
최저기온(℃)	-7.8	-5.9	-1.1	4.7	10.6	16.2	20.9	20.8	14.6	7.1	0.8	-4.9
강수량(mm)	23.8	27.0	48.4	78.7	84.9	143.8	246.4	297.5	137.7	58.5	53.0	29.2
강수계속시간(hr)	50.24	43.42	48.20	52.26	49.35	59.04	79.78	70.27	51.53	36.48	47.56	50.88
소형증발량(mm)	32.1	42.2	74.0	113.3	141.8	137.5	127.3	126.9	100.6	77.8	42.4	29.9
평균풍속(m/s)	1.4	1.7	1.8	1.9	1.7	1.5	1.6	1.5	1.3	1.3	1.4	1.3
평균습도(%)	73.6	70.5	68.3	65.0	67.4	74.5	80.7	79.9	78.0	74.9	75.4	75.4
평균증기압(hPa)	3.8	4.2	5.7	8.6	12.6	18.6	25.2	25.3	18.1	11.4	7.3	4.8
일조합(hr)	178.7	189.7	225.3	241.6	264.1	239.3	213.6	228.3	223.9	221.0	167.3	163.5
평균일사량(MJ/㎡)	14.39	19.11	26.03	31.14	37.28	35.41	27.93	30.88	29.31	22.72	15.12	13.20
안개계속시간(hr)	12.55	5.57	7.92	5.96	8.67	8.71	9.42	9.71	17.08	16.65	17.78	9.30
전운량(할)	4.5	4.3	4.4	4.5	4.8	6.0	6.9	5.8	5.1	4.1	4.6	4.5

표 18_호서지역(각 지역별) 30년 기준 기후자료 값(http://www.kma.go.kr)

지점	평균기온(℃)	최고기온(℃)	최저기온(℃)	강수량(mm)	강수계속시간(hr)	소형증발량(mm)	평균풍속(m/s)	평균습도(%)	평균증기압(hPa)	일조합(hr)	평균일사량(MJ/㎡)	안개계속시간(hr)	전운량(할)
청주	12.0	17.8	7.0	1225.1	140.94	1076.7	1.9	71.0	12.0	2255.6	11.46	170.55	5.1
추풍령	11.6	17.1	6.7	1160.1	215.23	1297.9	2.8	69.2	11.6	2201.1	11.80	35.23	5.2
충주	11.2	17.5	5.8	1187.7		1020.6	1.1	72.4	11.7	2397.7	21.59		5.1
제천	10.1	16.6	4.3	1295.0	48.94	1007.2	1.4	70.8	10.7	2156.5	20.61	147.16	5.2
보은	10.7	17.2	4.8	1260.2	83.61	1119.8	1.4	72.1	11.3	2428.7	20.30	193.26	5.0
서산	11.7	17.2	7.2	1232.1	120.17	1067.9	2.3	75.4	12.5	2223.1	13.02	145.51	5.2
대전	12.3	18.0	7.5	1353.8	189.35	1096.5	1.7	71.3	12.4	2221.0	12.85	78.66	5.1
천안	11.6	17.5	6.3	1229.0		1042.8	1.5	73.6	12.2	2569.1	25.15	103.60	5.0
보령	12.1	17.2	7.4	1237.0		1123.2	2.0	75.5	12.8	2539.6	19.94	65.82	5.2
부여	12.0	18.3	6.7	1334.2	27.43	1070.2	1.2	75.3	12.7	2747.3	26.43	267.03	5.0
금산	11.4	17.9	5.8	1258.8		1053.7	1.3	73.8	12.1	2361.1	19.90	230.85	5.0

표 19_천안지역 풍력자료(최근 5년간 연평균자료, 50m고도, http://www.kma.go.kr/sfc)

풍력자료	평균풍속		순간최대풍속		주풍향		주풍향비율		5m/s 이상비율		5m/s 이상이고 주풍향인비율	
고도	50m	80m	50m	80m	50m	80m	50m	80m	50m	80m	50m	80m
연평균자료	2.9 m/s	3.4 m/s	20.8 m/s	20.8 m/s	서(W)	서(W)	23.1%	23.1%	10.0%	15.7%	4.3%	6.3%
봄철평균자료	3.3 m/s	3.9 m/s	20.8 m/s	20.8 m/s	서(W)	서(W)	28.4%	28.4%	17.3%	25.3%	9.0%	12.1%
여름철 평균자료	2.7 m/s	3.3 m/s	20.0 m/s	20.0 m/s	남동(SE)	남동(SE)	22.6%	22.6%	3.3%	7.6%	0.4%	1.2%
가을철 평균자료	2.5 m/s	3.1 m/s	16.3 m/s	16.3 m/s	서(W)	서(W)	18.3%	18.3%	6.0%	10.9%	2.1%	3.5%
겨울철 평균자료	2.9 m/s	3.5 m/s	17.4 m/s	17.4 m/s	서(W)	서(W)	28.2%	28.2%	14.2%	19.9%	6.0%	8.3%

아무튼, 상기의 기후자료를 보면 연구 대상 지역 내 기후에 따른 주거 축조는 미약한 영향을 주었을 것이지만 큰 제약은 없었다고 볼 수 있다.

② 지형 분석

연구 대상 지역의 지형은 농촌진흥청 분류 안에 의하면 대부분 산악지와 구릉지에 해당한다〈표 20, 그림 37〉. 유적별로 자세한 분류를 실시해 보면, 산악지에 해당하는 유적으로는 쌍용동과 용곡동 두터골, 운전리, 갈산리 유적 등을 살필 수 있다. 해발고도를 고려하고 주변의 산지 등과 비교해 좀 더 자세히 지형을 분류해 보면, 상기 유적들은 잔류구릉(張昊 1995)에 해당한다. 단, 백석동 일부 구역(94-A, B, 95구역)과 용원리유적 등은 산악지로 분류할 만큼 높다. 이러한 산악지성 구릉에 입지한 유적들은 해발고도가 높고 주변이 산지로 둘러싸여 있어 폐쇄된 지형 느낌을 준다.

표 20_연구대상유적의 고도와 경사도, 구릉분류(음영 : 상대적 우월 수치)

지역	유적	고도	저지대고도	고도차	상대고도	경사도	구릉분류
천안	백석동	122	55	67	0.45	21.3	산악지
	두정동	62.2	45.7	16.5	0.73	3.1	수지상 소기복 침식면
	쌍용동	59.9	34.2	25.7	0.57	8.7	산악지
	불당동	65	30	35	0.46	9.9	수지상 소기복 침식면
	용곡동	54.2	25.8	28.4	0.47	12.0	산악지
	신방동	45.5	28.1	17.4	0.61	10.2	ridge상 소기복 침식면
	운전리	90.3	62.2	28.1	0.68	13.5	수지상 소기복 침식면
	용원리	138.9	83.2	55.7	0.59	8.9	산악지
	용정리	70	33.5	36.5	0.47	12.5	수지상 소기복 침식면
아산	용두리	65	17.7	47.3	0.27	23.7	수지상 소기복 침식면
	명암리(밖)	55	15	40	0.27	14.6	수지상 소기복 침식면
	명암리	73	28.1	44.9	0.38	13.9	수지상 소기복 침식면
	갈산리	63.3	22.2	41.1	0.35	13.9	산악지
	장재리	47.8	21.8	26	0.45	15.1	수지상 소기복 침식면
	대추리	35	20	15	0.57	7.4	수지상 소기복 침식면
	용화동	50.7	30	20.7	0.59	12.3	수지상 소기복 침식면
	풍기동	40	25	15	0.62	4.1	ridge상 소기복 침식면
	풍기동 밤줄	75	35/18	40/57	0.46/0.24	28.0	수지상 소기복 침식면

반면에 위 두 유적들을 제외한 대다수 유적은 구릉지에 해당한다. 구릉지는 다시 큰 틀에서 '手支狀 小起伏 侵蝕面'과 'ridge狀 小起伏 侵蝕面', '獨立된 小起伏 侵蝕面'으로 분류할 수 있다(張昊 1995). 물론 위의 분류 안은 산지와 저지대가 넓게 펼쳐진 지역, 즉 논산 등의 평야 지대 등을 대상으로 하므로 상기 유적들에 그대로 적용하기는 어렵다.

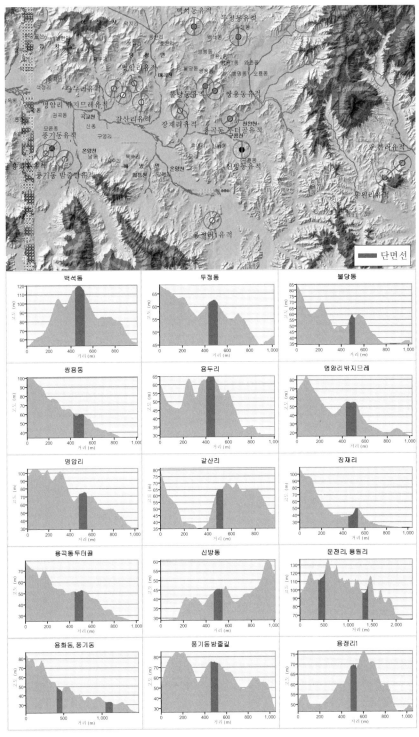

그림 37_연구대상지역 지형단면도(단면도 내 굵은 실선 : 유적위치)

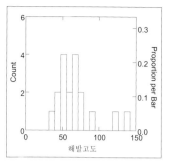
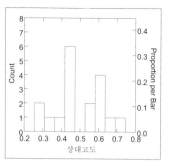
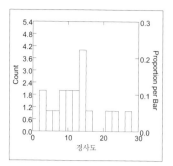

그림 38_유적지별 해발고도   그림 39_유적지별 상대고도   그림 40_유적지별 경사도

굳이 분류하자면 신방동유적과 풍기동유적이 유일하게 '수지상 소기복 침식면' 에 해당할 수 있다.

신방동유적이 입지한 곳은 남쪽의 잔류 구릉에서 북쪽으로 야트막한 구릉이 가지상으로 뻗은 지세를 갖고, 구릉이 사방으로 分枝하는 형태를 띤다. 풍기동 유적이 입지한 지형 또한 남쪽의 산지에서 뻗어 내려오는 구릉이 유적지를 중심으로 다시 넓게 펼쳐지는 모습이다. 이러한 '수지상 소기복 침식면' 지형에 입지하는 유적들은 구릉의 지세가 사방으로 뻗어나가는 형상이어서 확장하고 개방된 지형 느낌을 준다.

반면에 전술한 유적을 제외한 대부분의 유적은 'ridge상 소기복 침식면' 지형에 해당할 것인데, 한쪽이 잔류구릉을 둘러싸고 발달해 있어(張昊 1995: 80) 반개방 및 폐쇄한 지형 느낌을 준다.

가. 고도와 경사도

여기서는 고도와 경사도, 그리고 저지대와 상대고도 분석을 통해 입지의 세밀한 차이를 앞의 거시적 지형관찰과 비교하고자 한다.

우선, 고도는 해발고도, 저지대고도, 상대고도로 분류하였다. 해발고도는 취락이 입지한 구릉의 가장 높은 곳을 기준으로 계측하였다. 저지대고도는 지형도에서 구릉의 말단부와 경작지가 접하는 부분의 고도를 기준으로 하였다. 상대고도는 저지대고도를 해발고도로 나눈 값으로 하였다. 경사도는 주거가 입지한 곳에서 저지대로 이동하기에 용이한 완만한 지점을 선택하여 계측하였다. 더구나 경사도는 이동의 수월성 파악 뿐 아니라 작물재배적지 선정[24]과도 관련이 깊어 분석과 해석에 주 대상이 된다.

---

24) 경사도는 7도 이상이 되면 토양 침식이 많이 일어나 밭으로서 생산력이 낮아진다(金始源 외 1992: 131). 따라서 전기의 농경 방식이 주로 밭이었다면 취락의 입지에 경사도 조건을 고려하지 않을 수 없다.

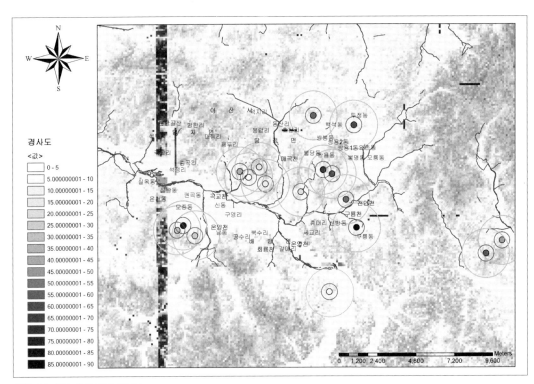

그림 41_연구대상유적의 경사도

〈표 20〉과 〈그림 38~41〉은 상기 내용을 분석한 것이다.

이를 살펴보면, 고도는 30~65m, 65~85m, 85~120m 정도로 구분되나 저지대와 상대고도차를 통해 50m 이상을 높은 고도로 그 이하를 낮은 고도로 분류하였다. 마찬가지로 경사도는 7.5이하를 완사면, 8~13도를 사면, 13도 이상을 급사면으로 분류하였다. 하지만 세분된 구분은 분석과 해석에 혼란이 될 수 있어 13도를 기준으로 급경사와 완경사로만 구분하였다.

백석동, 용두리, 명암리, 갈산리, 장재리, 풍기동 밤줄길 유적 등은 고도가 높고 경사도는 조금 급한 편으로 입지 여건이 불리한 편이다. 한편 두정동, 쌍용동, 신방동, 용원리, 용화동, 풍기동 유적 등은 입지의 호조건을 갖추고 있다. 이 중 쌍용동과 용원리 유적은 상기 분석에서는 호조건을 갖춘 것으로 보이지만 유적지 주변의 환경이 좋지 않아 분류와 분석에서는 제외할 필요가 있다. 상기 유적 외에는 대부분 고도와 경사도에서 好不好로 명확히 구분하기 어려운 중간적 입지 조건을 갖추고 있다.

나. 경사면의 방향

경사면 방향 분석은 주거의 주축 방향 결정 뿐 아니라 농작물의 일사량을 고려한 경작지 조성과 깊은 연관성을 갖는다. 하지만 청동기시대 전기 취락 대부분은 구릉 정상부에 조성하므로 주거 입지 선호도 분석에는 유효한 결과를 보일 수 없다. 다만, 유적지 내 농작물과 관련한 경작지 조성 부지의 파악에는 도움을 준다. 대체로 동쪽과 남쪽의 경사면 향을 많이 가진 유적 등을 입지의 호조건을 우월한 것으로 파악할 수 있다.

표 21_취락의 입지향과 주거지의 주 주축방향 비율

	주거지수	동-서	남-북	입지향	주거배치형태
백석동	94	77(81.9%)	17(18.0%)	정상, 남사면	환상, 선상
두정동	3	1(33.3%)	2(66.6%)	정상	선상
쌍용동	8	2(25.0%)	6(75%)	정상	선상
불당동	27	7(25.9%)	20(74.0%)	정상	선상, 환상
용곡동	11	7(63.6%)	4(36.3%)	정상, 남사면	환상
신방동	63	11(17.4%)	52(82.5%)	정상	선상
운전리	12	2(16.6%)	10(83.3%)	정상, 북사면(C지구)	선상
용원리	3	3(100%)	0	동사면	선상(?)
용정리(1구역)	9	3(33.3%)	6(66.6%)	정상	환상, 선상
명암리	14	13(92.8%)	1(7.2%)	정상, 남사면	선상
갈산리	4	2(50%)	2(50%)	정상	환상
장재리	14	7(50%)	7(50%)	정상	선상
용화동	25	8(32%)	14(56%)	정상	환상, 선상
풍기동	4	4(100%)	0	남사면	선상
풍기동(밤)	23	14(60.8%)	9(39.1%)	정상, 동사면	선상, 환상

〈표 21〉과 〈그림 42〉는 이를 분석한 것이다. 연구대상 유적의 대다수 주거는 구릉의 정상에 축조하지만, 사면에 주거를 축조한 경우에는 북서 사면보다는 햇볕의 영향을 많이 받는 동사면과 남사면을 주로 선호하고 있다. 여기서 운전리 C지구 유적은 주거를 북사면에 위치시킨 것에서 예외를 보인다. 하지만 유적지 주변 북쪽으로 넓은 뜰이 펼쳐졌고 그 위쪽으로는 병천천과 맞닿아 있어, 북사면에 주거를 축조한데도 햇빛을 받는데 큰 어려움이 없어 입지 조건이 그다지 불리하지 않다.

상기한 내용을 정리하면, 전기 취락 대부분은 북사면을 회피하여 주거와 경작지를 조성하는 의도는 분명하며 이는 주거와 경작지를 조성함에 있어 일사량을 중요하게 생각함을 알게 한다.

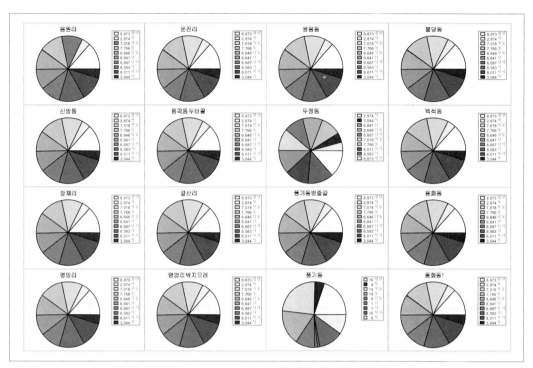

그림 42_연구대상유적의 경사면향(직경 1km 범위내)

다. 하계와의 관련

유적지와 하천의 관계는 용수의 취득 뿐 아니라 이를 이용한 생계와도 관련이 깊다.

〈표 22, 그림 36〉을 보면, 대다수 유적은 1km 내외에서 1~2차수 하천을 至近距離에 두고 있어 이의 빈번한 이용을 충분히 짐작할 수 있다. 다만 백석동과 용화동, 풍기동, 용원리 유적은 최소 1.5km 정도 거리에서 1차수의 작은 하천이 존재하여 이용에 제약이 있을 것이다. 상기 용원리 유적을 제외하고는 큰 규모의 취락으로 보이지만, 취락의 규모에 비해 하천의 이용 모습은 타 유적들보다 뛰어나지 않다는 것을 알 수 있다.

이러한 결과는 하천이 생활에 필요한 용수의 취득과 생계방식을 결정하지만 취락 입지의 선정에 큰 영향을 주지 않음을 의미한다. 오히려 용수 취득은 유적지 주변의 곡부에서 흐르는 용천수 등을 주로 이용하는 수준이었을 것이다. 따라서 하천은 취락을 입지 요인으로 작용한 것보다는 생계와 생업의 방식을 결정짓는 요인으로만 큰 영향을 주었을 것이다. 규모가 큰 취락이 하천을 이용한 생계 활동보다는 중소형 유적들이 2~3차수의 큰 하천을 대상으로 활발히 활동하였을 것이다.

표 22_연구대상유적과 하천거리 및 차수(박지훈 · 오규진 2009, 표. 7-9에서 加筆)

지역	유적	하천 최단 직선거리(m)	차수	하천명
천안	백석동	2500	2	매곡천
	두정동	1450	2	천안천
	쌍용동	1025	2	장재천
	불당동	425	2	장재천
	용곡동	40	3	천안천
	신방동	125	2	구룡천
	운전리	875	2	병천천
	용원리	1545	1	병천천
	용정리	1422	2	풍세천
아산	용두리	332	2	곡교천
	명암리(밖)	325	2	곡교천
	명암리	2268	3	곡교천
	갈산리	1139	2	매곡천
	장재리	115	2	장재천
	대추리	485	2	천안천
	용화동	1843	2	온양천
	풍기동	1347	2	온양천
	풍기동 밤줄	702	2	온양천

③ 지질 및 토양

취락 입지 선택에 앞에서 언급한 지형 조건 등은 눈으로 판단하여 결정할 수 있는 부분이다. 그러나 지형 조건의 우월성이 인정되었다 하더라도 주거 입지로 최적의 장소라 할수 없다. 주거 조성이 수월하다 하더라도 입지한 장소에서 衣 · 食 문제 등을 해결할 조건이 부족하면 그만큼 입지 장소의 이점은 반감할 수밖에 없다. 따라서 주거를 조성하기 위한 곳의 지형과 지질, 토양 등도 같이 살펴야 한다. 만일, 지질이 불량하면 지반 붕괴가 쉽게 일어나 주거 축조를 어렵게 하며, 토양이 적절한 양분이나 배수조건 등을 갖추지 않았다면 경작지 조성에 불리하여 생계에 큰 영향을 미칠 수 있다. 따라서 적절한 조건을 갖춘지질과 토양은 취락 입지를 선택하는데 또 다른 주요한 요인으로 작용하게 된다.

다음의 〈표 23〉은 연구대상 유적지 내 지질과 토양특성을 파악한 것이다. 표를 보면유적지와 그 주변은 동일한 산지와 구릉으로 연결되어 있으면 유사한 지질구조를 형성함을 알 수 있으며[25]〈그림 43〉, 앞선 유적별 지형 입지 분석결과와 비교해 보면 특성을 더

---

25) 조사대상지역의 북쪽에 백석동과 두정동 유적, 서쪽의 명암리와 용두리 유적 일원, 남쪽의 신방동 유적일원, 동쪽의 운전리와 용원리유적 일원, 그리고 아산의 용화동과 풍기동 유적 일원 등이 그러하다.

욱 명확히 할 수 있다.

입지에 불리한 조건을 가진 것으로 판단되는 백석동, 용원리, 장재리 유적은 지질, 토양 상태에서도 화강암질 편마암으로 불량한 지질구조를 보인다[26]. 이러한 모습은 〈표 23〉의 하단에 보이는 토양적성등급의 밭 적지 기준과 동일한 결과로 이어진다. 지질에 대한 입지 요인의 고려를 분명이 하고 있음을 알게 한다. 물론, 백석동 유적은 지질 구조 면에서 불량한 조건인데도 많은 수의 주거지가 축조·조성되어 있다. 이는 입지의 호불호 결정에 지질이 큰 영향을 미치지 않는다는 것을 보여주는 결과일 수 있다.

다음으로 토양의 입지요소의 선택으로서 지질과 상관성이 매우 높다. 〈표 23〉은 유적별 토양의 다양한 상태를 나타낸 것이다. 표를 보면, 백석동과 장재리 유적은 사양토의 무른 토양 특성을 갖추고 있으며 표토와 심토에 석력을 포함하여 주거와 경작지 조성에 좋지 않은 조건이다. 마찬가지로 쌍용동과 불당동 유적 또한 사양토로 구성되었고 심토에 석력이 포함되어 상기 유적과 동일한 토양조건이다. 다만, 지질구조 면에서는 앞의 백석동, 장재리유적과는 달리 좋은 조건이어서 주거 축조에는 유리한 편이다. 사양토를 포함한 이 유적들은 雨水 등의 침투가 빨라[27] 토양자체가 수분과 양분을 오래 함유하기 어려워 작물재배지 조성에 적합지 않다. 그 외의 대다수 유적들은 양토의 성분이 많이 함유하고 있어 주거와 경작지 조성에 나쁜 조건은 아니다. 이상의 결과는 뒤의 작물재배 적지 분석을 통해서 그 모습을 더욱 확실히 할 수 있다.

이렇듯 지질과 토양은 주거와 경작지 조성에 중요한 요인의 하나로 작용하였을 것이다. 그러나 이보다는 생업·생계와 관련한 취락의 기능을 결정짓는 요소로 더 크게 작용한 것 같다. 신방동과 용화동 유적에서 확인되는 저장 관련한 수혈유구의 존재는 상기한 추정의 근거를 높이게 한다. 수혈유구는 대체로 저장과 관련한 시설로 볼 수 있으며, 이들은 곡물의 보관과 관리를 목적으로 하므로 습기의 제거가 쉽고 배수가 잘 되는 지질과 토양을 선호한다. 그러한 점에서 상기 유적 내 지질과 토양은 이 조건을 부합하고 있다.

---

26) 일반적으로 화강암질 편마암은 화강암보다 풍화되기 쉽고, 풍화토는 사양토에 가까운 성질을 갖는데(류순호 외 2000: 450),서 이러한 지질 특성은 주거 축조는 쉬울 수 있으나, 모래질 성질이 많고 풍화가 쉽게 이루어지는 조건이어서 주거와 경작지 조성에는 좋지 않다.

27) 토양의 배수등급이 '매우양호'로 표시된 유적

표 23_유적의 지질과 토양 분포 현황(http://asis.rda.go.kr, 음영은 입지적합)

토양지도	분류	백석동	두정동	쌍용동	불당동	용곡동	신방동	운전리	용원리	용정리	용두리	명암리(밖)	명암리	갈산리	장재리	용화동	풍기동	풍기동(밤)
	지질	화강암질편마암, 호상편마암	화강암질편마암, 호상편마암	흑운모화강암	흑운모화강암	흑운모화강암	흑운모화강암	복운모화강암	호상흑운모편마암	흑운모화강암	각섬석편마상화강암	각섬석편마상화강암	각섬석편마상화강암	각섬석편마상화강암	호상흑운모편마암	반상화강암	반상화강암	반상화강암
물리적특성	표토의 자갈함량	자갈있슴	.	자갈있슴	자갈있슴	자갈있슴	자갈없슴	자갈있슴	자갈있슴	자갈있슴	자갈있슴	잔자갈있슴	자갈있슴	자갈없슴	자갈있슴	자갈없슴	잔자갈있슴	잔자갈있슴
	토성	사양토	.	사양토	사양토	양토	양토	양토	양토	양토	양토	양토	양토	양토	사양토	양토/사양토	양토	양토
	침식정도	있슴	.	있슴	있슴	있슴	없슴	많음	있슴	있슴	있슴	있슴	있슴	있슴	있슴	있슴	있슴	있슴
	심토의 석력함량	있슴	.	있슴	있슴	심함	없슴	있슴	심함	있슴	있슴	없슴	있슴	없슴	있슴	없슴	없슴	없슴
	심토의 주토색	갈색계	갈색계	갈색계	갈색계	갈색계	적색계	적색계	갈색계	적색계	적색계	적색계	적색계	적색계	적색계	적색계	적색계	적색계
	심토의 토성	사양질	사양질	사양질	사양질	사양질	식양질	사양질	사양질	사양질	사양질	사양질	식양질	식양질	사양질	사양질	사양질	사양질
	유효토심	보통	보통	보통	보통	얕음	보통	보통	매우얕음	보통	보통	보통	보통	보통	보통	보통	보통	보통
	배수등급	매우양호	양호	매우양호	매우양호	양호	양호	양호	양호	양호	양호	양호	양호	양호	매우양호	양호	양호	양호
토지이용지도	주된 토지이용	초지/임지	초지/임지	임지	임지	임지	초지/임지,밭	초지/임지	임지	초지/임지	임지	초지/임지	초지/임지	임지	초지/임지	초지/임지,밭	초지/임지	초지/임지
	토지이용추천	과수/상전	밭	초지,과수/상전	초지	임지	밭	초지	임지	과수/상전	초지	과수/상전	과수/상전	초지	과수/상전	밭	밭	과수/상전
토양분류지도	분포지형	구릉지/저구릉지)산악지	구릉지/저구릉지	산악지	구릉지/저구릉지	산악지	구릉지/저구릉지	산악지	구릉지/저구릉지	구릉지/저구릉지	구릉지/저구릉지	구릉지/저구릉지	구릉지/저구릉지	산악지	구릉지/저구릉지	구릉지/저구릉지	구릉지/저구릉지	구릉지/저구릉지
	토양모재	변성암	산성암	변성암	변성암	변성암	산성암	변성암/산성암	변성암	변성암	변성암	산성암	변성암	산성암	변성암	산성암	산성암	산성암
	퇴적양식	잔적층	잔적층	잔적층	잔적층	잔적층	잔적층	잔적층	잔적층	잔적층	잔적층	잔적층	잔적층	잔적층	잔적층	잔적층	잔적층	잔적층
토양적성등급	논(주변)	3-4	2	2-3	2-3	3	1-3	1-3	4	2-3	2	2-3	2	2-3	2	2-3	2	2-4
	밭(유), 밭(주변)	5,2-3	2-3	5	5,2-3	5	2-3	5,3	5	5,3	5	5	5	5	5	3	3	5
	과수/상전	3		5	5	5	5	5	5/3	3	5	3	5	5	3	5	5	5
	초지	5		3	3	5	5	5	5	3	5	3	3,5	5	5	5	5	5
	임지	5	5	5	5	4	5	5	4	5	5	5	5	5	5	5	5	5

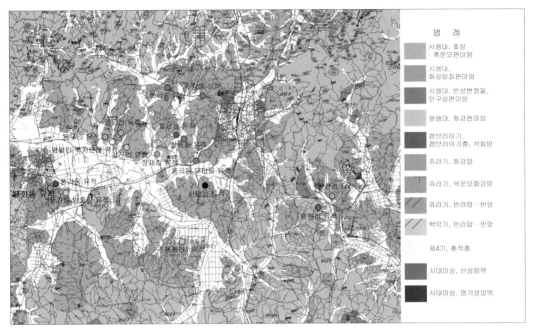

그림 43_연구대상유적지 지질도
(http://geoinfo.kigam.re.kr/member/login.action, 한국지질자원연구원 제공)

④ 작물재배적지

　지질과 토양은 주거 조성과도 관련되지만 작물 재배를 위한 경작지 조성과도 밀접하게 연관된다. 유적지 내 작물재배적소[28] 분석을 통해 이를 자세히 검토하고자 한다. 분석은 유적지 내 재배 가능한 모든 작물을 검토해야 하지만, 현재의 모든 작물재배가 청동기시대에도 존재하였는지는 불분명하므로 곡물유체분석을 통해 확인된 자료를 중심으로 살펴보도록 한다.

　청동기시대 작물 재배와 관련해서는 안승모의 연구를 참고할 수 있다. 그는 청동기시대 작물재배와 관련하여 유적 내 출토된 곡물을 집성 한 후 조성비를 분석하였다. 이를 통해 채소류, 곡류, 과수류, 과채류, 근채류, 두류 등이 재배되었을 것으로 파악하였다(安承模 2008: 9-15). 이의 결과를 참조하여 재배적지를 표시한 것이 다음의 〈표 24〉이다. 이 중 적지와 최적지가 작물이 재배되었을 가능성이 높은 것으로 판단한다. 표를 보면 모

---

28)　http://asis.rda.go.kr에서 전국의 모든 지역에 대한 재배적지 분석을 실시할 수 있다. 작물재배적지는 4개소, 즉 저위생산지, 가능지, 적지, 최적지로 구분된다. 적지에 대한 판단은 지질과 토양 그리고 다양한 주변환경, 작물재배현황 등을 모두 종합하였다. 현재 총 58여 가지의 작물재배적지를 표시하고 있다

두 10여 가지(배추, 밀, 보리, 조, 복숭아, 참외, 호박, 마, 콩, 들깨)의 작물 재배가능성을 표시하였다. 물론, 일부 작물은 청동기시대 후기부터 나타나는 경우도 있어 청동기시대 전기에는 그 수가 1~2개체 더 적었을 가능성이 있지만, 여기서는 상기 작물에 대한 검토로 진행하고자 한다.

표 24_유적지 내 작물재배적지 분석(농촌진흥청 토양지도 참조, 음영은 적지 이상 표시)

유적		경엽채류	곡류			과수류	과채류		근채류	두류	유지류	곡물유체/적지이상
		배추	밀	보리	조	복숭아	참외	호박	마	콩	들깨	
백석동	구릉	가능지/저위생산지	가능지	가능지	가능지	가능지	가능지/저위생산지	저위생산지	가능지/저위생산지	저위생산지	가능지	10/0
	고재(4)	최적지	적지	최적지	적지			최적지		최적지	최적지	10/7
두정동		최적지	적지	최적지	적지	가능지	가능지	최적지	가능지	최적지	최적지	10/8
쌍용동		최적지	최적지	최적지	적지	적지	적지	최적지	적지	최적지	최적지	유적지 내 일부만 10/10
불당동	II	기타	기타	기타	기타	가능지	저위생산지	저위생산지	기타	기타	기타	10/0
	III	가능지	가능지	가능지	가능지				가능지	가능지	가능지	10/0
용곡동		기타	기타	기타	기타	기타	기타	기타	기타	기타	기타	10/0
신방동		최적지/적지	최적지/적지	최적지/적지	적지	가능지	적지/가능지	최적지	가능지	최적지/적지	적지	10/8
운전리	A,B	기타	기타	기타	기타	기타	기타	기타	기타	기타	기타	10/0
	C	가능지	적지	적지	가능지	가능지	저위생산지	저위생산지	저위생산지	가능지	최적지	10/3
용원리		기타	기타	기타	기타	기타	기타	기타	기타	기타	기타	10/0
용정리	I	가능지	적지	적지	가능지	가능지	저위생산지	저위생산지	저위생산지	가능지	최적지	10/3
	II	기타	기타	기타	기타	기타	기타	기타	기타	기타	기타	10/0
	III	가능지	가능지	가능지	가능지	가능지	저위생산지	가능지	저위생산지	가능지	가능지	10/0
용두리		기타	기타	기타	기타	기타	기타	기타	기타	기타	기타	10/0
명암리(밤)		적지	적지	적지	가능지	가능지	가능지	가능지	저위생사지	적지	적지	10/5
명암리		가능지	가능지	가능지	가능지	가능지	가능지	저위생산지	저위생산지	적지	적지	10/2
갈산리		적지	적지	적지	가능지	가능지	가능지	가능지	저위생산지	저위생산지	가능지	10/3
장재리		저위생산지	가능지	가능지	가능지	가능지	가능지	저위생산지	저위생산지	저위생산지	가능지	
용화동		적지	적지	적지	적지	가능지	가능지	최적지	가능지	적지	적지	10/7
풍기동		적지	적지	적지	적지	가능지	가능지	최적지	가능지	적지	최적지	10/7
풍기동(밤)		적지	적지	적지	가능지	가능지	저위생산지	가능지	저위생산지	적지	적지	10/5

작물재배적지로 적절한 유적은 신방동, 용화동, 풍기동 유적으로 대규모 취락에서 많이 확인된다. 다만 여기서 대규모 취락 중 하나인 백석동 유적은 재배적지로 적절치 않은

것을 알 수 있다. 하지만 고재미골 4구역이 재배적지로 좋은 조건을 나타내기 때문에 전체로 보면 호조건의 입지여건에 포함할 수 있다. 물론 전체 유적 면적에 비해 상당히 작은 재배 면적이고 이곳마저도 다시 주거를 밀집하게 축조하고 있어, 백석동 유적 취락은 경작지 조성에 집중하지는 않은 것 같다. 설혹 경작지 조성이 유적지와 그 주변에서 광범위하게 이루어졌다 하더라도 취락의 확대과정에 모두 폐기하였을 것으로 보인다. 특수한 취락의 하나로 생각할 수 있으며, 이는 대·중·소 취락의 기능 문제와 같이 살필 수 있을 것이다. 이와 관련해서는 뒤에서 다시 언급하고자 한다.

다음으로 불당동, 운전리, 용원리, 용두리, 용정리, 명암리, 장재리 유적 등은 작물재배적지로서 적합하지 않은 조건이다. 이를 제외한 그 이외의 유적들에서는 적어도 3가지 이상의 작물재배가 가능한 것으로 나타나고 있다.

이상의 분석결과는 앞선 입지 분석 내용과 마찬가지로 취락 입지의 *好不好* 판단에 작물의 재배지 파악도 적절하게 사용할 수 있음을 보여준다. 이와 더불어 취락 내 농경활동을 통한 생산의 문제 뿐 아니라 소비 등과 같은 경제적 문제를 접근해 볼 수 있는 자료라고 판단된다.

⑤ 가시권 및 가시권역 분석[29]

마지막으로 조망권에 대한 분석을 실시하여 입지선택에 어떻게 작용하였을 것인지에 대한 접근을 실시하고자 한다.

청동기시대 유적지 주변 조망에 대한 연구는 김종일에 의해 진행된 바 있는데, 그는 조망과 관련한 가시권은 유적의 방어와 과시를 위해 그리고 주변 유적지에 대한 통제를 강화하려는 의도인 것으로 판단하였다(김종일 2005: 31). 조망권은 주변 환경에 대한 확보와 연관하기 때문에 아무래도 청동기시대 취락의 위계와 기능을 판단할 수 있는 입지요인 분석으로 생각할 수 있다.

조망권 분석은 가시권과 가시권역 분석으로 나누어 살펴보았다. 가시권 분석은 가시선 분석이라 하여 일정지점에서 일정거리에 위치한 대상물이나 지점을 관찰하여 보이는 부분과 보이지 않는 부분을 파악하는 것이다. 이 분석은 동시기에 존재한 각 유적 간 상호 관계를 파악할 수 있다. 입지한 장소에서 주변 자연환경을 이용할 수 있는 영역의 범위를 설정한다거나 타 집단의 접근에 따른 신속한 대응 판단을 유도할 수 있다.

---

29) 이 분석은 주변을 모두 조망할 수 있다는 점에서 조망권 분석으로 불러도 문제 없을 것이다.

가시권 분석은 다음과 같은 절차로 진행하였다. 먼저 관찰지점과 대상지점의 선정이 필요하다. 관찰지점은 각 유적의 가장 높은 곳에서 당시인들의 키 높이(평균 160cm로 추정)에 맞추어 주변을 바라본 것으로 가정하였고, 높이는 유적에서 주거지를 관찰할 수 있는 약 3m로 설정하였다. 물론, 목표물의 인지대상 거리를 어디까지로 할 것이냐의 문제가 있는데, 이와 관련해서는 산성을 통한 인간의 감시 거리를 파악한 논고를 참고하였다(李眅燮 2006: 65). 문헌기록 등을 바탕으로 목표물과 배경을 구분할 수 있는 시정거리로 최소 20~30리를 언급하였는데, 적어도 정확한 실체를 파악할 수 있는 거리로 최대 5리여서 최대 약 2km 정도를 살필 수 있다.

분석결과, 연구대상지역의 유적 간 거리는 백석동 유적과 그 주변 유적을 제외하고는 반경 2km내에서 모든 취락 간 인지가 가능한 것으로 나타났다. 따라서 동시기에 취락이 입지하였다면 서로 간 마을의 인지가 충분함을 알 수 있다. 이는 달리 언급하면 주변 자원영역의 중복도 생각할 수 있다. 취락 간 긴장은 크지 않았을 것인데 마을의 인지가 서로 가능하기 때문일 것이다.

다만, 백석동과 신방동 취락 주변으로는 중소형의 취락이 일정거리 안에서 확인되지 않는다. 인지가 가능하지 않은 이유는 아마도 취락의 일정 공간 영역의 확보와 관련할 것이다(오규진 · 허의행 2006). 대 · 중 · 소형 취락 간 관계를 파악하는데 중요한 분석결과로 보인다.

상기한 취락 간 인지의 모습은 가시권역 분석을 통해서도 어느 정도 부합하는 결과를 볼 수 있다. 다음의 〈그림 44~45〉를 보면, 각 유적에서 바라보는 주변 지역의 가시권역 범위를 살필 수 있다.

가시권역이 넓고 양호한 유적은 백석동과 신방동, 용화동과 풍기동 유적 등이 있다. 이 유적들은 반경 1.5km 이내의 주변 산지와 충적평야 등이 가시권 내에 모두 들어온다. 더구나 백석동 유적은 입지 요인의 불리에도 불구하고 주변을 관찰하는 조망 범위가 타 유적들보다 상당히 넓다. 이러한 가시권역의 확보는 규모가 큰 취락에서 주로 많이 나타나는데, 입지를 선택함에 있어 조망권 확보가 취락의 규모와 기능을 결정하는 주요한 요인으로 작용한 것을 말해 준다.

가시권역과 관련해서 타 유적을 살펴보면, 명암리유적과 용원리 유적은 가시권역이 반경 1km 정도에 지나지 않아 시각적으로 폐쇄한 느낌을 준다. 앞선 분석에서도 이 두 유적은 입지상 호조건은 아니어서 조망권과 상관성이 높다고 보인다.

위 유적들을 제외한 대부분의 유적은 산지와 저지대의 한쪽 방향이 개방 또는 폐쇄된

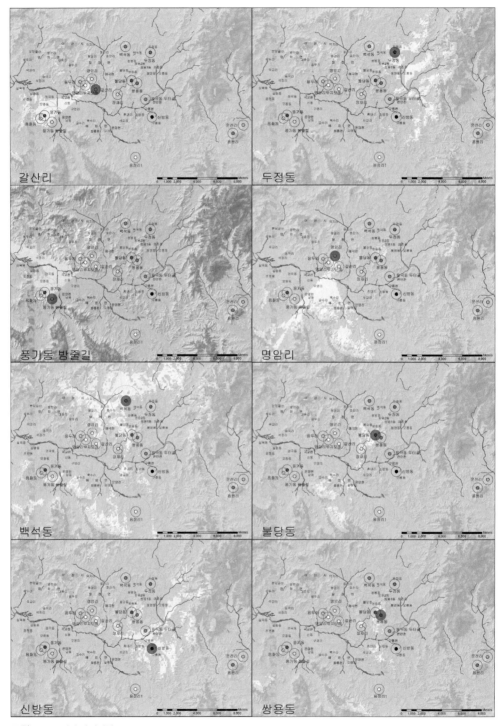

그림 44_유적별 가시권역(조망권) 1(밝은 부분)

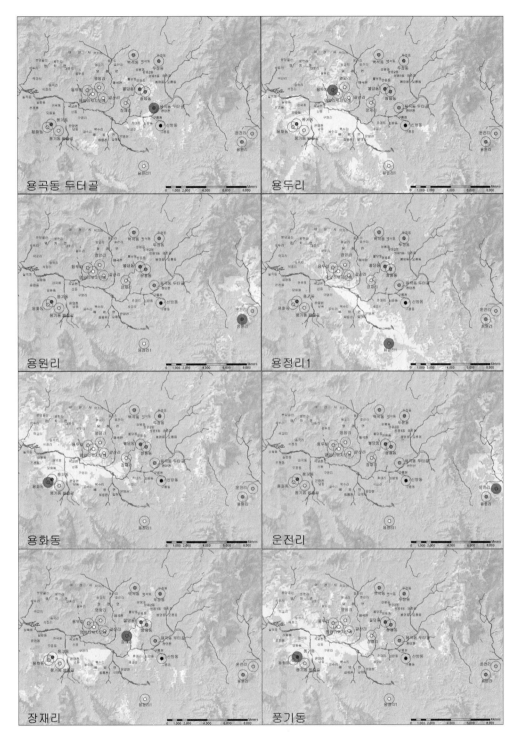

그림 45_유적별 가시권역(조망권) 2(밝은 부분)

가시권역을 갖는다. 아마도 산지를 뒤로 하고 저지대를 내려다보는 유적의 입지 조건 때문이다.

이상, 가시권과 가시권역 분석을 통해 취락의 규모가 큰 유적은 조망권 면에서 사방을 관찰할 수 있는 개방된 모습이고 이보다 작은 유적들은 폐쇄하거나 반개방 또는 반폐쇄한 조망권을 갖고 있다. 이러한 가시권 및 가시권역 분석은 주변 지형 환경과 관계 속에서 심도 있는 접근이 필요하지만, 각 취락의 위계를 결정하는 중요한 입지 요인으로 작용하였을 가능성은 높다.

⑥ 綜合

여기서는 이제껏 논의한 역삼동유형 취락들의 입지요인의 분석내용을 정리하면서 입지별 호조건에 따른 유적 순서와 그 의미에 대해 언급해 보자.

우선, 연구대상 유적 등은 천안과 아산이라는 동일 지역에 자리하므로 세밀한 기후 차이는 없다. 다만 타 지역의 기후환경과 비교하면 바람의 방향이 서쪽에 집중하여 상대적으로 불리한 것으로 보이지만 주거 조성에 큰 불편함은 없다.

지형 여건은 거시적 관점과 미시적 관점으로 살펴보았다. 우선 구릉지 선택에 신방동과 용화동, 풍기동 유적은 '수지상 소기복 침식면'을 선호하였다. 이러한 구릉은 사방으로 뻗는 지형 조건을 갖추어 이동과 접근에 좋은 조건을 가졌다. 해발고도와 주변의 저지대 고도는 큰 차이가 없고 완만한 경사를 가지고 있어 거주와 이동에도 좋은 조건이다. 따라서 주거와 기타 시설물이 집중하는 현상이 뚜렷하고 취락의 규모도 상당히 크다. 반면에 백석동과 용원리, 갈산리 유적을 제외한 유적들은 'ridge상 소기복 침식면'의 구릉에 해당하고 해발고도와 경사도는 좋지도 나쁘지도 않다.

상기한 결과는 완만한 고도와 경사도를 가진 구릉에 모든 취락이 반드시 입지하지는 않지만, 취락의 성장과 발전에 이러한 입지요인은 중요하게 작용하였을 것이다. 그러나 이 조건이 좋다 하더라도 생계와 관련한 입지 조건이 빈약하다면 취락의 발전과 성장은 분명 한계를 갖게 된다. 이를 타개하기 위해 지질과 토양 등의 입지요인을 생각해야 한다.

백석동과 쌍용동, 불당동, 장재리 유적의 경우 토양과 지질조건이 양호한 편은 아니지만 그 외의 유적 대부분은 적절한 조건을 가진다. 특히, 신방동과 용화동, 풍기동 유적은 지질이 좋고 토성이 양토를 포함하여 토양의 배수가 양호하므로 작물 재배 적지로 호조건을 갖고 있다. 앞선 지형 입지의 호조건과 높게 연관된다. 처음의 입지요인(일차적 입지요인)의 선택이 다음의 입지요인(이차적 입지요인)을 결정하는데 높은 관련이 있다.

이상의 입지요인 외에 정치·경제·사회·문화적인 입지[30]여건 등도 중요하게 작용하였을 것인데 이는 가시권 분석을 통해서 확인할 수 있었다.

신방동과 용화동, 풍기동, 백석동 유적은 주변 취락과 자연환경을 인식하는데 조망권이 매우 넓어 개방적인 모습이다. 상기 유적들은 취락의 규모가 커서 주변 지역을 아우르는 (최)상위 취락으로 판단할 수 있다. 단 백석동 유적은 연구대상 지역 내에서도 입지의 호조건이 매우 적어 예외의 모습을 보인다. 하지만 취락의 규모가 상당히 크고 무엇보다도 조망권의 확보가 뛰어나다. 이러한 모습은 대규모 취락의 결정에 있어서 가장 중요한 입지 요소는 조망권이었을 가능성을 높게 한다.

조망권 확보는 취락의 위계를 반영하기도 하지만 생계와도 밀접한 관련을 가진 것으로 보인다. 유적지 주변 일부가 산지와 평지로 둘러싸여 조망이 반개방·반폐쇄적인 유적의 경우 농경과 어로 등의 모든 경제활동을 생각할 수 있다. 반면, 산지로 둘러싸여 폐쇄한 조망권을 가진 유적 등은 수렵 등의 경제활동에 한정될 것이다.

표 25_연구대상유적(역삼동유형) 입지결정 요소(◎: 좋음, ○: 중간, ×: 나쁨)

유적	상대고도	경사도	구릉분류	경사면 방향	하천거리	가시권역	지질	토양	작물재배적지	호조건입지 요소수
신방동	◎	◎	◎	◎	○	◎	◎	◎	◎	8
용화동	◎	◎	◎	◎	×	◎	◎	◎	◎	8
풍기동	◎	◎	◎	◎	×	◎	◎	◎	◎	8
용곡동	×	◎	×	◎	◎	○	◎	◎	×	5
두정동	◎	◎	×	◎	×	○	×		◎	4
쌍용동	◎	◎	×	◎	○	○	◎	×	×◎	4
불당동	×	◎	×	◎	◎	○	◎	×	×	4
풍기동(밤)	×	×	×	◎		◎	◎	○	○	4
운전리	◎	×	×	×	◎	◎	◎	◎	×○	4
용원리	◎	◎	×	◎	×	○	○	◎	×	4
용정리	×	×	×	◎	×	◎	◎	◎	×○	4
용두리	×	×	×	◎	◎	○	○	◎	×	4
명암리(밤)	×	×	×	◎	◎	×	○	◎	○	3
명암리	×	×	×	◎	×	×	○	◎	○	2
갈산리	×	×	×	◎	○	×	○	◎	○	2
장재리	×	×	×	◎	◎	×	×	×	×	2
백석동[31]	×	×	×	◎	×	◎	×	×	◎	2

---

30) 주변 마을과의 관계에서 방어와 영역의 문제라든가, 자원활용의 문제, 나아가 사회, 정치, 경제적인 문제 등이 있을 수 있다.
31) 백석동유적의 경우 최근 백석동고재미골 유적의 분석결과까지 포함할 경우 입지 결정 요인은 배이상 늘어난다.

상기의 내용을 정리하여 입지의 선호도에 따른 연구대상 유적을 순서대로 나열한 것이 다음의 〈표 25〉이다. 표를 통해 보면, 입지상 호조건을 가진 유적은 신방동, 용화동+풍기동 유적이며, 백석동, 명암리, 장재리 유적 등은 입지상 불리한 면을 많이 가지고 있다. 나머지 대부분의 유적은 비슷한 입지 환경조건을 가지는 것으로 판단된다. 여기서 주목할 것은 입지 결정 요인이 많을수록 생계와 취락의 규모에서 상당히 우월하다는 것이다. 결국, 좋은 입지는 주거와 인구의 증가 뿐 아니라 사회조직의 우위를 결정하는 중요한 요인으로 작용함을 보여준다.

마지막으로 이러한 취락의 입지 선택이 시간의 흐름에 따라 변화하는지를 살펴보고자 한다. 대체로 이른 시기의 취락은 뚜렷한 입지 호조건을 선택하지는 않았다. 아마도 외부에서 이주에 의한 것이라면 정착지의 지형과 주변 환경에 대한 적응이 부족한 때문일 것이다. 하지만 필자의 편년안 II단계 이후부터는 호조건 입지를 가진 유적이 점차 증가하고 있다. 이는 정착지와 그 주변지역에 대한 입지환경 적응이 점차 완료되어 감을 의미한다.

(2) 가락동유형

가락동유형 취락의 입지분석 또한 앞의 역삼동유형 취락과 동일한 절차와 방법으로 진행하였다. 다만 지역은 연기군과 대전의 유성구 지역을 선정하였다. 이 지역은 최근 활발한 발굴조사 및 유적지와 그 주변에 대한 조사를 광범위하게 진행하여 취락 간 비교 검토가 용이하기 때문이다.

① 기후

가락동유형 취락의 입지를 연구하기 위한 지역은 연기군과 대전이다. 이 지역은 호서지역에서도 중앙에 위치하며, 내륙과 해안의 중간지대에 자리한다. 따라서 기후의 지역차는 뚜렷이 보이지 않는다.

다음의 〈표 26~27〉은 연기군과 대전지역의 기후 관련한 내용을 정리한 것이다. 최근 30년까지의 통계치를 살펴볼 수 있는데, 기온의 경우 겨울철에는 최저 영하 6도 정도지만 평균 영하 3도를, 여름철에는 최고 30도 정도이나 평균 28-9도를 유지하는 것으로 나타난다. 강수량은 최소 30mm 정도지만 장마철에는 최대 300mm 이상의 유량을 나타낸다. 대체로 지역별로 뚜렷한 기후 특징은 잘 보이지 않는다. 단지 습도가 평균 60이상으로 높은데, 이는 연구대상지역이 금강과 갑천의 지근거리에 놓여 있다는 자연지형 조건 때문일 것이다. 이와 관련해서 안개가 끼는 일수가 많은 점을 볼 수 있어 視界에서 좋지 않은 조건이다.

표 26_대전청 기준 30년기준 기후자료 월평균값

요소	01월	02월	03월	04월	05월	06월	07월	08월	09월	10월	11월	12월
평균기온(℃)	-1.9	0.2	5.4	12.4	17.6	22.0	25.3	25.5	20.3	13.8	6.8	0.7
최고기온(℃)	3.3	5.7	11.5	19.1	23.8	27.4	29.7	30.2	25.9	20.4	12.7	6.1
최저기온(℃)	-6.3	-4.5	0.2	6.3	11.7	17.2	21.8	21.8	15.8	8.3	1.9	-3.9
강수량(mm)	29.5	36.4	60.5	87.2	97.0	174.3	292.2	296.5	141.5	56.9	51.7	30.1
강수계속시간(hr)	66.35	62.64	70.06	68.77	68.16	82.76	107.57	89.07	67.40	42.56	61.44	57.93
소형증발량(mm)	35.7	45.3	79.7	121.2	147.3	138.5	131.1	131.2	103.1	81.4	46.4	35.4
평균풍속(m/s)	1.4	1.7	2.0	2.2	2.1	1.9	1.9	1.8	1.5	1.3	1.3	1.3
평균습도(%)	68.9	66.0	63.8	61.6	65.8	73.2	80.1	79.8	77.6	73.7	73.4	71.8
평균증기압(hPa)	3.8	4.2	5.7	8.8	12.9	19.0	25.6	25.8	18.5	11.6	7.5	4.8
일조합(hr)	156.7	161.0	196.4	220.6	237.7	200.3	168.2	188.0	186.5	201.3	153.2	151.1
평균일사량(MJ/㎡)	7.83	10.93	13.56	17.24	17.64	16.08	14.71	15.25	13.40	11.98	8.39	7.13
안개계속시간(hr)	11.52	6.88	6.03	8.48	5.28	3.58	4.24	4.64	10.75	14.06	17.29	14.65
전운량(할)	4.5	4.6	4.7	4.8	5.0	6.3	7.0	6.2	5.4	4.2	4.6	4.3

표 27_연기 · 대전지역 풍력자료(최근 5년 연평균자료, 50m 고도 기준, http://www.kma.go.kr/sfc)

지역	계절별 평균자료	평균풍속	순간최대풍속	주풍향	주풍향비율	5m/s 이상비율	5m/s 이상이고 주풍향인비율
연기	연	2.2 m/s	21.8 m/s	남(S)	26.1%	2.4%	0.5%
대전		3.0 m/s	23.0 m/s	북서(NW)	26.3%	9.5%	2.3%
연기	봄철	2.6 m/s	21.8 m/s	서(W)	24.7%	5.4%	3.3%
대전		3.4 m/s	0 m/s	북서(NW)	22.4%	15.1%	3.3%
연기	여름철	2.2 m/s	16.0 m/s	남(S)	21.9%	1.5%	0.6%
대전		3.0 m/s	0 m/s	남(S)	19.6%	8.6%	1.5%
연기	가을철	2.1 m/s	15.4 m/s	남(S)	30.3%	1.2%	0.4%
대전		2.7 m/s	0 m/s	북서(NW)	30.6%	5.7%	1.5%
연기	겨울철	2.1 m/s	14.3 m/s	남(S)	27.2%	1.7%	0
대전		2.7 m/s	0 m/s	북서(NW)	41.7%	6.3%	4.7%

　　풍향과 관련해서는 지역의 차이를 관찰할 수 있다. 연기군 지역은 남풍의 영향이 많으며 대전은 북·서풍의 영향이 상대적으로 많다. 이러한 점은 취락 입지 선택의 차이를 나타내는 결과일 뿐 아니라, 주거와 인구를 집중하게 하는 요인으로 기후의 요소가 일정의 영향을 주었을 것이다. 실제로 연기군의 가락동유형 주거지 수는 대전지역 주거지 수에 비해 현저하게 많다는 점에서 상기 논의를 뒷받침한다.

② 지형〈그림 46~47〉

　　연구대상지역의 지형분석을 거시적 관점에서 실시한 연구가 있다. 박지훈은 연기지역의 유적지와 그 주변의 지형 분류를 실시하였으며 산지와 구릉지, 충적지로 크게 구분하고 다시 행정소재지에 위치한 구릉을 몇 개의 형태로 세분하였다(박지훈 2006). 본 연구대상 유적지에 대한 자세한 분류는 아니지만, 그가 언급한 내용과 지형학계의 분류 기준을 바탕으로 연구대상 유적지의 거시적 지형분류를 실시해 보자.

우선, 송원리유적은 서쪽에 위치한 장군봉(355m)에서 동쪽으로 분기한 구릉에, 송담리유적은 북쪽의 전월산(260m)에서 남쪽으로 분기한 구릉의 평탄면에, 그리고 제천리와 그 일대 유적지는 국사봉(214m)에서 동쪽으로 분기한 구릉의 말단에 위치한다. 이 유적지들은 일반적으로 '구릉의 소기복 침식면'(장호 1995)으로 부르는 지형에 해당한다. 이러한 소기복 침식면은 다시 '手支狀 小起伏 侵蝕面'과 'ridge狀 小起伏 侵蝕面'으로 분

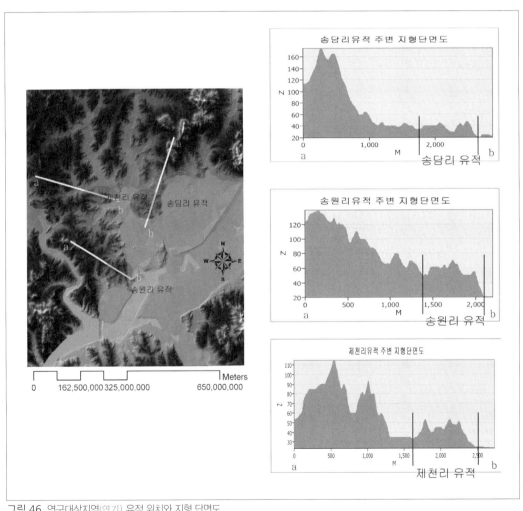

그림 46_연구대상지역(연기) 유적 위치와 지형 단면도

류한다(장호 1995).

　자세한 지형의 모습을 보면, 송담리유적은 얕으막한 구릉이 가지 상으로 뻗은 지세(박지훈 2006: 15)로 유적지를 중심으로 四方으로 분지하는 형태여서 '수지상 소기복 침식면'에 해당한다. 반면에 송원리와 제천리유적은 구릉이 한쪽으로만 뻗어 나가는 듯한 모습이어서 'ridge상 소기복 침식면'으로 보인다. 물론, 두 유적 중에서는 제천리유적이 이

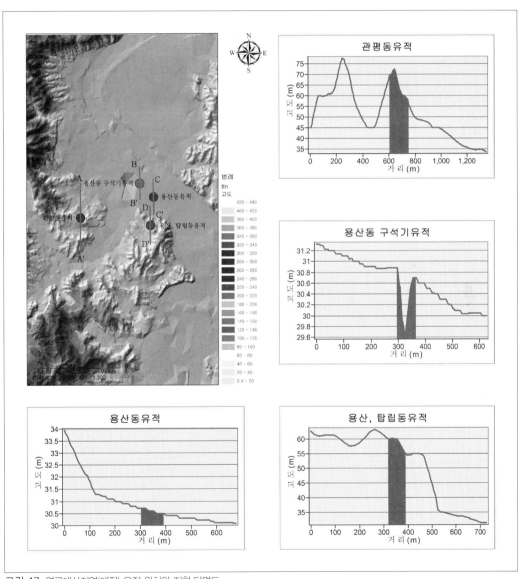

그림 47_연구대상지역(대전) 유적 위치와 지형 단면도

의 구릉모습에 더 유사한 편이다. 송원리유적은 '수지상 소기복 침식면' 의 구릉 모습을 보이지만 분지하는 지세가 불규칙하고 동쪽이 산지로 막혀 있는 모습에서 차이가 있다.

지형 조건으로만 본다면 송담리유적은 사방으로 뻗어 나가는 지세여서 확장하고 개방된 지형의 느낌을 주지만 송원리와 제천리유적은 한쪽이 막힌 지세여서 다소 폐쇄한 지형 느낌을 준다.

마찬가지로 대전지역 유적 지형을 살펴보면, 연기군의 송담리유적 지형과 같은 모습은 보이지 않고 대부분 'ridge상 소기복 침식면' 의 지형을 이루고 있다. 단 용산·탑립동유적이 위치한 지형은 특이한 편이다. 이 유적은 남쪽의 구릉에서 북쪽으로 뻗은 가지 능선 말단부에 위치하는데, 주변의 능선은 수지상으로 뻗은 모습이어서 '手支狀 小起伏 侵蝕面' 으로 보인다. 하지만 전체의 지형 모습으로 보면 대전 지역의 유적들 모두는 북쪽만 개방되어 있는 반개방, 반폐쇄한 지형 느낌을 준다.

가. 고도와 경사도

다음으로 미시적인 지형분석을 실시해 보도록 한다.

〈표 28〉과 〈그림 48~49〉는 연구대상유적의 고도와 경사도를 나타낸 것이다. 이들을 통해 유적을 관찰해 보면, 대상 유적 모두 고도와 경사도에서는 큰 차이가 관찰되지 않는다. 하지만 저지대로 접근하는 측면을 보면 대전지역 유적들이 연기지역 유적보다 상대적으로 좋은 편이다. 하지만 충적지가 대전지역보다 넓게 펼쳐져 있어 접근성 면에서는 연기지역 유적이 더 우월한 편이다.

표 28_연구대상유적의 고도와 구릉분류

지역	유적	고도	경사도	저지대고도	상대고도	구릉분류
연기	송원리	40~70(65)	15~30	15~28(나성뜰)	0.37~0.4	ridge상 소기복침식면 (동쪽 잔류구릉 포함)
	송담리	38~50(45)	7~15	18~20(장남뜰)	0.4~0.47	수지상 소기복침식면
	제천리	45~57(50)	15~30	24~33(제천뜰)	0.53~0.57	ridge상 소기복침식면
대전	관평동	60~75(70)	7~15	37~45(배재기골)	0.61~0.6	ridge상 소기복침식면
	용산동	55~60(60)	10~20	33~38	0.6~0.63	ridge상 소기복침식면
	용산동구석기					ridge상 소기복침식면
	용산·탑립동	50~55(50)	7~25	36~47(원용산골)	0.72~0.85	ridge상 소기복침식면

유적별 지형 입지 조건 면에서 선호도 순위를 파악한다면 연기지역은 송담리→제천리→송원리유적 순이 될 것이다. 그러나 송원리유적의 서쪽과 남쪽 구릉의 고도, 경사도 등의 주변 환경까지를 모두 포함하여 입지 선호도를 파악한다면 송담리→송원리〉제천리유

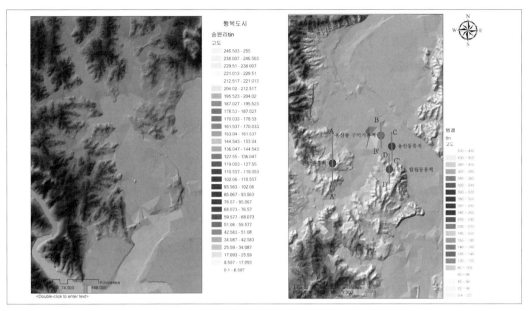

그림 48_연구대상 유적(좌 : 연기, 우 : 대전)의 해발고도

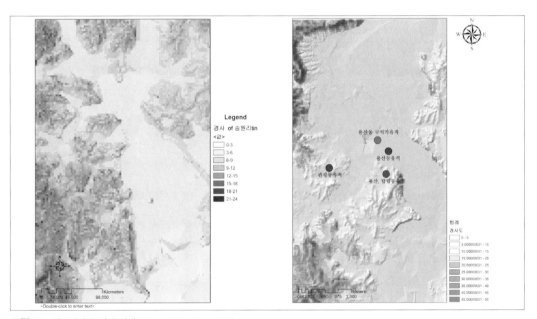

그림 49_연구대상 유적의 경사도(좌 : 연기, 우 : 대전)

적 순으로 우위를 결정할 수 있다. 반면에 대전지역은 세 유적 간 큰 차이를 구별할 만큼 뚜렷한 입지 선호도 모습을 보이지 않는다.

나. 경사면의 방향〈그림 50〉

유적들의 경사면 방향은 대체로 -1~10의 값[32]에 집중한다. 이는 주거지의 대부분이 구릉의 사면이 아닌 정상부에 조성되어 있음을 의미한다. 농작물 재배와 관련한 호조건으로 볼 수 있는 유적의 동쪽과 남쪽 경사면 향을 살펴보면, 송담리유적이 가장 많은 비율로 관찰되며 송원리와 관평리, 용산·탑립동 유적이 그 뒤를 잇는다. 반면에 제천리 유적은 상대적으로 적은 비율로 나타난다. 각 유적들은 앞서 살펴본 지형, 경사도를 통한 입지 선호도 순서와 대체로 유사한 결과를 갖는다. 아마도 농작물 재배가 취락이 입지한 경사지에서 이루어졌다면 각 유적 간 재배지 조성의 호조건 우선 순위를 결정할 수 있다.

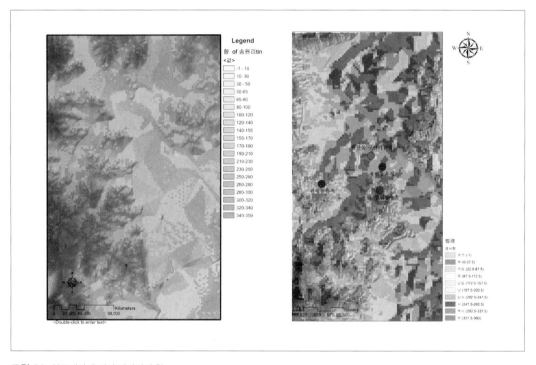

그림 50_연구대상 유적의 경사면의 향

---

32) 경사면의 향 분석에서 산출된 수치는 경사면의 방향을 0~360°로 나타낸 것이다. 여기서 '0'은 북쪽을 가리키며, '45'는 북동쪽, '90'은 동쪽 '180'은 남쪽을 각각 나타낸다. 한편 '-1'의 값은 경사도가 '0'인 셀의 경우로 경사도가 '0'이기 때문에 경사면의 방향을 갖지 않음을 의미한다. 무문토기시대 취락의 방향은 대부분 남 또는 남동사면을 이루고 있어 일정한 패턴이 있었던 것으로 볼 수 있다.

다. 하계와의 관련

하천과 관계는 거리와 차수를 통해 접근하였다.

우선 연기지역의 송원리유적은 금강(4차수)을 생각할 수 있다. 유적의 최남쪽에 위치한 주거지에서 남쪽 방향으로 직선거리 약 700m 정도 떨어져 있다. 동쪽으로는 청천의 지류인 소냇가가 구릉의 바로 아래에서 흐르고 있다. 따라서 용수의 취득은 이 장소를 선택하였을 것은 분명하다. 다만 금강은 유량이 풍부하고 유역이 넓고 크다는 점에서 용수의 취득 뿐 아니라 어로와 같은 생계면에서 주요한 장소로 기능하였을 것이다.

송담리유적은 남쪽방향으로 금강과 직선거리 약 1.7km정도 떨어져 있다. 송원리유적 보다는 접근과 이용면에서 좋지 않다. 마찬가지로 용수의 취득은 서쪽 구릉에 접해 흐르는 3차수의 청천을 주로 이용하였을 것이다. 금강과의 거리로 인해 어로의 생계활동이 송원리유적과는 달리 활발치 않았을 것이다. 하지만 최근 실시한 고지형 분석결과를 보면(李弘鍾·高橋學 2008: 74), 송담리유적 바로 아래에서 금강의 구유로가 확인되므로 어로활동에 불리하지 않다. 후술할 작물재배적지분석에서도 농 어업의 활발한 활동이 이루어진 유적으로 볼 수 있다.

마지막으로 제천리유적은 앞의 두 유적과는 달리 금강과 멀리 떨어져 있어 이용은 쉽지 않다. 인접한 1-2차수의 청천과 방축천을 주로 이용하는 수준이었을 것이다.

반면에 대전지역 유적은 갑천과 관평천을 통해 분석할 수 있다.

관평동유적만 2차수인 갑천과 약 1km정도 떨어져 있을 뿐, 대다수 유적은 1차수인 관평천과 2차수인 갑천을 500m 범위 안에서 활용하고 있는 점을 추정하게 한다. 갑천은 비록 차수는 낮지만 금강과 바로 연결된다는 점에서 하천의 크기를 전혀 무시할 수 없다. 곧 갑천은 대전지역 유적의 생계경제와 밀접한 연관을 가졌을 것이다.

이상의 하천과 관계를 종합해 보면, 용수 취득은 주변의 냇가나 천 등을 주로 이용하였다는 점에서는 큰 차이를 보이지 않는다. 하지만 생계와 관련한 하천의 이용면에서는 송원리와 송담리유적이 타 유적들보다는 유리한 위치였다고 보인다.

③ 지질 및 토양〈표 29〉

연구대상 유적지와 그 주변의 지질의 특성을 살펴보자.

우선 연기지역의 송원리와 송담리유적은 반상편마상 화강암으로 동일한 지질구조를 보이지만 제천리와 그 일대 유적들은 화강암질 편마암을 이루고 있어 차이가 있다. 반면에 대전지역 유적들은 대부분 복운모 화강암의 지질구조를 보인다.

표 29_유적의 지질과 토양 분포 현황(http://asis.rda.go.kr)

토양지도	분류	송원리	송담리	제천리	관평동	용산탑립동	용산동, 용산동구석기
지질	유적지 지질	반상편마상화강암	반상편마상화강암	반상화강암	복운모화강암	복운모화강암	불가
	주변지질	서쪽: 혼성편마암	반상편마상화강암	동쪽: 흑운모화강암	복운모화강암	복운모화강암	·
물리적특성	표토의 자갈함량	자갈 있음	자갈 없음	자갈 없음	자갈없음	잔 자갈	·
	토성	양토	양토	사양토	양토	양토	·
	침식정도	있음	있음	있음	있음	있음	·
	경사	15-30	7-15	15-30	7-30	15-30	·
	심토의 석력함량	있음	없음	없음	없음	없음	·
	심토의 주토색	적색계	적색계	갈색계	적색계	적색계	·
	심토의 토성	사양질	사양질	사양질	사양질	사양질	·
	유효토심	보통	보통	보통	보통	보통	·
	배수등급	양호	양호	매우양호	양호	양호	·
토지 이용지도	주된 토지이용	임지	임지	초지/임지	초지/임지	초지/임지	·
	토지이용추천	과수/상전	밭	과수/상전	과수/상전	과수/상전	·
토양 분류지도	분포지형	구릉지	구릉지	구릉지	구릉지	구릉지	·
	토양모재	변성암	산성암	산성암	산성암	산성암	·
	퇴적양식	잔적층	잔적층	잔적층	잔적층	잔적층	·
토양 적성등급	논	없음	없음	없음	없음	없음	·
	밭	없음	2급지	없음	없음	없음	·
	과수/상전	3급지	없음	3급지	3급지	3급지	·
	초시	없음	없음	5급지	없음	없음	·
	임지	없음	없음	5급지	없음	없음	·

상기한 유적들은 지질구조의 차이는 있지만, 대부분 화강암풍화토를 기반으로 주거를 조성하고 있어 지반 붕괴 등의 문제는 없어 보인다. 다만 제천리유적만 모래 성분이 많이 포함된 지질구조를 갖추고 있어 주거와 경작지 조성에 적절하지 않은 편이다. 이러한 지질구조를 통한 입지의 호불호는 주거가 조성된 수의 모습을 통해서도 충분히 파악 가능하다〈표 33〉.

다음으로 토양특성을 보면, 송원리유적과 용산·탑립동유적이 표토와 심토에 석력이 포함되어 주거 축조에 앞서 실시하는 굴착에 좋은 조건은 아니다. 하지만 주거가 축조된 후에는 단단한 토양구조로 인해 유지와 관리에 도움을 줄 것이다. 지질과 마찬가지로 주거지 축조의 유적 내 분포의 다소가 이를 증명해 준다. 반면에 제천리 유적은 송원리, 관평동 유적과는 달리 역석을 포함하지 않는 지질 구조여서 주거를 입지시키기에는 호조건이지만, 배수가 양호한 사양토 계통의 토성을 갖추고 있어 축조에는 좋지 않다. 사양토

계통의 토양은 굴착에는 용이할 수 있으나, 우수 등의 자연재해에 의해 토양구조 파괴가 쉽게 진행되기 때문에 주거 조성과 축조 후의 관리 또한 불리한 편이다. 다만, 배수가 잘 되는 토양 특성상 이를 활용한 유구의 조성과 관리에는 도움을 준다[33].

④ 작물재배 적지

다음의 〈표 30〉은 유적지에서 작물재배 적합지를 분석한 결과이다.

표를 보면, 송담리유적이 7가지의 작물을 재배하기에 가장 적합한 곳으로 확인된다. 그 뒤를 이어 관평동, 용산·탑립동유적이 5가지 정도의 작물이, 송원리 유적은 3가지 작물을 재배하기에 적합한 장소로 파악된다. 반면에 제천리 유적은 작물재배적지가 거의 좋지 않은 곳으로 나타난다.

표 30_유적지 내 작물재배적지 분석(농촌진흥청 토양지도, 음영은 적지 이상 표시)

작물 재배적지	분류	송원리	송담리	제천리	관평동	용산탑립동	용산동 용산동구석기
경엽채류	배추	가능지	최적지	가능지	적지	적지	형질변경으로 파악불가
곡류	밀	적지	적지	가능지	적지	적지	
	보리	적지	적지	가능지	적지	적지	
	조	가능지	적지	가능지	가능지	가능지	
과수류	복숭아	가능지	가능지	가능지	가능지	가능지	
과채류	참외	저위생산지	가능지	저위생산지	저위생산지	저위생산지	
	호박	저위생산지	최적지	저위생산지	가능지	가능지	
근채류	마	저위생산지	가능지	가능지	저위생산지	저위생산지	
두류	콩	가능지	최적지	가능지	적지	적지	
유지류	들깨	적지	적지	가능지	적지	적지	
곡물유체/적지이상		10/3	10/7	10/0	10/5	10/5	10/0

앞의 분석결과와 비교해 보아도 송담리유적은 주거의 조성 뿐 아니라 작물재배지로서 가장 선호된 지역임을 알게 한다. 그 뒤를 이어 송원리, 관평동, 용산·탑립동 등의 순의 재배지 선호를 볼 수 있다. 제천리유적은 지질과 토양분석 결과와 동일하게 경작지로서 이용도 상당히 낮음을 알 수 있다.

⑤ 가시권 및 가시권역〈그림 51〉

가시권과 가시권역 분석에 앞서 각 유적간 거리를 측정하여 취락 간 인식의 가능성을

---

33) 제천리유적에서 확인된 후기의 저장공 유구가 주목된다. 저장공은 곡물의 보관과 관리를 위해 습기의 제거가 빠른 배수가 잘 되는 토양을 선호하기 때문이다. 섣부른 판단일 수 있지만, 청동기시대 전기에는 지질과 토양구조에 대한 당시인의 지식과 경험이 후기보다는 다소 부족했던 것으로 추정해 볼 수 있다.

살펴보았다.

　연기지역의 송담리와 송원리유적은 직선거리 약 2.0km 정도, 송원리와 제천리는 약 2.2km, 송담리와 제천리유적은 약 1.4km 정도 내에서 모두 인식 가능하다. 대전지역의 각 유적간 거리는 1.5km 이내에 자리하고 있어, 대상물과 피아의 식별이 충분하지는 않더라도 인식이 가능할 정도의 거리에 유적들이 입지한다.

　그러나 이러한 인식은 유적 간 입지 선호도를 파악하는데 어려움이 있다. 제천리유적을 제외한 대부분의 유적은 서로의 마을을 인식하는데 문제를 찾을 수 없기 때문이다. 따라서 유적별로 조망권 확보 범위를 통해 입지 선호도 우선순위를 파악해 볼 수 있다.

　분석결과, 조망권이 넓은 유적은 송담리유적이다. 주변의 산지와 충적평야, 그리고 인접한 유적 등이 가시권 내에 모두 들어온다. 이와는 달리 송원리, 관평동, 용산·탑립동 유적은 주변의 50%정도를 조망권으로 갖는다. 평야지대와 주변에 위치한 하천 등만 가시권역에 들어올 뿐, 취락지 뒤편의 산지 등은 가시권역을 전혀 확보하지 못하고 있다. 반면에 제천리유적은 북쪽과 동쪽의 주변 충적지대만 일부 가시권역 내에 들어올 뿐 주변의 조망권은 거의 없다.

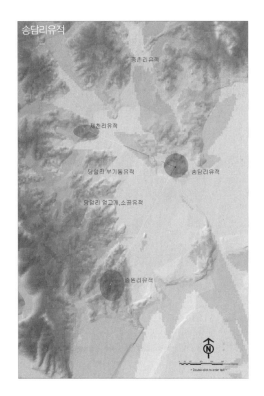

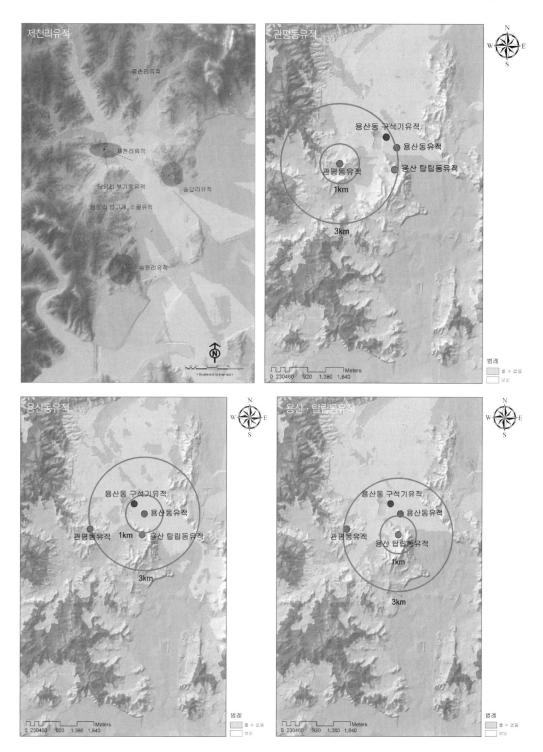

그림 51_연구대상지역 유적의 가시권 및 가시권역 분석

결국 송담리유적은 개방된 조망권을, 송원리와 관평동, 용산·탑립동 유적은 반개방·반폐쇄한 조망권을, 제천리 유적은 대체로 폐쇄된 조망권을 가진 것으로 볼 수 있다. 이러한 분석결과는 앞의 역삼동유형 취락 분석결과와 마찬가지로 취락 규모가 크고 입지의 호조건을 많이 가진 유적이 넓은 범위의 조망권 확보에 유리하다는 것을 다시 확인하게 한다.

⑥ 綜合

앞의 분석자료를 바탕으로 연구대상지역 취락 입지 모습을 종합하면 다음과 같다.

상기 연구대상 유적들은 동일 지역에 자리하여 세부의 기후 차이는 없다. 단, 풍향의 경우 대전지역이 북서풍이 강해 상대적으로 불리한 환경을 추정하게 하지만, 취락 입지의 선호에 큰 영향을 주지 못한다. 지형은 유적들 대다수 구릉의 능선 정상부를 선호하고 있다. 전기 취락의 구릉지 입지 선호는 홍수 등의 재해 방지, 취락의 방어, 일조량에 따른 작물 재배의 효율성이 높다는 이유 등을 생각할 수 있다.

아무튼, 연구대상 유적들은 동일한 기후조건과 지형을 이용하는 수준이지만 세세한 지형 이용의 측면에서는 차이를 살필 수 있다.

송담리 유적은 '수지상 소기복 침식면'이라는 구릉을 이용하는데, 사방으로 뻗은 구릉 지세, 주거 축조 위치와 저지대의 고도차가 크지 않고 완만한 지형경사를 가지고 있어 타 장소로 이동 및 접근에 상당히 좋은 조건이다. 반면에 타 유적들은 'ridge상 소기복 침식면'의 구릉에 입지하여 해발고도와 지형 경사도가 좋지 않은 편이다.

상기한 지형조건을 조망권과 같이 살펴보면 개방(송담리), 반개방·폐쇄(송원리, 관평동, 용산·탑립동), 폐쇄(제천리)의 입지 모습의 차이를 분명히 알 수 있다.

이처럼 호조건의 지형과 조망권은 생계 방식과도 연관되는데, 그러한 모습은 지질과 토양의 특성, 이를 이용한 작물재배가능성 등에서 파악할 수 있다.

송담리는 토양과 지질, 작물재배의 적지가 호조건으로 평가되는 반면, 관평동과 용산·탑립동, 송원리 유적 등은 일부 작물을 제외하고는 많은 작물 재배를 가능하게 하지 않는다. 따라서 송담리유적은 주변 자연환경 조건도 양호하여 농경행위의 활발한 모습을 생각할 수 있다. 반면 타 유적들은 산지로 둘러싸인 자연환경 조건이 우세하여 작물재배보다는 수렵 등의 생계방식에 더 유리하다. 관련한 논의는 뒤에서 자세히 살펴보고자 한다.

이상의 내용을 종합하여 연구대상 유적별 입지결정요인의 適否를 파악한 것이 다음의 〈표 31〉이다. 표를 보면 입지 결정 요인의 호조건이 많을수록 취락의 규모가 크다는 점은 앞에서 언급한 역삼동유형 취락의 입지분석 결과와 유사하다. 결국, 청동기시대 전기 취락민들의 입지 선택은 세밀한 차이는 있지만 몇 가지의 중요한 공통된 요소가 있음은 분명한 것 같다.

표 31_연구대상 유적(가락동유형)의 입지결정 요소(◎ : 좋음, ○ : 중간, × : 나쁨)

유적	고도	경사도	구릉분류	경사면방향	하천거리	가시권역	지질	토양	작물재배적지	풍향, 기온
송원리	○	×	×	○	◎	○	○	○	○	◎
송담리	◎	◎	◎	○	◎	◎	○	◎	◎	◎
제천리	◎	×	×	○	○	×	×	×	×	◎
관평리	○	×	×	○	◎	○	○	○	○	×
용산동	○	×	×	○	◎	○	○	○	○	×
용산·탑립동	○	×	×	○	◎	○	○	○	○	×

2. 취락의 생계와 경제활동

청동기시대 전기 취락은 다양한 입지 요인의 검토를 통해 정착지역을 선정해 나간다. 하지만 대부분의 취락은 정착 초기에 입지적 호조건을 많이 지닌 장소를 선정하지 못하는데, 입지한 지역 내 환경의 적응을 완료하지 못하였기 때문이다. 더불어 동일한 지역 내 입지하면서도 유사한 생계방식을 전개하지는 않고 있다. 유적지와 그 주변을 둘러싼 자연환경, 입지 요소의 차별성이 미세하게 작용하였기 때문일 것이다.

여기서는 청동기시대 전기 취락의 입지 장소의 미세한 차이가 생계방식을 어떻게 결정해 왔는지를 검토하고자 한다. 입지는 생업 및 생계와 매우 밀접함은 여러 연구자들에 의해 지적되어 왔고, 주변의 자원을 적극 개발하지 못한 선사시대에는 입지 환경에 기댄 생계방식의 결정이 중요하게 작용하였다는 전제를 기본으로 한다.

각 취락유형별 생계방식에 대한 접근은 유용한 분석 툴의 하나로 인정받는 석기조성 비 분석과 앞서 분석한 입지 요소와의 대비를 통해 실시한다. 이렇게 분석한 내용을 바탕으로 각 취락유형별 유적의 사회경제적 의미[34]에 대한 검토도 같이 진행하고자 한다.

---

34) 사회경제의 의미 문제는 생산, 저장, 소비의 경제활동 측면에서 취락 기능과 관련하여 접근한다. 이 문제는 허의행(2006)에 의해 입지 유형별 취락의 생산, 저장, 소비의 관점으로 접근한 바 있고, 시기를 달리하지만, 김장석(2008)에 의해 잉여체계의 취락 유적(저장전문유적, 일반유적, 소비전문유적 등)이 언급된 바 있다. 연구방법과 대상, 시기는 달리하지만 비슷한 관점의 접근으로 생각한다.

1) 석기조성비를 통해 본 생계방식

석기조성비 분석은 앞의 입지환경 분석 대상유적을 중심으로 한다. 타 유적들을 다수 포함하는 것이 분석과 해석에 오류를 줄일 수 있지만, 앞에서 언급한 입지 측면과의 비교·검토가 필요하기 때문에 여기서는 이를 제한한다.

석기조성비 분석은 다음과 같은 절차로 진행한다. 먼저, 석기구분을 기능별로 실시하고 이를 유적 별, 유적 간 조성비로 다시 구분한 후 비교·검토한다. 석기는 유구 폐기와 후퇴적 과정에 의해 유물 잔존량 차이가 발생하므로, 취락 단위별 조성비 검토를 행하는 것이 해석의 오류를 줄일 수 있고, 나아가 취락 간 상대적인 조성비 비교를 통해 생계활동의 다양한 면을 파악할 수 있는 고고학적 물질자료이다. 물론 석기의 출토량이 100점을 넘어야 해석의 오류는 최소가 되겠지만(孫晙鎬 2008: 43), 유적 내 출토 수가 많지 않다는 점에서 여기서는 통계상의 오차를 최소화할 수 있는 30점 이상의 석기가 출토된 유적을 주 분석과 해석의 대상으로 한다.

(1) 역삼동유형

다음의 〈표 32, 그림 52~53〉은 역삼동유형 유적별 석기조성비를 분석한 것이다.

표 32_역삼동유형 취락유적의 석기조성비
(孫晙鎬 2008: 38~43, 인용과 첨가 후 재편집, 음영은 30개체 이상 석기 확인 유적)

유적명	주거지수	상징의례구	수렵구	수확구	굴지구	벌채구	목재가공구	석기가공구	식량처리구	방직구	어구	계(%)
백석동B	94	15(7.5)	28(13.9)	24(11.9)	0(0)	26(12.9)	7(3.5)	59(29.4)	23(11.4)	19(9.5)	2(0.9)	201(100)
두정동	3	0	2	0	0	0	0	1	1	1	0	5
쌍용동	8	0	0	2	0	0	0	1	0	1	1	5
불당동	27	3(9.7)	2(6.4)	2(6.4)	0(0)	5(16.2)	7(22.6)	8(25.8)	1(3.2)	3(9.7)	0(0)	31(100)
용곡동	11	4(9.5)	9(21.4)	7(16.6)	0(0)	5(11.9)	2(4.7)	9(21.4)	3(7.1)	3(7.1)	0(0)	42(100)
신방동	63	7(4.7)	23(15.7)	15(10.2)	0(0)	24(16.4)	11(7.5)	38(26.0)	0(0)	28(19.1)	0(0)	146(100)
운전리	12	1	1	1	0	2	0	5	3	4	0	17
용원리	3	3	0	1	0	1	0	0	1	0	0	6
용정리(1구역)	9	2(4.5)	12(27.2)	5(11.3)	0(0)	3(6.8)	0(0)	5(11.3)	13(29.5)	4(9.0)	0(0)	44(100)
명암리	14	2(4.3)	13(28.3)	7(15.2)	0(0)	4(8.7)	7(15.2)	5(10.9)	3(6.5)	5(10.9)	0(0)	46(100)
갈산리	4	0	0	0	0	1	0	0	0	1	0	2
장재리	14	2(5.1)	17(43.5)	1(2.5)	0(0)	2(5.1)	0	10(25.6)	1(2.5)	6(15.3)	0(0)	39(100)
용화동	25	6(13.0)	6(13.0)	5(10.8)	0(0)	3(6.5)	5(10.8)	11(23.9)	5(10.8)	5(10.8)	0(0)	46(100)
풍기동	4	0	2	1	0	0	0	4	1	0	0	8
풍기동(밤)	23	0	1	1	0	1	1	0	1	1	0	6

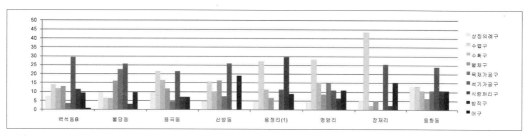

그림 52_취락 유적별 석기조성비(역삼동유형)

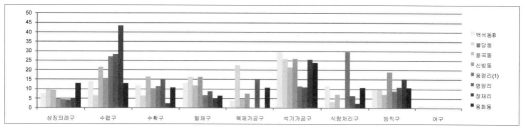

그림 53_석기조성비와 유적 간 비교(역삼동유형)

우선 상징의례구는 낮은 조성비로 인해 취락 간 뚜렷한 차이는 보이지 않는다. 따라서 아직 지역 내에서 의례를 전문으로 하는 취락의 등장은 없었던 것으로 판단되며, 더불어 취락 내 위계의 문제를 언급하기도 어렵다. 아마도 취락 내 자체의 의례 행위가 있었을 것이며, 위계도 뚜렷하지 않았을 것이다.

다음으로 수렵구는 장재리 안강골유적에서 높은 비율로 확인된다. 반면 불당동 유적에서는 상대적으로 낮다. 장재리 안강골유적은 미완성된 석촉과 석기 공구의 비율이 높아 석기 제작을 위한 행위가 타 유적보다 높다는 것을 알 수 있다.

수확구는 취락 전반에 비슷한 비율로 나타난다. 따라서 동일한 농경생활이 유적지와 그 주변에서 이루어졌을 것으로 보인다. 단 장재리 안강골유적만 타 유적과 비교해서 수확구의 비율이 낮다. 앞선 수렵구 조성비율과 같이 살펴보면 수렵활동이 경작활동보다 우세하였다는 것을 확실히 볼 수 있다.

벌채구는 비율상에 유적 간 차이를 볼 수 없다. 유적지와 그 주변에서 벌채 활동이 대체로 이루어졌을 것으로 생각한다. 단, 벌채구의 존재를 통해 주거 축조와 밭 경작지 조성, 기타 목재품 원료의 채취를 위한 수목 벌채 행위가 유적 자체에서 진행되었다는 것을 의미한다.

목재가공구는 불당동유적과 명암리유적에서 높은 비율로 나타난다. 타 유적들에서는 이들이 없거나, 있다 하더라도 그 비율은 상대적으로 낮게 나타난다. 목재가공구의 존재는 농경 관련한 목기를 생산하였음을 말해 준다. 그러나 앞선 입지 분석에서 유적과 그 주변으로 농경 관련한 경작지대가 적다는 점에서 의문을 갖게 한다. 입지의 조건이 맞지 않은데도 목재가공구의 출토가 높다는 것은 주변의 수목 자원 활용이 상대적으로 활발하였다는 것을 의미한다. 또한 목기품의 제작과 가공, 이를 바탕으로 한 타 유적으로의 분배와 교류 등의 모습도 생각할 수 있다.

석기가공구는 모든 유적에서 고른 비율로 나타난다. 취락 내 석기의 제작과 가공, 수선 등이 자체적으로 이루어짐을 알 수 있다. 앞에서 본 바와 같이 장재리 안강골유적에서는 석기가공구와 석촉의 비율이 높아 수렵을 위한 석기 생산이 많음을 알 수 있는 등, 유적 내 생계 방식의 일단을 살피는데 도움이 된다.

식량처리구는 유적 간 뚜렷한 차이를 보인다. 용정리 1구역 유적은 취락의 규모가 작은데도 매우 높은 출토율을 나타내는 반면, 취락의 규모가 큰 신방동 유적에서는 그 수가 거의 없다. 그 밖의 대부분의 유적은 10% 내외의 출토율을 보인다. 농경과 관련한 경제 활동 방식에 중소형 취락이 깊게 관여하였을 가능성이 있다.

방직구는 유적 간 비슷한 비율로 확인된다. 벌채구와 비슷한 유적 내 자체의 생산과 소비행위을 추정하게 한다. 단 신방동 유적에서 출토 비율이 타 유적보다 높은 점을 볼 수 있는데, 방직과 관련한 생산 활동이 활발하게 진행되었던 것을 생각하게 한다.

마지막으로 어구는 백석동과 쌍용동 유적을 제외하고는 여타의 유적에서 전혀 보이지 않는다. 하천과 입지한 관계를 보면, 상기 유적들은 하천으로 접근 자체가 쉽지 않다. 그런데도 이 유물들의 출토가 높다는 것은 몇 가지의 가능성을 추정하게 한다. 첫째는 생계를 위한 식료의 획득 범위가 넓었을 가능성이고, 둘째는 어로도구를 제작, 생산하는 취락의 기능을 가졌다는 것이다. 물론, 이의 제작을 통한 물품의 분배와 유통 가능성 등도 전혀 배제할 수 없다. 단지 여기서는 상기 유물의 출토 수량이 적다는 점에서 전자의 견해를 더 타당하게 한다. 더욱이 어로와 관련한 생계적 경제 활동이 전체의 생계에서 큰 비중을 차지하지 못한다는 것을 말해 준다.

(2) 가락동유형

가락동유형 취락의 생계방식 분석은 앞의 역삼동유형 취락과 동일한 조건으로 실시하였다. 하지만 가락동유형 취락 대부분은 주거 내에서 확인되는 석기의 양이 매우 적어 이에 대한 접근 자체에 제한이 있다. 따라서 유적 간 비교를 통한 생계 방식의 접근은 어렵다. 여기서는 이의 문제점을 인지하면서 접근과 해석을 실시한다.

다음의 〈표 33, 그림 54~55〉는 입지분석 대상유적의 석기조성비를 분석한 것이다.

이를 살펴보면, 상징의례구의 경우 낮은 조성비를 보이며 취락 간 뚜렷한 차이는 역삼동유형 취락들과 비슷하게 잘 관찰되지 않는다. 의례를 전문으로 하는 취락의 등장 또한 언급하기도 어렵다는 점에서 취락 자체 내에서 이루어진 의례행위를 생각할 수 있다. 단, 관평동유적은 주거 수에 비해 이들의 출토율이 높은데 수렵구와 벌채구의 비율도 타 유적보다 높다는 점에서 수렵 관련 의례행위가 있었을 것이라는 점만 추정할 뿐이다. 그렇다고 하여 이 유적을 수렵 전문 유적으로 볼 수는 없다.

수렵구는 연기지역 유적들에서는 뚜렷한 비율을 관찰할 수 없다. 하지만 범위를 넓혀 인근 연기리유적(중앙문화재연구원 2010)의 석기 출토 비율까지 살펴보면 상대적으로 높다는 것을 알 수 있다. 연기리유적은 연구대상 지역과는 조금 떨어져 북쪽에 위치하는데, 대체로 주변의 산지로 둘러싸여 있다는 점에서 수렵 등의 활동에 유리한 조건이며 이와 관련한 생계의 모습을 추정할 수 있다. 반면에 대전지역에서는 관평동과 용산·탑립동 유적에서 상기 유물의 출토가 뚜렷하다. 이 유적들은 남쪽이 산지로 둘러싸여 있어 반개방, 반폐쇄의 입지 모습을 보이는데, 그러한 모습에서 수렵구의 출토 양상을 이해할 수 있다.

상기한 유물 외의 수확구, 벌채구, 목재가공구, 방직구 등은 취락별 출토 양상이 대체로 비슷해서 유적별 생계방식의 대략조차 특정하기 어렵다. 농경생활 양상의 수준이 서로 유사하게 진행되었을 것이라는 점만 추정할 뿐이다.

하지만 석기가공구와 식량처리구 등에서는 특징을 도출할 수 있다.

석기가공구는 제천리유적에서 높은 비율로 나타난다. 물론 출토량이 적어 분석을 위한 통계상 신뢰도가 낮은 문제가 있다. 오히려 석기조성비 분석 과정에서 제외한 석재편을 모두 포함하여 이들의 생활상을 추정하면, 송원리유적에서 확인되는 석재들은 주목할 필요가 있다. 여기서는 유독 주거 내 초석과 유사한 재질과 형태를 갖춘 석재가 많이 확인된다. 석재의 가공과 관련한 행위를 추정할 수 있으며, 더구나 주거 축조 관련한 전문집단의 존재 등을 언급할 수 있을 정도이다.

식량처리구는 송담리유적에서 높은 비율로 확인된다. 이 유적은 앞의 입지 분석에서도 농경 생활을 영위하기에 유리한 지형 조건과 토양, 토질 등을 갖추고 있었다. 그러한 점에서 농경지의 조성과 생산이 활발하였음을 알게 하며, 생계에 있어 농경이 우선하였을 가능성을 추정하게 한다.

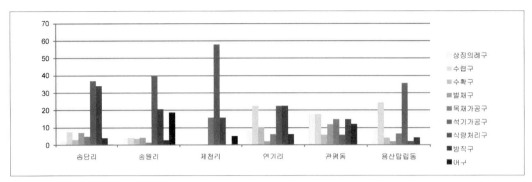

그림 54_취락 유적별 석기조성비(가락동유형)

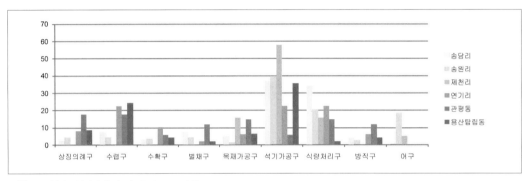

그림 55_석기조성비와 유적 간 비교(가락동유형)

표 33_가락동유형 취락유적의 석기조성비(30개체 이상 취락 유적 일부 포함)

유적명	주거지수	상징의례구	수렵구	수확구	굴지구	벌채구	목재가공구	석기가공구	식량처리구	방직구	어구	계(%)
송담리	82	5(2.2)	17(7.5)	7(3.1)		16(7.1)	11(4.9)	83(36.7)	77(34.0)	9(4.0)	1(0.4)	226(100)
송원리	58	8(4.2)	8(4.2)	7(3.7)		8(4.2)	3(1.5)	75(39.8)	39(20.7)	5(2.6)	35(18.6)	188(100)
제천리	3				1(5.2)	3(15.7)		11(57.8)	3(15.7)		1(5.2)	19(100)
연기리	8	4(8.1)	11(22.4)	5(10.2)		1(2.0)	3(6.1)	11(22.4)	11(22.4)	3(6.1)		49(100)
관평동	13	6(17.6)	6(17.6)	2(5.9)		4(11.8)	5(14.7)	2(5.9)	5(14.7)	4(11.8)		34(100)
용산동	2		1	1		2		3				7
용산·탑립동	14	4(8.8)	11(24.4)	2(4.4)		1(2.2)	3(6.6)	16(35.5)	1(2.2)	5(11.1)	2(4.4)	45(100)

　　마지막으로 어구는 송원리유적(KC-031호)에서만 상당한 출토를 보일 뿐 여타 유적에서는 거의 확인할 수 없다. 유독 한기의 주거지에서만 어구가 다량 출토되었다는 점에서 어로 전문 주거 집단을 상정하거나, 그물과 관련한 도구의 존재를 추정할 수 있다. 위 유적 이외에도 대다수 유적에서 어구의 출토가 낮아 생계방식의 추정은 어렵다. 물론 금강 및 갑천의 지근거리 위치로 인해 항상 이용이 가능하고, 식량 자원의 취득이 쉽다는 이점

때문에 어구의 존재는 중요치 않았을 것이다.

2) 입지환경과 경제활동

이상, 석기조성비의 양상을 취락유형별로 살펴보았다. 이를 바탕으로 앞선 입지분석 내용과 상호 비교를 통해 각 유적이 갖는 입지 환경의 자세한 적응 모습과 생계 관련한 사회 경제적 의미 접근을 실시해 보자.

(1) 역삼동유형

역삼동유형 취락에서 입지조건이 우월한 유적은 백석동 고재미골 4구역, 두정동, 신방동, 용화동, 풍기동 유적 등이 있다. 이들은 대체로 유사한 입지 결정 요인을 가진다.

두정동 유적을 제외하고는 대다수 유적은 규모가 크다. 이들은 천안과 아산의 2개 지역 내에서 상당한 규모의 유적이 2개소가 일정 거리를 두고 분포하는 특징이 있다. 이 유적들의 주변에 분포한 유적들과 비교하면 지역 내에서 (최)상위 취락에 해당한다고 볼 수 있다. 다만 지역 간 세부의 입지 조건과 생계 방식에서는 차이가 있다.

천안의 백석동 유적은 대규모의 취락이다. 하지만 농경의 활동에 있어서 빈약한 모습인데, 고재미골 4구역을 제외한 전 지역이 농경 관련 입지 요소가 좋지 않다. 또한, 석기조성비에서도 타 유적과는 달리 호조건을 많이 보이지 않는다. 상기한 모습은 백석동 유적이 농경 뿐 아니라 기타 생계 및 생업 관련한 생산 활동이 활발치 않다는 것을 의미한다. 따라서 이러한 경제활동의 불안성을 극복하기 위한 전략의 채택을 필요로 한다. 그 전략의 하나가 취락 내 저장시설의 구비를 생각할 수 있다. 하지만 타 유적보다 이와 관련한 모습도 상당히 낮다〈표 34〉.

결국, 백석동 유적은 농작물 또는 기타 물품의 생산 활동이 활발한 취락이 아닌 것은 분명하다. 대신 자급자족과 소비활동[35]의 우세한 모습은 추정할 수 있다. 더불어 유적지 주변이 산지로 둘러싸여 있어 수렵과 채집을 통한 먹거리와 목재 등의 자원 확보가 용이하다는 점, 더욱이 뛰어난 조망권을 갖추고 있다는 점에서 농경활동을 통한 물품의 재배와 생산보다는 高次의 생산 활동[36]을 목적으로 한 중심취락으로 생각된다.

---

35) 소비의 관점은 주거지 내 인구의 수와 먹을 양을 계산하여 접근한 바 있다(허의행 2006).
36) 즉, 대형 취락의 특성상 인구가 많다는 점에서 인근 취락으로 인력을 공급할 수 있다. 또한 입지적인 측면에서는 넓은 범위의 자원 영역을 확보하여 원재료 중심의 자원(목재 등)의 공급 등을 생각할 수 있다.

표 34_주거지와 수혈유구, 저장공 비율(0.5이상 : 저장관련 시설 높음)

유적	주거지수	수혈유구	저장공 설치 주거지	저장공 설치 주거지/총주거지	수혈유구/총주거지	식량처리구(%)
백석동B	94	10	36	0.38	0.1	23(11.4)
두정동	3	0	3	1.0	0	1
쌍용동	8	0	1	0.12	0	0
불당동	27	7	20	0.74	0.25	1(3.2)
용곡동	11	10	8	0.72	0.9	3(7.1)
신방동	63	60	50	0.79	0.95	0(0)
운전리	12	8	10	0.83	0.66	3
용원리	3	0	3	0.6	0	1
용정리(1구역)	9	3	5	0.55	0.33	13(29.5)
명암리	14	31	6	0.42	2.21	3(6.5)
갈산리	4	2	4	1.0	0.5	0
장재리	14	0	9	0.64	0	1(2.5)
용화동	25	21	11	0.44	0.84	5(10.8)
풍기동	4	4	2	0.5	1	1
풍기동 밤줄길	23	0	5	0.21	0	1

이처럼 백석동유적은 곡교천의 북쪽에서 대규모의 상위 취락-또는 중심 취락-으로 기능하였을 것은 분명하다. 반면에 신방동 유적은 곡교천의 남쪽에서 상위 취락으로 기능하였을 것이다. 유적 주변의 조사하지 못한 지역과 유적지 내 지형 유실된 곳이 온전하였다면 백석동 유적과 맞먹는 중심 취락으로 볼 수도 있다.

하지만 백석동 유적과는 달리 신방동유적은 입지와 생계의 방식면에서 모두 좋은 조건을 갖추고 있다. 입지에서는 경작지 조성에 좋은 조건이어서 농경을 통한 잉여 생산 활동이 높았을 것이며, 이와 관련한 저장과 소비의 활동 시스템도 좋은데 저장이 소비를 넘어설 정도로 높은 편이다〈표 34〉. 이러한 모습은 취락 내 농경 산물의 생산과 소비의 자급자족을 넘어 잉여의 반출 및 분배가 발생할 정도의 경제활동을 생각하게 한다. 더구나 석기 조성비에서 식량처리구의 존재가 거의 없다는 점에서 농작물 가공처리없이 원재료 중심의 생산과 저장, 분배, 유통의 모습을 추정하게 한다.

다음으로 아산지역의 유적을 살펴보자. 여기서는 용화동과 풍기동 유적을 통해 접근이 가능하다. 상기 유적들은 도로를 사이에 두고 위치하지만 동일한 구릉으로 이어져 하나의 취락으로 보아도 무방하다. 특히 풍기동 앞골 유적의 조사를 통해 거대 취락의 면모

중심취락의 관점에서 보면 주변 중·소형 취락에서 생산한 물품의 물류지 장소로 기능하였을 가능성도 있다.

는 더욱 확실해졌다. 취락의 크기만으로 보면 이 지역 내 상위취락에 속할 가능성이 높다[37]. 입지에서는 앞선 천안 신방동유적과 동일한 조건을 갖추고 있어 생계의 특성이나 경제활동의 모습은 비슷할 것이다. 다만, 석기 조성 비율에서 뚜렷한 특징을 도출할 수 없고, 저장관련 시설은 주거 수와 거의 비슷하여 생산과 저장, 소비의 경제활동에서 잉여의 모습은 보이지 않고 자급자족의 경제 활동이 추정된다.

이상, 천안과 아산의 대규모 상위취락의 모습을 살펴보았다. 이 밖의 대다수 유적은 동일한 입지 조건과 생계의 모습을 보인다. 다만 명암리 유적은 특이한 예에 해당한다. 입지에서는 열악한 조건인데도 저장과 관련한 생업적 모습이 뛰어나다. 폐쇄한 조망권을 갖고 작물재배적지 면에서 좋지 않아 생산성은 낮다. 하지만 유적 내 저장 관련한 시설 (수혈유구, 구덩이)의 수가 타 취락을 압도할 정도로 많아 후기에 등장하는 저장전문유적 (김장석 2008a)으로 볼 정도다. 유적 내 자급자족의 경제활동 행위를 넘어 인근 취락에서 수입된 물품의 보관 뿐 아니라 이를 공급 및 유통하는 경제활동 행위를 생각하게 한다.

기타 장재리, 용정리 1구역, 용곡동 두터골 유적 등은 지형 조건과 작물재배적지의 입지의 측면, 수렵구가 우세한 석기조성비 면에서 명암리 유적과 유사한 편이어서 수렵과 채집 등의 생계 방식을 생각하게 한다. 저장과 관련한 시설물은 주로 주거지 내부에 설치되는 점에서 소비 등의 경제행위 또한 유적 내에서 대부분 이루어졌을 것으로 보인다. 불당동 유적도 입지나 기타 생계 방식의 모습도 유사한 편이지만 목재가공구의 조성비가 높아 목재를 이용한 생산 활동의 모습을 추정하게 한다.

상기 유적들을 제외한 대다수는 취락의 크기도 작고 지형 조건에 따른 입지 측면이나 작물재배적지 등의 생산 측면, 그리고 석기조성비 등의 생계 측면으로 보아 유적 내에서 자급자족한 정도의 경제활동 행위를 생각할 수 있다. 하지만 주거지 내·외부 저장시설의 부족은 타 지역 또는 취락에서 필요 물품을 들여오는 소비 활동이 우세한 모습을 생각할 수 있다[38].

상기한 내용을 요약하여 유적별로 경제활동의 양상을 정리한 것이 다음의 〈표 35〉이다. 아직 이와 관련한 연구가 많지 않아 가설적 내용의 논의가 많았으나 취락의 생업과

---

37) 최근 조사된 아산 명암리유적 주변 조사(아산 명암리 밤지므레, 용두리 진터, 용두리 산골 등)에서 다수의 청동기시대 유적을 확인하였다. 면적으로만 보면 중심취락에 속할 가능성이 있다. 하지만 주거의 수만 보면 인근의 천안 백석동유적보다 적어 취락의 규모만으로 보면 중상위의 취락에 설정해도 무방할 것이다.
38) 필자와 다른 관점에서 생업양상에 따른 생산과 소비단위를 접근한 연구도 있다(김권구 2001: 134-135).

생계 활동의 다양한 측면의 접근에 도움을 줄 것이다.

표 35_연구대상유적(역삼동유형)의 경제활동 양상

구분	유적
생산과 저장 우세 유적[39]	신방동, 용화동
저장 우세 유적	명암리
소비 우세 유적	백석동
자체 생산·저장·소비 유적	용곡동 두터골, 두정동, 운전리, 불당동, 용정리 1, 장재리
자체 생산·저장·소비〈소비 우세 유적	쌍용동, 용원리, 풍기동 밤줄길, 갈산리

(2) 가락동유형

가락동유형 취락에서도 유사한 방법으로 입지 환경과 유적별 생계방식, 그리고 경제 활동의 다양한 모습을 확인할 수 있다〈표 36〉.

역삼동유형 취락은 시간이 지날수록 저장의 경제 활동이 강화되는 시스템을 갖추어 가지만 가락동유형 취락은 쇠퇴 및 소멸에 이르기까지 유적 내 저장 기능의 강화현상은 보이지 않는다. 오직 개별 주거 내에서만 저장 활동이 꾸준히 진행되는 차이가 있다.

이러한 저장 기능이 미약하다는 점을 제외하고는 역삼동유형 취락과 생산과 소비라는 경제 활동 측면의 모습은 대체로 유사하다.

송담리유적은 주거의 수와 취락의 규모만으로 보면 가락동유형의 중심취락으로 보아도 무방하다(孔敏奎 2011). 이러한 추정은 입지 환경의 모습과 고고학적 증거 자료를 통해 확인할 수 있다. 농경생활을 영위하기에 유리한 입지 요인을 다수 갖추고 있으며 석기조성비에서도 이러한 모습을 볼 수 있다. 따라서 송담리유적은 생산의 경제 활동이 높았으며, 다수의 주거가 조성되어 인구 또한 많다는 점에서 소비의 경제 활동도 활발하였다.

이와는 달리 송원리 유적은 입지에서 송담리유적보다 좋지 않아 생산의 경제활동이 미진하였을 것이다. 하지만 유적 내 주거가 많아 생산을 넘어선 소비가 우세한 경제활동이 진행되었을 것이다. 이와 유사한 모습은 대전지역의 관평동과 용산·탑립동 유적 등지에서도 보인다. 석기조성비율과 입지의 측면이 중간적 위치에 있어 생산 측면의 경제활동은 약한 편이다. 그러나 적지 않은 수의 주거지 존재로 인해 생산을 넘어선 소비적

---

39) 김장석(2008)이 언급한 것처럼 취락을 저장 및 소비 전문유적으로 구별하기는 어렵다. 청동기시대 전기에 사회복합화가 완전하게 이루어졌다고 보기 어렵기 때문이다. 따라서 '전문'이라는 용어보다 '우세'라는 용어를 선택하였다.

측면의 우월을 예상할 수 있다. 단지 주변의 산지와 하천의 인접에 따른 입지적 우월성은 어로·수렵 등의 경제활동을 통한 생산의 부족현상을 채우게 한다. 따라서 생산과 저장, 소비가 유적 내에서 모두 자급자족할 수 있는 취락으로 보아도 무방하다.

상기 유적 이외의 대다수 취락은 입지나 주거 수, 출토유물 등에서 뚜렷한 경제 활동의 우월적 특징을 도출하기는 어렵다. 아무래도 취락 내에서 생산과 저장, 소비의 행위가 자급자족되어 해결하였을 가능성이 높지만, 역삼동유형의 소형 취락과 같이 여전히 생산보다는 소비에 더 많은 활동이 우선시 되었을 것이다.

표 36_연구대상유적(가락동유형)의 경제활동 양상

구분	유적
생산과 소비 우세 유적	송담리
소비 우세 유적	송원리
자체 생산·저장·소비 유적	관평동, 용산·탑립동
자체 생산·저장·소비 유적〈소비 우세 유적	제천리, 연기리

IV
취락의 구성요소와 구조

호서지역 내 전기 취락은 이처럼 적절한 입지를 선정하면서 등장한 후, 본격 성장과정에 들어서게 된다. 특히, 주거는 취락유형별 유적의 특성에 맞춰 축조하고 점차 변화 발전하여 가는 과정에서 주거 관련한 시설물의 등장도 함께 한다. 이에 따라 취락의 구조화는 본격 진행하게 된다.

본장에서는 전기 취락의 구조가 진행되어 가는 과정에 나타나는 개별 요소들을 살펴 특징과 변화의 모습을 정리한다. 그리고 시간의 흐름에 따라 취락 구성요소가 조합하면서 구조 또한 변화하는 과정도 같이 살펴볼 것이다.

대다수의 전기 취락은 구성요소 간 결합으로 진행하는 구조화의 모습은 단순한 편이다. 이전에는 구성요소를 주거와 수혈유구만 존재한 것으로 파악하고 이들 간의 결합으로 몇 개의 취락구조 형태를 결정하였다. 하지만 최근에는 전기 취락의 한 요소로 인정할 정도의 분묘 자료가 증가하여 새롭게 취락을 구성하는 요소로 포함할 가능성이 제기되고 있다. 따라서 전기 분묘의 취락 구성 요소의 편입과 전개과정도 같이 검토할 것이다. 물론, 호서지역 내 그 사례가 많지 않아 취락 구성요소 간 결합을 통한 취락 구조를 언급하기는 아직 시기상조이다. 하지만 점차 그 예가 증가하는 점에서 이제는 취락구성 요소의 일부로 판단해도 무리가 없다.

1. 주거지 양상

현재 청동기시대 전기 취락유형별 주거지에 대한 연구는 상당한 진전을 이뤘다. 그러나 주거 구조에 대한 특징과 이를 통한 복원연구는 아직도 미진하다. 주거 구조의 단순함과 편년연구에 치중한 나머지 이에 대한 연구가 소홀한 측면이 크다. 따라서 논의에 앞서 전기 주거지 구조 및 복원과 관련한 연구성과를 간략히 언급하고, 여기서 도출된 내용을 바탕으로 연구방향을 설정하도록 한다.

80년대부터 본격화된 청동기시대 주거지 구조와 복원연구는 북한 및 남한 학계 일부 연구자들에 의해 진행해 왔다(김용간 외 1975; 김용간 · 석광준 1984; 황기덕 1984; 임영진 1985; 윤기준 1985). 이들은 주로 장방형과 세장방형 계통의 주거 복원 연구에 집중하였는데, 당시 다양한 주거 형태(원형 포함)의 발굴성과가 많지 않았기 때문이다.

90년대 이후에는 장방형 계통의 주거지 복원을 시도하는 연구가 점차 감소하면서 후기의 송국리식 원방형 주거지에 대한 복원 연구를 새롭게 시작하였다(김경표 · 류근주 1994; 신상효 1996; 조형래 1996).

90년대 후반 2000년대에 들어서는 고고학 전공자들뿐 아니라 건축학계에서도 주거 복원과 관련한 논의가 활발해졌다. 이에 따라 토목 건축 공학의 관점에서 주거를 복원하는 사례가 증가하였고 상당 수준의 연구 진전을 이뤘다(엄윤정 1999; 김도경 2000; 김재호 2005, 金賢植 2008b). 그러나 이들 복원 연구는 보고서의 실측 도면만을 기초로 진행하였다는 아쉬움이 있고, 같은 주거형태라 하더라도 지붕 형태와 중심 기둥의 모습, 시설 등의 구조 특징이 연구자의 시각에 따라 전혀 다른 모습으로 나타나는 한계는 여전하였다.

이러한 관점의 차이에도 불구하고 대부분 연구자들에 의해 복원의 주 근거로 삼은 것은 주거 내부에서 확인되는 기둥구멍의 유무와 배치상태였다. 그러나 이 중요 속성들에 대한 충분한 검토와 검증이 부족하였고, 주거지 발굴 조사 과정에서 확인되는 탄화 목재의 배치와 상태에 대한 정밀한 분석 없이 주거 복원을 진행하였다는 아쉬움이 있다. 따라서 상기한 여러 문제 등을 해결하고자 실제 주거를 축조 및 화재 폐기하여 복원 및 해석의 근거를 마련하고자 하였다(오규진 · 허의행 2006; 허의행 · 오규진 2008, 사진 2~5, 부록 5~6 참조).

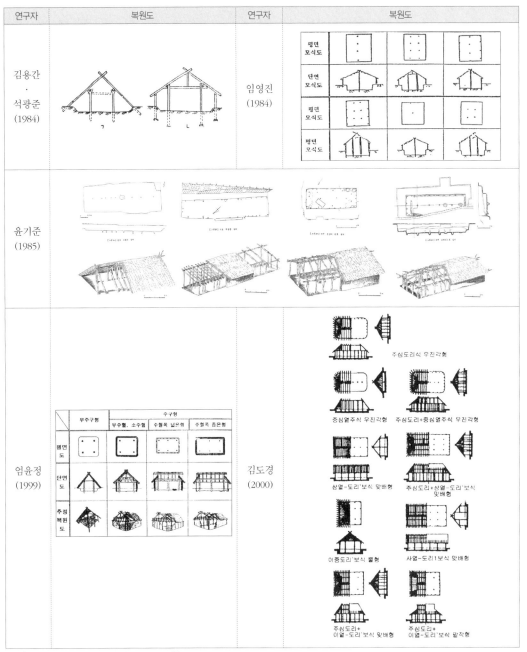

그림 56_연구자별 전기주거지(장방형) 복원도

    이상의 논의 이후, 더 이상 주거 복원관련 연구는 전무하다. 아마도 주거 상부구조와 部材 상태 등을 밝힐 수 있는 실제 자료가 없다는 한계 때문일 것이며, 주 관심의 대상이

사진 2_주거지 복원사례

사진 3_주거지 복원도

사진 4_주거의 화재폐기 실험

사진 5_주거의 화재폐기 후 모습

주거 계통과 편년에 치중한 연구 분위기도 있다. 주거에 대한 심도 있는 개별 연구가 필요하다.

아무튼, 상기 구조 복원 연구사례와 필자의 복원 실험 등을 통해 밝혀지거나 연구된, 또는 연구해야 할 전기 주거지의 특징과 복원의 모습은 다음과 같다.

1) 주거 구조의 특징과 복원

(1) 구조적 특징

① 평면형태 및 깊이

청동기시대 전기 주거지의 평면형태는 대부분 (장)방형 및 세장방형이다. 이러한 평면형태는 주거 복원 및 축조에도 중요한 결정 요인으로 작용하였다. 즉, 장축이 길어질수록 기둥 및 벽체, 서까래, 용마루 등의 길이가 결정되고, 이에 투입되는 건축자재의 양이 결정되기 때문이다.

특히, 용마루는 주거 지붕의 중심을 이루면서 서까래를 받치는 역할을 하기 때문에 나무 수령을 고려해야만 한다. 수령이 오래되어 긴 나무를 사용하면 굵고 무겁기 때문에 지붕 하중이 그만큼 증가하므로 용마루를 받치는 중심기둥 또한 굵거나 추가로 더 필요하게 된다. 그렇게 되면 주거 내부 중심 공간에 대한 활용이 주 기둥으로 인해 제약을 받을 수밖에 없다. 따라서 용마루로 이용할 나무 크기는 약 10~15년 정도의 수령으로 선택하는 것이 유리하다. 이러한 나무는 대략 그 길이가 3~5m내외이고 두께는 20cm를 넘시 않아 벌채가 용이하고 운반과 이동, 축조 등에서도 노동력을 많이 필요로 하지 않는다.

단, 주거 장단비의 증가는 용마루의 추가 투입을 수반한다. 그럴 경우, 중심기둥 없이 지붕을 지지하기는 한계가 있으므로 내부 장축선상에 1-2기 정도의 중심기둥을 더 필요로 한다. 그러한 점에서 방형 또는 장방형의 주거지보다는 세장방형 주거지의 장축선상에서 중심 주공열이 확인되는 예가 많다. 이는 주거 축조 시 상기한 역학 구도를 고려한 결과라 할 수 있다.

주거 구조의 특징 파악과 복원에 평면형태를 자세히 분석할 수 있는 것이 장단비이다. 다음의 〈그림 57~58〉은 전기 주거지의 장단비와 취락유형별 장단비를 비교한 것이다. 대체로 장축이 단축보다 2~3배 이상 정도 긴 형태를 유지한다. 취락 유형별로는 역삼동식 주거지가 가락동식 주거지보다 긴 장축을 가지므로 주거 축조에 용마루 설치 등이 더 소모됨을 알 수 있다.

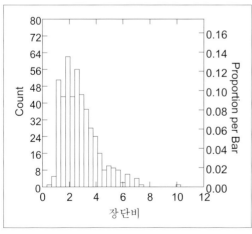

그림 57_전기 주거지 장단비 분류(n=701)

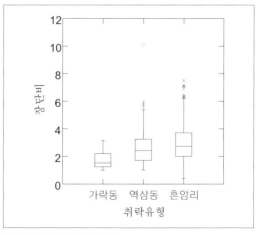

그림 58_취락 유형별 장단비

다음으로 주거 복원을 위해 평면 형태와 더불어 중요하게 살펴볼 수 있는 것이 깊이이다. 깊이는 수혈식인가 반수혈식인가의 주거 형태를 파악하는 근거로 50cm정도를 중심으로 구분할 가능성이 있으나, 다양한 지형의 입지 조건에 대한 고려도 필요하다〈그림 59〉.

아무튼, 이러한 주거의 깊이는 구조 특징과 밀접하게 관련하고 축조에 중요한 변수로 작용한다. 즉, 벽체의 출현과 더불어 처마와 지면과의 관계 등을 고려해야 하기 때

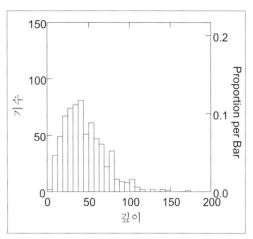

그림 59_주거 깊이에 따른 분류

문이다(김정기 1968; 김도경 2000: 53). 대체로 수혈식과 반수혈식의 차이는 서까래를 지면에 직접 닿게하여 벽체를 세우는 정도의 차이로 본다. 하지만 주혈의 위치와 경사도, 깊이를 통한 구분의 시도는 더 필요하다(김재호 2005 : 94~96).

물론 주거가 입지한 지형의 검토를 통해 이를 파악하는 것이 더 적합하다. 대체로 구릉 정상부에 입지한 주거지는 반수혈식으로 파악하며, 사면에 입지한 주거지는 수혈식과 반수혈식을 혼용한 형태로 본다. 주거지가 사면에 입지하면 사면 상단부는 처마 부분이 지면에 그대로 닿기 때문에 수혈(지하)식의 모습을 보이지만, 사면 하단부 방향의 처마는 반대쪽 처마 지붕 끝과의 수평을 가져야 하기 때문에 도리와 보, 서까래는 부득이하게 지상에 노출할 수밖에 없으므로 반수혈식의 모습으로 보이게 된다.

역삼동식 주거지는 구릉의 정상과 사면 등 다양한 지형조건에서 축조되므로 수혈식이나 반수혈식의 주거형태 모습이 많다. 이에 비해 가락동식 주거지는 대체로 구릉의 정상부에 입지 및 축조하므로 반수혈식의 주거형태로 동일하다. 결국, 이러한 주거의 외부 구조와 깊이에 따른 주거 형태 차이는 취락 입지 장소의 축조 특징이라든가 취락 유형별 주거의 차이를 반영하는 결과로 판단된다.

② 벽체

청동기시대 전기 주거지에서 벽과 벽체의 實例를 조사한 예는 많지 않다. 따라서 자세한 모습을 파악하기가 쉽지 않다. 벽체와 관련해서 조형래는 (세)장방형 주거지 벽체를 탄화된 목재편을 근거로 횡판벽으로 상정한 바 있다(조형래 1996). 마찬가지로 천안 두정

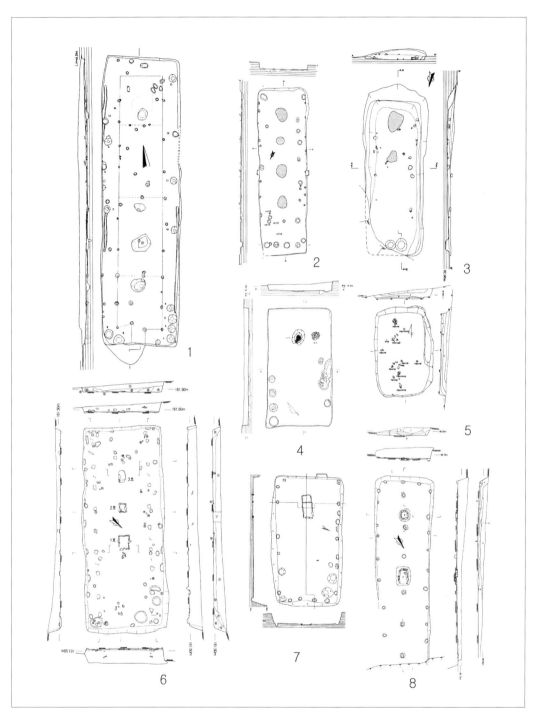

그림 60_전기 주거지 제형태
(1/200. 1. 관산리 KC-004, 2. 백석동 B-21, 3. 운전리 A-3, 4. 청당동 2호, 5. 군덕리 1호, 6. 하당리 6호, 7. 둔산동 1호, 8. 용정동 2-10호)

동 유적 3호 주거지 조사자들은 기둥과 橫木材의 탄재를 벽체로 추정하였다[40].

상기의 자료로 보면 청동기시대 전기 주거지도 벽체를 이용·설치하였던 것은 분명하다. 하지만 취락 유형별 주거지의 벽체 위치는 차이가 있다. 역삼동식 주거지는 벽면 근처로 기둥 구멍과 그 근처로 소공 등을 배치하여 벽체의 벽면 근처 위치를 추정하지만, 가락동식 주거지들은 주 기둥으로 판단하는 주초석이 주로 주거 안쪽에 치우쳐 배치된다. 따라서 벽면보다는 주초석에 놓인 기둥과 기둥끼리를 직접 연결하여 설치한 것을 추정할 수 있다. 진천 사양리유적 주거지와 운전리유적 B-5호 주거지에서 이를 확인할 수 있다. 주거지에서는 탄목이 벽면 근처가 아닌 초석열을 중심으로 주거 안쪽에서 주로 확인되어 이의 추정을 가능하게 한다. 하지만 최근에는 벽가 쪽으로 소공 등을 설치하는 예가 증가하여 벽가 근처의 벽체 설치 모습도 볼 수 있다.

이러한 벽체 설치 모습은 가락동유형 II단계 이후부터 본격화한 것을 생각하는데, 아마도 주거 내부 공간 활용의 증대 뿐 아니라 구조의 안정성을 강화하여 나가기 시작하는 것으로 보인다. 보다 분명한 모습은 후술할 취락유형별 주거 구조의 변화 과정에서 살펴볼 수 있다.

③ 기둥과 서까래, 지붕구조 형태

서까래를 비롯한 지붕 상부구조는 뚜렷이 확인되거나 보고된 예는 거의 없다. 서까래 존재에 대해서는 대부분의 연구자들도 인정하고 있지만 이를 바탕으로 한 지붕구조 복원은 약간의 차이를 갖는다.

지붕은 대체로 주거의 평면 형태와 기둥의 배치상태를 바탕으로 맞배지붕, 우진각, 팔작지붕 등을 추정한다. 물론, 우진각지붕이나 맞배지붕은 연구자마다 주거 내부 기둥 배치를 어떻게 보느냐에 따라 차이를 보인다. 지붕구조 복원에 대공의 유무 파악도 이루어지나, 아직 가능성만 제기할 뿐 현재의 자료로 관찰은 쉽지 않다. 지붕구조는 대체로 기둥 배치와 주거 평면형태 등을 바탕으로 추정할 뿐이다.

이처럼 서까래와 지붕구조 복원에 연구자들간 공통된 견해는 보이지 않는다. 이 견해차는 서까래와 지붕구조물 간의 결구방식을 보는 관점에서도 나타난다. 신상효를 비롯한 대부분의 연구자들은 주거지 복원시 'Y'자형의 기둥에 도리를 결구하는 방식을 추정하

---

40) 자세한 벽체의 모습을 보면 橫木을 벽에 먼저 붙이고 縱木을 안쪽으로 설치한 후 이들을 서로 결구하여 마무리한 것으로 파악된다(류기정 외 2001). 횡목간의 간격은 약 10~20cm 정도이며 횡목이 놓여 있지 않은 빈 공간은 초본류나 진흙 등으로 마감한 것으로 추정된다.

는데(申相孝 1996), 그 근거로 대전 구성동 C-1호 주거지의 탄화목을 예로 든다. 하지만 필자는 주거 내 탄목의 위치와 방향에서 이들을 서로 연결하는 것은 무리가 있다고 생각한다. 오히려 화재 소실로 기둥들이 같은 방향으로 도괴되어 중첩되었을 가능성이 크기 때문이다.

따라서 결구방식에 대한 접근은 상식의 선에서 접근하는 것이 좋을 것이다. 목재의 특성과 주거 내부에서 출토되는 목재 가공구를 근거로 결구방식을 기둥 또는 부재 간 홈을 파서 서로 고정시키는 형태였던 것으로 보는 것이 합당할 것이다(오규진 · 허의행 2006: 183-185). 아마도 송국리식 주거지의 복원에 이용한 약한 접합부 가구법(황종국 · 김경택 2010: 148-150)을 생각할 수 있다. 물론, 주거 지붕의 하중 등을 생각하면 강한 접합 가구법이 필요하겠지만 전기 주거지 형태의 단순성으로 보면 굳이 이러한 접합법이 당시에 필요할지는 의문이다. 필자의 실제 주거 복원결과, 상기 약한 접합 가구법으로 목재들을 결구하고 끈으로 강하게 묶으면 지붕에 성인이 매달리거나 올라서도 붕괴 등의 큰 문제는 없기 때문이다.

표 37_기둥에 따른 지붕형태

기둥형태	특징	지붕형태	취락유형
1	기둥구멍이 장단벽에 접해 배치	우진각, 맞배	역삼동 유형 주거지
2	기둥구멍이 장단벽에서 일정간격을 띠고 배치	우진각	가락동 유형 주거지
3	기둥구멍이 장단벽에서 일정간격을 띠고 배치, 기둥구멍이 장단벽에 접해 배치	팔작	가락동 유형 주거지

대부분의 연구자들은 전기 주거지의 지붕 형태를 우진각, 맞배, 팔작의 형태로 생각하며, 그러한 주된 근거는 기둥 배치모습을 바탕으로 생각한다. 다음의 〈표 37〉은 이를 나타낸 것으로 전기 주거지 기둥배치 형태에 따라 지붕 구조가 결정되며, 청동기시대 전기 주거지 취락유형별 차이 또한 분명하게 확인할 수 있다. 표를 보면 역삼동식 주거지는 기둥구멍을 장단벽에 인접하여 배치하는 예가 많아, 지붕 구조는 맞배나 우진각 형태가 많을 것으로 보인다. 반면에 가락동식 주거지는 기둥구멍의 벽가 근처 배치가 없으면 지붕의 서까래는 주거 외부 지면까지 그대로 닿게 하는 구조였을 가능성이 있다. 그러나 2열 초석과 벽가 근처의 기둥구멍이 동시에 존재하는 기둥 3형태(그림 86. 참조)는 아무래도 팔작지붕의 모습을 갖춘 예가 많을 것이다.

상기 두 취락유형의 기둥배치 방식은 주거의 내부 공간 활용 측면에서도 차이가 있다. 즉, 역삼동식 주거지 기둥배치는 대체로 비정형의 형태를 많이 보이는데 가락동식 주거지는 일렬 또는 이열의 주초석을 설치하는 등 정형한 예가 많다. 이 차이는 가락동식 주거지가 지붕과 용마루를 받치는데 있어 더 안정된 구조였음을 의미하며, 축조상의 안정성이 높게 유지된 것을 볼 수 있다. 하지만 가락동식 주거지는 기둥배치가 내부 중앙쪽으로 치우쳐 공간 활용 면적이 좁다는 것과 가족 구성원 수용에 제한을 받을 수밖에 없는 구조이다. 반면, 역삼동식 주거지 기둥은 벽가 근처로 설치 및 배치한 예가 많아 공간 활용 면적이 넓고 구성원 수용에서도 유리한 편이다. 하지만 가락동식 주거지는 기둥 배치를 통한 내부 공간 구획을 적절히 활용하는데 유리하며, 역삼동식 주거지는 공간을 구획하여 계획하는데 불편하다. 최근의 분석에 의하면 취락유형별 주거의 공간 활용 방식에 큰 차이가 없는 것으로 판단하고 있어(오용제 2012: 40), 기둥 배치를 통한 공간 활용의 연구는 가족 구성원 확대와 수용이라는 측면에서 접근하는 것이 필요해 보인다.

④ 내부 시설물

전기 주거지 내부 구조 시설물을 대표하는 것이 노지와 저장공이다. 노지는 적게는 1기에서 많게는 5기 이상을 설치하는데, 주거지 장단비 증가에 따라 노지 또한 증가한다(許義行·姜秉權 2004: 218).

이러한 노지 설치는 당시 기후환경의 모습을 추정하게 할 뿐 아니라 내부 생활의 일단을 엿보게 한다. 그리고 노지는 설치된 수와 일정의 간격을 통해 주거 내 세대 분화를 연구한다(安在晧 1996). 하지만 노지 모두를 세대별로 구분하여 사용하였는지 아니면 몇 세대가 필요에 의해 번갈아 사용하였는지는 의문이다.

필자가 복원 주거에서 노지를 설치하고 온도 실험한 결과, 장축 10m 정도의 주거지에 노지를 2기 정도 설치해도 충분히 지낼 정도의 적정 온도를 내므로 생활에 불편은 없다(오규진·허의행 2006: 191). 주거 내 모든 노지를 다 이용하였다고 보기 어려웠다. 마찬가지로 노지를 계속 사용한 실험 결과, 지속 사용된 노지는 주거의 생토 바닥면 또는 다짐토 바닥면으로 소결흔이 깊고 넓게 나타났다〈그림 61~62〉. 발굴조사를 통해 노지 단면 등을 확인해 보면 이러한 예는 1-2기 정도에서만 관찰되는 특징도 있다.

이러한 실험결과는 노지 수와 배치에 따른 세대 간 생활이 일대일로 대응할 것이라는 견해를 다시 생각하게 한다. 오히려 주거 내 각 노지는 취사 및 조명 등으로 보조의 역할을 했을 것이며(오규진·허의행 2006: 191~195), 많지 않은 세대 공동체가 몇 개 노지를 필요에 따라 운용 및 관리하여 갔을 것이다.

그림 61_노지사용 횟수에 따른 경화면 확대도(1, 3, 5, 7, 14회)

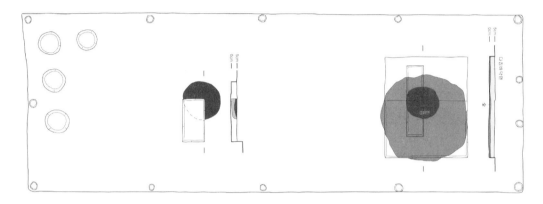

그림 62_바닥 다짐 후 노지실험 관찰도

(2) 주거의 복원

본 절에서는 앞의 내용을 바탕으로 자세한 취락유형별 주거를 복원해 보도록 한다. 복원은 주거 바닥면 기둥배치와 탄목의 배치 양상 등의 근거로 실시한다. 기둥배치는 주 기둥과 보조기둥, 벽체 등의 모습을 통해 파악하며, 지붕구조는 기둥구멍과 탄목이 노출된 위치와 방향을 통해 용마루와 서까래의 모습 등을 추정한다(허의행·오규진 2008: 80 81).

상기 조건을 충족하는 양호한 주거지 사례를 각 취락유형별로 1-2기 추출하여 이에 대해 접근해 보자.

① 역삼동유형

역삼동유형 주거 구조와 형태를 파악하기에 용이한 자료로는 백석·업성동 3호 주거지, 불당동 2-20호 주거지가 있다.

가. 백석·업성동 3호 주거지〈그림 63〉

백석동 및 업성동 유적에서 화재로 폐기된 주거지는 상당히 많은 편이다. 이 중에서 탄목의 보존 상태가 좋은 주거지는 3호이다. 주거지의 규모는 길이 1,398cm, 너비

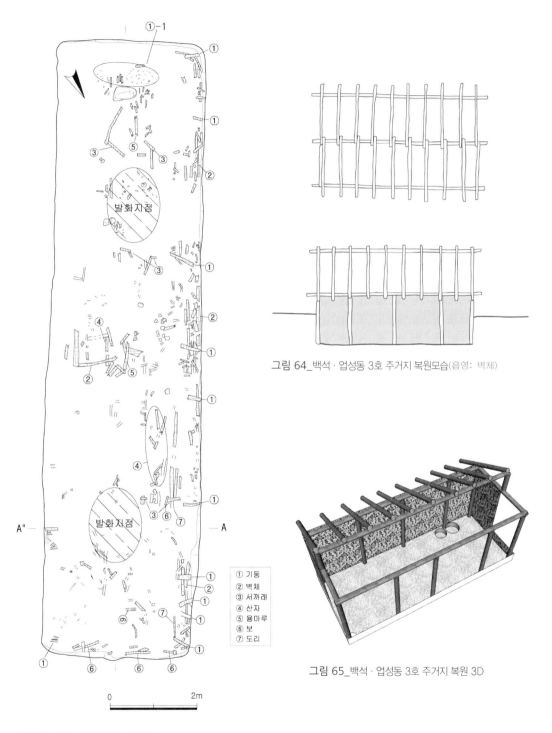

① 기둥
② 벽체
③ 서까래
④ 산자
⑤ 용마루
⑥ 보
⑦ 도리

발화지점

발화지점

A″ A

0   2m

그림 63_백석 · 업성동 3호 주거지

그림 64_백석 · 업성동 3호 주거지 복원모습(음영: 벽체)

그림 65_백석 · 업성동 3호 주거지 복원 3D

360cm, 깊이 95cm이며, 내부에는 노지 4기가 서남쪽으로 치우쳐 있다. 벽가쪽으로 벽체와 관련된 기둥구멍과 저장공 등이 위치한다.

탄목의 상태를 통해 주거의 부재 등을 추정해 볼 수 있다.

①은 주기둥과 벽체를 받치는 기둥으로 볼 수 있다. 탄목을 제거하고 난 후 확인된 주공열을 보면 주 기둥은 네 벽면 모서리와 주거지의 중앙으로 2개 정도가 확인된다. 탄목과 연결해 보면 어느 정도 일치한다. 다만 동장벽과 남북 단벽에는 이의 모습이 잘 확인되지 않는데, 유실되었을 가능성이 크다.

남단벽에서 약 1m 정도 떨어진 곳으로 점재된 탄재(①-1)가 확인되는데 아마도 벽체를 씌운 갈대 등의 초본류 가능성이 추정된다. 이와 함께 북단벽에도 벽체의 모습이 희미하게 관찰된다.

②는 벽체를 지지하던 횡목으로 볼 수 있다. 지붕의 구조물인 서까래 및 산자와 혼재하고 있어 높이를 알 수는 없으나 벽체기둥과 횡목의 연결상태가 남아 있는 ⑦번 도리 근처의 모습으로 보아 대략 60cm정도로 추정된다.

③은 서까래로 벽체지주 및 주기둥과의 단절이 보이며 주거지의 중앙에 위치한 용마루와 직교하고 있어 이의 추정이 가능하다. 주변으로는 남북방향 산자의 흔적(④)도 확인된다. 서까래의 간격은 잔존상태로 보아 대략 1.5-2m 정도로 추정된다.

⑤는 주거지 지붕구조의 중앙에 놓이는 용마루로 추정된다. 남북방향으로 놓인 탄목 등을 따라가면 바로 연결되는 모습을 볼 수 있고 중앙에 서까래와 겹쳐 있는 모습도 관찰된다. 대부분 완전 연소되어 있어 일부만 남아 있다.

⑥은 보로 추정된다.

이상 주거지 탄목 흔적을 바탕으로 주거지의 부재를 추정해 보았다. 전체적인 탄목의 분포상태로 보아 지붕 구조는 맞배지붕으로 판단되며 벽체의 설치 가능성도 추정된다〈그림 64~65〉.

나. 불당동 II-20호 주거지〈그림 66〉

불당동 유적에서 화재 폐기되어 잔존상태가 양호한 주거지는 II지구 2호 주거지이다. 주거지의 규모는 길이 91cm, 너비 314cm, 깊이 72cm이며, 내부에는 노지 3기가 중앙을 중심으로 북단벽쪽으로 치우쳐 확인된다. 벽가쪽으로 벽체와 관련된 기둥구멍과 저장공 등이 확인된다. 주기둥으로 추정되는 주공은 대체로 벽가쪽에서 약 1m정도 떨어져 1-1.5m 간격으로 배치했다. 따라서 주거지 내부에서 탄목은 주로 주기둥 라인 안쪽에서

① 기둥
② 벽체
③ 서까래
④ 산자
⑤ 용마루
⑥ 보
⑦ 도리

0   2m

그림 66_불당동 Ⅱ-20호 화재주거지

그림 67_불당동 Ⅱ-20호 주거지 복원모습(음영: 벽체)

그림 68_불당동 Ⅱ-20호 주거지 복원 3D

분포하는 모습을 보인다.

　탄목의 상태를 통해 주거지의 상부 구조 및 부재상태를 추정해 볼 수 있다.

　①은 주공 및 탄목의 위치로 보아 주거지의 주기둥으로 추정된다. 서까래와의 구분이 모호한 점이 있으나 주공과의 위치와 도괴된 상황이 서까래와 달라 이의 증거를 추정케 한다.

　②는 벽체로 추정된다. 다만 전술한 백석·업성동 3호 주거지의 벽체와는 달리 벽가 쪽으로 위치하는 것이 아니라 주기둥의 라인 안쪽으로 흑색토 및 탄재등이 분포하는 것이 차이가 있다. 벽체의 흔적은 뚜렷하지 않으나 주 기둥(①)간에 초본류 등으로 엮었을 것으로 추정된다.

　③은 서까래로 추정된다. 용마루(⑤)는 주거지 중앙에서 확인되는데, 대체로 남서쪽 방향으로 도괴되는 모습을 보인다. 이 용마루를 중심으로 동서방향으로 서까래가 걸쳐 있고 북단벽쪽에도 동일한 모습이 보여진다.(③-1) 용마루 및 서까래의 형태로 보아 우진 각 지붕으로 여겨진다.

　④는 서까래와 서까래를 연결하는 산자로 보여진다. 산자의 흔적은 대체로 희미한 편 이며 잔존한 것도 적다.

　⑥, ⑦은 보와 도리이다. 주기둥의 주공열 근처에서 종횡방향으로 확인되고 있다.

　여기서 검토할 것은 용마루의 추정이다. 주거지 중앙으로 일렬의 형태가 두 줄 확인 되는 부재가 있는데, 어느 것이 용마루 부재인지 산자 부재인지 확실치 않다. 서쪽으로 약간 치우쳐 있는 탄목의 도괴방향이 발화부 근처로 향하고 있고 주거지의 중앙에 더욱 치우쳐 있는 점으로 보아 이 탄목이 용마루일 가능성이 높다.

　전체의 탄목 상태와 부재의 모습을 통해 주거지의 지붕형태는 우진각이었으며 벽체의 설치도 추정된다〈그림 67~68〉.

② 가락동유형

　가락동식 주거지 내부 구조자체는 명확하여 복원에 문제는 없을 것으로 생각되지만, 이를 증명할 화재 주거지 내부 탄목의 모습이 온전하지 않다는 문제점이 있다. 따라서 여 기서는 역삼동유형에 속할 수 있지만, 주거 형태가 가락동식 주거지로 볼 수 있는 운전리 B-6호 주거지와 최근 탄목의 상태가 온전하게 기록된 송담리유적 29-3지점 KC-006호 주 거지를 바탕으로 복원하고자 한다.

가. 운전리 B-5호 주거지〈그림 69〉

운전리 유적에서 화재 폐기된 주거지 중 잔존 상태가 양호한 것은 B지구 5호 주거지이다. 주거지의 규모는 길이 1,236, 너비 302cm, 깊이 72cm이며, 내부의 노지는 주거지 중앙을 중심으로 남북단벽쪽으로 치우쳐 각 2기 및 1기씩 설치했다. 주기둥으로 추정되는 주공은 벽가쪽에서 약 40-50cm정도 떨어져 2m 정도의 간격으로 배치되었으며, 초석을 사용하고 있다. 벽가쪽으로 벽체와 관련된 기둥구멍은 확인되지 않는다. 주거지 내부에서 탄목은 대체로 주기둥 라인 안쪽에 분포하고 있어 전술한 불당동 주거지와 유사한 벽체구조를 지닌 것으로 추정되나 아예 없을 가능성도 배제할 순 없다.

탄목의 상태를 통해 주거지의 상부 구조 및 부재상태를 추정해 볼 수 있다.

①은 주거지의 주기둥으로 추정된다. 탄목의 위치가 초반을 중심으로 한 주공열과 거의 일치하고 있는 점과 탄목의 도괴방향이 남동장벽 쪽으로 치우쳐 있는 점이 이의 추정을 가능케 한다. 서까래 부재와의 구별은 뚜렷하게 보이지 않는다.

②는 벽체로 추정된다. 벽가 쪽으로 위치하지 않고 주기둥의 라인 안쪽으로만 보여진다. 기둥사이에 위치한 횡목이 잔존하는 것을 알 수 있다.

③은 서까래로 추정된다. 주거지에서 확인되는 탄목의 방향이 대체로 주거지의 장축 방향과 평행한 것이 많이 보이며 서까래 존재는 희미하다. 다만 남단벽 근처에 집적하여 확인되는 탄목에서 종방향으로 놓여진 탄목이 보이는데, 대체로 한쪽 방향으로 치우치고 있어 그 가능성을 높게 한다.

④는 서까래와 서까래를 연결하는 산자의 흔적으로 여겨진다. 흔적은 대체로 희미한 편이며 잔존한 것도 적다. 용마루 근처에 대부분 집중하여 산재되어 있는 점이 가능성을 높여 준다.

⑤는 용마루로 추정되는데, 주거지 중앙에서 용마루를 받치기 위해 세운 기둥구멍 근처에서 확인되고 있으며 횡방향으로 놓여 있는 점 등이 그러하다.

⑥은 보로 추정되는데, 남서쪽 초석근처에서 확인된다. 주기둥 부재와 혼동될 가능성도 있지만 대부분의 주거지 기둥이 일정방향으로 도괴되는 상황과는 달리 이 보는 장벽의 일직선으로 놓인 점이 차이가 있다. 보와 도리가 대체로 상부의 도괴상황과는 관계없이 무너지는 점을 감안하면 그 가능성은 높다.

⑦은 도리로 추정되는데 주거지의 장축방향에 놓인 점, 여타의 탄목과 달리 두께가 두꺼운 점 등에서 그러한 추정을 할 수 있다.

탄목의 잔존상태가 적어 주거지의 지붕형태를 파악하기는 매우 어렵다. 다만 탄목의

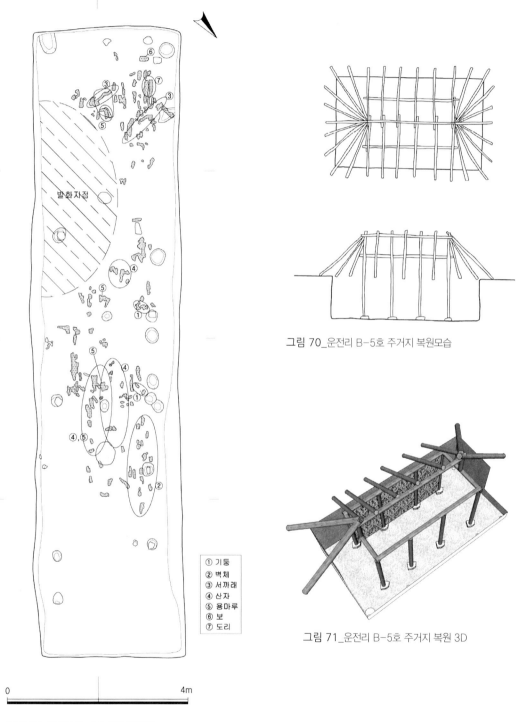

발화지점

① 기둥
② 벽체
③ 서까래
④ 산자
⑤ 용마루
⑥ 보
⑦ 도리

0   4m

그림 69_운전리 B-5호 화재 주거지

그림 70_운전리 B-5호 주거지 복원모습

그림 71_운전리 B-5호 주거지 복원 3D

상태로만 보았을 때는 맞배지붕의 모습을 추정할 수 있으나, 주거지 내부 주공의 배치 등과 연결해 보면 우진각 지붕의 형태가 더 타당성 있겠다〈그림 70~71〉. 그렇다면 단벽 쪽으로 서까래 부재의 모습은 어떻게 설명할 수 있을까. 아마도 용마루가 주거지 외부까지 연장되어 있었을 가능성을 생각해 볼 수 있지만 현재로서는 알 수 없다. 토층상태 및 주거지 외부의 상황 전체를 고려할 필요가 있다.

나. 송담리 29-3지점 KC-006호 주거지〈그림 72〉

송담리유적에서 화재 폐기된 주거지 중 잔존 상태가 양호한 것은 29-3지점 KC-006호이다. 규모는 길이 700, 너비 490cm, 깊이 47cm이며, 내부에서 확인되는 위석식노지는 주거지 중앙을 중심으로 남단벽쪽으로 치우쳐 1기를 설치했다. 주기둥으로 추정되는 주공은 벽가에 인접하여 조성되었으며, 약 50-70cm정도의 간격으로 배치하였다. 초석 등의 시설물은 확인되지 않았다.

주거지 내부에서 확인되는 탄목 양상에서 벽체와 관련한 흔적은 잘 확인되지 않지만, 잔존한 탄목의 상태가 양호하여 주거구조물의 일면을 살펴볼 수 있다. 탄목의 상태를 통해 주거지의 상부 구조 및 부재상태를 살펴보면 다음과 같다.

①은 주거지의 주기둥으로 추정된다. 탄목의 위치가 주공열과 거의 일치하고 있는 점과 탄목의 도괴방향이 주거지 단축방향과 나란하다. 서장벽에서도 유사한 형태가 관찰되나 주공열과의 관계가 뚜렷하지 않아 적극 언급하기는 어렵다.

②는 서까래로 추정된다. 주거지에서 서장벽에서만 확인가능한데, 산자와의 중복관계에서 위에 놓인 점이나 벽면과의 거리가 있어 주기둥보다는 서까래의 부재로 판단하는 것이 좋을 듯 싶다. 대체로 발화지점으로 추정되는 곳으로 도괴되는 모습이다.

③은 산자로 추정된다. 앞의 서까래와의 관계에서 아래 쪽에 놓인 모습이나 주거지의 장축방향에 길게 확인되는 점에서 용마루보다는 산자의 가능성이 매우 높다.

④는 용마루로 추정되는데 주거지 중앙에 장축방향으로 놓인 점에서 이의 가능성을 높게 한다. 용마루는 북단벽 쪽에서는 확인되지 않는다.

⑤와 ⑥은 보, 도리로 추정된다. 두 부재 모두 주거지의 장단벽에 인접하고 있다는 점에서 그러한 가능성을 높게 한다. 벽체로서의 가능성도 추정되지만 벽가에 접하여 그대로 도괴되는 모습과 주 기둥과의 관계에서 보면 보, 도리로 보는 것이 더 타당하다.

탄목의 잔존상태가 적어 주거지의 지붕형태를 파악하기는 어렵다. 다만 탄목의 상태로만 보았을 때는 맞배지붕의 모습이 추정된다. 주거지 내부 초석이 2열로 설치되고 벽

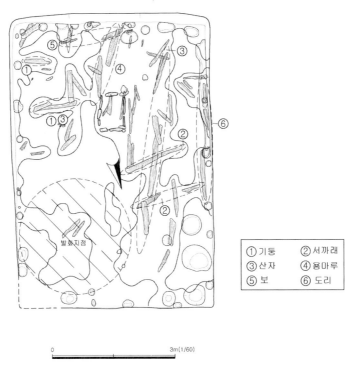

① 기둥   ② 서까래
③ 산자   ④ 용마루
⑤ 보   ⑥ 도리

0   3m(1/60)

그림 72_송담리 29-3지점 KC-006호 화재주거지

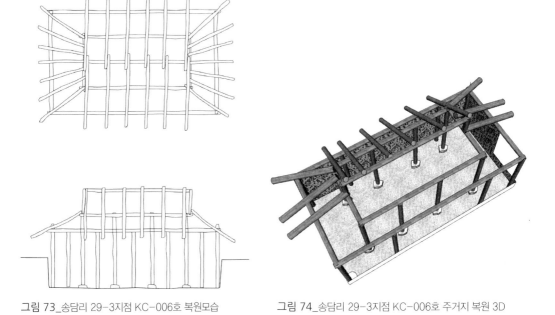

그림 73_송담리 29-3지점 KC-006호 복원모습   그림 74_송담리 29-3지점 KC-006호 주거지 복원 3D

가쪽 주공의 배치가 존재할 경우, 방형의 평면형태 구조상 팔작지붕의 모습도 충분히 생각할 수 있다〈그림 73~74〉.

2) 주거의 변화

(1) 취락유형별 주거의 변화

① 역삼동유형

역삼동유형 주거지 변천을 살펴보기 위해 앞 장에서 실시한 취락유적별 세부 편년을 참고하였다. 총 563기의 주거지를 모아, 각 단계별 장단비와 면적의 변화양상을 살펴보았다. 다음의 〈그림 75~76〉은 이를 나타낸 것이다.

그림을 보면 주거 장단비가 뚜렷한 변화상을 반영하지는 않는다. 단 시간이 흐르면서 평면형태 방형과 장방형에서 점차 세장방형의 주거지로 변화하다, 다시 늦은 시기에 이르러 (장)방형화되어 가는 경향성을 살필 수 있다. 물론, 이러한 평면형태 변화가 단계별로 뚜렷하게 나타나는 것은 아니다. Ⅰ단계에는 방형이 Ⅱ단계에는 세장방형 주거지만 출현하여 존속하는 것이 아니라, 시간 흐름에 따라 방형의 주거형태 위주의 취락을 구성하다가 뒤이어 다양한 장단비를 갖춘 주거 형태의 등장, 동시 존속, 그리고 폐기를 거치면서 다시 방형화된 주거형태가 많은 취락으로 변화하는 경향성을 보여준다〈그림 75〉.

다음으로 면적 또한 장단비와 같이 Ⅲ단계까지 확대되는 경향을 보이다 Ⅳ단계에 들어서면 다시 축소한다. 이는 시간의 흐름에 따른 역삼동식 주거의 소형화 경향을 의미하는 것이다〈그림 76〉.

마지막으로 주거 장단비와 면적과의 관계를 보면, Ⅰ단계에는 장단비가 방형에 가까운 형태임에도 불구하고 면적이 뒤 시기의 세장방형 주거지와 전혀 차이가 없다. 대체로 장단비 증가는 세대공동체 및 가족공동체(安在晧 1996), 가족확대(金範哲 2011), 인구 증가(金壯錫 2003)의 변화와 연관하지만, 면적 소형화는 관련한 논의가 없다. 필자는 이러한 이유가 세대공동체의 분리인지, 가족 확대인지는 언급하기 힘들지만 주거 내부 시설 변화의 의미와 같이 생각해 보면 후자의 견해가 더 타당할 것이다.

이처럼 주거 평면 형태와 규모의 변화는 노지 및 저장공 등의 내부시설 변화를 같이한다. Ⅰ단계에는 방형주거지 내부의 노지가 단벽쪽으로 치우쳐 1-2기만 설치되다가, Ⅱ-Ⅲ단계에 들어서면서 주거의 장단비·면적 증가와 함께 노지 또한 5-7개로 많아진다. 특히,

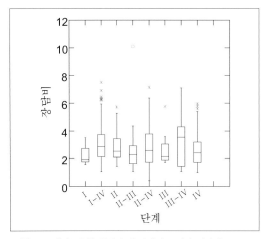
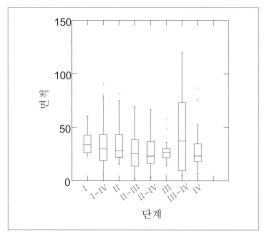

그림 75_역삼동유형 취락의 각 단계별 주거지 장단비　　　그림 76_역삼동유형 취락 각 단계별 주거지 면적

주거 중심축을 기준으로 앞뒤로 일정 간격을 유지한 채 정형성을 띠며 설치된다. Ⅳ단계에 들어서면 주거 장단비와 면적은 다시 감소하고 이에 따른 노지 수도 현저하게 줄어든다. 주거 내 단벽 근처에서 중앙으로 이동하여 설치되는 예가 많아진다.

저장공 변화도 관찰되는데, Ⅰ단계에는 대부분의 주거지에서 저장공이 노지의 반대쪽 단벽으로 인접하여 평균 2-3기 정도 설치된다. 이후 Ⅱ단계 이후부터는 주거 장단비와 면적이 증가하지만, 저장공 설치는 이전과 다르게 대부분의 주거지에서는 채용하지 않는다. 유적 내 전체 주거지에서 약 50% 정도만 저장공을 설치한다. 이와 함께 저장공 위치도 변화한다. 여전히 단벽 근처이지만 노지가 없는 중앙의 장벽 근처에도 설치한다. 마지막 Ⅳ단계에 들어서면 저장공 내부설치 현상은 현저히 줄어든다〈표 38〉. 이는 사회·경제의 변화와 같이하는데(宮里 修 2005; 김승옥 2006), 수혈유구의 양상과 같이 살필 수 있다.

표 38_역삼동유형 단계별 주거지 내 저장공 설치 비율

단계	Ⅰ	Ⅱ	Ⅲ	Ⅳ
저장공 설치 주거지	9(10)=90%	12(25)=48%	30(43)=69.7%	24(84)=28.5%
(총주거지)=비율(%)	9(10)=90%	42(68)=61.7%		24(84)=28.5%

　　기타 내부시설은 뚜렷한 변화 모습을 볼 수 없다. 다만, 주공이 Ⅰ단계에는 정형한 모습으로 많이 설치되지만 이후부터는 그러한 정형성도 많이 사라진다. 아마도 주거 수가 증가하고 평면형태가 세장함에 따라 축조의 용이를 의도하였기 때문일 것이다. 더불어 늘어난 인구의 수용을 위해 기둥을 최소화하여 공간을 확대하고자 하는 의도도 엿볼 수

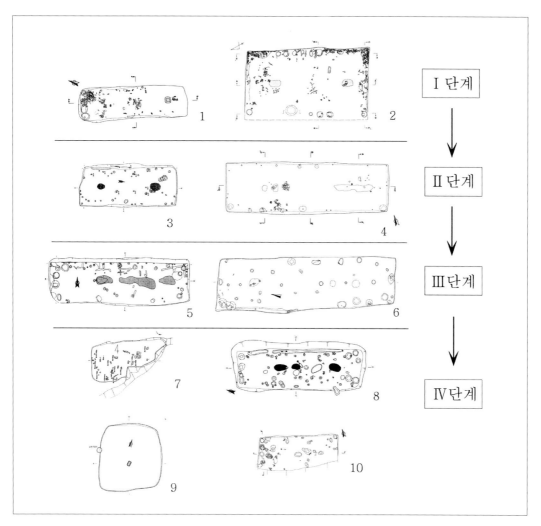

그림 77_역삼동유형 주거지 변천과정(1/300)

1. 운전리A-2호, 2. 두정동 1호, 3. 백석동 Ⅱ-2호, 4. 갈산리무리치 5호, 5. 백석동 B-2호, 6. 주교리 KC-018, 7. 군덕리 3호, 8. 불당동Ⅲ-7호, 9. 쌍용동Ⅲ-5호, 10. 명암리11-전14호

있다. 마지막으로 Ⅳ단계 들어서면 주공은 정연하게 배치하는 모습을 볼 수 없다. 이는 주거의 평면형태 축소가 진행됨에 따라 주공을 설치하지 않아도 손쉽게 축조가 가능한 형태로 변화를 의도하였기 때문일 것이다.

② 가락동유형

가락동유형 취락 주거지의 변화 연구는 위의 역삼동유형 취락 주거지와 동일한 방식으로 실시하였다. 총 278기의 주거지를 모아 분석하였으며〈그림 79~80〉, 분석결과 장단비

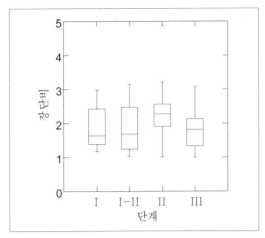
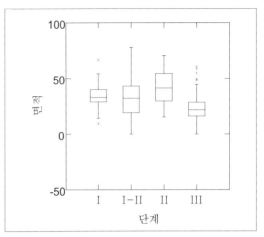

그림 78_가락동유형 취락 각 단계별 주거지 장단비   그림 79_가락동유형 취락 각 단계별 주거지 면적

와 면적, 내부시설에 의해 변화 양상을 살필 수 있다.

그림을 보면, 각 단계별 장단비와 면적의 변화를 보인다. Ⅰ단계에는 장단비가 (장)방형 위주였다가 시간이 지나면서 세장방형화 하고, 다시 (장)방형화 한다. 이에 따라 면적 또한 같이 변동하는데, 소형에서 중대형으로 다시 소형화하는 경향성을 보인다. 특히 가락동유형 Ⅲ단계에는 주거 면적 소형의 모습이 뚜렷한데, Ⅰ단계의 면적 소형화와 같지만 이보다 면적이 더 줄어드는 차이를 볼 수 있다.

이러한 변화모습은 기 연구자들에 의해서도 밝혀진 바 있다. 공민규(2005)는 가락동식 주거지를 형태와 면적, 출토유물에 따라 3형식으로 분류하고, 이들을 둔산식에서 용암Ⅰ식→용암Ⅱ식으로 변화한다고 하였다. 즉, 주거지 장단비의 변화만을 보면 방형에서 장방형, 세장방형으로 시간 변천이 진행하는 것으로 파악한 것이다. 최근에는 新出한 자료를 바탕으로 상기 세 주거형식을 다시 a, b식으로 구분하고 하당리식 주거를 새로 설정하면서 총 7개의 주거 형식으로 세분하였다〈그림 80〉. 물론 변천의 순서는 기존 견해와 다르지 않게 둔산식-용암Ⅰ식-용암Ⅱ식-하당리식으로의 흐름이다(공민규 2011: 40-42). 면적 또한 둔산식에서 용암Ⅱ식으로 이행하면서 증가-감소의 모습을 보이는 것으로 파악하였다(공민규 2011: 42).

이러한 주거 변천의 모습은 세세한 분석 차이에도 불구하고 필자의 결과와 대체로 일치한다. 결국, 가락동유형 평면형태 변화는 방형-세장방형-장방형 순이며, 이에 따라 면적 또한 소형화하는 경향의 변화상은 분명하다.

형식		특징	예시	주거지	필자편년
둔산식	a	평면 (장)방형 위석식 노지 1개소 2열 5행 이내의 초석	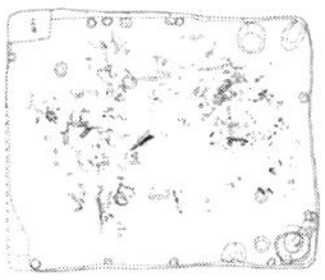 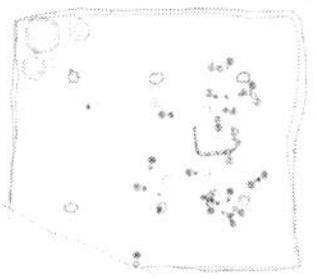	대전 용산동(충)-1·2,대전 궁동-2 대전 둔산-2,대전 용산동4-1·2 대전 관평동2-6,청주 용암Ⅰ-1, 청주 강서동-2, 청주 비하동Ⅱ-5, 계룡 두계리-1·3	Ⅰ단계
	b	평면 장방형 위석식 노지 1개소 초석 없음	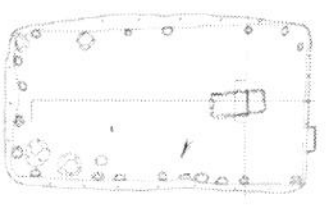 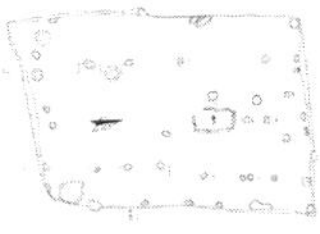	대전 둔산-1, 대전 궁동-11·13 대전 용산동2-4, 계룡 두계리-2·4 청원 학소리Ⅱ-1, 청주 비하동Ⅱ-8 청주 강서동-3, 청주 내곡동 청주 용암Ⅱ-7	
용암Ⅰ식	a	평면 장방형 위석식 노지 2개 2열 6행 이상의 초석	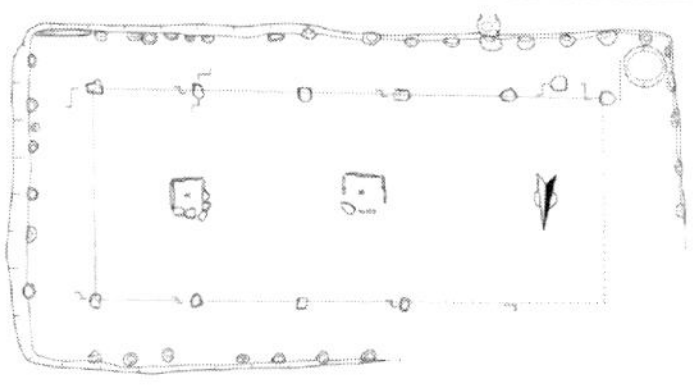	청주 용암Ⅱ-1, 청주 강서동-1 진천 사양리-4, 청주 운동동A-1·2 청주 비하동Ⅱ-6·7, 공주 제천리-1·2, 금산 수당리(역)-3, 청원 학소리Ⅰ-1, 대전 용산동2-1,대전 관평동Ⅱ-3·4	Ⅱ단계
	b	평면 세장방형 위석식노지 3개이상 2열 초석	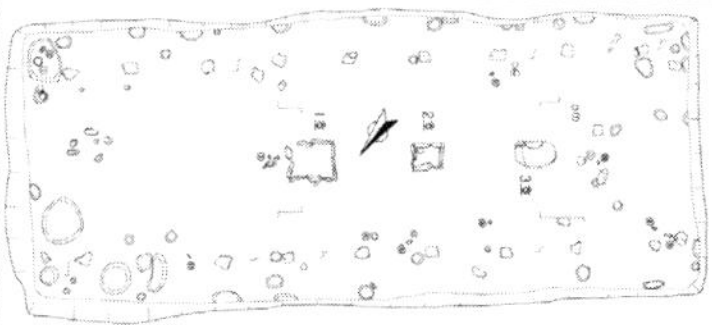	대전 가오동-1,대전 관평동Ⅱ-9 대전 용산동 2-3·5, 음성 하당리-6 충주 장성리-1, 청원 풍정리 연기 신흥리	
용암Ⅱ식	a	평면 세장방형 위석식노지 2개 이상 중앙 1열 초석(주혈)	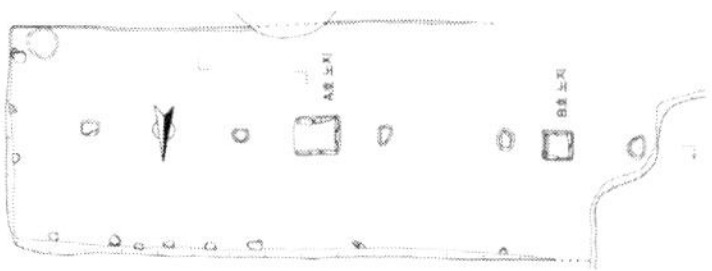	청주 용암Ⅱ-8·9·10 음성 하당리-1, 대전 가오동-4 대전 관평동Ⅱ-11 대전 용산동 6-12	Ⅲ단계
	b	평면 장방형 또는 세장방형 위석식노지 1개이상 소형화 초석 없음	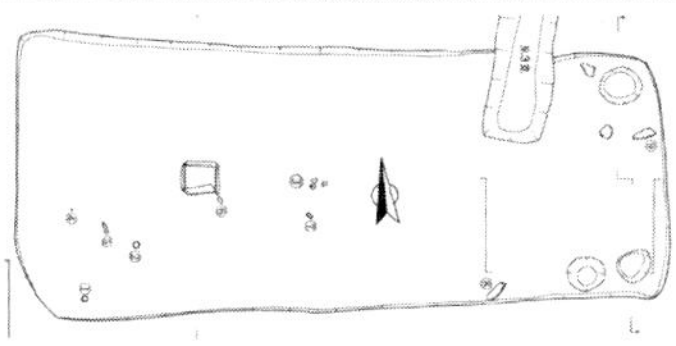	대전 관평동Ⅱ-7·8 청주 비하동Ⅱ-2 청원 학소리Ⅰ-2	
하당리식		평면 장방형 위석식 노지+무시설식노지 중앙1열 초석 또는 초석없음	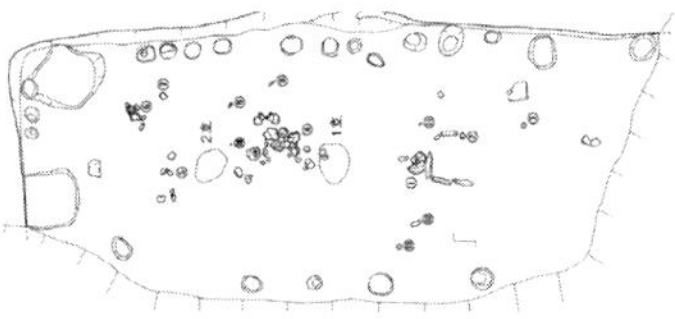	음성 하당리-5 보은 상장리-1·4 진천 신월리-2	

그림 80_가락동식 주거의 변천과정(공민규 2011: 41쪽에서)

상기 주거의 평면형태 변화는 역삼동식 주거와 마찬가지로 내부시설 변화도 같이 수
반한다〈그림 80〉. 노지는 증가-감소의 과정을 거치면서 위석식에서 다시 무시설식 노지
로 위석의 소멸현상이 발생한다. 내부 초석열의 경우는 2열에서 1열로 바뀌며, 위치는 장
단벽 근처였다가 점차 주거의 중심으로 이동하면서 설치되고, 나중에는 초석열 자체가 사

라진다. 저장공은 가락동유형 I 단계부터 단벽과 장벽 모서리 등에 설치되는데, 초석열과 장단벽 사이로 주거 내부 공간을 충분히 이용하는 것을 알 수 있다. 다만 저장공의 증감현상은 늦은 시기까지 뚜렷한 변화를 확인할 수 없어, 가락동유형 주거지에서 오래 동안 지속하여 사용한 내부시설물로 볼 수 있다.

(2) 주거 변화의 의미

여기서는 앞서 본 취락유형별 주거 변화의 모습을 비교하면서 이의 원인과 의미에 대해 파악하고자 한다.

〈그림 81~82〉는 각 취락유형별 주거 장단비와 면적을 비교·분석한 것이다[41]. 장단비를 보면, 역삼동과 흔암리식 주거지는 차이를 크게 보이지 않는다. 반면, 가락동식 주거지는 상대적으로 앞의 두 유형 주거지보다 짧다. 이는 역삼동·흔암리식 주거지의 세대 및 가구 구성원, 인구 증가의 모습이 두 유형 간 차이가 있음을 알게 한다.

여기서 다시 언급하는데 역삼동과 흔암리식 주거지의 장단비 차이는 뚜렷하지 않지만, 흔암리식 주거지가 다소 긴 예가 많다는 점에서, II장에서 논의한 흔암리유형에서 역삼동유형으로 취락과 주거가 변화하는 근거를 명확히 한다.

다음으로 면적은 취락유형별 큰 차이는 없고, 역삼동과 흔암리식 주거지간 면적 차이만 확인된다. 이는 흔암리식에서 역삼동식으로 변화하는 모습을 보여줌과 동시에 늦은 시기 역삼동유형 주거지의 소형화가 평면형태 방형화와 연계할 수 있음을 말해 준다[42].

그렇다면 이러한 각 취락유형별 주거 규모의 차이-엄밀히 말해 가락동과 역삼동유형의 장단비-가 발생하는 원인은 무엇일까. 아마도 취락유형별 주거 내부 공간을 활용하는 방식과 지형 입지에 맞추어 주거를 축조하는 건축 방법의 관습 차이 등을 생각할 수 있다.

가락동식 주거지는 역삼동식 주거지와는 달리 장단비에 비해 면적이 넓은 편이다. 이는 주거 내부 공간 활용도가 우월하다는 것을 보여준다. 주거 구조 측면에서 보면 더욱 뚜렷이 알 수 있다. 가락동식 주거지 내부는 초석과 벽면사이에 일정 면적의 공간을 확보

---

41) 자세한 벽체의 모습을 보면 橫木을 벽에 먼저 붙이고 縱木을 안쪽으로 설치한 후 이들을 서로 결구하여 마무리한 것으로 파악된다(류기정 외 2001). 횡목간의 간격은 약 10~20cm 정도이며 횡목이 놓여 있지 않은 빈 공간은 초본류나 진흙 등으로 마감한 것으로 추정된다.
42) 자세한 벽체의 모습을 보면 橫木을 벽에 먼저 붙이고 縱木을 안쪽으로 설치한 후 이들을 서로 결구하여 마무리한 것으로 파악된다(류기정 외 2001). 횡목간의 간격은 약 10~20cm 정도이며 횡목이 놓여 있지 않은 빈 공간은 초본류나 진흙 등으로 마감한 것으로 추정된다.

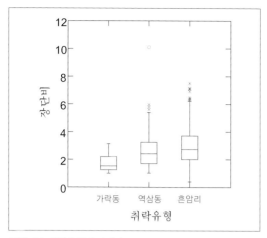

그림 81_취락유형별 장단비

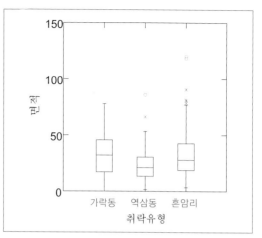

그림 82_취락유형별 면적

하는 구조를 갖추었는데, 이러한 공간은 노지가 위치한 생활공간과는 뚜렷이 구분되며, 물품의 보관에 적당한 장소로 활용한다. 특히 저장공 등을 다수 설치하는 점에서 저장과 수납의 기능을 우선하였다. 반면, 역삼동식 주거지는 내부시설물 배치를 통해 구획하는 내부 공간 활용의 측면이 다소 미흡하다〈그림 83~84〉.

주거 축조 방법의 차이는 취락유형별 지형 입지 조건에 맞추어 주거를 조성하는 점에서 살필 수 있다. 전기 주거지들은 주로 구릉성 산지 정상부를 중심으로 축조한다. 하지만 구릉 정상부 능선의 폭이 넓은 곳이 많지 않아 (세)장방형 주거를 多數 축조하기는 제약이 있다. 따라서 능선의 진행 방향에 맞추어 주거를 축조해야 하는 불가피한 선택을 해야 한다.

가락동식 주거에서 이의 모습을 많이 확인할 수 있다. 구릉 정상부와 능선의 진행방향에 맞추어 축조하는 경향이 강하다. 그러한 결과는 구릉 정상부와 여기서 분기하는 능선에 주거지를 단독 또는 線形으로 배치하는 모습을 통해서도 살펴볼 수 있다. 반면에 역삼동식 주거지는 구릉의 정상 뿐 아니라 사면에도 축조한다. 이는 비좁은 산지의 능선 지형을 극복하여 많은 주거를 축조하려는 의도를 생각할 수 있다.

사면에 주거를 축조할 경우에는 단축 폭을 최대한 확보하면서 내부 공간을 효율적으로 유지하기 위한 공법이 필요한데, 주거의 장축 벽면이 들어서는 사면 위쪽을 깊게 굴착하는 방식을 이용했을 것이다. 물론 이 경우 굴착의 용이함은 있지만 많은 노동력과 시간을 소모하므로 주거 축조에는 오히려 효율적이지 않다. 따라서 사면에 주거를 축조할 때

그림 83_가락동유형 주거지 내부 공간 구획(朴性姬 2012: 50, 〈도면 15〉 수정 수載)

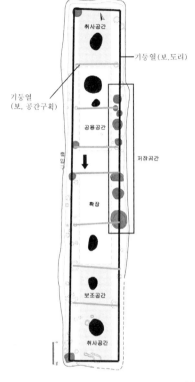

그림 84_역삼동유형 주거지 내부 공간 구획 (朴性姬 2012: 51, 〈도면 16〉 수정 수載)

는 등고선 방향에 맞추어 장축을 늘리는 방안이 좋다. 역삼동식 주거의 평면 세장 형태의 축조는 세대 및 가구의 증가와 관련되기도 하지만, 비좁은 주거공간을 확보하고자 지형을 최대한 활용하는 의도를 생각하게 한다.

다음으로 각 취락유형별 내부시설 변화 모습의 원인과 이유에 대해 검토해 보자. 앞의 분석결과에서 주거 장단비와 면적의 변화에 따라 노지 또한 같이 증감하는 모습을 살펴볼 수 있었지만, 취락유형별 큰

차이는 확인할 수 없다. 다만 저장공 설치에서는 차이를 살필 수 있다. 역삼동식 주거지의 저장공이 늦은 시기에 줄어드는 경향이 있지만, 가락동식 주거지는 이른 시기부터 늦은 시기까지 증감 없이 계속 설치하였다. 이처럼 역삼동식 주거의 장단비와 면적이 증가함에도 불구하고 저장 관련 시설이 전 시기보다 적거나 비슷한 비율로 나타나는 점은 저장과 관련한 시설이 주거 외부로 이동하는 모습과 관련되었을 것이다(허의행 2008).

이와 함께 주거지 내부 노지와 저장공 설치는 주거 내부 집단과 사회의 변화와 연관된다. 일반적으로 전기 주거지는 여러 세대가 같이 거주하는 '공동거주형 주거 방식'(김승옥 2006: 29)으로 인식하고 있다. 그러한 근거의 하나는 노지를 중심으로 한 세대별 독립공간의 확보였다(안재호 1996, 김승옥 2006). 이와는 달리 노지를 중심으로 한 경제활동의 측면을 고려한 '消費空間'을 언급하기도 한다(宮里 修 2005: 54). 연구자에 따라 주거 내 노지를 중심으로 한 공간을 바라보는 시각차는 존재하는데, 대체로 노지 1기에 한 세

대의 활동 공간을 인식한다.

하지만 이러한 공간의 세대별 독립과 경제활동 등을 언급할 경우에는 다음과 같은 문제를 해결해야 한다. 그것은 한 세대별 거주 공간에 필요한 물품이나 일상생활 관련한 내부시설물의 설치와 유물의 존재를 파악해야 한다. 즉, 세대별 거주하는 공간마다 기본으로 사용하는 토기나 석기 등의 유물이 존재해야 하며, 최소 세대별로 관리·운영하던 공간(침실, 작업, 취사 공간 등) 등이 구획되어야 한다. 전자의 유물 존재는 현재의 주거 조사 예를 바탕으로는 파악하기 어렵지만, 후자의 공간 구획 관련 문제는 저장공을 설치한 위치를 통해서 해결 가능하다.

노지가 기 연구자들의 견해처럼 생산과 관련한 공간이라면 저장공은 소비와 연관될 수 있다. 그러한 점에서 역삼동식 주거지 내 저장공 설치는 노지와 일대일 대응하지 않는다. 앞에서도 언급하였지만 저장공 수가 늘어나는 필자의 II단계 이후에도 여전히 1동의 주거 내부에 저장공은 일정 공간에 설치된다. 따라서 증가한 세대수에 비해 저장시설 부족 현상은 여전하다. 그러한 점에서 주거 세장화 현상과 노지수 증가를 가족 구성원의 증가에 따른 확대로 본 견해를 주목할 수 있다(金範哲 2011). 노지수에 따른 세대별 분리가 아닌 가족 연장자가 1동의 주거와 세대를 관리, 통솔한다는 점이다. 생산과 저장 공간을 가진 세대공동체의 1 주거지 내 공동 거주라는 견해의 재고를 필요로 한다.

반면에 가락동식 주거지는 상기 내용과 다르게 해석할 수 있다. 노지를 바탕으로 한 생산 공간의 증대 현상은 있지만, 소비를 바탕으로 한 저장 공간은 감소하지 않기 때문이다. 이는 역삼동식 주거와는 달리 주거 내 세대별 공동체의 유대가 늦은 시기까지 지속하였던 것을 의미하며, 가족을 이끄는 연장자 등의 관리자 존재가 상대적으로 크게 작용하지 않았음을 알게 한다.

2. 주거 외 시설의 양상

청동기시대 전기 취락의 주 구성요소는 주거지다. 하지만 점차 시간이 흐르면서 주거 외 기타 시설물이 취락의 새로운 구성요소로 나타나는데, 이것이 전기의 수혈유구이다.

'竪穴遺構'란 용어는 일반적으로 유구의 기능과 성격이 명확치 않은 경우 사용해 왔다. 청동기시대 수혈유구에 대한 명칭도 이와 차이 없지만, 타 시기 수혈유구와는 달리 청동기시대 전기의 수혈유구는 특징이 있다.

표 39_가락동유형 유적에서 확인된 수혈유구

지역	유적명		가락동유형 주거지 수	조사된 수혈유구 수	수혈유구의 시기	비고
청주	향정·외북동		1	0		
	내곡동		1	0		
	비하동		2	5	후기 청동기	가락동주거지와 중복
	강서동		4	3	조선	출토유물없음
	산남동		1	1	조선	
	용정동		10	3	·	수혈유구
	봉명동		1(?)	7	후기 청동기?	
	분평동 II		1	0		
청원	대율리		9	2	전기 청동기	소성유구
	마산리		2	6	초기철기?	부정형, 파수부편
	풍정리		1	1	·	주거지 추정
	송대리		1	0	·	
	황탄리		2	4	·	수혈유구
진천	사양리		5	0	·	
	신월리		9	6	·	부정형
음성	하당리		6	3	후기 청동기?	함정유구, 구상유구
충주	장성리		1	18	통일신라	구시설과 관련
보은	상장리		6	3	조선	
공주	신관동		1	3	·	1기 소성유구
	제천리		3	4(수혈) 2(토광묘)	후기 청동기	토광묘는 함정유구
대전	용산·탑립동	2지구	6	6	후기 청동기	함정유구 포함
		4지구	5	3	후기 청동기	함정유구?
		5지구	1	2	후기 청동기	함정유구?
		6지구	2	4	조선	분청사기 출토
		9지구	0	13	조선	
	용산동		2	1	후기 청동기?	함정유구?
	관평동		10	1		소성유구
	노은동	A지구	1	3	원삼국	
		B지구 남쪽	5	18	원삼국	
		B지구중앙	5	0		
		B지구북쪽	2	3	원삼국, 조선	
	둔산동		3	0	·	
	괴정동		1	0	·	
	가오동	II	3	0	·	4호주거지를 5호수혈이 파괴
		III	1	9	후기 청동기	
계룡	두계리		5	6	후기 청동기	외반구연, 일단경촉
금산	아인리		2	0	·	주거지 유실 심함
	수당리(충역문)		3	1	후기 청동기?	토광묘 중복
	수당리(충남대)		2	0	·	

청동기시대 전기의 수혈유구는 주거지 주변에서 확인되는 면적이 작은 유구를 일반적으로 통칭하여 왔다. 이의 기능과 성격에 대해서는 토기 등의 물품 보관시설, 의례행위

관련시설, 기타 야외노지 등으로 인식(羅建柱・姜秉權 2003; 許義行 姜秉權 2004: 221 223)하였는데, 대부분 저장의 성격을 우선하였다. 아무래도 청동기시대 후기의 저장공 평면 형태와 규모의 유사성을 근거로 판단한 것 같다. 그렇다면 수혈유구가 저장의 기능을 가진다면, 이는 수확물 종류, 사계 리듬과 기후특색 등에 따른 지역성 추정을 넘어 저장이 지닌 문화 및 사회・경제적 측면의 다양한 해석을 가능하게 하므로(김장석 2008; 邢基柱 2000: 356; 許義行 2011) 중요한 취락 구조의 하나로 볼 수 있다.

여기서는 이러한 중요한 기능을 갖지만 그동안 관심의 대상에서 벗어났던 청동기시대 전기 수혈유구에 대해 자세한 접근을 실시한다. 논의 전개에 앞서 청동기시대 수혈유구에 대한 개념과 성격을 명확히 하고, 저장 기능에 대한 성격 규명에 집중하도록 한다. 수혈유구에 대한 접근은 호서지역 역삼동유형 취락에 한정하는데, 가락동 유형 취락에서는 이와 관련한 유구의 존재가 전혀 확인되지 않기 때문이다〈표 39. 참조〉.

1) 수혈유구의 형태와 성격

(1) 개념

수혈유구의 개념은 발굴 보고서마다 다르게 이해하였다. 창원 반계동유적 보고자들에 의해 분명하게 수혈유구의 개념과 정의가 내려진 바 있는데, 이들은 수혈유구를 7가지의 사항에 의거하여 개념 정의하였다.

규모에서는 사람의 거주 최소면적을 바탕으로 하였으며, 수치상으로는 수혈의 길이와 너비가 2m를 넘지 않는 것으로 구분하였다(昌原大學校博物館・韓國水資源公社 2000: 387~394). 이들의 견해에 대해서는 필자도 그 타당성을 인정하며 이를 분석 기준으로 삼는다. 또한, 규모와 관련해서는 면적 10㎡이하까지를 수혈유구에 포함한다. 노지가 설치된 범위까지를 포함해서 면적을 산출하면, 인간이 거주할 수 있는 공간을 확보하므로[43], 이 경우에는 주거지로 볼 수 있기 때문이다.

다음의 〈그림 85~86〉은 인지 가능한 분명한 수혈유구를 제외한 대부분의 주거지를 모아 분석한 것이다. 그림을 보면, 면적 10㎡이하와 장단비 1.5 : 1이하(길이 2m이하)에

---

43) 자세한 벽체의 모습을 보면 橫木을 벽에 먼저 붙이고 縱木을 안쪽으로 설치한 후 이들을 서로 결구하여 마무리한 것으로 파악된다(류기정 외 2001). 횡목간의 간격은 약 10~20cm 정도이며 횡목이 놓여 있지 않은 빈 공간은 초본류나 진흙 등으로 마감한 것으로 추정된다.

서 뚜렷한 빈도봉이 형성되어 이를 기준으로 주거와 수혈유구의 분류 기준을 삼을 수 있다. 다만 장단비의 경우 2.5이상이 확인되는 예가 많아 분류의 주 기준으로 삼기는 애매하다. 상기 기준을 적용하여 수혈유구를 구분하면 기존 보고서에서 언급한 10㎡이하 면적에 포함된 주거지 일부는 수혈유구에 포함할 수 있다. 백석동 유적과 관산리 유적에서 주거지로 분류된 일부 유구는 수혈유구에 해당하며, 명암리 유적 소형수혈 일부는 주거지에 포함된다.

다음으로 출토유물과 내부시설을 통한 수혈유구의 개념 정의이다.

수혈유구 내부에서 출토되는 유물은 토기편이 대부분이나 일부에서는 완형의 발형토기와 옹·호형토기가 확인된다. 반면에 석기는 석촉·석도·석부 등이 출토되지만, 그 양은 매우 적다〈그림 87~89〉.

내부시설은 주공과 노지 등이 확인된다. 시설 대부분은 무시설식이 주를 이루지만, 노지를 1기 설치하는 것이 일반적이다. 노지는 바닥 중앙에 설치하는데 평면에서 확인되는 경화면이 부재하거나 단면상의 소결흔 깊이가 얕아 지속적 사용은 없었던 것으로 보여, 단기간 임시로 사용하였을 것으로 추정된다. 주공은 확인되는 예가 적은데, 중앙 및 벽가 근처로 1기나 2기 정도만 설치된다. 명암리유적에서는 수혈유구 내 주공이 중앙에 1기가 설치되는 것이 특징인데, 보통의 수혈유구 성격과는 다를 것이며 수혈유구 내부 보편의 시설물은 아니다.

이상 규모와 내부시설, 출토유물 등을 바탕으로 청동기시대 전기의 수혈유구를 특징

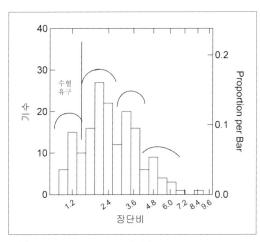

그림 85_주거지 및 수혈유구의 장단비 분류

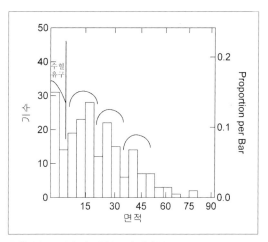

그림 86_주거지 및 수혈유구의 면적 분류

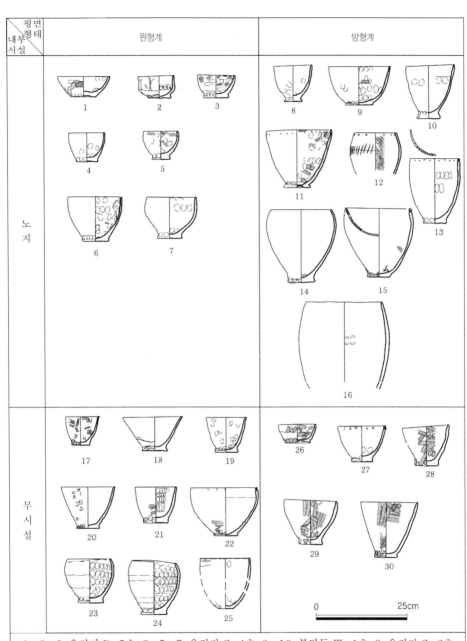

평면형태 내부시설	원형계	방형계
노지	1 2 3 4 5 6 7	8 9 10 11 12 13 14 15 16
무시설	17 18 19 20 21 22 23 24 25	26 27 28 29 30

0   25cm

1~2·6. 운전리 B-5호, 3~5·7. 운전리 C-4호, 8·10. 불당동 Ⅲ-1호, 9. 운전리 C-2호, 11. 운전리 B-4호, 12·16. 관산리 KC-012호, 13. 명암리 33호 소형수혈, 14. 풍기동 2호, 15. 백석동 5호, 18. 군덕리 3호, 19. 명암리 29호 소혈수혈, 20. 군덕리 5호, 22. 군덕리 2호, 23~24. 운전리 C-3호, 25. 명암리 16호 소형구덩이, 26. 백석동 2호, 27. 명암리 28호 소형수혈, 28~30. 백석동 6호 (S=1/10)

그림 87_수혈유구 출토 완, 천발, 발형토기 일괄

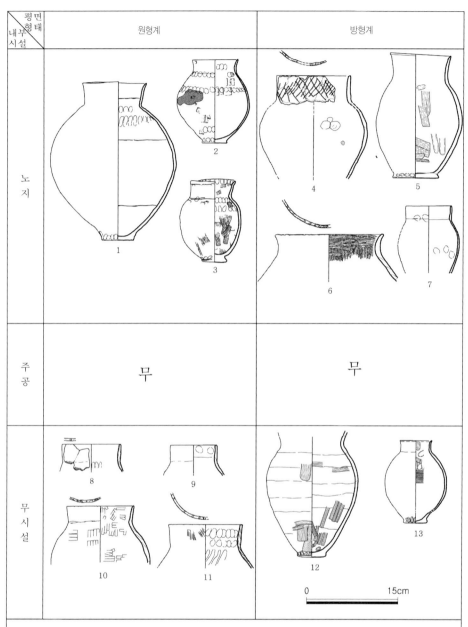

내부 시설	평면 형태	원형계	방형계

노지

주공 　무　무

무시설

0 _____ 15cm

1~2. 운전리 B-5호, 3. 운전리 C-5호, 4. 풍기동 1호, 5. 관산리 KC-012호, 6. 명암리 31호
소형수혈, 7. 명암리 22호 소형수혈, 8~9. 명암리 1호 소형구덩이, 10. 명암리 17호 소형구덩이
11. 명암리 24호 소형구덩이, 12. 백석동 7호, 13. 백석동 6호 (S=1/6)

그림 88_수혈유구 출토 옹·호형토기 일괄

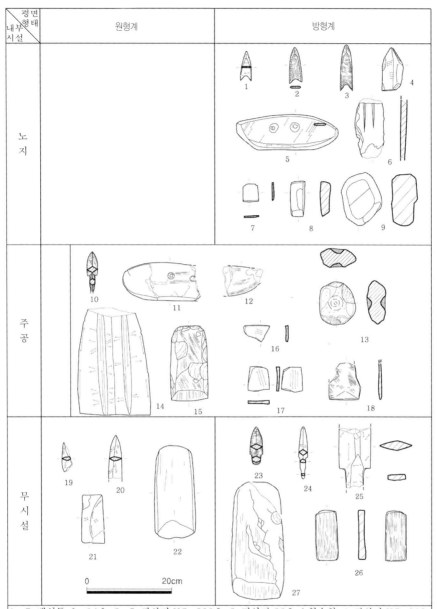

평면 형태 내부 시설	원형계	방형계
노 지		
주 공		
무 시 설		

0 _____ 20cm

1 · 7. 백석동 Ⅰ-14호, 2 · 5. 관산리 KC-008호, 3. 명암리 32호 소형수혈, 4. 관산리 KC-012
호, 6. 명암리 22호 소형수혈, 8~9. 백석동 Ⅰ-4호, 10. 명암리 12호 소형수혈, 11. 명암리 7호
소형수혈, 12. 명암리 17 · 18호 소형수혈, 13 · 16. 명암리 17호 소형구덩이, 14. 관산리 KC-00
5호, 15. 명암리 14호 소형수혈, 17~18. 관산리 KC-006호, 19~20. 군덕리 2호 소형수혈, 21 ·
24. 백석동 7호, 22. 운전리 C-3호, 23 · 26. 명암리 6호 소형수혈, 25. 주교리 KK-011호, 27.
명암리 21호 소형구덩이 (S=1/8)

그림 89_수혈유구 출토 석기일괄

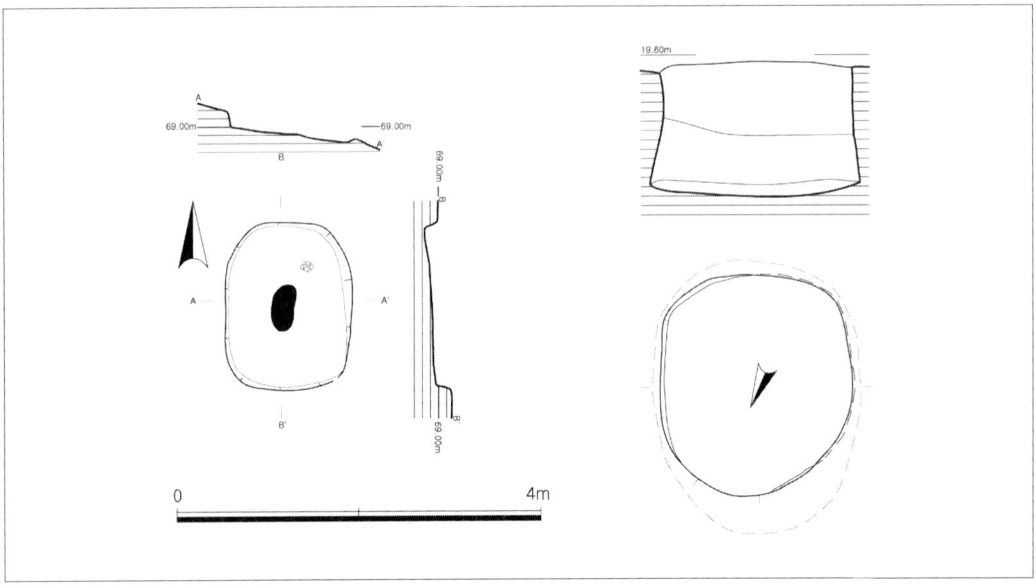

그림 90_전 · 후기 수혈유구(좌:불당동 Ⅲ-1호(전기), 우:마전리 A지구 KK-036호(후기), S=1/80)

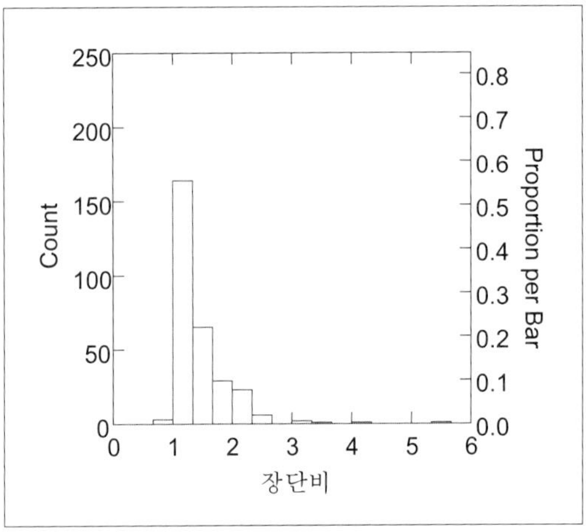

그림 91_수혈유구의 장단비

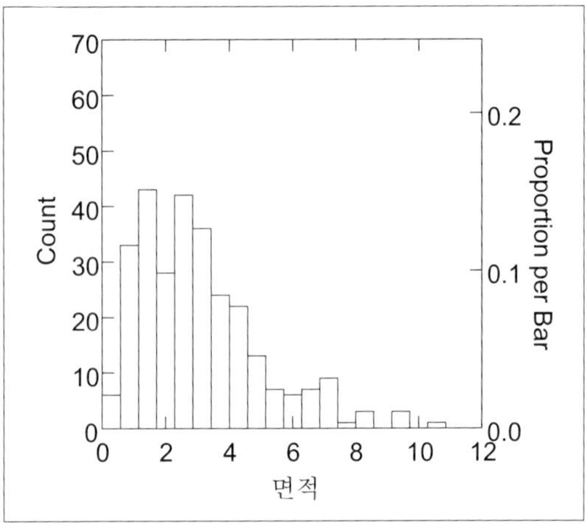

그림 92_수혈유구의 면적

해 보았다. 이 외에도 평면형태나 깊이, 내부퇴적상황, 주변 주거지와 관계, 후기 저장공과 비교 등을 통해 청동기시대 전기 수혈유구를 다음과 같이 개념 · 정의할 수 있다〈그림 90, 표 40〉

청동기시대 전기의 수혈유구는 방형 및 (타)원형의 평면형태를 띠며, 단면은 '凵' 자형이다. 바닥은 편평하다. 크기는 장단비 1~2.5:1, 면적 10㎡이하, 깊이는 50cm이하이다〈그림 91~92〉. 내부시설은 무시설이 대부분이나 일부 노지와 주공 등을 설치한다. 시설 중 특징인 것은 1기의 노지가 수혈유구의 중앙에 설치된다는 점이다. 주공은 1기 정도가 중앙 및 외벽에 설치하지만 보편적이지 않다. 유물은 대부분 무문토기편이나, 完形의 발형과 호형토기가 1~3개체 정도 일부 유구에서 확인된다. 수혈유구의 내부 퇴적양상은 일부 흑색의 탄재가 섞인 토양이 확인되지만 대체로 자연퇴적된 모습이 주를 이룬다. 취락 내 위치는 주거지 외부에서 1~2기 정도가 인접하거나 일정지역에 군집하는 모습이다.

표 40_전 · 후기 청동기시대 수혈유구 비교

시기	평면형태	단면형태	바닥형태	장단비 / 면적	깊이	내부시설	유물출토양상	내부퇴적양상	위치
전기	방형, (타)원형	'凵' 형	편평	1~1.5:1/ 10㎡이하	50cm 이하	무시설, 노지, 주공	발형, 옹형토기, 석기편	자연퇴적 위주	취락 내 위치 1-2기 및 군집
후기	원형	'凵' 형, 복주머니	평평, 오목	1:1/10㎡(상부) 10㎡이상(바닥)	30~100 cm이상	무시설	무문토기편	목탄 띠 및 사질 점질혼입토	취락 외 위치 (저장전문유적)

(2) 성격

취락 연구에서 유구(주거지나 기타 부속시설 등)의 명확한 기능과 성격파악이 우선되어야 취락구조와 체계 등의 모습을 파악하는데 도움을 준다. 따라서 이를 검토하고 분석하는 작업은 무엇보다도 중요하다. 그래야만 각 유구의 취락 내 위치나 성격, 나아가 사회 의미 등을 도출해 낼 수 있기 때문이다. 고고학에서 가장 기초로 하는 이러한 연구는 접근이 쉽지 않음에도 불구하고 여러 물질 정황의 증거를 바탕으로 해결해야 한다. 이러한 문제의식 속에서 수혈유구들이 지닌 기능에 대한 검토를 고고학의 물질자료 증거와 민속사례의 대비 등을 통해 접근하고자 한다.

① 저장시설로서의 기능

먼저, 수혈유구를 저장시설로 인정할 수 있느냐이다. 즉 이 유구가 저장과 관련한 기능을 할 수 있는지 검토해야 한다.

수혈유구 내부에 생산물을 저장하기 위해서는 다음과 같은 저장창고 조건을 갖추어야 한다(李殷雄 1986: 325). 첫째, 통풍과 환기를 조절할 수 있고, 항상 저온상태를 유지할 수 있어야 하며 둘째, 병충해 및 쥐의 침입 등을 방지할 수 있어야 한다. 셋째, 창고의 위치는 건조한 지대로 서늘한 장소여야 한다. 넷째, 벽과 지붕의 두께가 두꺼워야 하며 외기온도가 창고 내에 미치는 영향이 적어야 한다. 다섯째, 창고 주위에 나무 등이 많아 태

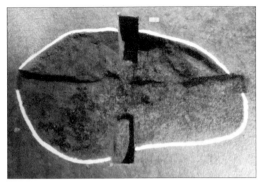

사진 6_수혈유구 내 작물 출토 모습(嘉耕考古學研究所 2012: 19, 사진 9 · 12)

양광선의 직사를 피하는 것이 좋다. 여섯째, 창의 위치와 크기 방화 및 방도를 고려해야 한다. 이상의 조건은 비록 지상식 창고(고상창고)와 관련한 것이지만 저장 방식을 이해하는데 도움을 준다.

수혈유구는 상기 조건에 많이 부합하지 않아 저장과 관련한 기능이 작용하였는지 의문이다. 저장에서 가장 중요한 온·습도 조절[44] 장치의 미비 뿐 아니라 외부 침입의 보호를 위한 구조물 설치가 전혀 보이지 않기 때문이다.

온·습도 조절의 경우, 당시에는 일정 깊이 이상을 굴착하는 방법이 추정하지만 이 또한 후기 송국리형 저장공부터 보인다[45](許義行 2011). 전기의 수혈유구 대부분은 50cm 내외의 다소 얕은 깊이가 많아 보온효과가 적다(임영진 1984: 21). 이러한 구조는 외부의 병충해와 설치류 침입에도 취약한 조건이어서 저장기능은 성격을 말하기 곤란하다.

하지만 최근 백석동 고재미골 Ⅳ지구 8호 수혈유구 내부에서 보리, 조, 콩 등의 식물유체가 확인되었고(吳圭珍 외 2009: 303), 시기는 달리하지만 평면형태와 깊이 등에서 상기 수혈유구와 유사한 형태를 지닌 유구 내부에서 쌀, 보리 등의 작물이 다량 저장된 모습을 통해(嘉耕考古學研究所 2012: 17~19), 작물 관련 저장 가능성은 충분히 생각할 수 있다〈사진 6〉.

---

44) 자세한 벽체의 모습을 보면 橫木을 벽에 먼저 붙이고 縱木을 안쪽으로 설치한 후 이들을 서로 결구하여 마무리한 것으로 파악된다(류기정 외 2001). 횡목간의 간격은 약 10~20cm 정도이며 횡목이 놓여 있지 않은 빈 공간은 초본류나 진흙 등으로 마감한 것으로 추정된다.

45) 자세한 벽체의 모습을 보면 橫木을 벽에 먼저 붙이고 縱木을 안쪽으로 설치한 후 이들을 서로 결구하여 마무리한 것으로 파악된다(류기정 외 2001). 횡목간의 간격은 약 10~20cm 정도이며 횡목이 놓여 있지 않은 빈 공간은 초본류나 진흙 등으로 마감한 것으로 추정된다.

그림 93_보광의 형태(최영준 2002: 98)

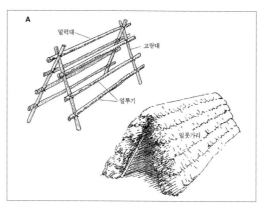

그림 94_얼룻가리의 구조와 형태(최영준 2002: 97)

그렇다면 수혈유구에서 저장방식을 추정해 보자.

수혈유구 깊이가 깊지 않다는 것은 저장물의 지상 노출을 생각할 수 있다. 지상에 노출된 저장물은 외기 환경과 접한다는 점에서 온습도 조절이 쉽지 않아 통풍에 의한 건조만 생각할 수 있다. 따라서 수혈유구에 곡류 등을 저장한다면 건조를 주 목적으로 하였을 것이다. 그러나 저장시 외부에 쉽게 노출된다는 점은 해충이나 설치류 등의 침입, 비나 눈에 의한 부식, 온 습도의 조절에 취약하기 때문에 단기간 저장 목적을 생각하게 한다.

저장방법은 곡물을 바닥부터 상면까지 줄기째 쌓는 野積(露積)式 형태와 훈증처리를 통한 낱알식 저장형태를 생각할 수 있다. 야적식은 수혈유구 내부에 곡물을 줄기째 넣어 틈틈이 쌓고 상면을 막음하거나, 수혈유구 상면을 넘어 지상까지 쌓은 후, 밀봉하고 그 위로 상부구조를 설치하여 저장하였을 것이다. 이에 비해 낱알식 저장은 곡물의 훈증과 초맥작업(李弘鍾 1998: 29; 孫晙鎬 2004: 10; 安承模 2006: 90)을 거쳐 외면을 그을린 후 수혈유구 내부에 저장하는 방법이다. 이처럼 불을 이용하여 그을려 저장하는 방법은 곡물자체의 장기간 저장 뿐 아니라 해충이나 설치류의 외부 침입에 효과를 보인다. 이렇게 수혈유구를 이용하여 저장물을 안치하는 행위는 전통 농촌마을 등에서 행해진 보광[46]과

46) 자세한 벽체의 모습을 보면 橫木을 벽에 먼저 붙이고 縱木을 안쪽으로 설치한 후 이들을 서로 결구하여 마무리한 것으로 파악된다(류기정 외 2001). 횡목간의 간격은 약 10~20cm 정도이며 횡목이 놓여 있지 않은 빈 공간은 초본류나 진흙 등으로 마감한 것으로 추정된다.

얼룻가리[47] 등의 예를 통해 추정이 가능하다〈그림 93~94〉.

수혈유구 내 출토된 곡물의 모습과 전통 농촌 마을에서 행해진 저장방식 등을 종합해 보면, 이 유구는 저장 성격을 가진 시설의 일종으로 볼 여지는 충분하다. 이와 관련하여 西脇對名夫는 노지가 없는 수혈 일부에서 개 보수의 흔적 등이 확인되지 않는 점을 근거로 수렵과 채집을 위한 유구가 아닌 개간을 실시한 일회성의 유구로 판단하거나(西脇對名夫 2006: 37), 재배작물의 보온을 위한 유구 등으로 판단하기도 하였다(西脇對名夫 2000).

표 41_전·후기 청동기시대 저장시설 및 곡물 저장 방법 추정 비교

시기	저장시설	평면형태	내부시설	상부구조	저장기간	온/습도 조절	곡물 저장상태
전기	수혈유구	방형, 원형	무시설, 노지	개방 및 임시 시설물	단기	자연/통풍 건조	줄기째 또는 훈증처리된 낱알로 저장
후기	저장공	원형	제습용 목탄설치	밀봉	단·장기[48]	깊이/숯, 생토흙	탈곡 후 저장

여하튼, 수혈유구가 저장과 관련한 시설로 이해한다면 구조와 저장방법 등의 청동기시대 후기에 등장하는 저장수혈과 비교할 수 있다. 이를 정리한 것이 〈표 41〉로, 요약하면 전기 수혈유구는 곡물을 줄기째 또는 훈증 처리된 낱알식으로 저장하였을 것이며, 일부는 곡물 자체를 대기 중에 노출하여 건조하는 단기저장시설로 이용하였을 것이다. 반면 후기 수혈유구는 곡물자체를 땅속에 밀봉하는 방식으로 충분한 온·습도를 유지하면서 장기간 저장하는 시설로 판단할 수 있다(許義行 2011).

② 가공 및 취사, 기타 용도로서의 기능

그러나 모든 수혈유구가 저장의 기능을 가졌다고 보기는 어렵다. 특히, 노지 설치 수혈유구와 내부에 토기 등을 안치된 수혈유구는 달리 생각해 보아야 한다.

노지가 설치된 수혈유구는 분명 불과 관련되었을 것이다. 불은 추위와 맹금류부터의 보호, 식음료의 취사행위 등의 역할을 생각할 수 있다. 수혈의 크기가 주거 이용이 어려

---

47) 자세한 벽체의 모습을 보면 橫木을 벽에 먼저 붙이고 縱木을 안쪽으로 설치한 후 이들을 서로 결구하여 마무리한 것으로 파악된다(류기정 외 2001). 횡목간의 간격은 약 10~20cm 정도이며 횡목이 놓여 있지 않은 빈 공간은 초본류나 진흙 등으로 마감한 것으로 추정된다.

48) 자세한 벽체의 모습을 보면 橫木을 벽에 먼저 붙이고 縱木을 안쪽으로 설치한 후 이들을 서로 결구하여 마무리한 것으로 파악된다(류기정 외 2001). 횡목간의 간격은 약 10~20cm 정도이며 횡목이 놓여 있지 않은 빈 공간은 초본류나 진흙 등으로 마감한 것으로 추정된다.

울 정도로 작다는 점에서 전자의 역할은 쉽게 생각할 수 없으며, 오히려 취사와 관련성이 더 높을 것이다. 그러나 취사의 목적을 우선한다면, 수혈유구 내부 노지의 계속된 사용이 있어야 하므로 노지 상면의 경화면이 형성되었거나 단면상의 소결흔 깊이가 뚜렷해야 한다〈그림 61~62〉. 하지만 그러한 흔적이 미미하여 지속된 불 사

사진 7_터줏가리 예(국립민속박물관 1991: 83)

용의 모습을 생각하기는 어렵다. 설혹 취사 행위가 있다 하더라도 그것은 단기간 또는 일회성, 임시로 이용에 불과했을 것이다.

앞에서 언급한 저장 기능과 연관하여 생각하면, 약불을 유지하면서 연기를 내 육류나 곡류 등의 부패를 방지하여 장기간 저장하고자 하는 '훈연법'의 저장 가공행위(김상순·이한창 2006: 276) 등을 생각할 수 있다. 이러한 저장 가공행위는 연기를 이용하기 때문에 강한 열[49]은 필요치 않다. 물론, 주거지 내부에서도 가능한 취사 또는 음식물 가공 처리 행위를 굳이 외부에서 행한 점은 문제로 지적할 수 있다. 아마도 취사로 인해 발생하는 냄새의 제거를 위한 내부 요인과 공동체 행사 등을 위해 임시로 취사를 행하는 장소, 또는 특별한 제의를 목적으로 하기 위한 시설물로 이용한 외부 요인 등을 생각할 수 있다.

아무튼 노지를 설치한 수혈유구에 대해서는 더 많은 증거 자료가 필요하지만 현재로서는 상기 가설의 의견 정도만 제시해 볼 뿐이다. 또한 수혈유구의 저장 기능이 이루어졌다면 온 습도 조절을 위한 시설물의 일종으로 노지를 생각할 수 있지만, 유구의 형태와 규모로 보아 납득이 쉽지는 않다.

이 밖에 수혈유구의 다양한 기능을 추정해 볼 수 있다.

그 일례로 토기를 안치한 수혈유구는 의례행위와 관련한 시설물로 생각한다. 최근까

---

49) 자세한 벽체의 모습을 보면 橫木을 벽에 먼저 붙이고 縱木을 안쪽으로 설치한 후 이들을 서로 결구하여 마무리한 것으로 파악된다(류기정 외 2001). 횡목간의 간격은 약 10~20cm 정도이며 횡목이 놓여 있지 않은 빈 공간은 초본류나 진흙 등으로 마감한 것으로 추정된다.

지 농촌마을에서 행해진 터주가리라는 민속예를 통해 살펴볼 수 있다. 터주가리는 짚으로 원형의 형태를 만들고 내부에 곡식을 담은 단지 및 그릇 등을 배치하여 곡물신에 대한 감사의 표시를 하거나 풍요를 기원하던 곳이다(황헌만 1991: 142; 국립민속박물관 1991: 사진 6). 이는 집 안터 또는 마을의 터를 관장하는 신을 뒤꼍에 모시는 의미를 갖고 있다. 물론 이 예를 그대로 적용하기는 분명 많은 문제가 있다. 하지만 수혈유구의 취락 내 위치가 주거군에서 멀리 떨어진 곳에 단독으로 설치되었고, 그 내부에 소수의 완형 토기 등을 안치했다면 의례행위와 관련한 수혈유구로 볼 여지는 충분하다. 불당동 3지구 1, 2호 수혈유구(忠淸南道歷史文化院・天安市經營開發事業所 2004)는 취락 내 입지하는 곳이나 내부의 출토 유물이 위의 내용과 부합한다는 점에서 주목된다. 아마도 농사가 중요시하게 여겨지던 청동기시대 곡령신에 대한 이러한 행위의 일단을 짐작할 수 있는 자료로 보인다.

기타, 토기와 같은 물품을 저장하던 장소, 임시작업장, 함정유구 등도 생각해 볼 수 있다.

물품 저장 시설로서의 모습은 수혈유구 내부에서 토기가 겹쳐 출토되는 모습 등으로 판단할 수 있다. 자개리 Ⅰ유적 수혈유구에서 이러한 모습이 확인되지만 그 예는 많지 않다. 임시작업장으로서 기능은 앞에서 언급한 생산물의 가공 처리를 위한 모습에서, 석기 등의 제작 장소는 석재 편의 출토 양상 등으로 보아 추정할 수 있다.

마지막으로 함정유구(김도헌 2005: 78~83)의 가능성이다. 평면형태 및 단면형태, 내부시설의 모습에서 이를 추정해 볼 수 있다. 최근에 그 수가 많이 확인되는데, 백석동 Ⅱ-11호 소형유구와 중복된 수혈유구, 백석동・업성동 4호 소형유구, 명암리 26・27호 소형구덩이, 주교리 KK-005호 등과 가락동유형 주거지 주변에서 확인되는 수혈유구 등이 그러하다. 대체로 이 유구들은 원・방형 수혈유구 근방에서 확인되는데, 아마도 동물들의 수혈유구 접근을 막는 역할 뿐 아니라, 수혈유구 내 안치된 곡물을 미끼로 수렵을 의도하였을 것이다. 다만, 상기 유구의 발견 예는 많지 않고 시기성에 대한 문제가 해결되어야 하므로 청동기시대 전기의 수혈유구에 포함할 수 있을지는 좀 더 검토가 필요하다.

이상, 전기 청동기시대 수혈유구에 대해 여러 기능과 성격에 대해 살펴보았다. 수혈유구는 토기 등의 물품 저장시설, 의례장, 임시 작업장, 함정 등의 다양한 용도로 이용하였을 것이지만 대체로 저장과 관련한 행위를 우선시 한 시설 및 장소의 성격이 높다.

2) 수혈유구 변화

(1) 수혈유구 분류

이렇듯 수혈유구가 저장 관련된 기능이 우선하였다면 이를 바탕으로 한 사회·경제적 의미에 대한 접근은 차별성을 갖게 될 것이다. 따라서 이를 파악하기 위한 전제로 분류와 분석을 우선한다. 수혈유구 분류는 평면형태와 내부시설 등의 특성을 고려하여 먼저 실시하고, 이를 다시 각 시기별로 정리한다.

먼저, 평면형태는 방형계와 원형계로 구분 가능하다. 하지만 대부분 뚜렷하게 평면 형태를 구분하기는 어렵다. 따라서 말각방형의 모습은 방형계로 타원형은 원형계로 하였다. 기타 부정형은 두 형태에서 가장 비슷한 것으로 하였다. 내부시설은 노지와 주공, 무시설로 구분하였다〈그림 95〉. 이러한 기준을 바탕으로 수혈유구를 분류한 것이 다음의 〈그림 96〉이다. 총 6개 형태의 수혈유구가 청동기시대 전기에 확인된다.

이의 내용을 바탕으로 유적별로 수혈유구를 분류해 보면, 수혈유구 평면형태는 방형이 주를 이루는 유적과 원형이 주를 이루는 유적으로 구별된다. 이러한 모습은 주거 축조 집단이 주거지 뿐 아니라 기타 유구 등의 축조에 평면 플랜의 통일을 기하고 있음을 의미한다. 청동기시대 전기 취락 유적에서 대부분의 주거지와 수혈유구는 평면 방형 형태로 확인된다는 점은 이의 추정을 가능하게 한다. 반면에 군덕리유적이나 기타 후기 유적 등에서는 수혈유구(저장공) 평면형태가 원형이 주를 이루는 예가 많다. 결국, 유적 내 수혈

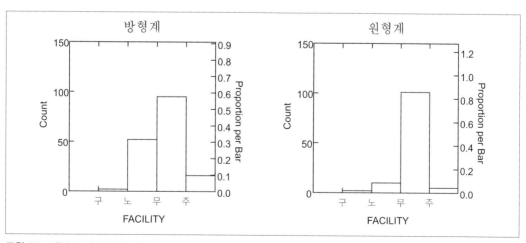

그림 95_수혈유구 평면형태에 따른 내부시설

유구의 평면형태는 방형에서 원형으로 변화하는 모습의 근거로 이해할 수도 있다. 물론, 운전리 C지점, 불당동, 명암리, 무리치, 갈산리유적 등지에서는 방형 수혈유구가 주를 이루는 가운데 원형 수혈유구가 소수 확인된다. 이 유적들은 대략 전기 늦은 시기에 편년된다는 점에서, 타 평면형태 수혈유구의 동시 공존은 시간의 흐름에 따른 변화 과정에서 나타나는 현상으로 이해할 수 있다.

(2) 수혈유구 변화

앞에서 수혈유구 평면형태 변화가 방형에서 원형으로 진행되는 점을 확인하였다. 이와 함께 내부시설의 변화도 살펴볼 수 있다. 방형의 수혈유구에서는 노지의 설치 예가 많은 반면, 원형 수혈유구에는 무시설식이 많다. 이는 수혈유구 내 시설이 점차 사라지는 것을 의미한다. 주공 또한 명암리유적 등지에서만 확인되는데, 기존 수혈유구와는 다르게 기능의 차이가 늦은 시기에 발생하는 것으로 추정된다. 아무튼, 내부시설은 노지와 무시설이 수혈유구의 등장과 함께 나타나고, 시간이 지나면서 점차 모든 형태의 시설이 갖추어져 나가는 것을 파악할 수 있다.

형태 변화와 함께 규모, 특히 깊이가 변화하는 모습이 뚜렷한데, 후기 저장공과 비교할 경우 그 양상은 더욱 확실하다〈그림 97〉. 전기 수혈유구가 대체로 평균 20~50cm 미만의 깊이를 갖는데 비해, 후기의 수혈유구는 50 100cm를 넘어서는 것이 다수 존재한다. 이러한 수혈 깊이 변화는 청동기시대 후기로 들어서면서 저장수혈이 증가하는 것과 연관된다.

이처럼 수혈유구는 구조와 형태에서 변화의 모습이 관찰되는데, 이와 함께 입지 및 분포상에서도 변화 양상은 살펴진다.

수혈유구 설치 입지는 4개의 지점을 살필 수 있다[50]〈그림 98〉. 대체로 이른 시기에는 정부평탄면(구릉 정상부)에 입지하다 점차 사면으로 이동하고, 늦은 시기에는 대체로 구릉의 곡부와 연결되는 정부사면에 위치하는 경향이 강해진다. 이러한 지형조건에 따른 입지 변화는 수혈유구의 취락 내 위치, 즉 장소선택과 밀접하게 연관되는 듯 하다.

수혈유구의 취락 내 조성되는 위치와 분포를 보면 대략 3군데가 살펴진다. 주거 사이

---

50) 자세한 벽체의 모습을 보면 橫木을 벽에 먼저 붙이고 縱木을 안쪽으로 설치한 후 이들을 서로 결구하여 마무리한 것으로 파악된다(류기정 외 2001). 횡목간의 간격은 약 10~20cm 정도이며 횡목이 놓여 있지 않은 빈 공간은 초본류나 진흙 등으로 마감한 것으로 추정된다.

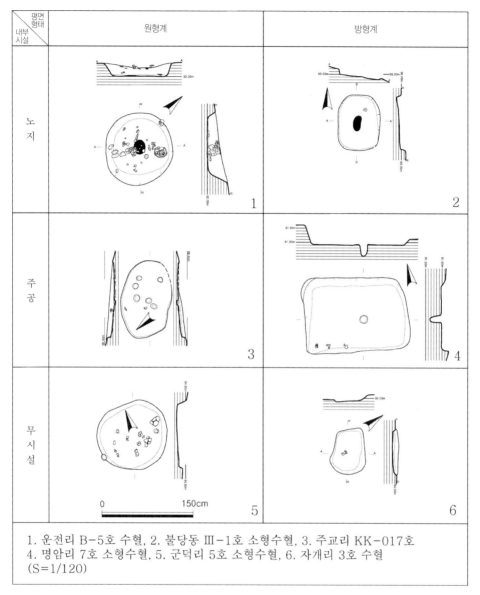

내부 시설 \ 평면 형태	원형계	방형계
노 지	1	2
주 공	3	4
무 시 설	5	6

1. 운전리 B-5호 수혈, 2. 불당동 Ⅲ-1호 소형수혈, 3. 주교리 KK-017호
4. 명암리 7호 소형수혈, 5. 군덕리 5호 소형수혈, 6. 자개리 3호 수혈
(S=1/120)

그림 96_수혈유구 분류

에 분포하는 취락 내부 입지(a), 주거군의 외곽, 즉 취락의 외부에 입지하는 경우(b), 그리고 취락의 내부와 외부 모두에 입지하는 경우(c)이다.

이상의 입지와 분포모습을 종합하여 살펴본 것이 다음의 〈표 42〉이다. 표를 보면 대체로 수혈유구 입지와 분포의 특징과 변화를 관찰할 수 있다. 수혈유구의 발생 초기에는 취락의

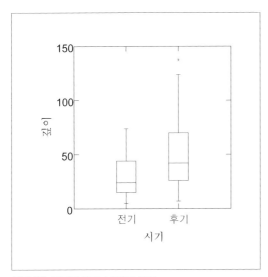

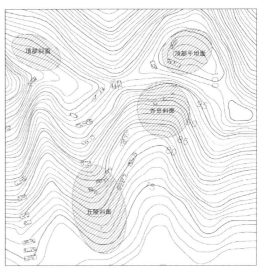

그림 97_전기와 후기 수혈유구 깊이   그림 98_수혈유구 입지 지형모식도

내부, 곧 주거지 주변에 위치하면서 구릉의 정상과 사면부에 조성하다, 이후 취락 발전과 확대과정에서 구릉 사면과 곡부로 이동하면서 취락의 외부에 입지한다. 이 과정에서 수혈유구는 개별로 단독 분포하다가 다시 군집되는 것을 알 수 있다.

표 42_수혈유구 입지와 분포의 변화양상(음영: 수혈유구 군집유적)

		취락 내(주거지간) 분포		
		a	b	c
지형 입지	A	관산리, 운전리B, 주교리	갈산리 무리치, 갈산리	
	B		불당동3지구, 송월리2지점, 와우리	
	C		불당동2지구, 자개리 I	명암리
	D		운전리C, 군덕리	자개리 II, 백석동

이처럼 수혈유구의 입지와 취락 내 분포의 변화 현상은 구릉정상부 등의 일정지역에 주거지가 집중하면서 발생하는 공간의 부족을 해결하려는 의도를 볼 수 있다. 또한 취락 조성과 발전 과정에서 주거와 기타 시설물 등의 배치를 체계화하고 취락의 구조를 공고히 하는 과정을 보여준다(허의행 2007).

다음으로 앞서 분류한 수혈유구 각 형식의 유적 내 입지와 분포양상을 살펴보자.

방형과 원형 수혈유구의 차이는 유적 내 주거지와의 평면 형태와 관계됨은 전술한 바와 같다. 하지만 이들의 입지 차이는 구별할 수 없다. 또한, 내부 시설물 설치에 따른 입지와 분포상의 특징도 뚜렷하지 않다. 다만, 늦은 시기에 이르러 노지 설치 수혈유구가 주로 취락 외부에 입지하는 모습의 특징을 살필 순 있다. 아마도 주거군 사이에 입지한 노지 설치 수혈유구는 주거 외부 부속시설로서의 기능이 우선되다가, 늦은 시기에 이르러 주거군의 외곽으로 이동하면서 공동의 사용 및 의례와 관련한 성격으로 변모한다. 당시 사회 구조 변화가 복잡화되어 가는 과정의 일면을 보여주는 사례로 추정된다.

이와 함께 수혈유구는 사회조직 변화도 가져오는데, 전기 늦은 시기로 이행하면서 취락의 기능 분화를 진행함에 따라, 수혈유구는 점차 취락 내에서 중요한 위치를 차지해 간다. 주거 내 저장 담당 기능이 수혈유구로 이전되면서 기존 잉여산물의 관리가 개별 주거에서도 점차 독점의 권리를 갖는 집단으로 옮겨가는 등, 수혈유구도 잉여의 전용(김장석 2008)을 담당하는 성격으로 변모되어 가는 것이다〈표 43〉. 결국, 수혈유구는 대형의 주거지, 분묘축조, 석검의 출현과 마찬가지로 전기 청동기시대 사회의 계층화를 보여주는 지표(배진성 2006: 91)로 발전하여 갔다.

표 43_수혈유구 변화양상 및 저장 관리주체

시대	시기와 단계		주거지형태	분포상	취락 내 위치	관리주체
신석기	후기		장방형, 대형	군집	외부	공동
청동기	전기	I	(장)방형, 대형	무	내부	개별가옥
		II-III	(세)장방형, 대형중심	독립	내·외부	개별가옥
		III-IV	(세)장방형대, 대·중·소형	군집	외부	개별가옥(전문관리자)
	후기		원형·방형, 대·중·소형	타 지역 군집	외부	저장전문집단

3. 분묘 양상

전기 취락의 구성요소는 기존에는 주거지와 수혈유구만 인식했다. 물론 분묘의 존재가 전혀 없었던 것은 아니지만 전기 분묘의 존재 자체에 대해서는 회의적인 면이 많았다. 그러나 최근 그 수가 증가함에 따라 전기 분묘의 다양한 논의를 본격 진행하고 있다(金權中 2008; 裵眞晟 2011; 孫晙鎬 2009). 따라서 이제는 전기 취락의 구성요소의 하나로서 분묘를 포함하여 살펴야 한다.

다음의 〈표 44〉는 최근까지 조사된 호서지역 내 전기 분묘를 정리한 것으로 총 9개 유적에서 확인할 수 있다. 각 취락 유형별 모두에서 확인되어 청동기시대 전기 분묘가 특정 취락유형 내에서 존재하는 것은 생각할 수 없다.

본 절에서는 취락 구성 요소의 하나로 인정할 수 있는 전기 분묘의 특징을 정리하고, 이들의 등장과 원인에 대해 살펴보고자 한다. 아직 주거군과 직접 연결될 만한 발굴 사례가 없어 유적별 대비와 자세한 분석은 어렵지만, 분묘 내부에서 출토되는 유물과 주변에서 조사된 여러 타 유구들과 관계를 통해 대략의 접근을 실시할 것이다.

1) 분묘 구조와 형태

〈표 44〉는 분묘의 종류를 구분하고 축조 및 출토유물에 대한 내용 등을 정리한 것이다.

먼저, 분묘의 입지 모습을 살펴보도록 한다. 전기 분묘는 대체로 주거군과 인접하여 입지하지 않고 별개의 장소에 자리한다. 입지는 구릉 정상과 사면 등으로 구분할 수 있다. 각 취락유형별 입지에서 차이를 관찰할 수 있는데, 가락동유형의 취락과 연계되는 분묘는 주로 구릉 정상에 입지하는 반면, 역삼동유형 취락과 관련한 분묘는 구릉정상과 사면 모두에 입지한다.

가락동유형 취락의 분묘로 판단되는 신대동과 비래동 분묘[51]는 지형도에는 구릉 사면에 입지하는 것으로 보이지만, 경사도가 급하지 않다는 점에서 구릉 정상의 능선 끝자락에 해당할 가능성이 높다. 대체로 가락동유형 취락 분묘는 구릉 정상부를 선호하고 있다. 반면에 역삼동유형 취락의 분묘는 서천 오석리 25호묘와 운전리, 오석산 유적 주구석관묘를 볼 수 있다. 오석리 25호묘는 구릉 정상에 단독 축조되었으며, 운전리와 오석산유적 주구석관묘는 경사가 있는 구릉사면에 입지하였다. 단 2예에 해당하여 분석의 한계는 있지만 가락동유형 분묘와는 입지상의 차이는 분명히 볼 수 있다.

입지의 차이 뿐 아니라 묘제의 형태에서도 차이가 있다. 가락동유형의 분묘는 지석묘 위주라면 역삼동유형의 분묘는 주구를 갖춘 석관묘라는 것이다. 최근, 가락동유형의 연기 용호리유적에서 석관묘가 조사되는데, 경사 있는 구릉사면에 입지하여 취락유형간 분묘의 입지와 구조형태상의 차이는 없을 가능성이 크지만, 아직은 구조상의 차이를 더 뚜렷이 볼 수 있으므로 입지에 따른 취락유형별 특징은 여전히 유효하다. 추후 자료의 증가를 통해 이 문제에 대한 자세한 검토를 실시할 필요가 있다.

---

51) 자세한 벽체의 모습을 보면 橫木을 벽에 먼저 붙이고 縱木을 안쪽으로 설치한 후 이들을 서로 결구하여 마무리한 것으로 파악된다(류기정 외 2001). 횡목간의 간격은 약 10~20cm 정도이며 횡목이 놓여 있지 않은 빈 공간은 초본류나 진흙 등으로 마감한 것으로 추정된다.

표 44_호서지역 전기 분묘(배진성 2011, 〈표 1-2〉전재 후 수정 및 가필)

종류	유적명	벽면	바닥	배치	입지	출토유물	출전(보고서)	취락유형과의 연계
석관묘	대전 신대동	할석	할석	단독	구릉 사면	이단병식석검1, 무경식석촉10, 이단경식석촉3, 적색마연호1	성정용 1997	가락동
	청원 황탄리 KM-401	할석	자갈돌	단독	구릉 정상	이단병식석검1, 무경식석촉15, 적색마연호1	李弘鍾·姜元杓 2001(참고문헌: 가-㉚)	가락동
	서천 오석리 25호	할석	생토, 할석	단독	구릉 정상	이단경촉2	李南奭 1996	역삼동
	연기 용호리 1호	할석	할석	단독	구릉 사면	적색마연토기1	(재)국방문화재연구원·한국토지주택공사 2012	가락동
지석묘	대전 비래동 1호	할석, 판석	판석	단독	구릉 사면	요령식동검1, 무경식석촉5, 적색마연토기1	성정용 1997	가락동
	제원 황석리 2호	할석	할석	단독	충적 대지	이단병식석검1, 무경식석촉8, 이단경촉2	金載元·尹武炳 1967	가락동?
	제천 능강리 1호	할석	할석형 판석	단독	구릉 정상	삼각만입촉2, 일단경촉2, 이단경촉1	최정필 외 2001(참고문헌: 가-①)	가락동
주구묘	서천 오석리 오석산	할석	할석	단독	구릉 사면	요령식동검1, 이단경식석촉3, 미완성석촉1, 벽옥제관옥11	朴亨順 2008	역삼동
	천안 운전리	판석형 할석	생토, 판석	단독	구릉 사면	적색마연대부소호1	許義行·姜秉權 2004(참고문헌: 역-⑮)	역삼동

다음으로 분묘의 구조에 대해서 살펴보자. 구조는 크게 매장주체부의 형태와 기타 외부시설물의 모습으로 구분한다.

내용의 검토에 앞서 전기 분묘의 종류에 대해 언급해 보자. 대체로 분묘는 단순 석관묘[52]와 지석묘, 주구묘 등으로 구분한다. 가락동유형 취락에서는 석관묘와 지석묘가, 역삼동유형 취락에서는 석관묘와 주구묘가 확인되는 특징을 보인다. 현재의 자료로만 해석하면 호서지역 내 전기의 공통 묘제는 석관묘를 채용한 것으로 볼 수 있다. 물론, 지석묘의 분포와 동아시아 차원의 묘제 유행으로 보면 역삼동유형 취락과 연계할 지석묘의 존재와 발견은 무시할 수 없다. 하지만 주구를 갖춘 묘제가 가락동유형 취락에서 발견이 전무하다는 점은 취락유형별 분묘 축조 차이를 반영할 것이다.

그렇다면 이러한 분묘 축조의 특징을 석관묘에 한정하여 살펴보자.

먼저 매장주체부의 축조이다. 대다수 할석을 이용하여 쌓아 올린다. 비록 운전리유적 주구석관묘에서 판석형 할석을 사용하는 예가 있지만, 청동기시대 후기 석관묘에서 사용하는 점판암 재질의 판석과는 다르다. 벽석의 축조는 대부분 정연하지 않고 불규칙한 편

---

52) 자세한 벽체의 모습을 보면 橫木을 벽에 먼저 붙이고 縱木을 안쪽으로 설치한 후 이들을 서로 결구하여 마무리한 것으로 파악된다(류기정 외 2001). 횡목간의 간격은 약 10~20cm 정도이며 횡목이 놓여 있지 않은 빈 공간은 초본류나 진흙 등으로 마감한 것으로 추정된다.

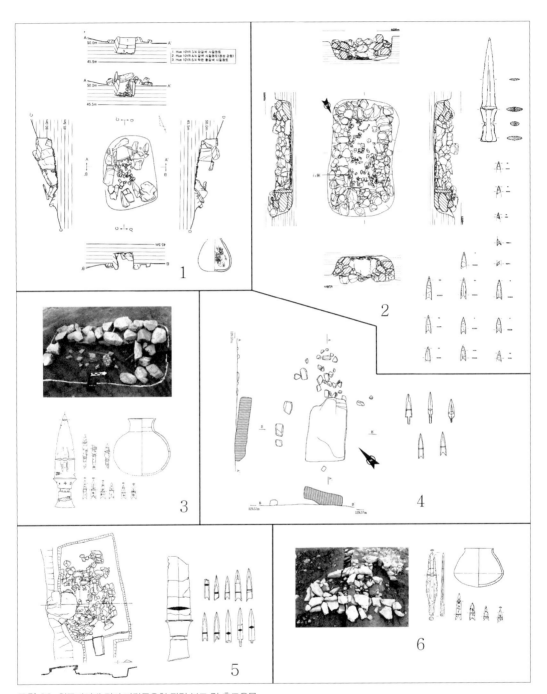

그림 99_청동기시대 전기 가락동유형 관련 분묘 및 출토유물
(1. 용호리 유적 석관묘(1/100), 2. 황탄리 KM-401호(1/100), 3. 신대동 1호묘, 4. 능강리 1호 지석묘
(1/200), 5. 황석리 2호 지석묘(1/200), 6. 비래동 1호 지석묘, 출토유물(1/10))

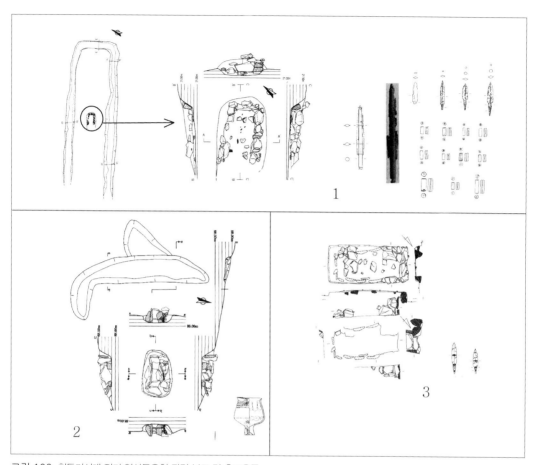

그림 100_청동기시대 전기 역삼동유형 관련 분묘 및 출토유물
　　　　(1. 오석산 주구석관묘(1/200), 2. 운전리 주구석관묘(1/100), 3. 오석리 25호 석관묘(1/100) 출토유물
　　　　(1/10))

인데, 각 취락유형별 모든 묘제에서 유사한 축조방식을 보인다. 청동기시대 후기까지 확
대해서 석관묘의 묘제 변화를 살펴보게 되면 시간의 흐름에 따른 벽석 축조기술의 발전은
분명해 보인다. 이밖의 바닥면 축조는 생토를 그대로 이용하거나 할석을 잘게 파쇄하여
부석한 형태가 있지만, 취락유형별 묘제의 특성을 반영하기는 어렵다.

　　다음으로 외부시설로 주구의 형태를 살펴보자. 주구는 역삼동유형 분묘에서만 확인되
고 있다. 주구의 형태는 오석산 유적 분묘의 경우 매장주체부의 장단축을 길게 일주하는
모습이며, 운전리유적 분묘 또한 매장주체부를 일주한 형태로 볼 수 있다. 매장주체부의
단축벽면과 주구의 간격이 멀고 평면형태가 한쪽 면이 유실에도 불구하고 방형의 모습으

로 전체의 모습을 연결할 수 있을 뿐 아니라, 앞서 본 오석산유적 분묘와 같이 경사를 가진 입지에 조성하였기 때문이다.

이처럼 전기 분묘는 각 취락유형별 입지와 축조방식에 있어 차이를 보이지는 않지만, 분묘를 지석묘와 주구묘로 구분하여 축조하고 있다. 더 많은 자료의 증가를 통해 상기한 논의의 자세한 분석과 검토를 행할 수 있을 것이다.

마지막으로 전기 분묘의 취락유형별 배치의 모습을 살펴보도록 한다. 전기 분묘를 분석한 연구자들 대부분은 분묘 간 군집의 양상을 인정하지 않는다. 분묘 대부분은 단독으로 배치하고 조성되는데, 특히 주거와 인접하지 않고 떨어져 타 지역에 매장공간을 마련하는 특징이 있다. 전기의 어느 시점부터 주거와 매장공간을 분리하여 취락을 형성하는 모습을 파악할 수 있다.

2) 분묘 등장과 전개

이처럼 전기 분묘는 그 수가 많지 않음에도 불구하고 취락유형별 특징을 관찰할 수 있다. 그렇다면 분묘가 전기의 어느 시기에 취락의 구성요소로 등장하여 축조되어 가는지, 그리고 이들이 등장 배경은 무엇인지를 검토하도록 한다.

전기 분묘의 축조 시기는 각 취락 유형별로 구분하여 살펴볼 수 있는데, 분묘 내부에서 출토되는 유물을 통해 살펴보거나, 분묘 주변에서 확인되는 주거지와 관계를 통해 접근할 수 있다. 하지만 분묘 자체에서 출토되는 유물의 대다수는 석기여서 특정 시기(청동기시대 전기)의 위치는 파악 가능하지만, 이들이 분명하게 어느 단계에 해당하는지는 명확치 않다. 따라서 분묘와 직접 연결할 수 있는 주변의 주거지 내부 출토유물과 상호 비교를 통해 상기 문제에 접근해 보자.

가락동유형 분묘의 시기는 용호리와 능강리유적의 주거지 내부 출토유물과 대전 비래동 지석묘에서 출토된 동검을 통해, 역삼동유형 분묘의 시기는 운전리 B-4호 주거지와 오석산 분묘 출토 동검 등으로 살필 수 있다.

용호리 유적 석관묘는 내부에서 적색단도마연토기를 확인하였다〈그림 99-1〉. 이 마연토기는 인근 3호 주거지에서 출토된 마연토기와 기형이 유사하여, 분묘는 주거와 동시에 축조된 것을 알 수 있다. 특히, 주거 내 공반하여 출토된 단사선문토기의 형태는 필자의 문양 B, C형(II장 43쪽)의 어느 하나에 해당해, 분묘의 축조는 늦어도 가락동유형 II단계 이후일 가능성이 높다. 마찬가지로 능강리유적 지석묘에서도 묘제 자체의 유물은 분명치 않다. 따라서 인근 주거지에서 출토된 유물을 통해 접근할 수 있다. 여기서는 단사선문이 출토되었는데, 토기에 시문된 단사선문의 모습은 필자 편년안의 III단계에 해당한다. 다음으로 비래동 지석묘는 내부에서 비파형 동검이 출토되었는데, 이 비파형 동검은 여러 연구자들에 의해 전기의 늦은 시기로 비정한다[53](庄田愼矢 2005: 51).

상기의 여러 근거를 보면 가락동유형 분묘는 이르면 II단계의 늦은 시기부터 출현하였으며, 본격 축조는 III단계부터 진행한 것을 알 수 있다. 이와 관련하여 이형원 또한 신대동 석곽묘 검토를 통해 가락동유형 2기의 이른 시기부터 분묘의 등장을 추정하고 있어 필자의 견해와 대동소이하다(李亨源 2009: 112). 반면 배진성은 이른 시기부터 묘제 등장의 가능성을 지적하지만, 전기 후반부터 본격화한 것으로 파악한다(裵眞晟 2011: 16).

역삼동유형 분묘는 운전리 유적 주구석관묘 출토 대부소호와 오석산 유적 주구석관묘 출토 비파형동검을 통해 시기를 파악할 수 있다. 운전리유적 주구석관묘 출토 유물은 인근의 B지구 4호 주거지에서 출토된 대부소호의 비교를 통해 파악 가능하다. 주거지 출토 대부소호는 구연 근처에 시문된 문양이 분묘 출토품과 유사한 점을 지적할 수 있는데, 이 유물과 공반 출토된 토기의 문양이 필자의 편년안 II단계에 해당한다. 다음으로 오석산 유적 주구석관묘에서 출토된 동검은 비래동 지석묘 출토품과 유사함을 근거로 전기 후반으로 파악한다(朴亨順 2008: 42). 이처럼 역삼동유형 분묘 또한 가락동유형 분묘와 마찬가지로 전기의 이른 시기에 등장하여 본격화되는 것을 알 수 있다.

이상, 각 취락유형별 전기 분묘의 출현 시기에 대해 살펴보았다. 대체로 취락의 구조가 본격화되는 시기에 분묘 또한 발생하는 것을 알 수 있다. 하지만 취락의 구조가 공고화 되는 과정에 이르러서도 분묘가 군집하여 구성요소로 본격화 되는 모습은 아직 미진하다. 이는 전기 분묘가 후기 분묘와는 달리 묘의 수가 많지 않고 단독으로 1기 정도만 조성되며 일정지역과 유적에 한정해서 나타나고 있어 축조와 묘의 사용이 아직 일반화되지 않았다는 것을 보여준다(손준호 2009: 146).

따라서 청동기시대 전기에는 취락민이 분묘를 널리 사용하였다고 보기는 어렵고 일부 특수의 상위 계층이 이용한 것으로 보인다. 일찍이 하인수도 남강지역 묘제의 양상을 정리하면서 전기의 묘제가 지석묘와 석관묘만 확인되고, 지석묘의 경우 지역 집단 내에

---

53) 자세한 벽체의 모습을 보면 橫木을 벽에 먼저 붙이고 縱木을 안쪽으로 설치한 후 이들을 서로 결구하여 마무리한 것으로 파악된다(류기정 외 2001). 횡목간의 간격은 약 10~20cm 정도이며 횡목이 놓여 있지 않은 빈 공간은 초본류나 진흙 등으로 마감한 것으로 추정된다.

서 한정된 소수 계층, 즉 특정한 신분의 서열이나 역할을 갖는 자의 묘제로 이용된 것으로 파악하였다. 더불어 군집이 없고 규모도 크며 정연하다는 점 등으로 미루어 집단성원의 일반 분묘로 볼 수 없다고 하였다(河仁秀 2000: 244). 이영문 또한 전기 묘제의 단독배치, 입지와 출토유물의 우월성으로 보아 집단 내에서도 가장 상위계층, 특히 유력자에 의한 단독 무덤일 가능성을 언급하였다(李榮文 2009).

그러나 상기한 견해에는 풀어야 할 몇 가지 의문점이 있다. 즉, 취락 규모가 큰 유적들 부근에서 분묘의 조성을 확인할 수 없다는 점, 용호리 유적이나 운전리 유적 등과 같이 단독 분묘의 조성에도 불구하고 경사가 있는 사면에 축조하였다는 점 등에서 상위계층의 무덤과 연계하기는 의문이 있다. 아마도 상기 두 유적의 분묘 축조시기가 다소 이르다는 점에서 등장 초기에는 입지를 염두 해 둔 축조보다는 취락 내 상징의 의미로 무덤을 축조하였을 가능성이 있다. 출토된 유물이 석기나 위세품 위주가 아니고 주로 토기 등이 1점 정도만 안치한 점에서도 그러한 추정을 할 수 있다.

마지막으로 전기 분묘의 발생 원인에 대해 검토해 보자.

전기의 분묘는 요동이나 기타 지역에서 외부 영향에 의해 발생한 것으로 파악하며(배진성 2011: 22, 안재호 2010: 11), 청동기시대 주구묘의 분석을 통해 묘제의 기원을 외부에서 찾기보다는 당시 사회의 상황과 필요에 의해 이루어진 것으로 파악한다. 집단 내 계층화의 진전에 따라 발생한 결과로 유력개인이나 집단의 강조를 위한 매장관념의 변화와 같은 내재적 요인에서 살펴보고자 한 것이다(金權中 2008: 123).

필자는 호서지역의 분묘 자료로는 기원지나 출현 배경에 대한 언급이 쉽지 않다고 본다. 단, 이 지역의 분묘가 대부분 취락의 등장과 함께 하지 않고 취락의 구조가 공고화하는 과정에 한 두기 정도가 서서히 나타나므로, 외부 분묘를 모방하여 축조하였지만 취락 내 계층화 진전에 따른 상징적 의미의 표출로서 분묘를 축조, 내재적 요인에 더 무게를 두고 싶다.

4. 취락구조 형성과 변화

이상, 전기 취락의 주 구성요소인 주거와 수혈유구, 분묘의 모습을 살펴 보았다. 이들은 처음부터 완성된 형태로 조합하여 등장한 것이 아니라 시간의 흐름에 따라 점차 결합하면서 취락 구조의 다양한 모습과 완비된 형태로 발전해 간다.

여기서는 이러한 취락구성 요소들의 시간 흐름에 따른 조합과 발전의 과정을 살펴보고, 변화양상에 대한 의미를 언급하고자 한다.

1) 취락구조 형성

(1) 역삼동유형

호서지역 내 역삼동유형 취락 유적을 검토해 보면, 총 4개 형태의 취락 구조를 관찰할 수 있다(許義行 2007). 다음의 〈그림 101~105〉, 〈표 45〉는 주거지와 수혈유구, 분묘 등의 취락 구성요소가 유적별로 조합하여 구조화하는 모습을 시간 흐름에 따라 정리한 것이다. 각 취락 구조 형태별로 이를 살펴보자.

먼저, A형 취락구조이다. 주거지는 독립된 장소에 개별로 분산 입지한다. 배치는 일직선으로 놓여 있다. 유적 내 2~4기 정도의 적은 수로 구성된다. 규모는 장방형 위주이며, 평면 형태의 차이는 잘 관찰되지 않는다. 주거 외 부속시설인 수혈유구는 없거나, 있다 하더라도 1~2기 정도가 분산되어 있다. 분묘는 아직 등장하지 않는다.

대표 유적으로는 천안 두정동, 운전리 A지구, 아산 장재리 안강골, 보령 관산리, 홍성 장척리 유적 등이 있다. 전기의 Ⅰ, Ⅱ단계에 주로 확인되어 이른 시기에 나타나는 취락 구조로 볼 수 있다. 유적은 대체로 낮은 구릉에 입지한다. 관산리나 장재리유적과 같이 대형의 주거지가 구릉의 가장 높은 곳과 낮은 곳에 위치하여, 주거 규모를 바탕으로 한 위계 차이는 보이지 않는다. 宋滿榮(2001)의 전기전반 취락 및 李亨源(2003), 安在晧(2006)의 점상 및 선상배치, 宮里 修(2005)의 Ⅰ유형 취락과 유사하다.

B형 취락구조는 주거지의 경우 구릉의 정상부를 따라 일렬 배치하는 모습에서 A유형 취락과 유사한 면을 살필 수 있다. 단, A형 취락 구조보다 주거지 집중과 밀집 현상에서 뚜렷함을 살필 수 있다. 주거 외 수혈유구와 분묘의 본격 등장을 볼 수 있다. 수혈유구는 주거지 주변으로 인접하여 1 2기 정도 확인되는데, 군집하지 않고 분산 배치되는 특징이 있다. 분묘는 천안 운전리유적에서 확인되었다. B지구 주거와 연관하는 것으로 보이며, 주거군과 떨어져 단독으로 사면에 배치하는 모습이다.

대표 유적으로는 보령 주교리, 천안 운전리 B지구, 신방동 2지구 북쪽 구릉, 불당동 3지구, 백석동(새천안, B지구, Ⅱ지구) 등이 있다. 상기 유적들은 필자 편년안의 Ⅱ-Ⅲ단계에 주로 확인된다.

유적들의 주거 평면형태는 (세)장방형 위주면서 면적은 대형과 중소형이 비슷한 비율로 나타난다. 그러나 대형 주거지가 A형 취락 구조의 그것보다 상대적으로 적다. 대형 주거지는 높은 곳에 입지하지 않고 유적의 중심, 즉 주거군 사이의 중앙에 자리하는 모습이다. 입지의 선택으로만 보면 주거 간 위계의 차이는 있었을 가능성이 있다. 이 취락구조부터 분묘의 출현도 같이 하는 점에서 이러한 추정을 가능하게 한다.

상기 취락구조는 宋滿榮(2001)의 II기 취락과 安在晧(2006)의 병렬배열방식 취락구조와 유사하다.

C형 취락 구조의 주거는 환상으로 배치하면서 공지를 형성해 간다. 취락의 규모가 확대하면서 주거의 배치가 구릉 정상부에서 사면까지 길게 연결되는 특징이 있다. 수혈유구는 일정지역을 선정하여 입지한다. 이 취락구조는 다시 두 개의 형태로 구분할 수 있다.

표 45_역삼동유형 취락 구조 형태와 변화양상

취락구조 형태	지역	단계				구성 요소 특징		
		I	II	III	IV	주거지	수혈유구	무덤
A	서해안	장척리, 삽교 두리, 석우리·소소리, 저산리		관산리		2-4기의 일렬(선상)배치	없음, 1-3기 분산분포	없음
	충남 북부 내륙	운전리 A, 두정동, 용정리II	장재리 안강골, 용두리산골 I					
B	서해안	주교리		우두리II, 왕정리I		주거의 집중화 경향 및 선상배치, 일부직교	주거지 주변 및 분산분포	
	충남 북부 내륙		운전리 B, 불당동 3, 용정리 III	백석동(새천안, B, II지구), 신방동III, 용두리산골II	남성리II, 신송리			
C	서해안			기지리, 부장리	남장리, 자개리2	사면 및 환상배치, 형배치	일정지역 군집 및 수량 증가	타지역 구릉에 단독 조영 시작
	충남 북부 내륙		천안 운전리 C, 용곡동 두터골		백석동, 불당동 2, 대흥리, 용화동, 쌍용동, 명암리 11, 용정리 I			
			신방동 I , II					
			밤지므레II					
	서해안				신가리, 구룡리	등고선과 평행 사면배치-단독, 후기 주거지와 공반-	없음	
	충남 북부 내륙		풍기동 밤줄길유적					
			용화동 1	명암리6				
D	서해안		갈산리 무리치			소형화 및 대칭	군집 및 일부	확인 안됨
	충남 북부 내륙		청당동	군덕리, 신달리				

첫 번째 형태는 구릉 정상부를 둘러싸고 일부 주거지를 배치하면서 공지를 형성하고, 몇 기의 주거지는 분기한 구릉에 다시 분산하여 배치한다. 두 번째 형태는 공지를 형성하면서 주거를 환상배치하고, 공지를 기점으로 다시 구릉의 능선 진행방향을 따라 주거를

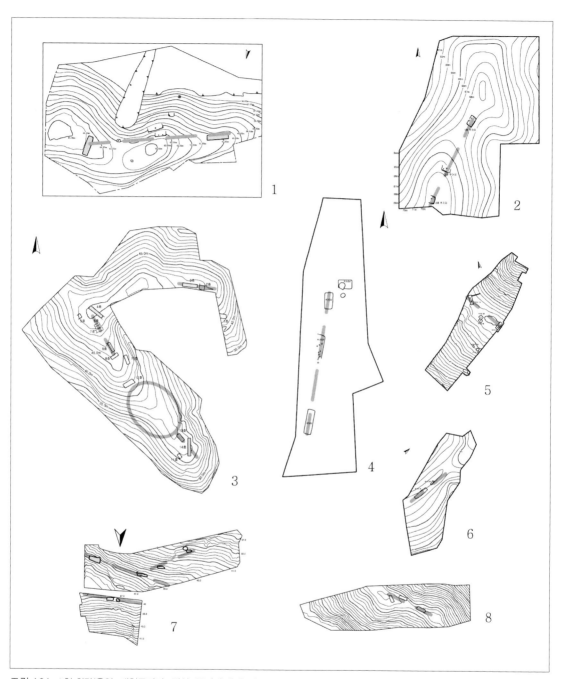

그림 101_A형 취락(음영-대형주거지, 점선-주거지 배치모습, SC=1/4000)

1. 보령 관산리유적. 2. 천안 두정동. 3. 아산 장재리. 4. 예산 두리. 5. 홍성 송월리. 6. 천안 용정리 Ⅱ지점. 7. 예산 신가리 1지점. 8. 천안 운전리 A지구

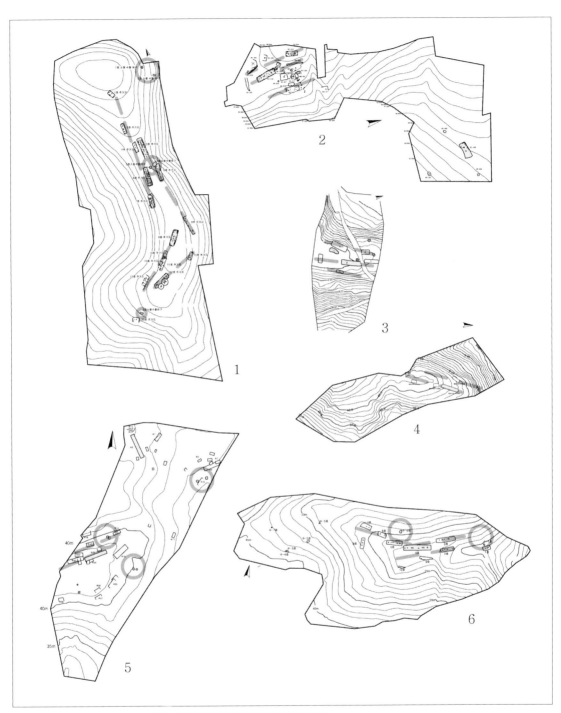

그림 102_B형 취락(음영-대형주거지, 점선-주거지 배치모습, SC=1/3,000)
　　　1. 보령 주교리, 2. 천안 불당동 3지구, 3. 천안 운전리 B지구, 4. 천안 용정리 3지점, 5. 아산 남성리 2지점, 6. 아산 용두리 Ⅱ

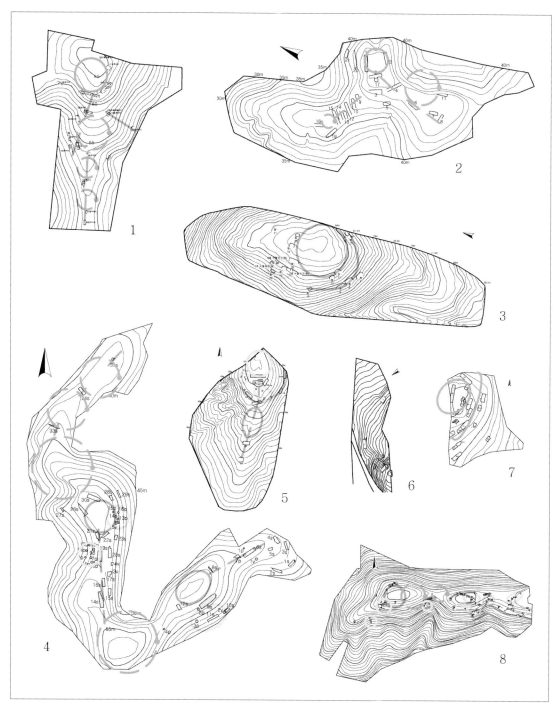

그림 103_C형 취락 1(주거지내 음영-대형주거지, 진한음영-수혈유구, 진한원형-수혈유구군, 점선-주거지 배치모습, 실선원형-환상
배치주거지, 점선원형-주거군 공지. SC=1/4,000)
    1. 천안 불당동 2지점, 2. 천안 신방동 1지구, 3. 당진 자개리2, 4. 아산 용화동, 5. 천안 용곡동 두터골, 6. 천안
    운전리 C지구, 7. 아산 대흥리, 8. 아산 명암리

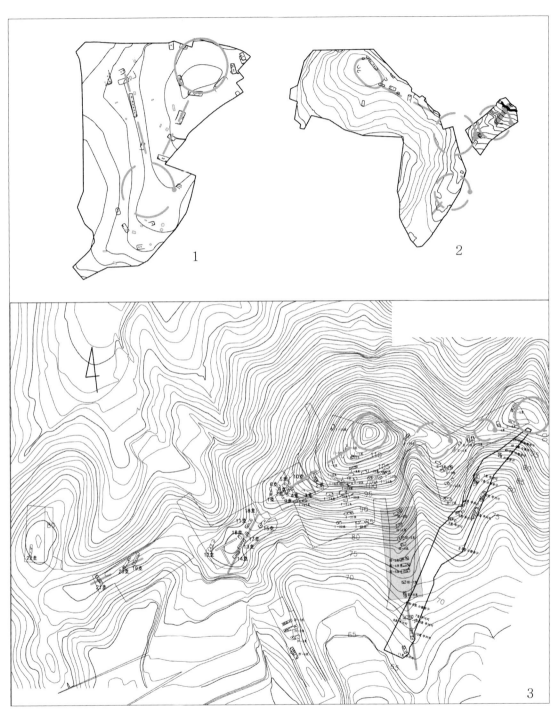

그림 104_C형 취락 2(주거지내 음영-대형주거지, 진한음영-수혈유구, 진한원형-수혈유구군, 점선-주거지배치모습, 실선원형-환상배치주거지, 점선원형-주거군 공지)
1. 서산 기지리(1/8,000). 2. 서산 부장리(1/8,000) 3. 천안 백석동유적(1/5,000)

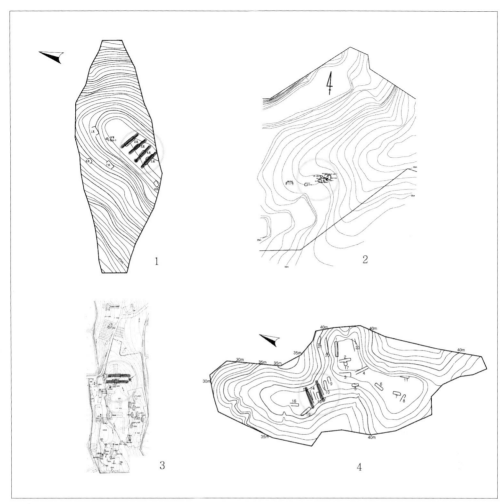

그림 105_D형 취락(실선-주거배치모습, 원형-주거군 공지. sc=1/4,000)
1. 서산 갈산리무리치, 2. 아산 군덕리, 3. 천안 청당동, 4. 천안 신방동 1지구

일렬로 배치하는 것이다(일명, 'ㅇ' 형태이다).

주거는 A · B형 취락구조에서 보이는 일렬 배치 형태를 갖추지만 일정 간격을 유지하며 배치하는 특징이 있다. 따라서 주거군 사이에 공지를 형성하는 모습을 볼 수 있다. 전자를 대표하는 유적으로는 서산 기지리, 부장리, 당진 자개리 2, 천안 용곡동 두터골, 신방동 2지구, 백석동, 아산 용화동, 대흥리 유적 등이 있으며, 후자를 대표하는 유적으로는 천안 운전리 C지구, 백석동, 용곡동 두터골, 신방동 2지구, 쌍룡동, 불당동 2지역, 서산 기지리 북쪽 및 남쪽지역 등이 있다. 수혈유구 등은 전 · 후자 취락구조 모두 유적 내 일정지역을 선정하여 군집하는 공통점이 있다. 분묘와 연결할 수 있는 유적은 아직 없지만, 늦은 시기로 편년되는 서천 오석산 분묘의 예를 통해, B형 취락구조와 유사하게 주거군과 지역을 달리하여 단독으로 배치하였을 가능성이 있다.

상기한 C형 취락구조 형태에서도 특징적인 모습을 갖춘 유적이 있다. 주거를 등고선 방향과 평행하게 배치하면서 몇 기의 주거지를 단독으로 입지시킨 유적이다. 인근 취락에서 떨어져 나온 주거로 판단할 수 있는데, 주거의 주변으로 넓은 면적의 공지가 존재한다는 점에서 경작지 조성의 모습을 생각할 수 있고 이를 관리하는 주거의 기능적 추정을할 수 있다. 천안 용원리, 아산 풍기동 밤줄길, 아산 탕정 명암리유적(충남대), 용화동 1유적, 쌍룡동, 보령 구룡리유적 등에서 이를 확인할 수 있다. 더불어 이 취락 구조는 후기주거지(송국리형 원 방형 주거지 등)와 공반하는 예가 많다. 천안 신방동 2지구, 예산 신가리 3 유적 등이 그러한데, 유적이 대체로 전기의 늦은 시기에 해당하고 있어 청동기시대 후기 송국리 취락과 관계를 생각해 볼 수 있다.

위 취락구조를 宮里 修(2005)는 II유형에 포함한 바 있고, 필자는 상기 취락구조 형태를 역삼동유형 III, IV단계에 해당할 것으로 판단하고 있어 늦은 시기에 나타나는 취락구조의 한 형태로 여겨진다.

마지막으로 조사된 예가 많지 않아 구조를 파악하기가 모호한 유적으로 D형 취락구조가 있다. 천안 청당동유적이나 서산 갈산리 무리치유적 등이 이에 해당한다. 이 유적들은 주거를 마주 보게 병렬배치하는 모습에서 혈연을 바탕으로 한 특수한 기능을 지닌 취락으로 판단한다(이형원 2003). 군덕리유적도 구조 파악이 모호한 부분이 있다. 조사의 제한으로 인해 전체의 취락 모습을 관찰하기는 어렵지만 인근 아산 선장 대흥리 유적과 인근거리에 위치하여 유사한 형태 정도를 추정할 수 있다.

宮里 修는 상기 유적들을 III유형에 포함하였으며(宮里 修 2005), 나건주는 전기 전엽의 취락구조로 파악하고 있다(나건주 2011). 필자는 장방형 주거형태나 수혈유구의 제 모습 등을 보면 C유형으로 볼 가능성은 있지만 기존 취락 구조와 전혀 다른 형태여서 단독의 취락구조를 설정해야 한다고 본다. 이 취락들은 주거 내부에서 출토되는 유물의 양상과 탄소연대 등을 보면, 필자 편년안 III단계와 IV단계의 이른 시기에 걸치는 것으로 나타난다. 따라서 이 시기에 취락의 형태가 변화되어 가는 과정에서 나타난 구조로 파악할수 있다. 취락 구조가 공고해져 가는 III-IV단계의 C형 취락과 마찬가지로 병렬식의 주거배치는 특수 목적의 취락의 계획 과정에서 나타났을 것으로 생각한다. 많은 자료의 증가를 통해 이 취락구조의 명확한 견해를 제시할 필요가 있다.

(2) 가락동유형

가락동유형 취락 구조는 앞의 역삼동유형 취락만큼 복잡하지 않다.

이형원은 가락동유형 취락구조를 점상, 선상, 면상 구조로 보았으나(이형원 2003), 후에 면상취락의 뚜렷한 예를 살펴볼 수 없다 하여 점상-선상(면상?)취락의 변화상을 보이는 것으로 간략히 구분하였다(李亨源 2009: 79). 이와는 달리 공민규는 주거의 선상배치는 인정하지만 연속된 선상배치를 확인할 수 없다하여 지형 조건에 기반을 둔 단독 점상취락, 분산 점상취락, 면상 취락으로 구분하였다(孔敏圭 2011: 61). 이 구분 기준을 바탕으로 취락을 점상-분산점상-면상취락 변화로 파악하고, 분산 점상취락이 가락동유형 취락에서도 정착이 본격화와 안정을 대표하는 취락으로 파악하는 듯하다(孔敏圭 2011: 64).

필자는 공민규 분류안의 타당성을 인정하지만, 면상취락의 존재에 대해서는 이형원의 의견에 찬동한다. 面的으로 주거 배치를 확대하는 점은 인정하지만, 열상 배치를 근간으로 주거지 1-2기 정도가 군집하는 모습에서는 차이가 있기 때문이다. 앞의 역삼동유형 취락구조 B형과 대체로 유사한 모습을 보인다.

최근, 면상 취락을 대표할 수 있는 연기 송담리 28지점 유적이 조사되었는데, 주거지가 밀집 및 중복된 상태로 55기가 확인되어 가락동유형 주거지의 최대 밀집유적으로 볼 수 있다. 주거가 이른 시기부터 늦은 시기에 걸쳐 확인되어 존속기간은 상당히 긴 것으로 파악한다. 주거지는 대체로 구릉의 정상과 사면에 입지하면서 배치하는데, 2기 정도가 군집을 이루면서 선형으로 자리하고 있다. 주거군과 주거군 사이는 공지로 이용하는 모습이다. 물론 구릉 정상부를 둘러싸면서 공지를 형성하는 모습은 보이지 않는데, 주거 집중에도 불구하고 기존의 선상 배치 플랜을 벗어나지 않았다. 주거 확대 또 한 선형배치 플랜의 관점에서 크게 벗어나지 않게 취락구조를 형성하고 있다.

상기 기존 연구성과와 필자의 생각을 정리하면, 가락동유형 취락구조는 면상취락의 존재는 미약하므로 선형배치를 근간으로 한 점상(A형)과 군집(B형)으로 크게 구분하는 것이 타당할 것이다〈그림 106~107〉. 점상은 다시 단독형(A-1형)과 列 점상형(A-2형)으로 구분할 수 있고, 군집형은 기존 연구성과와 틀과 유사하지만 2-3기의 주거지가 군집하여 선형 배치하는 모습에서 다른 생각이다. 필자 편년안에 따르면 점상취락은 가락동유형 I단계와 II단계의 이른 시기에, 군집취락은 II단계의 늦은 시기에 나타나면서 III단계에 집중하는 것으로 볼 수 있다.

이 밖의 취락 구성요소는 뚜렷하게 보이는 것이 없고, 단지 주거 위주에 분묘의 요소가 일부 나타나는 수준이다.

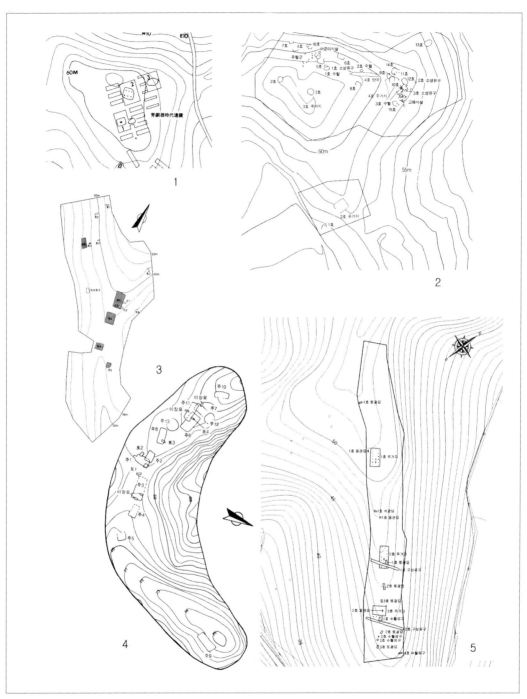

그림 106_가락동유형 A형 취락

1. 둔산동(1/2,400), 2. 강서동(1/1,800), 3. 용산·탑립동4(1/2,200), 4. 관평동2(1/2,000), 5. 제천
리(1/2,000)

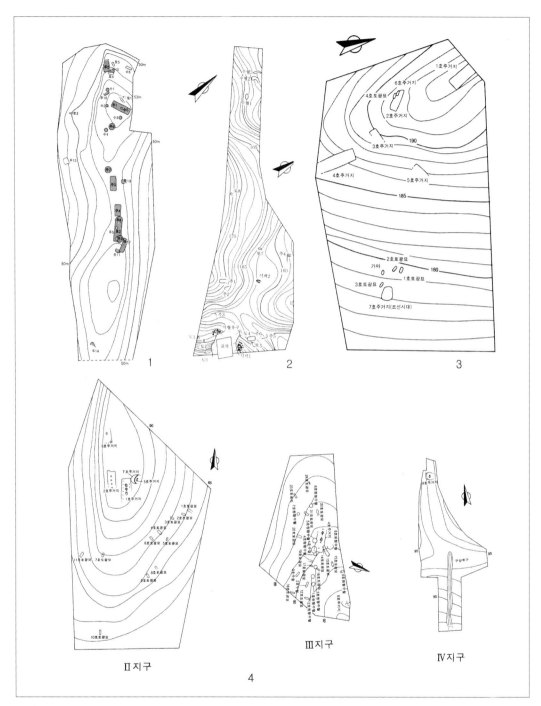

그림 107_가락동유형 B형 취락

1. 용산·탑립동2(1/2,200), 2. 하당리(1/2,400), 3. 상장리(1/2,000), 4. 가오동(1/1,500)

2) 취락구조 변화

(1) 취락유형별 구조변화

이상, 호서지역 취락구조를 살펴본 결과 역삼동유형은 총 4개 형태, 가락동유형은 3개 형태의 모습을 살필 수 있다. 여기서는 각 취락구조가 형성되어 발전하는 과정을 살펴보고, 변화의 의미에 대해 언급하고자 한다.

먼저, 역삼동유형 취락구조는 필자 편년안과 그간의 연구 성과들을 바탕으로 하면 A→B→C형으로 변화를 상정할 수 있다. 여기서 D형 취락은 B→C형의 변화과정 속에서 나타나는 것으로 판단하며, C유형과의 동시공존의 가능성이 있음은 전술한 바와 같다. 특히 D형 취락의 등장은 전기 이른 시기에 점상을 위주로 한 주거 배치가 C형의 취락형 태와 결합하면서 나타난 취락 구조로 생각된다.

더불어 취락구조에서 주목되는 유적이 당진 우두리, 서산 신송리, 아산 남성리 II 유적이다. B형 취락구조 형태를 띠지만 군집된 주거지 사이로 공지를 형성한 모습이다. 아마도 C형 취락구조 형태로 이행하는 과정에 나타나는 취락구조로 생각할 수 있다.

표 46_호서지역 청동기시대 취락구조 변천 모식도(□ : 주거지, ◯ : 수혈유구, ■ : 분묘, ⬭ : 공지)

상기 내용을 종합해보면, 취락구조 형태는 A→B→D→C형으로 변화하는 경향을 보이는데, 이는 취락의 영역 확장에 따른 규모의 변화와 같이 한다. 취락은 소형(A형)에서 중

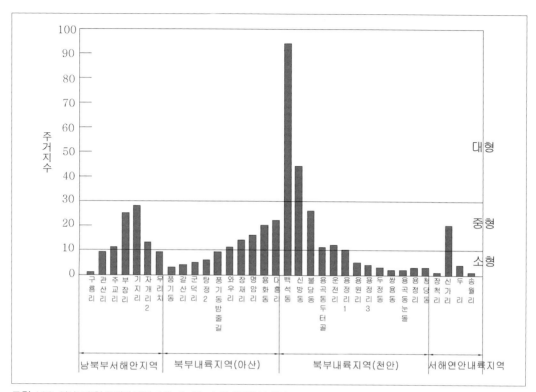

그림 108_역삼동유형 유적별 주거 수와 대 · 중 · 소형 취락군의 설정

형(B형)으로 발전한 후 늦은 시기에 이르면 A→B형 취락구조가 결합하고 면적으로 확대하면서 대 · 중 · 소형 취락(C형) 모두가 지역 내 공존하면서 나타난다〈표 46, 그림 108 참조〉.

　반면, 가락동유형 취락은 역삼동유형 취락 구조 변화와 큰 차이는 없다. 다만, 취락 규모가 상대적으로 작아지는 점과 주거 집중이나 증가 모습도 낮다는 점에서 面的인 취락 확대 모습은 보이지 않는다. 다만, 앞에서 언급한 송담리유적의 예를 보면 늦은 시기에 중심취락과 같은 유적에 한정하여 취락 내 공간이 面積으로 확대하였을 가능성은 있다.

　이러한 가락동유형 취락구조는 A→B형으로 변화하는 것으로 파악하는데, 1-2기의 주거지가 점상으로 배치되다가 선형의 구조를 지닌 列 점상으로 변화하고, 늦은 시기에 이르면 주거가 집중하면서 군집형태의 점상 배치로 변화한다. 하지만 여전히 취락의 주거 배치는 선형배치라는 플랜의 큰 틀에서 벗어나지는 못했다.

　이상, 각 취락유형별 취락구조의 변화 모습을 살펴보았다. 필자의 취락 구조의 변화

연구는 기존 취락 연구자들이 제기해 온 개별주거와 주거군, 세대공동체의 구분 연구, 이를 통한 대·중·소 취락군 설정 연구(權五榮 1996, 安在晧 1996, 宋滿榮 2001, 이홍종 2005, 金範哲 2006) 등을 바탕으로 한 이 지역 취락구성 연구 성과(李亨源 2003, 宮里 修 2005, 安在晧 2006)와 세부의 견해 차이는 있지만 전체 취락 구조 변화의 큰 틀은 유사한 부분이 많다.

(2) 변화와 의미

상기 취락유형별 구조변화의 공통점은 시간이 지날수록 주거 수가 증가하면서 구조적 안정이 본격 이루어진다는 점이다. 그렇다면 이러한 변화 원인과 의미를 취락유형별 필자 편년안의 과정에서 언급하도록 한다.

청동기시대 전기의 이른 시기에는 호서지역 내 역삼동유형 취락은 가락동유형 취락보다 늦게 등장한다. 하지만 취락 등장과 함께 한 두 유형 취락의 주거는 신석기시대 및 조기 취락과 마찬가지로 배치 등의 모습에서 뚜렷하지 않다(林尙澤 2006, 安在晧 2006). 前시기의 취락형태가 그대로 전기 이른 시기까지 이어져 온 것으로 볼 수 있다(李亨源 2003, 宋滿榮 2006). 이 시기 주거지는 점상 배치를 이루며 주거별 규모와 평면형태의 차이는 크지 않다. 이는 주거 간 또는 취락 간 계층화의 발생도 미진하고 평등한 관계를 지속해 왔다는 것을 의미한다. 취락 내 주거 이외의 외부 부속시설의 설치는 아직 미약하다. 따라서 주거 내에서만 생산과 저장 등의 공간 구분이 이루어지며, 공동의 경제 활동의 모습을 보인다. 필자의 I단계에 해당하는 A형 취락구조 형태가 대부분 그러하다.

아직 이 단계에는 취락의 본격 정주의 모습은 보이지 않는다. 이와 관련하여 초기 취락유형의 형성을 송만영은 소규모 주거단위와 공간의 구획이 이루어지지 않는 점을 근거로 화전농경 및 어로와 깊은 관련이 있는 것으로 보면서 정주성 취락의 관계를 부인하였다(宋滿榮 2001). 하지만 宮里 修(2005)는 공동생산 및 관리와 분배의 차원이라는 사회경제적 측면으로 접근하면서 이른 시기 취락유형(I형, 필자의 A형)부터 정주취락의 모습을 상정하고 있다. 필자는 수혈유구의 존재 및 주거지 규모의 대·소 차이가 발생한 시점인 I단계 늦은 시기, 즉 II단계에 들어서면서부터 호서지역 내 취락 정주성이 점차 확립되어 가면서 B형 취락의 등장으로 이러한 정주성은 본격 확립한 것으로 파악한다. B형 취락으로 들어서는 II단계부터 주거의 집중이 본격화하고 취락의 저장시스템을 보여주는 수혈유구가 등장한다는 점, 그리고 계층화의 증거로 보는 분묘의 출현이 서서히 등장한다는 점 때문이다.

Ⅱ단계의 취락 모습은 역삼동과 가락동유형 취락에서 공통점과 차이점이 있다. 역삼동유형 취락은 前 단계와 마찬가지로 유적 내 구릉 정상부를 중심으로 주거를 배치하는 것에서는 유사하다. 단, 중·소형 주거가 새로이 등장하고 집중하는 현상이 뚜렷해 진다. 가락동유형 취락에서는 주거 밀집과 집중현상(金壯錫 2003, 宮里 修 2005, 安在晧 2006)은 상대적으로 미약하다.

각 취락유형 내 주거 평면형태 및 규모에서 장방형의 중 소형 주거가 증가하며, 역삼동유형 취락에서는 주거외부 시설인 수혈유구를 본격 설치한다(宮里 修 2005, 許義行 2006). 수혈유구의 등장은 저장의 사회 체계가 갖추어져 가며, 앞 시기에 보이지 않던 분묘의 출현도 같이 하는 점에서 취락 내 유력 계층이 나타난다. 더욱이 중·소형 주거의 증가와 함께 대형주거지가 유적 내 중심과 중앙에서 나타나는 점 등은 이러한 추정을 가능하게 한다

역삼동유형 Ⅲ Ⅳ단계와 가락동유형의 Ⅲ단계에 들어서면 취락 규모는 더욱 확대된다. 주거와 외부 시설물이 자리하는 공간이 前 시기보다 더 확대되었음을 의미한다. 이에 따라 주거 및 기타 시설물들은 유적 내 공간을 적절히 구획하여 배치하면서 취락 구조의 안정화 및 공고화를 갖추어 간다. 또한, 특정지역(역삼동취락의 천안 아산지역과 가락동취락의 연기지역)및 특정 유적(역삼동취락의 백석동유적, 가락동취락의 송담리유적 등)으로 주거 및 인구를 집중하는 현상이 뚜렷해진다.

취락구조의 형태를 보면, 역삼동유형 취락의 주거는 환상배치와 공지를 특징으로 하며, 가락동유형 취락의 주거는 역삼동유형 Ⅱ단계와 유사한 2 3기 주거지의 인접과 군집현상을 보인다. 각 취락유형별로 주거군 사이를 공지[54]로 형성하는 공통된 특징이 있다. 주거 외 시설인 수혈유구는 역삼동유형 취락에서만 관찰되며, 군집하여 일정 지역에 입지한다. 주거의 집중과 밀집 조성이 수혈유구의 설치 장소를 이동하게 하는 원인으로 작용하였다[55]. 수혈유구의 설치는 대·중·소형 취락 간에 차이를 보이는데, 중대형의 취락에서는 이들의 수가 대체로 적은 반면(천안 백석동, 불당동유적 등), 중소형의 취락에

---

54) 자세한 벽체의 모습을 보면 橫木을 벽에 먼저 붙이고 縱木을 안쪽으로 설치한 후 이들을 서로 결구하여 마무리한 것으로 파악된다(류기정 외 2001). 횡목간의 간격은 약 10~20cm 정도이며 횡목이 놓여 있지 않은 빈 공간은 초본류나 진흙 등으로 마감한 것으로 추정된다.
55) 자세한 벽체의 모습을 보면 橫木을 벽에 먼저 붙이고 縱木을 안쪽으로 설치한 후 이들을 서로 결구하여 마무리한 것으로 파악된다(류기정 외 2001). 횡목간의 간격은 약 10~20cm 정도이며 횡목이 놓여 있지 않은 빈 공간은 초본류나 진흙 등으로 마감한 것으로 추정된다.

서는 많아진다(천안 용곡동 두터골, 운전리 C지구, 신방동 1지구 등). 취락 간 생업 및 생계방식의 차이를 언급할 수 있다.

상기의 수혈유구는 외부 군집현상이 뚜렷하다. 이에 대해 취락의 공동관리(宮里 修 2005: 85)를 상정하기도 하나, 일정지역 내 군집하는 모습에서 송국리유형 취락의 군집 저장(孫晙鎬 2004: 19)과 같이 관리와 유지를 담당하는 주거군 및 有力個人(박양진 2001: 195)의 존재를 생각하게 한다. 전기 늦은 시기에 들어 나타나는 주거 계층화에 따른 관리 주체의 본격 등장 또는 활동을 생각할 수 있다.

이 단계의 역삼동유형 취락 구조에서 1-2기의 주거지가 입지를 달리하여 단독의 구릉에 설치되는 것을 주목할 수 있다. 전술한 역삼동 B · C형 취락의 변화 속에서 나타나는 취락 구조인데, 급증한 인구로 인해 나타난 것으로 여겨진다. 곧 B · C형 취락은 주거의 밀집 축조로 인해 조성지역의 부족현상이 발생하게 되고, 이의 해결을 위해 분촌이라는 전략적 모색을 함으로써 母村地에서 공지의 확보를 의도했을 것이다. 따라서 모촌에서 멀지 않은 인근 구릉지로의 주거 이동(이홍종 2003: 117)이 나타났을 것이다.

마지막으로 역삼동유형 IV단계 늦은 시기와 가락동 유형 III단계의 취락의 구조 모습이다. 두 취락유형 모두 구조의 공고화가 지속되는 가운데 구조상의 변화가 나타난다. 역삼동유형 취락에서는 I단계에 나타난 주거의 분산 배치 형태가 다시 등장한다. 하지만 여전히 취락의 수는 前시기와 마찬가지로 많은 편이다. 이와는 달리 가락동유형 취락은 III단계에 들어서면 주거의 증가에 따른 面的인 확대는 보이지만 취락의 수는 점차 줄어든다. 상기한 각 취락유형별 모습은 구조적 쇠퇴의 발생을 의미한다. 아마도 취락의 소멸 과정에서 나타나는 현상으로 이해되며, 내외적인 여러 원인을 생각할 수 있다. 이와 관련해서는 뒤 장에서 자세히 다루고자 한다.

이상, 청동기시대 전기의 취락은 늦은 시기로 이행되면서 취락유형별로 주거와 기타 시설물의 계획된 배치(宋滿榮 2001)는 더욱 뚜렷해지고 구조는 공고해지는 것을 알 수 있다. 다만, 서로 다른 문화의 기반 위에서 취락 구조의 형성 및 변화, 발전이 진행되었기 때문에 그 양상과 의미의 차이는 분명하다.

V

취락의 쇠퇴와 소멸

　이상 전기 취락의 등장과 전개 그리고 이 과정에서 나타나는 취락 구조의 모습과 생활 상 등의 전반의 내용을 살펴보았다. 이렇게 등장 후 발전한 전기 취락은 더 이상 지속하 지 못하고 서서히 쇠퇴의 과정을 겪으면서 소멸하게 된다.

　본 장에서는 이처럼 취락이 쇠퇴 및 소멸하는 원인을 주거를 통해 접근하여 청동기시 대 전기의 마지막 모습을 살펴보고자 한다.

　본격 논의에 앞서 '폐기'와 '소멸'에 관한 개념을 규정하고 이와 관련한 연구경향을 살펴보도록 한다.

　대개 廢棄는 '못쓰게 된 것을 버린다'는 의미로 주거의 경우 폐기됨을, 유물은 방기 및 유기됨을 말한다(이상길 2000: 68~69). 그러한 점에서 주거 폐기는 기능이 다하여 더 이상 사용되지 않는다는 것을 의미한다. 하지만 전기 주거지에서는 용도가 다했지만 일정 기간이 지난 후 다시 재사용하는 사례 등이 종종 확인된다. 따라서 주거의 최종 모습을 보 기 위해서는 재사용 및 타 용도로 기능 전환이 더 이상 진행하지 않는 것을 살펴야 한다.

　주거지 폐기와 관련된 연구는 이웃한 일본에서 활발하게 논의 되어 왔으며, 폐기와 관 련한 일련의 연구 성과가 정립되고 있다(山梨縣考古學協會 1996). 따라서 폐기와 관련한 연구도, 이론 내용과 연구사 정리도 일본의 사례를 중심으로 진행하여 왔다(취락연구회 2004; 이현석 외 2004).

　근년에는 한국에서도 연구 성과가 증가하고 있다. 하지만 여전히 주거 폐기에 관한 언 급은 발굴조사 보고서의 유구 설명에서 짤막하게 다루어져 왔다. 토층도의 각 층을 설명 한 후 주거 내부 퇴적이 자연·인위적인지에 대해서만 언급하는 수준이다. 물론, 이러한 설명의 주 근거는 주거지 벽면 바닥에서부터 상면까지 사방향으로 퇴적된 토양의 기울기를 바탕으로 한다. 하지만 그러한 퇴적을 통한 폐기모습이 퇴적학의 연구성과나 실제 실험 등을 통해 입증된 바 없고 대부분 현장조사원의 경험과 지식에 의존해 왔다는 점에서 객관적이지 못한 해석으로 볼 수 있다.

본격 주거지 폐기와 관련한 관심은 이상길에 의해서다(이상길 2000). 그는 진주 대평리유적 주거지 유물의 출토상태나 토층 양상을 바탕으로 폐기를 설명하였는데, 그 원인의 하나로 이주를 생각하는 듯하다. 이 당시만 하더라도 폐기 주거지의 사례가 너무 적고 고고학의 연구 분위기가 주거지 구조와 편년을 실시하는데 치우쳐 있어, 상기 문제는 깊이 있게 접근하지 못했다. 하지만 주거지 폐기모습을 바탕으로 당시의 모습을 추적하려는 시도와 연구는 의미가 있다.

이후 뜻있는 연구자들에 의해 수혈건물지 조사방법과 관련된 논문(이현석 외 2004)과 단행본(취락연구회 2004) 등이 출간되면서 연구의 관심은 증폭하기 시작하였다. 전자의 논문이 주로 주거 폐기와 관련한 이론과 사례를 일본의 연구 성과에 비추어 소개하고, 한국의 사례에 대비함으로써 앞으로의 연구방향에 기틀을 마련한 반면, 후자의 저작물은 주거 탄생과 소멸이라는 과정의 一生史를 일목요연하게 정리하였다는 점에서 폐기 연구의 의미 있는 첫 성과로 볼 수 있다. 다만, 상기 연구들이 지나치게 일본 사례에 치우쳐 한국의 주거 특징과 구조 그리고 폐기의 모습 등의 적용에 한계를 드러냈다. 그러나 그간 주거지 발굴시 간과한 여러 다양한 문제와 폐기의 모습에 대한 다양한 해석의 방향을 제공하였다는 점에서 의미있는 성과로 본다.

이처럼 주거에 대한 폐기 검토와 一生史 연구 등의 정리 이후에는 보다 다양한 폐기 연구와 실험이 본격 진행하기 시작한다.

김현식은 울산식 주거지 구조 복원을 시도하였다. 이 과정에 매몰 토층도를 주시하였는데, 주거지 벽 근처로 주제토가 매몰하면서 퇴적되었을 것으로 언급하였다(김현식 2008). 폐기와 관련한 주요 언급은 아니지만 퇴적토를 바탕으로 한 폐기모습과 구조복원을 시도한 점은 주목할 만하다. 하지만 청동기시대 주제토에 대한 발굴사례가 없고 토층의 퇴적과 매몰에 대한 심도 있는 논의 없이 진행하였다는 아쉬움이 있다.

안재호 또한 주거지 폐기과정을 주거 내부 퇴적토를 바탕으로 해석해 나갔다. 그동안 간과해 온 폐기과정에 대한 보다 자세하고 직접 연결한 연구성과이다. 특히 토층의 퇴적 양상에 대한 다양한 문제 인식과 접근, 해석을 제시하였다는 점에서 의미가 있다(안재호 2008). 그러나 주거지 폐기와 토층도 해석에 객관의 근거 부족은 기존 연구 성과와 달라진 바 없다.

이상, 주거지 폐기와 관련한 연구를 살펴보았는데, 논의가 일부 연구자들에 의해 간간히 문제 제기 차원에서 접근해 온 수준이다. 이와는 달리 나건주와 최하영, 양혜진은 토층도와 출토 유물을 바탕으로 적극 폐기 관련 논의를 진행하였다.

나건주는 아산 시전리유적 송국리 주거지의 검은 띠층과 유물의 출토위치를 바탕으로 주거 내 생활면을 찾아보았으며(나건주 2008), 최하영 또한 전기 주거지 폐기와 관련해 주거지 토층의 검은 띠층과 이 층에 대한 자연과학분석, 그리고 여기서 출토되는 유물 등을 근거로 인위의 폐기 과정에 대한 해석을 실시하고 검은 띠층에서 의례행위를 언급하였다(최하영 2008). 그러나 이들의 폐기 관련 해석 또한 앞의 연구 사례와 유사하게 폐기 과정에 대한 분명한 근거가 부족한 편이다. 단 여기서 나타나는 주거 모습을 고고학 근거를 바탕으로 분석 및 해석을 진행하였다는 점에서는 의의가 있다[56].

양혜진은 주거 폐기와 관련하여 가장 활발히 자료를 모으고 해석을 시도하였다. 자세한 폐기사례를 주거와 출토유물 등을 바탕으로 몇 개의 유형으로 구분하고 이의 원인에 대한 해석을 실시하였다(梁慧珍 2011). 물론, 필자의 연구대상 시기와는 다르지만, 청동기시대 주거지의 다양한 폐기사례를 모으고 분석하였다는 점에서 진전된 연구 성과로 볼 수 있다. 하지만 너무 다양한 폐기 사례의 구분을 하였고 이를 각 주거지에 대비시키는 과정에서 분명한 증거 없이 인위적인 해석이 이루어졌다는 아쉬움이 있다.

필자 또한 주거지 폐기와 관련하여 실험을 통해 접근한 바 있다(허의행·오규진 2008). 복원된 주거를 화재 폐기하거나 자연폐기하면서 이의 다양한 원인에 대한 접근을 시도하려 하였다〈부록 6-1, 6-2. 참조〉. 하지만 실험 결과가 1회에 그친 나머지 다양한 폐기 모습을 살피는 한계를 노출하고 말았다. 그러나 그동안 간과하였던 주거 내부 토양 퇴적사례에 대한 해석을 실험을 바탕으로 진행하였다는 점에서 객관성을 담보하려한 점은 의의가 있다.

이처럼 상기한 폐기 연구사례 등이 진행되었는데, 아직 초기의 연구 단계라 할 수 있다. 하지만 점차 관심의 대상으로 확대되어 가는 점은 분명해 보인다. 최근에는 폐기의

---

56) 이와 관련하여 같은 보고서의 부록편에서는 폐기된 주거지 바닥에서 뜬 상태로 출토되는 유물을 브라질 넛 효과가 있었을 것으로 언급하였다. 하지만 이 효과는 이론상 그 가능성은 충분하지만, 실제로 그러한 현상을 발생시키기 위한 운동 에너지가 있었는지는 의문이다. 지진과 같은 자연재해의 현상이 필요하지만 실제 유구 내부에서 이들을 확인하기가 어렵다는 점에서 좀 더 자료의 충분한 분석이 필요할 듯하다(충청문화재연구원부설 한국고환경연구소 2008).

원인과 배경에 대한 접근을 실시한 사례도 증가한다. 몇몇의 연구자에 의해 지적되었는데, 주거 폐기 및 취락의 전체 소멸과 관련하여 주변 자원의 황폐화를 원인으로 파악한 것이다(오규진·허의행 2006; 박지훈·오규진 2008). 물론, 이러한 문제에 대한 객관적 증거와 치밀한 검증이 필요하겠지만, 그동안 주목해 온 주거 폐기 연구를 취락 소멸원인과 함께 확대하여 살펴본 것이어서 새로운 논의의 가능성을 제공하였다.

1. 주거 폐기

본 절에서는 주거에 한정해서 폐기 모습을 살펴보고 이를 취락 소멸 원인에 대한 접근의 기초로 삼고자 한다. 주거 폐기의 모습은 다양한 관점에서 접근해야 하지만, 여기서는 가시적으로 쉽게 파악할 수 있는 주거 내 매몰토의 퇴적 모습과 잔존한 유물 등을 바탕으로 접근한다.

1) 매몰토와 폐기

주거 폐기와 관련한 본격 논의에 앞서, 주거 내부의 토양 퇴적 모습을 구분하고자 한다.

주거 내부 퇴적은 크게 자연적인 과정(이하 '자연폐기'라 부른다)과 인위적인 과정(이하 '인위폐기'라 부른다)에 의해 형성된다. 상기 두 퇴적 과정은 유구에서 분명한 차이로 나타나기 때문에 세심한 관찰이 필요하다.

자연폐기의 경우, 주거 수명이 다한 후 구조물 등을 그대로 방치하면서 토양이 매몰되는 과정을 거친다. 따라서 토양 퇴적이 완만한 경사를 보이는 예가 많다〈사진 8~9〉. 반면에 인위폐기의 경우 주거 소각(화재 폐기), 구조물 해체, 의도적인 토양 매립 등의 과정을 거치므로 토양 퇴적에서 인위성을 파악할 수 있다. 그러나 인위폐기도 결국은 방치되어 자연스런 토양 매몰 과정을 거치므로, 바닥 상면의 토층 퇴적상은 자연과 인위의 폐기 행위가 혼합하여 나타나게 된다. 따라서 토층 단면에서 이를 명확히 구분하기는 어렵다〈사진 10~11〉. 그렇지만 이러한 구분을 적극 실시하고 살피게 되면, 주거의 폐기와 소멸의 원인을 접근하는데 도움을 줄 수 있다.

다음의 〈표 47〉은 상기 조사과정과 방법을 통해 구분한 주거의 인위·자연 폐기 모습의 다양한 원인과 과정을 정리해 본 것이다. 물론, 이 외에 다양한 과정과 원인이 있겠지만 큰 틀에서 폐기 모습은 여기를 벗어나지 않을 것이다.

사진 8_자연폐기 실험 후 토양 퇴적모습

사진 9_자연폐기 된 주거 내 토양 퇴적 사례

사진10_화재폐기 실험 후 잔재 및 토양 퇴적 모습

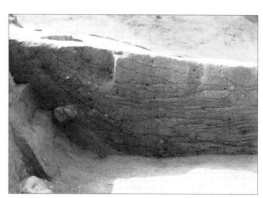

사진 11_화재폐기 후 주거 내 토양 퇴적 사례
(운전리 B-4호 주거지)

표 47_주거 폐기양상 및 과정

폐기유형	자연적 폐기	인위적 폐기	비고
폐기원인	방치	소각	
폐기원인 과 과정	사망 및 질병 또는 기타 이유에 의한 주거민 이주 57) 및 이동→상부구조 및 내부시설물 부식에 따른 붕괴→氷結, 解凍, 雨水 등 자연재해에 의한 내부토 붕락 및 외부토 유입→매몰에 의한 토양과 내부구조물 부식→반복에 의한 매몰	의도적, 불의의 소각→이주 및 이동→자연침식에 따른 주거지 외부토 유입과 내부벽면토 붕괴→氷結, 解凍, 雨水 등 자연재해에 의한 외부토 유입→토양과 내부구조물 부식→반복에 의한 매몰	소각주거지는 화재주거지로 판단
폐기원인		해체	
폐기과정		자연폐기와 같은 순서 상정.	
		폐기 후 인위적 매몰→재사용→자연폐기	주거지 중간 띠 상 퇴적층 확인

---

57) 이주는 원거주지에 있는 것이 더 이상 불가능하거나, 이주로 인한 이득이 이주비용을 초과하는 경우에 발생한다(김장석 2002: 12). 여기서 이주는 생계를 위한 필요한 자원의 확보를 대상으로 하는 계절적 이주, 이동의 모습이라 여겨진다. 김장석의 첫 번째 유형의 이주 모델과 유사하다(김장석 2002: 14~15).

아무튼, 주거와 취락 폐기 및 소멸과정을 살펴보는 데 있어 내부 매몰토를 적극 활용한다면 더 나은 해석 결과를 도출할 수 있을 것이다. 이를 상기 내용과 함께 필자가 시행한 주거 폐기 실험 결과 등과 함께 참고한다면(허의행·오규진 2008; 허의행 2009, 사진 8·10 부록), 주거 폐기 모습에 대한 다양한 분류와 해석을 할 수 있다.

(1) 퇴적유형의 분류

청동기시대 전기 주거지는 내부 토양의 'U'자상 퇴적 모습을 근거로 대부분 자연매몰에 의한 폐기로 인정한다. 그러나 토양 매몰에 의한 폐기 현상은 필자의 실험결과를 통해 수 개의 모습을 관찰할 수 있으므로 동일한 양상으로 살펴볼 수 없다. 주거지는 자연퇴적에 의한 폐기만 있는 것이 아니라 화재에 의해 또는 의도성을 띤 토양 매몰 등에 의한 인위의 퇴적 폐기 행위도 있기 때문이다.

호서지역의 청동기시대 전기 주거지 내부에서 나타나는 토양 퇴적양상에 대한 전반의 모습을 살펴보았는데, 대체로 6가지의 퇴적양상(a~f형)을 살필 수 있다〈그림 110~111〉.

먼저, a형 퇴적양상은 주거지 벽가 쪽 바닥면에 풍화토(생토부스러기와 암반부스러기)가 퇴적되고 그 위로 점토나 사질점토가 퇴적되는 것이다('a형 퇴적주거지'로 부르고자 한다). 자연스런 매몰 퇴적양상이긴 하나 풍화토가 주거 벽가 쪽에서만 확인된다는 점에서 주제토, 벽 보강토, 흙막이 벽(박원호·서치상 2008) 등의 인위 행위가 가미된 구조토양 등을 상정할 수 있고, 또는 겨울철 동결과 건조 등의 기후환경에 의해 발생한 벽면붕괴토 등을 생각할 수 있다(허의행 2012: 52; 사진 12). 이러한 a형 퇴적주거지는 일부유적에 집중한다.

필자는 이 퇴적주거지를 기후 환경에 의해 폐기된 것으로 파악한다. 만일 상기 퇴적토가 주거 관련 구조물 토양(주제토의 흔적 등)이라면, 토양 특성상 붕괴의 위험이 높은 것을 왜 사용하였는지에 대한 검토가 필요하다. 오히려 구조물을 설치하고자 한다면, 점성이 포함된 토양을 사용하는 것이 타당하기 때문이다. 그렇게 보면 상기 주거 퇴적 유형은 전기 주거지의 폐기와 소멸 시기를 밝히는 데 있어서 중요한 근거를 제공해 준다.

하지만 폐기시점과 관련한 토양이 아니라면, 아마도 취락 조성지역 내 경사가 급한 곳에 주거가 입지하여 내부로 토양이 유입되어 형성된 것으로 생각할 수 있다. 〈그림 109〉에서 보면, 대체로 a형 퇴적 주거지는 경사가 급한 사면에 많이 조성된다는 점에서 그러한 추정을 가능하게 한다. 하지만 다른 퇴적유형 주거지에서도 이러한 현상이 관찰되고 있다는 점, 필자의 주거 자연폐기 실험 결과(허의행 2009)를 통해서도 살필 수 있다. 곧

사진12_벽가쪽 풍화토 붕괴 모습

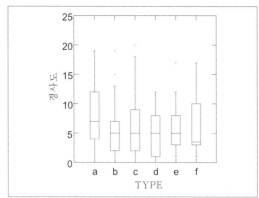
그림 109_퇴적양상에 따른 주거지의 경사도 입지

강우 등으로 인해 주거 내부로 토양 퇴적이 진행되면 외부에서 유입된 풍화토는 토양자체의 구조변화를 가져오면서 벽가 쪽으로 퇴적되어, 상기한 풍화토의 물리적 퇴적현상은 잘 발생하지 않는다. 그러한 점에서 주거 바닥 근처 벽가 쪽 풍화토 퇴적현상은 겨울철 기후환경에 의해 형성된 토양이며, 주거 폐기 시점을 알려주는 근거로 볼 수 있다.

b형 퇴적양상은 사질점토 또는 점토 등이 주거지 바닥에서부터 상층까지 'U'자상으로 연속퇴적된 것이다(이하 'b형 퇴적주거지'로 한다). 주거 내부 토양 매몰이 처음부터 자연의 상황 아래에서 이루어진 것을 말한다. 퇴적모습을 보면, 주거 깊이별 차이를 보이는데, 깊은 주거는 바닥쪽 근처의 토양이 수평하게 퇴적되는 모습을 보이고, 점차 상면으로 올수록 U자상의 퇴적 모습을 보인다. 하지만 낮은 깊이를 가진 주거는 대부분 U자상의 사선방향 퇴적을 이룬다. 주거지가 조성된 위쪽 구릉 사면에서 강우에 의해 운반된 침식토가 내부로 매몰·퇴적되면서 형성된 현상으로 볼 수 있다. 이 퇴적유형은 뚜렷한 폐기 시점도 없고 인위의 폐기 행위 등도 보이지 않는다. 자연 상태 그대로 주거가 노출되면서 폐기된 것으로 판단한다.

c형 퇴적양상은 주거가 화재로 폐기된 후 폐기 구조물 상부로 토양이 자연스럽게 매몰·퇴적되는 것이다(c형 퇴적주거지). 두 형태의 퇴적양상을 살펴볼 수 있는데, 하나는 주거지 벽가 쪽으로 생토부스러기가 붕괴 및 퇴적된 후, 그 위로 목탄이나 재 등을 포함한 토양이 퇴적된 것이다. 화재로 인한 고열로 벽면의 토양 구조의 입단 결집현상이 느슨해지면서 붕괴에 이른 것으로 보인다(허의행·오규진 2008: 81). 또 다른 퇴적양상은 바닥에 목탄이 쌓인 후 그 위로 사질점토 등이 퇴적된 것이다. 화재폐기 후 인위의 매립행

위 없이 그대로 방치되면서 자연 매몰하는 것으로 판단한다. 아무튼, 이 c형 퇴적모습은 의도가 숨어 있든 그렇지 않든 인위의 행위로 인해 퇴적이 발생하고 이후 방치되면서 자연스런 토양 퇴적으로 폐기된 형태이다.

d형 퇴적은 주거지 벽가 쪽으로 점질토가 퇴적된 후 그 위로 목탄 등의 토양이 재퇴적된 것이다(d형 퇴적주거지). 탄재는 벽체 구조물로, 점질토는 벽보강토나 주제토 등으로 생각할 수 있다. 바닥에 존재한 주혈 등의 내부 시설물 등과 연관성을 고려해야 그 모습을 정확히 할 수 있지만, 이의 자료가 적어 분명히 언급하기가 쉽지 않다. 아무래도 b형 퇴적양상과 유사한 것으로 판단하지만, 주거 구조상의 차이 또한 배제하기는 어렵다. 자료 증가와 발굴 조사 시 주의를 기울여 생각해 볼 퇴적양상이다. 이 퇴적양상은 자연 폐기와 함께 인위 폐기 행위를 동시에 수반하는 것으로 보인다.

e형 퇴적은 자연퇴적 후 중간층에서 흑색의 점토띠를 형성하는 등, 인위의 행위를 볼 수 있다(e형 퇴적주거지). 여기서 주목할 것은 흑색점토층으로, 다양한 해석을 가능하게 한다. 강우와 건조에 의해 자연스레 형성된 凹地상 퇴적층, 주거지 폐기 후 바닥부터 상면까지 토양이 퇴적되지만, 다시 그 위로 점토 등을 깔아 2차로 재사용한 층 등을 생각할 수 있다. 역삼동 유형 취락의 자개리 Ⅰ유적 주거지, 명암리 7호-소토층, 운전리 B-4호 주거지, 불당동 Ⅱ · Ⅲ유적 주거지, 백석동과 용곡동 두터골 주거지 등에서 확인할 수 있으며, 가락동 유형 취락의 금산 수당리 6호, 청주 용정리 8호 주거지 등에서도 이와 유사한 사례가 알려져 있다. 그러나 가락동 유형 주거지 토층은 흑색 점토층이 바닥까지 이어져 있어 화재와 관련한 층에 가까워 오히려 앞선 c형 퇴적양상과 유사하다. 따라서 이 퇴적유형은 역삼동유형 취락에 제한하여 나타난다고 볼 수 있다.

상기 토층은 분포와 시기에서도 특징이 있는데, 주로 천안과 아산 지역에 분포하며 시기상으로는 전기 늦은 단계에 집중한다. 이러한 모습은 전기 늦은 단계에 주거 사용의 다양함이 이루어지고 있다는 것을 의미한다. 이와 관련하여 유물의 고의 폐기 장소로서 쓰레기장 또는 의례 행위 장소 등을 언급하며 재사용한 층으로 판단하는데(취락연구회 2004: 187-192), 그러한 점에서 자연 · 인위의 폐기 행위를 모두 보이는 퇴적유형이라 할 수 있다.

논의의 전개에서는 다소 벗어나지만, e형 퇴적양상이 가진 의미에 대해 간략히 언급할 필요가 있다. 이 퇴적양상은 전기 늦은 시기에 주로 확인된다는 점은 앞서도 언급하였다. 이와 유사한 퇴적 사례는 후기 송국리형 주거지에서 주로 확인되는데, 주거의 중간층에서 관찰되는 띠상 퇴적으로 부른다. 전 · 후기의 주거 축조 전통의 직접 연결 관계를 설정하기는 조심스럽지만, 주거지 퇴적양상과 이곳에서 유물 다량 출토 모습의 유사성은

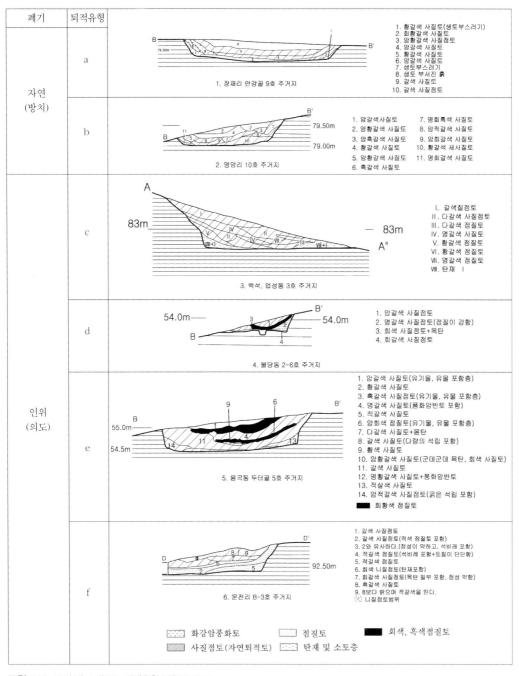

폐기	퇴적유형	
자연 (방치)	a	**1. 장재리 안강골 9호 주거지** 1. 황갈색 사질토(생토부스러기) 2. 회황갈색 사질토 3. 암황갈색 사질점토 4. 암갈색 사질토 5. 황갈색 사질토 6. 암갈색 사질토 7. 생토부스러기 8. 생토 부서진 흙 9. 갈색 사질토 10. 갈색 사질점토
	b	**2. 명암리 10호 주거지** 1. 암갈색사질토 7. 명회흑색 사질토 2. 암황갈색 사질토 8. 암적갈색 사질토 3. 암흑갈색 사질토 9. 암회갈색 사질토 4. 황갈색 사질토 10. 황갈색 세사질토 5. 암황갈색 사질토 11. 명회갈색 사질토 6. 흑갈색 사질토
인위 (의도)	c	**3. 백석, 업성동 3호 주거지** Ⅰ. 갈색질점토 Ⅱ. 다갈색 사질점토 Ⅲ. 다갈색 점질토 Ⅳ. 명갈색 사질토 Ⅴ. 황갈색 점질토 Ⅵ. 황갈색 점질토 Ⅶ. 명갈색 점질토 Ⅷ. 탄재 Ⅰ
	d	**4. 불당동 2-6호 주거지** 1. 암갈색 사질점토 2. 명갈색 사질점토(점질이 강함) 3. 회색 사질점토+목탄 4. 회갈색 사질점토
	e	**5. 용곡동 두더골 5호 주거지** 1. 암갈색 사질토(유기물, 유물 포함층) 2. 황갈색 사질토 3. 흑갈색 사질점토(유기물, 유물 포함층) 4. 명갈색 사질토(풍화암반토 포함) 5. 적갈색 사질토 6. 암회색 점질토(유기물, 유물 포함층) 7. 다갈색 사질토+목탄 8. 갈색 사질토(다량의 석립 포함) 9. 황색 사질토 10. 암황갈색 사질토(군데군데 목탄, 회색 사질토) 11. 갈색 사질토 12. 명황갈색 사질토+풍화암반토 13. 적살색 사질토 14. 암적갈색 사질점토(굵은 석립 포함) ■ 회황색 점질토
	f	**6. 운전리 B-3호 주거지** 1. 갈색 사질점토 2. 갈색 사질점토(적색 점질토 포함) 3. 2와 유사하다.(점성이 약하고, 석비레 포함) 4. 적갈색 점질토(석비레+토질이 단단함) 5. 적갈색 점질토 6. 회색 니질점토(탄재포함) 7. 회갈색 사질점토(목탄 일부 포함, 점성 약함) 8. 흑갈색 사질토 9. 8보다 밝으며 적갈색을 띤다. ⊛ 니질점토범위

화강암풍화토   점질토   ■ 회색, 흑색점질토
사질점토(자연퇴적토)   탄재 및 소토층

그림 110_주거 내부 매몰토 퇴적유형 분류(토층도)

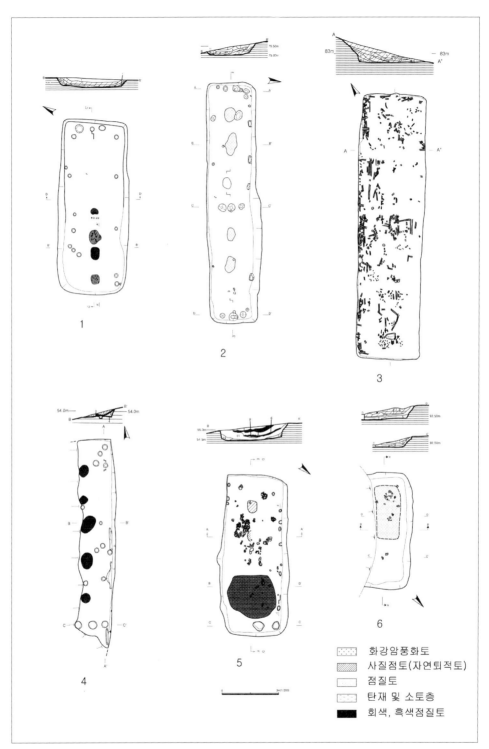

화강암풍화토

사질점토(자연퇴적토)

점질토

탄재 및 소토층

회색, 흑색점질토

그림 111_주거 내부 매몰토 퇴적유형 분류(주거형)

주목할 필요가 있다. 기능상으로 이러한 토층을 통해 송국리식 주거지 내 침상시설과 연관하기도 하지만(이홍종 2003a: 27~28), 퇴적모습의 유사성은 있지만 퇴적양상에서 약간의 차이가 있어 관련성 문제는 신중해야 한다.

전기 주거지 띠상 퇴적은 수평한 퇴적모습을 보이는 예가 많다. 이에 비해 후기 주거지의 띠상 퇴적은 'U'자상의 모습이 주로 나타난다. 정도의 차이는 있지만 전기든 후기든 주거 폐기 후 의도된 또는 비의도된 재사용이 있다는 점은 분명한 것 같다. 이 문제는 더 검토의 필요가 있지만, 후기 송국리식 주거지가 전기 역삼동유형 취락 주거의 폐기 후, 주거 재사용 전통의 일부를 전승하였을 것이라든가, 전기 늦은 시기나 후기 이른 시기에 이들 간 상호 교류나 접촉을 통해 관습의 전래가 이루어졌을 가능성 등을 생각할 수 있겠다.

그렇다고 이러한 모습을 김장석(2003)이 언급한 충청지역 내 송국리유형 형성과 관련한 주거의 점진적 변화로 받아들이기는 어려울 것이다. 왜냐하면, 선송국리유형 주거지에서 이러한 건축 또는 토목기술을 받아들인 증거가 있어야 하지만, 이를 직접 연결할 수 있는 주거는 현재로서는 없다고 봐야 하기 때문이다. 아마도 전기 늦은 시기 주거 축조와 운영의 재지 전통이 외부의 송국리문화와 접촉하는 과정(이홍종 2005)에서 발생하였을 가능성이 더 높아 보인다.

마지막으로 f형 퇴적양상은 점토가 주거 바닥에서부터 토층 중간까지 전반으로 확인되는 것이다(f형 퇴적주거지). b형 퇴적양상으로 볼 수 있지만, 주거 내부에 아무런 구조물 흔적이 없고, 주거의 규모 또한 작다는 점에서 거주의 용도보다는 다른 특수한 목적의 기능을 가진 수혈 등으로 생각할 수 있다. 운전리 B-3호 주거지와 백석동 유적 등에서 일부 확인된다. 이 퇴적유형은 수혈유구와 관련한 저장관련 시설의 일종으로 추정할 수 있는데, 농촌마을 등지에서 곡물의 저장과 관련하여 사용하는 움저장고 등이 이와 유사한 퇴적 모습을 보이기도 한다(허의행 2009: 22).

이상, 호서지역 청동기시대 전기 주거지 내부 퇴적토의 다양한 양상을 살펴보았다. 대체로 a, b형 퇴적양상 주거지는 폐기 후 방치되어 자연 퇴적되는 예가 많지만, 그 밖의 퇴적양상 주거지는 자연 퇴적과 인위 퇴적 등이 같이 관찰되어 폐기에 인위 행위가 있었음을 엿볼 수 있다.

(2) 퇴적유형 분포

상기 퇴적유형 주거지들은 취락유형별, 유적별 분포에 차이를 보인다. 여기서는 이러한 양상을 살펴보고 그 의미에 대해 파악한다〈표 48〉. 분석은 취락의 면모를 확인할 수 있는 유적만을 대상으로 한다.

먼저, a형 퇴적 주거지는 아산 풍기동 밤줄길, 천안 불당동 2지구, 백석동 I 구역 유적에서 주로 확인된다. 규모가 다소 큰 역삼동유형 취락에 한정하여 나타나는 특징이 있다. 유적 내 주거지들은 동일한 퇴적 과정이 보이므로 주거의 동시 폐기 모습과 폐기 시점 등을 추정할 수 있다.

자세한 폐기 시점은 주거 내 벽가 쪽으로 풍화토가 덩어리째 붕괴되는 현상을 통해 늦가을~겨울초로 추정할 수 있다. 이 시기는 농경 생산물과 채집물 획득이 종료되어 저장이 이루어지는 때로 농경지의 경우 지력을 회복해야 하는 기간이다. 따라서 저장한 물품과 함께 새로운 농경지 확보를 위한 계절적 이주나 이동 등의 전략을 필요로 한다. 물론, 저장한 물품으로 한 철을 지낼 수 있으므로 한해 한해의 이동은 아니다.

다른 지역으로 이주 및 이동은 그곳에서 빠른 적응을 필요로 하므로, 원 거주지에서 생산물 획득과 가공 과정이 모두 완료된 후, 추위가 본격 오기 전 주거를 폐기한 후 진행하였을 가능성이 있다. 이러한 해석이 가능하다면 상기와 같은 퇴적양상은 충분히 나타날 수 있다.

b형 퇴적 주거지는 가락동유형 취락 대부분과 역삼동유형 취락의 보령 관산리, 주교리 유적, 아산 명암리 유적 등 서해안 지역에서 주로 확인된다. 규모가 다소 작은 중·소형 취락이 중심을 이룬다. 주거 폐기시점은 자연 매몰 퇴적모습으로 보아 봄~가을철로 생각할 수 있는데, 폐기 원인은 앞선 퇴적유형 주거지와 동일하게 이주나 이동 등을 생각할 수 있다. 다만, 그 시점은 취락의 생존에 따른 이동 전략이 가변적으로 이루어졌을 것으로 판단한다. 폐기 시점이 길고 계절마다 다르게 진행하였을 것이기 때문에 계절적 이주의 의미와는 다른 이유가 있었을 것이다.

반면, a형과 b형 퇴적주거지가 동일 비율로 확인되는 유적이 있다. 대부분 역삼동유형 취락의 당진 자개리, 천안 운전리, 불당동, 백석동 유적 등이 그러하다. 이들은 대체로 취락 규모가 큰 중·대형 유적인데, 주거 수가 많아 여러 양상이 나타나는 것으로 판단할 수 있지만, 폐기시점이 차이가 나기 때문에 다양한 원인이 나타나는 것으로도 이해할 수 있다. 이주 및 이동이 진행됐다면 주거 및 농경지 조성 공간의 부족을 타파하기 의도, 취락 규모의 확대에 따른 일부 주거 집단의 분촌화 전략, 생계 문제 타파를 위한 일부 주거 집단의 타 지역으로의 이주와 같은 의도 등을 생각할 수 있다. 더불어 이주한 주거 집단의 재정착 등의 모습도 상정 가능하다. 이주 후 재정착의 근거로는 유적 내 a, b형 퇴적 주거가 동시 존재하고 주거 간 중복하며 주거 내 유물의 다량 잔존 모습 등을 통해 추정이 가능하다.

c형 퇴적 주거지가 나타나는 유적은 모든 취락 유형에서 비슷한 수로 관찰되어 차이는 없지만 유적 내 분포하는 모습에서 특징을 살필 수 있다. 이러한 모습을 살펴본 것이 다음의 〈표 48〉인데, 대체로 취락 내 화재폐기 주거지[58]는 평균 2기 정도가 유적 내·외부에 분포한다. 전기 주거지로만 이루어진 유적과 후기 송국리형 주거지와 공반하는 유적 모두에 분포하는 특징도 있다.

표 48_취락 내 화재폐기 분포 현황(밑줄: 취락 내·외 모두 분포 유적)

화재기수	취락 유형	취락 내 위치			
		주거군 중심		주거군 외곽	
		취락 유형 공반관계		취락 유형 공반관계	
		순수 전기취락	후기 취락 공반	순수 전기취락	후기 취락 공반
0(0%)	가락동	공주 신관동, 대전 용산동 구석기, 대전 둔산동, 대전 가오동 II·III지구, 계룡 두계리, 충주 지동리, 충주 장성리, 진천 장관리, 진천 사양리, 청원 마산리, 청원 송대리, 청원 국사리, 청원 쌍청리, 청원 황탄리, 청주 정북동, 청주 향정 외북동, 청주 비하동, 청주 원흥리 2유적, 청주 분평동 2, 보은 상장리			
	계	39/20(51.2%)			
	역삼동	서산 갈산리 무리치, 아산 와우리, 아산 갈산리, 천안 용곡동 눈돌, 천안 청당동, 천안 운전리 C, 청양 학암리, 당진 자개리 I, 아산 명암리, 홍성 장척리			
	계	26/10(38.4%)			
1-2기 (25% 미만)	가락동	대전 용산동, 제천 능강리, 진천 신월리	금산 수당리 표고재배, 공주 제천리, 대전 관평동, 대전 용산 탑립동 4-6지구	금산 아인리, 공주 제천리, 대전 용산동, 음성 하당리, 청원 풍정리, 청주 봉명동, 청주 용정동 2유적, 청주 강서동, 진천 신월리	공주 귀산리, 금산 수당리, 대전 관평동, 대전 용산 탑립동 4-6지구, 금산 수당리 표고재배
	계	39/3(7.6%)	39/4(10.2%)	39/9(23.0%)	39/5(12.8%)
	역삼동	아산 신달리, 천안 운전리 A, 천안 쌍용동, 아산 군덕리, 천안 운전리 B	예산 삽교 두리, 천안 불당동 II, 당진 자개리II	아산 풍기동, 천안 용원리, 천안 쌍용동	천안 불당동 III지역, 천안 불당동 II
	계	26/5(19.2%)	26/3(11.5%)	26/3(11.5%)	26/2(7.6%)
3기 이상 (50% 미만)	가락동	충주 조동리, 청원 대율리			
	계	39/2(5.1%)			
	역삼동	보령 관산리, 천안 백석동, 천안 두정동, 보령 주교리		천안 백석동, 보령 관산리, 보령 주교리	
	계	26/4(15.3%)		26/3(11.5%)	

58) 이러한 특징을 살펴보기에 앞서 화재폐기 주거지를 유적에서 추출하였다. 화재 주거지의 판정은 바닥에서 확인된 탄재만을 근거로 해야 한다는 견해(허의행·오규진 2008)와 토층에서 확인되는 재층 까지도 모두 포함해야 한다는 견해(송만영 1995)가 있다. 어떠한 기준을 선택하느냐에 따라 수량 차이가 발생하므로, 이 때에는 취락 내 화재주거지 분포 의미도 달라질 수 있다. 여기서는 전자의 견해를 기준으로 하되, 보고서상 탄재가 도면에 없다 하더라도 토층상이나 보고서 기술에 나타난 것도 포함하였다. 유적을 모두 열거하여 살폈으나, 해석에서는 취락의 전모가 밝혀진 유적만을 대상으로 삼았다.

자세하게는 가락동유형 취락에서는 주거군의 중심부(약 18%)보다는 외곽에서 화재주거지가 많이 분포(약 36%)[59]하며, 역삼동유형 취락 유적에서는 주거군의 외곽(약 19%)보다는 중심부(약 30%)에서 화재주거지가 많이 분포한다. 특히, 3기 이상의 화재주거지는 역삼동유형 취락에서 상대적으로 많은데(약 27%), 주로 주거 중심지역에서 확인되는 특징이 있다.

이러한 화재폐기 주거지 취락 내 분포는 다음과 같은 의미[60]로 생각할 수 있다.

첫째, 취락 내 중심부에서 화재주거지가 분포하는 것은 방화자(자의든 타의든) 또는 방화집단의 의도를 짧은 시간에 달성하고자 하는 목적이 작용한 것으로 볼 수 있다[61]. 화재주거가 자의든 타의든 취락 내 중앙에 위치한 주거지를 대상으로 하였다는 점에서 주거 집단의 결집과 밀집의 분산을 단번에 해소하고자 하는 의도가 엿보인다. 만일, 자의의 소각행위가 있다면 지도자 또는 상위계층이 의도를 갖고 주거폐기를 실시하여 집단의 집중을 높이고자 하는 의도일 수 있고, 타의에 의한 불의의 소각행위가 있다면 전쟁 등과 관련해서 상대 집단의 결집력을 약화시키고자 하는 의도 등을 생각할 수 있다. 각 취락 유형 모두에서 비슷한 수로 이들이 확인되는 점은 주거 폐기와 관련하여 생각해 볼 문제이다.

둘째, 취락 내 외곽에서 화재주거지가 분포하는 것은 취락민의 단순한 분산을 의도하고자 하는 모습으로 볼 수 있다[62]. 대체로 주거 집중이 높지 않은 취락에서 관찰된다. 취

---

59) 화재주거지의 취락 내·외 입지를 결정하는 방식은 순전히 주관적일 수밖에 없다. 역삼동유형 주거지 대부분은 구릉의 정상과 사면 어디든 입지하는 모습을 볼 수 있지만, 가락동 유형 주거지는 대체로 구릉의 정상을 중심으로 일렬로 배치된다. 따라서 유구배치도와 함께 주변 지형을 살펴 취락의 범위를 추정하였으며, 이를 바탕으로 화재주거지 분포의 취락 내·외 분포를 결정하였다. 주거지의 배치 모습을 전부 확인할 수 있는 취락은 주거군 사이에 화재주거지가 확인될 경우는 취락의 내부로, 주거군의 가장 바깥에서 화재주거지가 확인되면 취락 외부로 위치를 결정하였다.

60) 물론, 취락 내 화재주거지를 집중과 분산이라는 기준으로 명확히 구분하는 것은 아니다. 전체적인 경향성을 파악하여 이러한 특징을 도출할 수 있다. 그리고 화재폐기 주거지의 분포 의미를 정확히 파악하기 위해서는 실화 및 방화의 문제에 우선 접근해야 한다. 하지만 탄재와 유물의 남겨진 상황만을 근거(송만영 1996, 김병섭 2005)로 판단하기는 어렵다. 따라서 화재폐기는 자·타의의 폐기행위 모두가 작용하였다는 전제 아래 분포의 의미를 찾을 수밖에 없다.

61) 전략 이론에서는 이를 '효과기반작전(EBO, Effects-Based Opetration)'이라 하여, 가장 핵심 부분을 집중 타격함으로써 전체를 무력화하고자 방법이다(박휘락 2007: 51). 미국이 걸프전쟁과 이라크 전쟁에서 수도인 바그다드를 집중 공략함으로써 적의 결집을 이끌어 내지 못한 것과 같다(박휘락 2007: 51쪽). 물론 주거의 화재가 전쟁과 관련한 긴장관계만을 의미한다고 할 수는 없지만, 폐기의 분포 의미를 이해하는데 참고할 만하다.

62) 이는 전략 전술에서 말하는 '기습작전'이라 하여 심리적으로 적을 마비시켜 恐惶상태에 빠지게 하는 전략이다(박휘락 2007: 54). 단순한 공략만으로 취락의 결집력이나 밀집도를 낮추는 동시에 분산 효과를 배가 되게 한다.

락 유형 중에서는 가락동 유형 취락에서 많이 확인되는데, 주거의 결집과 집중이 낮다는 점에서 이의 모습이 상대적으로 높게 나타나는 것으로 보인다. 특히, 가락동 유형 취락은 후기 취락과 공반하는 예가 많은데, 이는 외부 집단에 대한 타의의 소각 원인 등을 생각해 볼 수 있는 근거이다. 이밖에 자·타의에 의한 소각 행위의 의미는 앞의 내용과 유사할 것이다.

상기 내용은 분명 많은 논리 비약이 높고 근거가 부족한 것도 사실이다. 그렇다고 해서 화재폐기의 분포 의미에 대한 접근을 미룬다면 더 이상의 연구 진전은 없을지 모른다. 많은 자료의 확보와 이론의 접근을 필요로 한다.

마지막으로 e, f형 퇴적 주거지는 당진 자개리와 천안 불당동, 운전리, 백석동유적 등 역삼동 취락에서만 소수 확인된다. 일정 지역과 시간, 취락유형 등에서 확인할 수 있다.대체로 인위 행위가 가미된 퇴적 모습이 있어서 특수한 기능을 가진 주거지로 추정한다는 점은 앞에서도 언급하였다. 폐기의 원인은 앞선 a, b형 퇴적 주거지와 유사하겠지만, e형 주거지는 이주 후 재정주하는 과정이 반복되면서 나타난 것일 수 있다.

이상, 각 형태의 퇴적 주거지를 취락 유형별 그리고 유적별 분포한 모습을 통해 살펴보았으며, 의미에 대해서도 간략히 언급하였다. 결국 주거 내부 퇴적 상태를 통해 파악한 폐기 모습은 자·타의의 의도가 당시 시대와 사회 상황에 따라 작용하면서 이루어진 것으로 볼 수 있는데, 이와 관련해서는 후술할 취락 소멸의 내·외부 요인의 접근과정을 통해 살펴볼 수 있다.

2) 잔존유물과 폐기

주거의 퇴적유형과 이들의 분포양상을 근거로 폐기의 의미를 살펴보았지만 여전히 해석의 문제점은 많다. 따라서 여기서는 주거 폐기 시 남겨진 유물의 잔존상태를 통해 폐기원인에 대해 좀 더 자세하게 접근하도록 한다.

주거지에서 출토되는 유물은 토기와 석기가 대부분인데, 잔존상태의 파악을 위해 토기는 완형토기와 토기편 등으로, 석기는 일상용구와 석재편 등으로 구분하였다.

완형토기는 당시 주거 폐기와 함께 생활 모습을 동시에 살펴볼 수 있는 자료지만 토기편은 폐기와 매우 밀접하게 관련된다. 만일, 토기편 출토가 많다면 주거 폐기시 그만큼 쓸 수 없는 물품이 많았다는 것이며 이와는 반대로 토기편 출토가 적다면 이주 및 이동시 옮겼을 것으로 예상할 수 있기 때문이다.

주거 내에서 출토되는 석기는 대부분 파손품이 주를 이루고 수량 또한 많지 않다. 그러나 석기 또한 多少 수량파악을 통해 폐기의 모습에 접근할 수 있다. 특히 석기 多少현상은 토기편과는 달리 당시 생활상 모습을 더 많이 반영하였을 것이다. 왜냐하면 석기는 원산지 접근의 문제, 즉 '구하기 쉽지 않다' 라는 이유와 파손됐다 하더라도 언제든지 재가공이 가능하기 때문에 주거 이주 및 이동시 지참하였을 가능성이 높다. 따라서 석기는 남겨지는 경우가 적었겠지만 오히려 남아 있을 경우에는 주거 기능과 생계양상 등의 모습을 파악하는데 좋은 사료이다.

아무튼, 청동기시대 주거의 마지막 모습은 유물량의 多少와 완형유물의 수량 파악 등으로 가능하겠다. 이상의 논의 전제를 근거로 유물의 다소를 구분한다.

완형유물은 도상 복원하여 기형을 알 수 있는 반파 이상의 유물을 전부 포함하여 살펴 보았다. 분석결과 대략 3개체 이상이 잔존할 경우 당시 주거가 온전하게 폐기된 상황을 증명하는 것으로 판단할 수 있다. 이와 관련하여 완형유물이 3개체 이하의 것은 의도가 있는 폐기로, 4개체 이상의 것은 불의의 폐기 가능성을 언급한 사례도 있다(桐生直彦 1996: 18~19). 이는 주거 폐기 전 주거 내부에서 생활하는 모습을 그대로 보여주는 증거가 된다.

필자가 분석한 바와는 1~2개체의 차이가 있긴 하지만 대체로 3개체 이상의 완형토기편을 기준으로 한다. 그리고 토기편은 구연편과 동체편을 모두 합산한 것으로 15점을, 석기 및 석재편 등은 7~8점을 多少의 기준으로 하였다〈그림 112〉.

상기 기준을 근거로 주거지 내 유물 간 잔존 관계를 살펴보면 총 8개의 조합이 가능하며, 여기에 폐기의 인위성 가미 유무를 포함하면 총 16개의 폐기원인과 의미를 상정할 수 있다. 이를 정리한 것이 〈표 49〉이다.

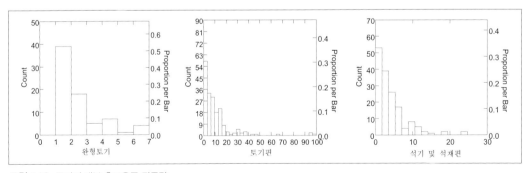

그림 112_주거지 내부 출토유물 잔존량

표 49_주거지 폐기와 유물잔존량의 구분

폐기	완형토기	토기편(저부·구연편)	석기·석재	원인	의미
자연폐기	多	多	多	자의적	죽음(질병), 유물 유기, 상위집단?
	多	多	小		죽음, 유물 유기, 석기생산없음
	多	小	多		죽음, 토기를 통한 의례?, 이주, 석기제작 주거?
	多	小	小		이주, 토기를 통한 의례?
	小	多	多		이주, 석기제작주거,
	小	多	小		이주, 폐기장
	小	小	多		석기 전문 주거
	小	小	小		완전이주, 주거지×
인위폐기 (화재폐기)	多	多	多	자의적, 타의적	죽음(전쟁-주거집단 모두 사망?), 질병에 의한 소각, 폐기장, 상위집단 주거?
	多	多	小		죽음(전쟁, 질병), 유물 유기, 석기생산 기능적은 주거
	多	小	多		죽음, 토기를 통한 의례?, 이주, 석기제작 주거?
	多	小	小		죽음, 이주, 의례
	小	多	多		소각 후 가재도구 수습, 폐기유물다량 유기, 이주, 석기제작 주거, 전리품
	小	多	小		소각 후 가재도구 수습, 폐기유물 다량 유기, 이주, 쓰레기장, 전리품
	小	小	多		소각 후 가재도구 수습, 석기수습 불가, 이주, 석기제작 주거
	小	小	小		소각 후 가재도구 수습, 이주

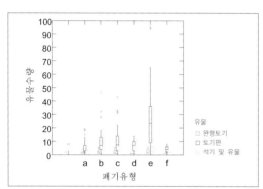

그림 113_폐기유형별 잔존유물량(역삼동유형)

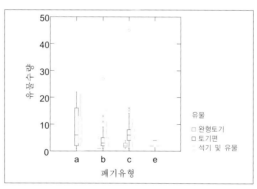

그림 114_폐기유형별 잔존유물량(가락동 유형)

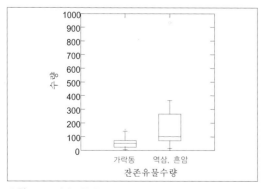

그림 115_취락유형별 유물 잔존량

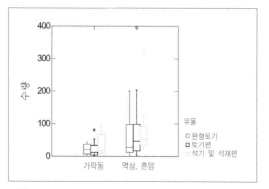

그림 116_취락유형별 유물별 잔존수량

표 50_주거의 폐기와 잔존유물량의 비교

주거지	자연폐기>화재폐기	자연폐기=화재폐기	자연폐기<화재폐기
유물다량=유물소량	백석동	관산리, 용정리	
유물다량〉유물소량	명암리, 불당동III, 용곡동 두터골…		제천리?
유물다량〈유물소량	자개리Ⅰ·Ⅱ, 풍기동밤줄길, 운전리, 불당동Ⅱ, 아산 장재리, 관편동, 하당리, 사양리, 강서동, 용산·탑립동…	상장리, 신월리	주교리, 두정동, 대율리…

표 51_유적별 폐기유형 주거지 수와 출토유물량

취락유형	유구명	총주거지수	a형	b형	c형	d형	e형	f형	완형토기	토기편	석기	석재편	총유물수	a형유물량	b형유물량	c형유물량	d형유물량	e형유물량	f형유물량
역삼동	관산리	9	0	4	4	0	0	0	8	120	31	26	177		47	128			
	주교리	11	0	7	5	0	0	0	2	66	23	10	99		52	47			
	자개리1	12	4	8	0	0	3	0	6	70	14	21	105	18	87			24	
	자개리2	17	4	8	2	0	0	3	0	85	7	9	101	27	39	24			11
	풍기동	4	0	1	1	0	0	0	3	35	1	7	43		6	22			
	밤줄길	9	6	3	0	0	1	0	3	33	3	2	38	34	4			13	
	두정동	3	0	0	3	0	0	0	1	9	3	3	15		15				
	명암리	14	0	10	0	1	1	0	11	309	30	16	355		204		110	101	
	운전리	12	3	5	2	1	2	1	9	79	4	16	99	7	19	57	8	42	8
	불당동	27	11	11	4	3	8	0	5	330	22	13	365	201	110	54	28	233	
	백석동	94	24	37	25	7	6	2	78	619	214	101	934	162	396	324	66	92	11
	두터골	11	3	6	3		3		16	213	25	27	281	23	80	178		181	
	장재리	14	7	8	2				2	91	24	21	138	65	73	37			
가락동	수당리(충남대)	2	0	1	0	0	1	0	4	8	1	4	13		7			6	
	상장리	6	0	3	3	0	0	0	0	7	10	12	29		13	16			
	용정동	12	1	9	5	0	1	0	8	83	18	39	140	10	40	97		14	
	관평동	10	0	9	2	0	0	0	0	33	18	21	72		54	18			
	제천리	3	0	1	2	0	0	0	1	21	7	16	44		28	16			
	하당리	6	2	4	0	0	0	0	1	36	9	7	52	31	21				
	대율리	9	0	2	8	0	0	0	0	32	12	51	95		25	70			
	마산리	2	0	2	1	0	0	0	0	5	3	5	13		2	11			
	풍정리	1														8			
	비하동	2	0	2	0	0	0	0	0	1	0	5	6		6				
	사양리	5	1	4	2	0	0	0	0	49	11	13	73	4	3	66			
	강서동	4	2	1	1	0	0	0	0	28	9	18	55	44	1	10			
	신월리	9	2	6	5	0	0	0	0	38	19	6	63		11	52			
	용산,탑립동	14	0	12	3	0	0	0	3	63	30	59	152		81	71			
	산남동	1													4				
	황탄리	1													46				
	용산동	2	0	2	0	0	0	0	6	8	4	5	17		17				
	둔산	3	0	0	0	0	0	0	1	23	10	17	50						
	쌍청리	3	0	1	0	0	0	0	0	9	2	8	19		4				

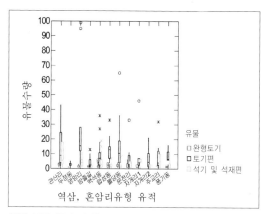

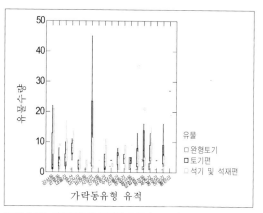

그림 117_역삼동유형 유적의 유물잔존 수량   그림 118_가락동유형 유적의 유물잔존 수량

　표를 보면, 자연 폐기된 주거지의 경우, 유물의 다소 차이는 自意의 이주가 주 원인일 가능성이 높으며, 일부 유물의 잔존이 많은 주거지는 질병에 의한 주거 방치나 석기제작소 등의 기능의 문제로 파악할 수 있다. 이에 비해 인위 행위가 가미된 폐기 주거지의 경우는 자의의 행위 뿐 아니라 타의의 간섭에 의한 폐기의 이유도 상당할 것이다.〈그림 116〉

　다음으로 앞의 퇴적유형 주거지와 잔존 유물 간 상호 비교한 결과, 각 취락유형별 자연 또는 인위의 폐기 주거지에서 유물량에 큰 차이는 없다〈그림 113~114〉. 하지만 역삼동유형 취락 내 e형 퇴적 주거지에서 유물이 다량 출토되는 점을 주목할 수 있다. 주로 토기편이 다수를 차지하여 주거 폐기 시 의례나 의식 등의 고의가 있는 행위를 생각하게 한다. 이에 비해 가락동유형 취락은 a형 퇴적 주거지에서 많은 수의 유물이 보인다. 물론, 주거와 유물의 수가 적어 적극 해석은 어렵다. 이를 제외하면 주로 c형 퇴적 주거지에서 많은 수의 유물이 출토되는 것을 볼 수 있는데, 아마도 타의 폐기 가능성을 높게 한다.

　다음으로 취락유형별 유물의 잔존모습을 살펴보았다. 주로 역삼동유형 취락의 유물잔존량이 가락동유형 취락보다 높다〈그림 115~116〉. 이는 주거 생활시 가재도구의 수가 상대적으로 많음을 의미하기도 하지만 역삼동유형 취락의 주거 재사용이 더 많다는 점을 의미하며, 기존 폐기 유물과 합쳐져 개체수의 증가 가능성도 있다.

　마지막으로 각 취락유형 유적별 폐기형태와 유물의 잔존량을 살펴보았다.

　〈표 50~51〉, 〈도면 117~118〉은 취락 전모가 밝혀진 유적을 대상으로 정리한 것이다. 표를 보면, 모든 취락 유형 유적에서 자연 폐기된 주거가 많이 관찰되고 주거 내 남아 있는 유물의 양은 적은 모습이다. 이주 및 이동에 따른 유물의 반출이 많았다는 것을 생각

하게 한다.

2. 취락의 폐기와 소멸

1) 주거의 폐기와 생존전략

앞에서 각 취락 유형 유적별 폐기 모습을 퇴적양상과 잔존 유물량을 통해 살펴보았다. 이를 다시 요약하면, 역삼동유형 취락 주거지는 여러 퇴적유형이 나타나며 다양한 폐기 모습과 원인을 살필 수 있다. 하지만 가락동유형 취락 주거지는 대체로 자연 퇴적된 모습이 주를 이루고 있어, 주거 간 유사한 폐기 시간과 원인을 파악할 수 있다. 물론, 이러한 취락유형별 주거의 폐기 차이는 취락을 지속하고 발전하기 위한 생존 전략이 투영된 것일 수도 있지만 그보다는 폐기와 소멸 과정에 내·외부 요인이 작용한 것으로 파악하는 것이 타당하다.

주거와 취락은 동시에 소멸하지 않는다. 1~2기 주거가 기능을 다하여 폐기됐다고 해서 취락 전체가 소멸하지는 않는다는 것이다. 다시 새로운 주거가 재구축 및 조성될 수 있고 주거가 다른 용도로 재사용될 수도 있기 때문이다. 반면에 취락이 소멸한다는 것은 유적 내 주거 폐기가 모두 이루어져 더 이상 이용이 없다는 것을 의미한다. 따라서 유적 내 주거 폐기 모습을 모두 관찰하여야 취락 쇠퇴와 소멸의 원인에 대한 접근이 가능하다.

이 문제에 접근하기 전에 주거 폐기와 취락 소멸이 동시에 발생하지 않는다는 인식과 함께 상기 행위가 발생하기 전 이루어지는 취락 내 생존전략을 간략히 언급하고자 한다.

역삼동유형 취락의 주거 폐기 원인으로 접근할 수 있는 것이 일정지역 내 주거 집중화 현상을 지적할 수 있다. 필자의 역삼동유형 II단계 이후 증가하는 주거 대부분은 구릉의 능선에 집중하지만, III단계에 들어서면서부터 능선 사면까지 주거를 확대하게 된다. 이에 따라 주거를 조성할 수 있는 지점의 부족 현상을 초래하게 되며 더불어 주거 주변에 놓인 농경지의 부족현상도 같이 한다.

이러한 주거 입지 지역 내 공간부족 문제는 청동기시대 전기 이른 시기부터 꾸준히 증가하는 주거지와 인구 등으로 보아 해결이 쉽지는 않았을 것이다. 특히, 인구 증가는 주거와 유적지, 그 주변 자원의 활용과 이용 증대를 수반하게 되며 결국은 자원의 감소 현상으로 이어지게 된다. 결국 취락을 운영하는 상위 계층(평등한 지도자든 위계가 있는 지도자든)은 큰 부담을 가질 수밖에 없다. 따라서 이의 해결을 위한 전략 선택이 작용하게 되었을 것이다.

주거는 장단비 증가와 면적 확대라는 축조상의 기술로서 가능하지만, 농경지 부족현상은 농작물 증대를 위한 새로운 농경기술의 획득과 같은 적응 전략이 필요하다. 하지만 청동기시대 후기에 들어서서 나타나는 논과 같은 새로운 농경기술은 아직 청동기시대 전기에는 나타나지 않았다. 따라서 분촌화 전략을 통해 원 거주지 내 가경지 확보를 의도해 문제 해결을 시도하였을 가능성이 있다.

현재까지의 자료로 보는 한 청동기시대 전기에는 수렵과 채집, 그리고 밭과 같은 농경생활이 주를 이루었을 것으로 판단하며, 농경은 화전과 같은 한정된 방식이었던 것으로 본다(박순발 1999: 90; 안재호 2000: 51). 더욱이 화전이 이 시기의 주요 생계방식의 하나였다면 취락 내에서 계속된 경작이 가능하지 않기 때문에 지력이 회복될 때까지 떠나 있어야 하므로 주거 폐기는 당연한 결과이다. 그러지 않더라도 새로운 농경지 개척을 통한 잉여 산물의 부족 현상을 타개하기 위해서는 일부 집단이나 취락 전체가 잠시 동안 이동 또는 이주하고 다시 돌아와 재정착하는 생존 전략을 필요로 한다. 따라서 상기 여러 원인들은 주거 폐기를 가능하게 하는 근거가 된다.

이러한 취락의 소멸을 가져 올 주거 폐기 전략의 하나인 이주와 이동, 그리고 재정착의 순환의 모습은 앞에서 언급한 몇 가지의 고고학 증거로 파악할 수 있다. 즉, 중복된 주거지가 많다는 점, 주거 내 잔존 유물 중 완형토기와 토기편의 유물 개체수가 많은 점, 주거 내부 퇴적토의 다양성이 관찰되는 점 등이다. 특히, 주거 퇴적 양상 중 e형 퇴적 주거지의 모습은 상기의 사실을 반영하는 근접한 근거로 판단된다. 상기 퇴적양상과 관련해서 다량의 유물이 확인되는 점을 바탕으로 주거 1차 매몰 후 凹地가 형성된 곳의 폐기와 관련한 인위 행위가 있었을 것으로 파악하기도 하는데(취락연구회 2004, 최하영 2008), 물론 성격에 대한 논란이 있을 수 있지만, 이러한 모습은 주거 폐기 후 일정기간 그 기능이 사라졌다가 다시 인위 행위가 가미되면서 재이용이 진행되었음을 의미한다. 즉, 한 지역에서 주거 폐기가 이루어진 후 주거민의 타 지역으로의 이동, 이주 후 다시 정착하는 과정에 이러한 현상이 나타났을 가능성이다.

이처럼 주거의 폐기는 다양한 관점과 원인, 요소들을 생각해야 하겠지만 취락이 입지한 곳에서 거주민의 이주 후 재정착 등의 생존 전략[63]이 더 이상 진행하지 못하게 되면서

---

63) 이와 관련하여 전기 청동기시대 주거 유적만으로 이루어진 취락을 이동성 정주취락(이형원 2009,

주거는 완전히 폐기되고, 이에 따라 취락은 쇠퇴와 소멸의 길로 접어들게 되었을 것이다.

2) 취락 소멸과 원인

(1) 내부 원인

그렇다면 이주와 이동에 의한 또는 타 원인에 의해 주거 폐기는 점차 진행하면서 결국은 취락의 소멸로 이어지게 된다. 이러한 취락 소멸은 내·외부 요인의 어떤 작용에 의해 발생한 것으로 생각하며, 여기서 그 접근을 실시해 보자.

소멸의 내부 요인은 각 취락유형별 다르게 작용한다. 역삼동유형 취락은 앞에서 잠시 언급한 주변 자연환경의 부족에 따른 생계의 어려움이 크게 작용하였을 것이다.

이와 관련하여 박지훈·오규진(2008)의 연구가 주목된다. 그들은 천안 백석동 유적의 폐기에 주변산림의 벌채로 인한 유적지 황폐화가 있었을 것으로 언급하였다. 황폐화에 대한 증거로는 백석동 유적이 위치한 산 곡부의 시굴트렌치 내에서 구릉지에 서식한 수목화분의 존재를 통해서이다. 벌채로 인한 裸坮地의 형성과 이에 따른 저습지 내 초본화분의 증가가 유적지 내 황폐화로 진행된 것을 파악한 것이다.

필자 또한 분석의 방법과 그에 따른 해석은 다르지만 주거 수와 내부에서 확인되는 노지 수를 합산하여 주거지 축조와 취사 그리고 난방에 필요한 나무의 소비량을 파악한 결과, 전기에는 상당량의 목재가 필요했을 것이며 이는 유적지 주변의 황폐화로 이어질 가능성이 있음을 언급하였다(오규진·허의행 2006).

황폐화의 모습은 당시 농경의 모습을 통해서도 추정 가능하다. 전기의 경작지는 밭 위주였으며, 여기에 화전의 빈번한 경작도 언급한다. 특히 화전은 취락지 주변의 넓은 면적을 황폐화하는 직접 원인이 된다. 산림을 벌채하고 불을 지르는 행위로 인해 70-80년대까지도 산림황폐의 주 요인으로 인식하였다(江原道 1976: 20). 이로 보아 선사시대에는 그 황폐화의 모습은 더욱 컸을 것이다.

상기 폐기의 원인과는 다른 언급이지만, 백석동 유적의 취락 해체와 관련해서 인구증가에 따른 취락 내부의 여러 문제 해결 방안으로 새로운 농경지 확보를 위한 인구과밀의

109쪽)으로 언급한 연구성과를 통해 보더라도 이 시기는 이주와 이동의 생존전략이 주요하게 작용하였던 것으로 볼 수 있다.

해소가 있었을 것이라는 견해도 있다(김장석 2003: 49~50). 이는 전기 취락에 주거와 인구의 급증에 따른 자원의 부족 현상을 해결하기 위한 방법을 언급한 것이지만, 취락 소멸의 일단을 보여주는 견해이기도 하다.

아무튼, 상기 제 견해 등을 종합하면 청동기시대 전기 취락의 쇠퇴와 소멸의 원인은 인구의 급작스런 증가에 의해 발생한 자원 부족 현상과 황폐화를 그 원인의 하나로 인정할 수 있다. 아마도 필자의 역삼동유형 II단계 이후부터 자원 부족 현상은 발생하면서 진행하게 되며, III단계에 이르면 주거와 인구가 가장 많은 수로 증가를 보인다. 이는 결국 취락의 쇠퇴와 소멸의 길로 들어서게 되는 원인이었을 것이다.

이와는 달리 가락동유형 취락은 주거의 폐기와 취락 소멸의 모습에 차이가 있다. 소멸 원인의 하나로 추정되는 이주 후 재정착 등의 모습은 여러 고고학 증거에서 잘 보이지 않는다. 주거 내 유물 잔존량이 역삼동 유형 주거보다 상대적으로 적은 점, 주거 간 중복 예가 거의 없다는 점, 방치되어 자연 폐기되는 주거 내 매몰토의 퇴적양상이 각 주거 간 대체로 유사한 점 등으로 보아 주거 간 폐기의 시간 차이 없이 거의 동시에 일어난 것으로 판단한다. 결국, 취락 쇠퇴와 소멸의 과정은 모든 주거의 동시 폐기와 함께 이루어진 것으로 이해할 수 있다.

가락동 유형 취락은 주거 수나 주거 간 밀집도, 인구의 증가 측면에서 역삼동 유형 취락보다 현저히 떨어지는 편이지만 생활공간이나 농경지 확보 등의 자원 활용도 면에서는 상대적으로 높다. 따라서 생계 문제 해결을 위한 이주와 같은 취락의 생존 전략은 크게 작용하지 않은 것 같다. 다만, 화재폐기 주거가 취락의 외곽에서 확인되는 예가 많아 주

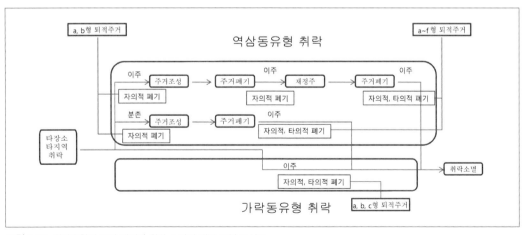

그림 119_취락유형별 주거 폐기와 취락 소멸의 내부 요인 모식도

거 간 결집력이 약하고 분산도가 크다는 점이 있고, 지역 분포에서 보면 충청도 동부 쪽에 치우쳐 집단으로 거주하는 약한 기반성으로 인해 타 문화에 의해 동화된 결과(이홍종 b 2003: 130)등을 생각할 수 있어, 취락 쇠퇴와 소멸과정에 역삼동유형 취락과는 달리 외부의 영향이 오히려 크게 작용했을 것이다.

(2) 외부 원인

이렇듯 청동기시대 전기 취락의 소멸은 각 취락유형별로 뚜렷하지는 않지만 내부 원인의 차이를 살필 수 있다. 하지만, 이러한 내부 원인 이외에도 취락 폐기와 소멸은 외부의 영향을 전혀 배제할 수 없다. 그 원인의 하나로 새로운 취락유형의 등장을 이야기 할수 있다. 즉, 청동기시대 전기에 이어 후기로 이행하는 과정에 수도농경을 중심으로 한송국리문화의 등장과 파급이 전기 재지 문화의 쇠퇴를 가져온 것으로 이해한다.

물론, 이러한 문제는 후기 송국리문화의 등장, 즉 형성 배경을 어떠한 관점에서 이해하느냐에 따라 다르게 논의할 수 있다. 본고는 전기 취락의 일생사 관점의 접근이어서 후기 송국리유형 등장과 형성에 관한 논의를 분명히 하기는 어렵지만, 전기 취락의 소멸을 살펴보는데 있어 이들의 처음 모습을 언급할 필요는 있겠다.

문제의 접근에 앞서 전기 취락의 늦은 시기와 후기 취락의 이른 시기에 대한 모습을 살펴보아야 한다. 필자는 기존 논고(李弘鍾·許義行 2010)를 통해 후기 송국리유형 취락의 편년을 시도한 바 있는데, 전기 취락 편년과 함께 살펴보면 다음과 같은 취락 쇠퇴의 원인의 일단을 접근할 수 있다.

우선, 청동기시대 전기 각 취락유형별 유구와 유적의 단계별 변화양상과 후기 송국리유형의 등장 모습을 보면, 전기 취락 모두는 시간이 흐를수록 등장, 유행, 쇠퇴의 과정을 거치면서 유적의 수가 증가하고 다시 자연스럽게 감소한다. 반면에 후기의 송국리유형은 처음부터 급속하게 등장하는 것을 확인할 수 있다〈표 52~53〉. 이는 앞에서 언급한 전기 취락이 자원의 황폐화나 기타 내부 요인에 의해 점차 쇠퇴의 길을 걷게 되지만, 결국에는 후기 송국리유형의 급작스런 출현이라는 외부 요인에 의해 소멸하는 것으로 볼 근거가 된다. 특히 송국리유형은 처음 등장할 단계가 가장 강렬한데, 아마도 송국리문화가 등장-성행-쇠퇴라는 점진의 과정을 밟은 것이 아니라 일시적이면서도 상당한 규모로 출현하였음을 시사한다(이홍종 2000).

물론, 전기 늦은 시기 각 취락유형별 후기 송국리유형과의 접촉과정은 다른데, 역삼동유형이 잔존한 지역은 송국리유형과 서로 절충하는 모습(李弘鍾a 2005)을 보이지만 가락동유형이 잔존한 지역은 절충이나 접촉 없이 송국리유형이 그대로 등장한다. 유구와 유물상에서 역삼동유형은 절충된 양상이 보이지만, 가락동유형에서는 전혀 그러한 모습을 볼 수 없다〈그림 120〉.

표 52_청동기시대 단계별 유구수 변화

단계			유구 수(비율)			역연대
가락동	역삼동	송국리	가락동 유형(54)	역삼동 유형(74)	송국리 유형(101)	
I			17(31.4%)			13C~11C
II	I		24(44.4%)	5(6.7%)		12C~10C
III	II		13(24.0%)	17(22.9%)		11C~9C
	III			27(36.4%)		
	IV	I		25(33.7%)	13(12.8%)	10C~8C
		II			27(26.7%)	9C~7C
		III			18(17.8%)	8C~6C
		IV			27(26.7%)	7C~5C

표 53_청동기시대 단계별 유적수 변화

단계			유적수(비율)			역연대
가락동	역삼동	송국리	가락동 유형(36)	역삼동 유형(42)	송국리 유형(57)	
I			11(30.5%)			13C~11C
II	I		15(41.6%)	4(9.5%)		12C~10C
III	II		10(27.7%)	10(23.8%)		11C~9C
	III			12(28.5%)		
	IV	I		22(52.3%)	18(31.5%)	10C~8C
		II			15(26.3%)	9C~7C
		III			13(22.8%)	8C~6C
		IV			11(19.2%)	7C~5C

결국, 전기 취락은 내부의 다양한 원인에 의해 쇠퇴의 과정을 겪으면서 소멸하지만 후기 송국리유형의 급작스런 출현이라는 외부 원인도 전혀 무시할 수 없다. 이러한 과정은 당연히 각 취락유형별 차이를 보이며 진행한다. 역삼동 유형 취락이 후기 취락과 얼마 동안의 공존이 있었을 것이지만, 가락동유형 취락은 후기 취락에 의해 흡수되어 문화자체가 빠르게 사라지는 것을 볼 수 있다.

여기서 분명하게 언급은 못했으나, 기회가 된다면 후기 송국리문화의 등장과 전기 취락 문화의 전환 과정에 대한 연구를 진행하여, 상기 문제에 대한 깊이 있는 고민을 하고자 한다.

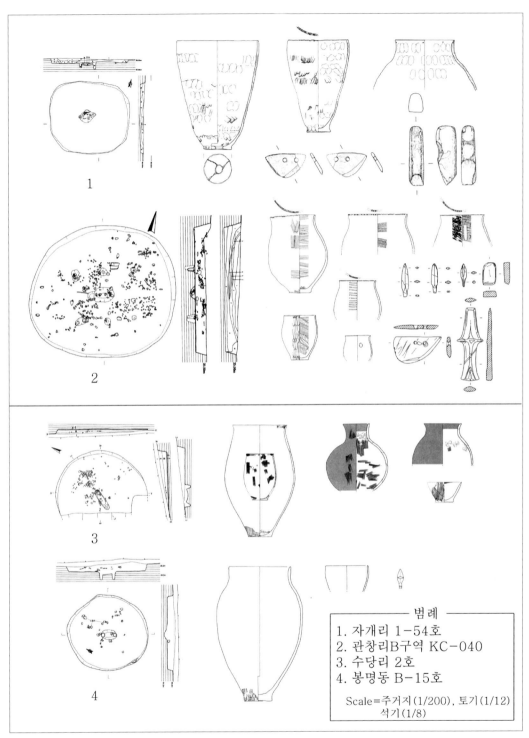

그림 120_후기 이른시기 송국리유형 유구와 유물상(상: 역삼동유형 지역, 하: 가락동유형 지역)

VI
맺음말

이상, 호서지역 청동기시대 전기 취락의 전반의 모습을 등장과 전개, 쇠퇴 및 소멸의 흐름 과정에서 살펴보았다. 여기서는 장별로 논의한 내용을 요약정리하고, 앞으로의 취락 연구방향을 제시하면서 맺음말을 대신한다.

I 장에서는 연구 방향을 모색하기 위해 청동기시대 전기 취락 연구와 관련한 내용을 간략히 살펴보고 본고의 전개와 구성에 관한 내용을 언급하였다. 본 논문은 전기 취락 全般의 문화를 파악하는 것을 목적으로 하였으며, 그 목적을 달성하기 위해 취락의 등장과 전개, 소멸과정의 一生史(life cycle) 관점을 제시하였다.

논의에 앞서 청동기시대 시기와 지역에 대한 구분을 실시하였는데, 시기는 기존 연구성과를 통해 밝혀진 전기와 후기라는 2분기 안을 따랐으며, 지역은 호서지역을 양분하는 차령산맥을 기준으로 동과 서로 크게 나누고, 이를 다시 수계와 지형여건에 따라 7개로 세분하였다. 이러한 시기와 지역에 대한 세분은 전기 취락의 지역 내 분포와 대체로 일치하는 점을 파악하였다.

II장에서는 그간 논의해 온 청동기시대 전기의 다양한 취락유형의 개념과 특징을 정리하고, 호서지역만의 취락 유형을 필자 기준에 맞게 설정하였다. 이렇게 설정한 취락유형을 바탕으로 전기 취락의 등장 이전과 이후의 모습을 살펴보았으며, 본격 취락 논의에 앞서 유형별 편년작업을 실시하였다.

이전에는 호서지역 내 전기 취락유형은 역삼동, 흔암리, 가락동 유형 등이 존재하는 것으로 파악하였다. 가락동 유형에 대해서는 이견차가 크지 않지만, 역삼동과 흔암리유형의 설정과 개념에 대해서는 다양한 이견이 존재한다. 대체로 흔암리유형을 역삼동유형 기반 위에서 성립한 하나의 유형으로 보는 견해가 대세였으나, 본고에서 재검토 한 결과 흔암리유형은 출토된 유물의 형식학 순서와 탄소연대 등이 빠르고, 분포는 호서지역 및 한반도 남부 전역에서 역삼동유형보다 시기가 앞서거나 특정의 지역 분포를 보이지 않는다. 그러한 점에서 흔암리유형은 특정의 취락 유형 기반 위에 성립한 것으로 보기는 어려웠다. 결과로 호서지역 내 역삼동, 흔암리 유형들은 실체의 문화를 가진 개별 집단으로 이루어진 유형이 아니라 흔암리유형 선, 역삼동유형 후라는 시간의 순서 흐름에서 나타나는 문화의 현상으로 이해한 것이다. 따라서 호서지역 내 취락유형은 가락동과 역삼동 유형만으로 구분해야 한다.

이렇게 설정한 호서지역 내 전기 취락유형의 등장을 검토하였다. 전기 취락은 기존 재지의 신석기시대 취락 전통이 그대로 이어지지 않는데, 수세기 동안 이 지역 내에서 신석기시대와 청동기시대를 연결할 수 있는 유적의 존재가 보이지 않기 때문이다. 물론, 당시 한랭한 기후로 인한 해수면 변동 등의 자연 환경 요인으로 충적대지 등의 입지에 취락 조성이 이루어졌을 가능성이 있다. 하지만 그 흔적 또한 아직 미미하였다. 따라서 이러한 공백현상을 메우기 위해 청동기시대 조기를 설정하였다. 하지만 시간으로나 공간으로 이 문제를 해결할 수 있는 고고학의 증거는 아직 호서지역에서 명확하지 않다. 물론, 최근의 연구와 확인되는 자료를 보면 조기로 대표되는 미사리유형 또한 호서지역 내에서 전기 타 취락유형들과 함께 한 하나의 취락유형으로 인정할 가능성은 높다.

그러나 청동기시대 전기 취락의 호서지역 내 등장까지는 신석기시대 문화 양상의 계승이 자연스럽게 이루어지지 못한 상태는 분명해 보인다.

본격 전기 취락의 등장은 각 유형별로 시·공간에서 차이가 있다. 대체로 기원전 14-13세기경에 가락동유형이 충남 동부지역에 먼저 등장한 후 독자의 전개와 발전을 진행하여 간다. 역삼동유형은 가락동유형보다 등장 시기가 다소 느리지만, 차령산맥 이서의 일정지역에 분포하며 나타난다. 이러한 취락 등장의 원인은 가락동유형은 북에서 취락 이주나 이동을 생각할 수 있었으며, 역삼동유형 취락은 서울·경기지역에서 호서지역으로 이주나 이동하는 과정에 나타나는 것으로 보았다. 각 취락 유형들은 등장 이후 지역을 달리하여 배타적인 전개와 발전이 진행되지만, 늦은 시기 일부 지역에서는 서로 접촉하거나 타 취락유형에 영향을 받아 변화하는 모습도 보인다.

상기 취락 유형의 등장 이후의 전개해 가는 모습을 보기 위해 취락유형별, 그리고 유적별 편년작업을 실시하였다. 편년은 토기에 대한 형식분류와 탄소연대 측정을 통한 검증의 과정으로 진행하였다. 그 결과, 역삼동유형은 4단계, 가락동유형은 3단계 설정이 가능했다. 이를 바탕으로 한 실연대를 살폈는데, 가락동유형 Ⅰ단계는 기원전 13C-11C, Ⅱ단계는 12C-10C, Ⅲ단계는 11C-9C에, 역삼동유형의 Ⅰ단계는 기원전 12C-10C, Ⅱ·Ⅲ단계는 11C-9C, Ⅳ단계는 10C-8C까지 이어진다.

Ⅲ장에서는 청동기시대 전기 취락 등장 이후 진행되는 취락 자체의 생활 모습을 입지와 생계방식을 통해 살펴보았다.

대체로 각 취락유형과 유적들의 입지는 동일한 기후조건과 지형을 이용하는 수준이었으나, 세부 지형이용 측면에서는 분명한 차이를 가졌다. 유적 입지에서는 지형 여건을 우선하지만, 생계를 위한 토양조건 또한 중요한 선정 요인의 하나였다. 그러다 점차 시간이 지나면서 정착지에서 적응이 완료되고 취락의 규모가 확대되면서 호조건의 입지요인이 많은 지역을 선정해 간다. 더불어 주변을 아우를 수 있는 조망권이 중요한 입지 결정요인의 하나로 작용했다. 결국, 입지결정 요인의 호조건의 多少는 취락 규모 및 생계, 나아가 사회·정치·경제 측면에서 취락 우열을 결정해 왔던 것으로 보인다.

이처럼 취락이 여러 환경 요인을 감안하여 적절한 입지를 선정하는 이유는 무엇보다도 생계와 밀접하게 연관된다. 생계방식의 결정은 입지 장소와 그 주변 환경의 조건에 맞추어 결정했을 것인데, 이를 파악하기 위해 각 취락유형별 석기 조성비 분석을 실시하였다. 석기조성비 분석은 각 취락유형별, 또는 유적별 대략의 차이를 확인하였을 뿐, 뚜렷한 생업과 생계방식의 모습을 밝히기는 어렵다. 하지만 석기조성비 분석과 입지 환경과의 관계를 통해 유적별 생산과 저장, 소비의 사회 경제의 활동 방식 차이를 밝혀 보았다.

생산성이 높은 유적은 입지장소에 호조건 요인의 多少를 통해, 저장성이 높은 유적은 주거 내부 저장시설물과 외부 수혈유구 비율상 차이로, 소비성이 높은 유적은 생산조건과 저장시설 대비로 본 주거의 수량 비율의 비교로 살펴 보았다. 그러한 관점과 분석을 통해, 입지여건이 우세한 유적은 주로 중·대형의 취락에서 많이 관찰되고 생산과 저장, 소비 면에서도 우월한 측면이 많아, 전기 취락의 생계방식을 통한 계층화의 논의를 언급할 수도 있다.

Ⅳ장에서는 전기 취락의 전개과정에서 나타나는 취락을 구성요소별(주거지, 수혈유구, 분묘)로 살펴보고 이들의 구조와 특징, 변화 등의 다양한 모습을 언급하였다. 그리고 취락이 발전하는 과정에서 개별 구성요소들이 서로 조합하여 취락 구조 형태화 하는 모습과 변화의 과정을 추적하였다.

주거지는 각 취락유형별 상이점과 상사점이 관찰된다. 역삼동식 주거는 구릉의 정상과 경사지 등 다양한 지형조건에서, 가락동식 주거는 대체로 구릉 정상에만 축조하는 특징이 있다. 이들은 축조방법과 평면형태, 내부시설의 모습에서 명확한 차이가 있고 전개와 변화의 양상 또한 다르게 나타난다.

축조와 구조의 차이를 취락유형별로 뚜렷이 파악하기 위해 화재 폐기된 주거의 복원을 실시하였다. 복원 결과, 역삼동식 주거는 맞배와 우진각지붕 위주의 형태가 다수를 이루며, 가락동식 주거는 상기 지붕 형태 외에 팔작지붕의 모습 등도 추정되는 등 다양한 형태의 존재를 추정하였다.

이러한 차이와는 별개로 이들 주거는 시간 흐름에 따른 유사한 변화 모습을 보인다. 평면형태는 방형에서 세장방형으로, 다시 늦은 시기에 들어서면 방형화한다. 이와 함께 규모는 대형에서 다시 소형으로 하면서 주거 내부시설도 변한다. 역삼동식 주거는 노지 및 저장공 수의 감소를 보이지만, 가락동식 주거는 저장공 수의 감소가 잘 보이지 않는다. 상기한 주거 형태와 규모, 내부시설의 변화는 세대공동체에서 가족공동체, 가족확대 등의 사회조직과 이에 따른 주거 내 소비와 저장행위 등의 사회 경제상 변화도 같이한다.

취락 외 시설물은 그동안 간과해 온 수혈유구를 통해 살펴보았다. 이들의 개념과 성격, 분포에 대한 전반의 내용을 살폈는데, 역삼동유형 취락에서만 확인되는 특징이 있다. 이 유구의 성격과 기능은 뚜렷하게 밝혀진 바 없으나, 주거 외부시설인 저장관련 기능의 가능성이 높다. 이들은 주거와 마찬가지로 시간의 흐름에 따른 변화를 보인다. 전기 이른 시기에 주거지 외부에서 1~2기 정도가 인접하여 설치되다가 늦은 시기에 이르러 일정지역에 군집하는 경향이 있다. 주거와 마찬가지로 사회조직의 변화도 수반하는데, 더구나 수혈유구의 관리와 운영의 주체자 변화를 함께 한다.

분묘는 각 취락 유형별 뚜렷한 특징을 가지며 나타나지는 않는다. 대체로 전기 이른 시기(분명하게는 필자의 각 취락유형의 II단계 이후부터), 취락의 구조가 본격화하는 시기에 발생하는 것으로 파악된다. 하지만 호서지역은 아직 전기 분묘가 후기 분묘와는 달리 축조와 묘의 사용은 일반화하지 않는다. 분묘의 수는 많지 않고, 단독으로 1기 정도만 조성되며, 일정지역과 유적에 한정해서 나타나는 현상으로 보아 전기 취락민의 보편의 묘제라기보다는 일부 상위 계층에 한정하여 상징적으로 이용한 것으로 보인다. 이들은 자체의 변화 모습은 뚜렷하지 않다. 또한 취락구성 요소의 하나로 편입하여 구조의 형태로 나타나지도 않는다.

상기 주거와 수혈유구, 분묘 등의 취락 구성요소들은 처음부터 완성된 형태로 등장한 것이 아니라, 시간의 흐름에 따라 조합하면서 다양한 취락 구조를 형성하고 변해간다.

역삼동유형 취락은 총 4개 형태(A-D형)의 구조를 확인할 수 있다. 이들은 대체로 A형에서 C형으로 변화하는 경향성을 살펴볼 수 있다. 주거는 개별로 분산하다가 집중(군집)을 거쳐, 구릉 정상을 중심으로 환상의 형태로 배치된다. 수혈유구는 주거 인근에 위치하다 점차 주거군의 외곽으로 군집하며 설치된다. 이에 비해 가락동유형 취락은 주거만으로 구성되면서 변화 발전한다. 주거는 面的 확대는 널리 확인되지 않고 주로 선형배치를 근간으로 한 점상(A형)과 군집(B형)의 모습이 주를 이룬다. 역삼동유형 취락과 유사하게 주거가 군집하면서 구조화하는 모습이지만, 공지를 갖는 주거의 환상배치 취락 구조는 없다.

이처럼 역삼동유형 취락은 다양한 취락 구성요소의 결합으로 인해 구조화가 진행되지만 가락동유형 취락은 구성요소의 단순(주거지만)으로 발전한다. 결국, 상기 취락유형별 구조화는 일부 유사한 면은 있지만, 기본으로는 다른 문화 전통을 지니며 진행하는 것을 볼 수 있어 호서지역만의 청동기시대 전기 취락의 특징을 파악하였다.

마지막으로 Ⅴ장에서는 청동기시대 전기 취락이 등장하고 발전해 가지만 어느 시점에 이르러 소멸해 가는 과정을 살펴보았다. 이를 위해 주거 폐기 실험을 바탕으로 한내부 매몰토와 잔존 유물의 양상을 분석하였다. 분석을 통해 얻어진 주거 폐기의 모습은 취락의 소멸과정으로 확대하였고 그 원인을 내·외에서 찾고자 하였다.

주거 폐기는 토층도 분석을 통해 총 6가지 모습을 살폈다. 크게 자연 매몰에 의한 퇴적과 인위의 행위가 가미된 퇴적이 있었으며 이들은 다양한 폐기 원인을 가졌다. 대체로 자연 퇴적양상(a, b형)은 이주 등의 원인이 크게 작용하였을 가능성이 있으며, 인위의 행위가 가미된 퇴적양상(c, d, e, f형)은 이주 및 이동과 함께 전쟁이나 질병 등의 원인이 토양에 내포되었을 것으로 추정하였다. 취락유형별로는 역삼동유형 취락이 주거와 인구 증가로 인한 생계 문제 등의 타계를 위한 분촌과 이주, 다시 정착하는 과정과 화재폐기된 주거 분포 양상을 통해 내부 원인에 의한 폐기 의도를 살펴 보았다. 반면에 가락동유형 취락은 주거 수나 화재 폐기의 집중도, 인구 면에서 비교해 보면 미약한 모습이 많아 이주와 같은 빈번한 주거 폐기보다는 타 문화의 동화에 의해 자연스레 폐기되는 원인을 살폈다.

이러한 주거 폐기의 진행은 결국 취락을 소멸하게 하는데, 그 원인은 내·외적인 측면에서 찾아보았다. 내부의 요인으로는 역삼동유형 취락에서 자세히 살폈다. 주거와 인구 급증에 따른 자원 부족 현상을 해결하기 위한 전략적 이주와 재정주 등의 과정 속에서 쇠퇴의 모습을 본 것이다. 반면에 외부의 원인으로는 새로운 취락유형의 등장을 생각할 수 있다. 새로운 취락 등장과 발생은 청동기시대 후기의 시작으로 볼 수 있는데, 이는 송국리유형 집단의 등장과 연결된다. 송국리유형은 등장 초기는 강렬한데, 문화의 등장-성행-쇠퇴라는 점진의 과정을 밟은 것이 아니라 갑자기 상당한 규모로 출현한다. 단 취락유형별 송국리문화와의 접촉 과정은 다르게 나타난다.

역삼동유형 취락은 송국리유형의 등장과 함께 처음에는 서로 절충하는 모습을 보이지만, 가락동유형 취락은 절충이나 접촉없이 송국리문화에 그대로 흡수 및 동화되어 간다. 결국, 전기 취락은 내부의 다양한 원인에 의해 쇠퇴의 과정을 겪어 가지만, 후기 송국리문화의 급작스런 줄현으로 인해 서서히 또는 급속히 소멸하였다.

이상으로 논문의 내용을 장별로 정리하였는데, 본고가 청동기시대 전기 취락 전체를 모두 다루고자 하였다는 점에서 피상으로 접근한 내용이 많다. 또한 각 장마다 치밀한 분석과 해석을 실시해야 하나 이 또한 미진하게 진행하였음을 시인할 수밖에 없다. 필자가 보완해야 할 숙제로 남는다.

또한 최근 많은 연구를 진행하고 있는 조기 미사리유형에 대한 문제나 전기 분묘의 양상에 대해서는 자세한 접근과 해석도 부족하였다. 이러한 부분에 대해서는 앞으로 관심을 갖고 자세히 연구를 진행하고자 하며, 상술한 부족한 논지 전개 또한 많은 고고학 근거를 찾아 보완해 나가도록 하겠다.

아무튼, 본고는 그 동안 논의가 부족했던 취락을 일생사의 관점에서 접근하였다는 점에 의의를 두고 싶으며, 앞으로 청동기시대 후기 취락의 일생사와 같이 살펴 연구한다면 청동기시대 전체의 문화 모습을 파악하는데 많은 도움이 될 것이라 생각한다.

參考文獻
참고문헌

1. 單行本

江原道, 1976, 『火田整理史』.

과학백과사전종합출판사, 1996, 『조선기술발전사 1』원시·고대편.

국립민속박물관, 1991, 『한국 짚 문화』.

권동희·박희두, 1991, 『土壤地理學』, 교학연구사.

김상순·이한창, 2006, 『식품저장학』, 수학사.

金始源 外, 1992, 『農地開發工學』, 鄕文社.

김연옥, 1998, 『기후변화-한국을 중심으로』, 대우학술총서.

류순호 외, 2000, 『토양사전』, 서울대학교출판부.

박휘락, 2007, 『전쟁, 전략, 군사입문』, 法文社

배진성, 2005, 『전환기의 선사토기』, 국립김해박물관.

西田一彦 著·朴春植 譯 1996, 『풍화토의 특성』, 엔지니어즈.

손준호, 2009, 『청동기시대 주거지집성I·II』, 서경문화사.

吳洪晳, 1989, 『聚落地理學(增補版) -農漁村의 地域性格과 再編成-』, 敎學硏究社.

유소민 지음·박기수·차경애 옮김, 2003, 『기후의 반역』, 성균관대학교 출판부.

李殷雄 編著, 1986, 『水稻作』, 鄕文社.

李弘鍾, 1996, 『청동기사회의 토기와 주거』, 서경문화사.

李弘鍾·高橋學, 2008, 『韓半島 中西部地域의 地形環境 分析』, 서경문화사.

이희연, 2000, 『GIS지리정보학』, 法文社.

정회성, 2009, 『전환기의 환경과 문명』, 지모.

조풍연 해설, 1996, 『사진으로 보는 朝鮮時代(속)-생활과 풍속』, 서문당.

曺華龍, 1987, 『韓國의 沖積平野』, 敎學硏究社.

최영준, 2002, 『한국의 짚가리』, 한길사.

취락연구회, 2004, 『竪穴建物址 調査方法論』, 춘추각.

韓國木炭硏究所, 1999, 『숯이 사람을 살린다』, 志成文化社.

邢基柱, 2000, 『農業地理學』, 法文社.

황헌만, 1991, 『草家』, 열화당.

2. 論文

(1) 國內

姜秉學, 2005, 「한반도 선사시대 굽다리토기 연구」 『古文化』66, 한국대학박물관협회.

고민정, 2009, 「남강유역의 청동기시대 후기 중심취락과 취락간 관계」 『청동기시대 중심취락과 취락 네트워크』한국청동기학회 취락분과 제2회 워크샵 발표요지, 한국청동기학회.

孔敏奎, 2003, 『무문토기문화 가락동유형의 성립과 전개』崇實大學校 大學院 碩士學位論文.

공민규, 2010, 「금강 중류역 청동기시대 전기 취락의 검토」 『청동기시대 주거지의 편년과 취락구조의 (재)검토』한국청동기학회 취락분과 제3회 워크샵 발표요지, 한국청동기학회.

孔敏奎, 2011, 「금강 중류역 청동기시대 전기 취락의 검토」 『韓國靑銅器學報』第八號, 韓國靑銅器學會.

공민규, 2012, 「충청 남동지역의 조기~전기 편년」 『청동기시대 광역편년을 위한 조기~전기문화 편년』한국청동기학회 학술발표회, 한국청동기학회.

郭鍾喆, 1993, 「先史·古代 稻 資料 出土遺蹟의 土地條件과 稻作·生業」 『古文化』42·43合, 韓國大學博物館協會.

郭鍾喆, 2004, 「I. 竪穴建物址의 一生」 『竪穴建物址 調査方法論』, 춘추각.

구자진, 2010, 「한국 신석기시대의 집자리와 마을 연구」, 숭실대학교대학원 박사학위논문.

宮里 修, 2005, 「無文土器時代의 취락 구성 -中西部地域의 驛三洞類型-」 『韓國考古學報』56, 韓國考古學會.

김경표·류근주, 1994, 「청원 궁평리유적의 청동기시대 집터 복원에 관한 연구」 『淸原 宮坪里 靑銅器遺蹟』, 韓國高速鐵道建設公團·忠北大學校先史文化硏究所.

김권구, 2001, 「영남지방 청동기시대 마을의 특성과 지역별 전개양상」 『한국 청동기시대 연구의 새로운 성과와 과제』, 충남대학교박물관.

金權中, 2008, 「靑銅器時代 周溝墓의 發生과 變遷」 『韓國靑銅器學報』第3號, 韓國靑銅器學會.

김권중, 2010, 「청동기시대 중부지방의 시·공간적 정체성 -주거지와 출토유물을 중심으로-」 『중부지방 고고학의 시·공간적 정체성(I)』2010년 중부고고학회 정기학술대회, 중부고고학회.

김도경, 2000, 『韓國 古代 木造建築의 形成過程에 關한 硏究』, 고려대학교대학원 박사학위논문.

金度憲·李在熙, 2004, 「蔚山地域 靑銅器時代 聚落의 立地에 대한 檢討」 『嶺南考古學』32號, 嶺南考古學會.

김도헌, 2005, 「수렵함정과 사냥법에 대한 검토」 『湖南考古學報』22, 湖南考古學會.

金玟澈, 2008, 「類型과 種族性(ethnicity)에 관한 비판적 검토 -청동기시대 전기 諸무문토기유형과 관련하여-」『韓國上古史學報』第62號, 韓國上古史學會.

金帛範, 2007, 「靑銅器時代 前期聚落의 立地와 竪穴遺構의 性格 -天安~牙山地域을 中心으로-」『錦江考古』第4輯, (財)忠淸文化財硏究院.

金範哲, 2005, 「錦江 중·하류역 청동기시대 중기 聚落分布類型 硏究」『韓國考古學報』57, 한국고고학회.

_____, 2006a, 「錦江 중·하류역 松菊里型 聚落에 대한 家口考古學的 접근」『韓國上古史學報』51, 韓國上古史學會.

_____, 2006b, 「중서부지역 청동기시대 水稻生産의 政治經濟」『韓國考古學報』58, 한국고고학회.

_____, 2011, 「靑銅器時代 前期 住居樣相과 家口發達週期 -호서지역 驛三洞 및 欣岩里類型 聚落을 中心으로-」『韓國上古史學報』第72號, 韓國上古史學會.

김범철·안형기·송한경, 2007, 「무문토기의 용량분석 시론」『야외고고학』2, (사)한국문화재조사연구기관협회.

金炳燮, 2005, 「無文土器時代의 火災住居址에 대한 一考察」『경상사학』21, 경상사학회.

_____, 2009, 「남한지역 조·전기 무문토기 편년 및 북한 지역과의 병행관계」『韓國靑銅器學報』第四號, 韓國靑銅器學會.

김승옥, 2006, 「청동기시대 주거지의 편년과 사회변천」『韓國考古學報』60, 韓國考古學會.

김용탁, 2009, 「지형환경변화로 본 유적의 입지와 단계설정 -진주 이곡리유적의 발굴사례를 중심으로-」『聚落硏究』1, 취락연구회.

金壯錫, 2001, 「흔암리유형 재고 : 기원과 연대」『嶺南考古學報』第28號, 嶺南考古學會.

_____, 2002, 「이주와 전파의 고고학적 구분: 시험적 모델의 제시」『韓國上古史學報』第38號, 韓國上古史學會.

_____, 2003, 「충청지역 송국리유형 형성과정」『韓國考古學報』第51輯, 韓國考古學會.

김장석, 2003, 「중서부 후기신석기시대의 토지이용전략과 자원이용권 공유」『先史와 古代』18, 韓國古代學會.

_____, 2007, 「사회적 측면에서 본 암사동 선사취락지의 위치」『한국선사고고학보』, 한국선사고고학회.

_____, 2008a, 「송국리단계 저장시설의 사회경제적 의미」『韓國考古學報』67, 韓國考古學會.

_____, 2008b, 「무문토기시대 조기설정론 재고」『한국고고학보』69, 한국고고학회.

김재윤, 2004, 「韓半島 刻目突帶文土器의 編年과 系譜」『韓國上古史學報』第46號, 韓國上古史學會.

金載昊, 2005, 「保寧 寬倉里 住居遺蹟 硏究」, 東亞大學校大學院 博士學位論文.

金正基, 1968, 「韓國竪穴住居址考(一)」『考古學』第一輯, 고고학회.

金廷鶴, 1963, 「廣州 可樂里 住居址 發掘報告」『古文化』2, 한국대학박물관협회.

김종일, 2005, 「경관고고학의 이론적 특징과 적용가능성」『景觀의 考古學』, 高麗大學校 考古環境硏究所.

김한식, 2006, 「경기지역 역삼동유형의 정립과정」『서울·경기지역 청동기문화의 유형과 변천』제4회 서울경기고고학회 학술대회, 서울경기고고학회.

_____, 2010, 「경기지역 청동기시대 前期 토기양상 검토」『전기 무문토기의 지역양식 설정』2010년 한국청동기학회 토기분과 워크샾, 한국청동기학회.

김현식, 2008a, 「호서지방 전기 무문토기 문양의 변천과정 연구」『嶺南考古學』44號, 嶺南考古學會.

金賢植, 2008b, 「蔚山式 住居址의 復元」『韓國靑銅器學報』第2號, 韓國靑銅器學會.

김현식, 2008c, 「남한 청동기시대 조기 -전기의 문화사적 의미-」『考古廣場』2, 부산고고학연구회.

金賢峻, 1996, 「靑銅器時代 聚落의 立地條件을 통해서 본 生業 硏究」, 漢陽大學校 大學院 文化人類學科 碩士學位論文.

김혜령·윤순옥·김명진·한창균, 2009, 「한반도 Holocene 식생환경변화와 인위적 간섭 -화분도(pollen map)를 이용하여-」『東北亞 靑銅器文化 展開와 韓半島』제19회 호서고고학회 학술대회 발표요지, 湖西考古學會.

김홍식, 2007, 「건물구조 해석 1, 선사시대 살림집 구조」『한국 매장문화재 조사연구방법론3 -건물지 조사방법과 그 해석-」, 국립문화재연구소.

羅建柱, 2006, 『前·中期 無文土器 文化의 變遷過程에 대한 考察 -牙山灣·錦江流域의 資料를 中心으로-』, 忠南大學校 大學院 碩士學位論文.

羅建柱·朴賢慶, 2007, 『아산 시전리 유적』, (재)충청문화재연구원.

나건주, 2010, 「호서지역 청동기시대 전기의 유형에 대한 검토」『전기 무문토기의 지역양식 설정』2010년 한국청동기학회 토기분과 워크샵, 한국청동기학회.

문백성, 2004, 「Ⅳ. 竪穴建物址 關係分析 -8. 火災建物址-」『竪穴建物址 調査方法論』, 춘추각.

박상윤, 2011, 『중부지방 청동기시대 전기 호형토기 연구』, 고려대학교대학원 석사학위논문.

朴性姬, 2012, 「中西部地域 靑銅器時代 前期 住居의 構造 變化와 意味」『韓國靑銅器學報』11, 韓國靑銅器學會.

朴淳發, 1999, 「欣岩里類型 形成過程 再檢討」『湖西考古學』創刊號, 湖西考古學會.

박순발, 2001, 「심발형토기고」『호서고고학』제4·5합본, 호서고고학회.

朴淳發, 2003a, 「渼沙里類型 形成考」『湖西考古學』第9輯, 湖西考古學會.

_____, 2003b, 「제2장 제1절 선사시대」『부여의 문화유적』부여군지 제7권, 부여군지편찬위원회.

박양진, 2001, 「韓國 靑銅器時代 社會的 性格의 再檢討」『한국청동기시대 연구의 새로운 성과와 과제』, 충남대학교박물관.

박원규·김요정, 2004, 「천안 운전리 청동기 유적지에서 출토된 숯의 수종분석」『天安 云田里 遺蹟』, (財)忠淸文化財硏究院·大田地方國土管理廳.

박원호·서치상, 2008, 「움집 벽주의 흙막이벽 기능에 관한 연구 -경남지역 청동기 주거지를 중심으로-」『건축역사연구』제17권 5호 통권 60호, 한국건축역사학회.

박지훈, 2006, 「제 2장 1절. 자연지리적 환경」『행정중심 복합도시 건설예정지역내 문화유적 지표조사』, 한국토지공사.

_____, 2008, 「천안 신방동유적 일대의 고지리 복원」『天安 新芳洞遺蹟』, 中央文化財硏究院·天安市.

박지훈·오규진, 2008, 「고고재해지리 관점에서 본 고대취락의 소멸과 수전의 황폐화에 관한 시론」『2008년 한국제4기학회 추계 학술발표회-홀로세 자연환경 및 선사시대 문화』.

_____, 2009, 「지리적 관점으로 본 충남 천안천 유역에 있어서 청동기시대 주거지의 입지유형과 입지요인」『한국지형학회지』제16권 제1호, 한국지형학회.

배진성, 2006, 「무문토기사회의 위세품 부장과 계층화」『계층사회와 지배자의 출현』한국고고학전국대회, 韓國考古學會.

裵眞晟, 2007, 「無文土器文化의 成立과 階層社會」, 釜山大學校大學院 碩士學位論文.

배진성, 2010, 「무문토기의 계통과 전개 -최근의 쟁점을 중심으로-」『考古學誌』, 國立中央博物館.

裵眞晟, 2011, 「墳墓 築造 社會의 開始」『한국고고학보』80, 韓國考古學會.

배진영, 2009, 「기후변화와 商代의 稻作」『中國學報』第五十九輯, 韓國中國學會.

서국태, 1996, 「팽이그릇 문화의 편년에 대하여」『조선고고연구』96-2.

성정용, 1997, 「大田 新垈洞·比來洞 靑銅器時代 遺蹟」『호남고고학의 제문제』, 제21회 한국고고학전국대회발표요지.

孫晙鎬, 2004, 「錦江流域 松菊里文化의 群集 貯藏孔 研究」『科技考古研究』第10號, 아주대학교박물관.

孫晙鎬·庄田愼矢, 2004, 「松菊里型甕棺의 燒成 및 使用方法 研究」『湖西考古學』第11輯, 湖西考古學會.

孫晙鎬, 2006, 『韓半島 靑銅器時代 磨製石器 研究』, 高麗大學校 大學院 博士學位論文.

_____, 2008, 「石器 組成比를 통해 본 靑銅器時代 生計와 社會經濟」『韓國靑銅器學報』第3號, 韓國靑銅器學會.

_____, 2009, 「湖西地域 靑銅器時代 墓制의 性格」『先史와 古代』31, 韓國古代學會.

宋滿榮, 1995, 『中期 無文土器時代 文化의 編年과 性格 -西南韓地方을 中心으로-』, 崇實大學校 大學院 碩士學位論文, 崇實大學校 大學院 史學科.

_____, 1996, 「火災住居址를 통해 본 中期 無文土器時代 社會의 性格」『古文化』49, 한국대학박물관협회.

_____, 2000, 「中部地方 原三國時代漢城百濟時代 戰爭 樣相의 變化 -火災住居址 資料를 中心으로-」『韓國考古學報』43, 韓國考古學會.

_____, 2001, 「南韓地方 農耕文化形成基 聚落의 構造와 變化」『한국 농경문화의 형성』제25회 한국고고학전국대회 발표요지, 韓國考古學會.

송만영, 2000, 「중부지방 청동기시대 중기편년의 재검토 -취락편년을 중심으로-」『中央考古研究』第7號, 中央文化財研究院.

申相孝, 1996, 「松菊里型住居址의 復元的 考察」『湖南考古學報』4, 湖南考古學會.

신숙정, 2001, 「우리나라 청동기시대의 생업경제 -경기도를 중심으로 한 시론-」『韓國上古史學報』第35號, 韓國上古史學會.

_____, 2002, 「한국 신석기-청동기시대의 전환과정에 대한 일 시론」『전환기의 고고학Ⅰ』, 학연문화사.

深澤芳樹·李弘鍾, 2005, 「松菊里式 土器의 打捺技法 檢討」『송국리문화를 통해 본 농경사회의 문화체계』, 서경.

安承模, 1993, 「한국선사시대 식생활 -동물성식료-」『동아시아 식생활학회지』3(2).

_____, 2007, 「長興 上芳村 炭火穀物의 經濟的 解釋」『韓國上古史學報』54, 韓國上古史學會.

_____, 2008, 「韓半島 靑銅器時代의 作物組成 -種子遺體를 中心으로-」『湖國考古學報』28, 湖國考古學會.

安在晧, 1991, 『南韓 前期無文土器의 編年』, 慶北大學校碩士學位論文.

_____, 1992, 「松菊里類型의 檢討」『嶺南考古學』11, 嶺南考古學會.

_____, 1996, 「無文土器時代 聚落의 變遷 -住居址를 통한 中期의 設定-」『碩晤尹容鎭教授停年退任紀念論叢』, 碩晤尹容鎭教授停年退任紀念論叢刊行委員會.

_____, 2000, 「韓國 農耕社會의 成立」『韓國考古學報』34, 韓國考古學會.

_____, 2006, 『靑銅器時代 聚落硏究』, 釜山大學校 大學院 考古學科 博士學位論文.

_____, 2008, 「수혈주거지 조사법」『고고학 연구 공개강좌』, (재)영남문화재연구원.

_____, 2010, 「韓半島 靑銅器時代 時期區分」『考古學誌』第16輯, 國立中央博物館.

_____, 2011, 「蔚山 東川江流域의 靑銅器時代 聚落構造와 네트워크」『韓日 聚落硏究의 展開』, 한일취락 연구회.

양태규, 2004, 「화재감식」『과학수사론』, 大旺社.

양혜진, 2011, 「청동기시대 송국리문화 취락의 폐기 양상 연구」『韓日靑銅器學報』, 韓國靑銅器學會.

엄윤정, 1999, 「울산지역 청동기시대 취락과 주거의 건축적 특성에 관한 연구」, 울산대학교대학원 석사학위논문.

吳建煥·郭鍾喆, 1989, 「金海平野에 대한 考古學的 硏究(1)-地形環境과 遺蹟-」『古代硏究』, 第2輯, 古代硏究會.

吳圭珍, 2011, 『曲橋川流域 驛三洞類型 聚落 硏究 -自然科學的 分析을 中心으로-』, 高麗大學校博士學位論文.

오규진·허의행·김백범, 2005, 「天安 및 牙山地域의 靑銅器時代 聚落의 立地分析(I)」『발굴사례·연구논문집』, 제2집, 한국문화재조사연구전문기관협회.

오규진·허의행, 2006, 「청동기시대 주거지 복원 및 실험 -전기주거지를 중심으로-」『야외고고학』창간호, 사단법인 한국문화재조사연구기관협회.

오원철, 2010, 「송담리·송원리유적 청동기시대 취락검토」, 高麗大學校碩士學位論文.

오용제, 2012, 『청동기시대 전기 주거지 내부의 공간 활용 양상 연구 -수혈주거지 내 유물과 내부시설의 분포 양상을 중심으로-』, 서울대학교석사학위논문.

오재화·이광찬, 2003, 「실내 시험에 의한 붕괴사면 경계면의 전단강도 특성」『大韓土木學會論文集』第23卷 第6-C號, 대한토목학회.

오후배, 2004, 「Ⅲ. 수혈건물지의 각종 부속시설」『竪穴建物址 調査方法論』, 춘추각.

禹姃延, 2002a, 「中西部地域 松菊里文化 硏究」, 서울大學校碩士學位論文.

禹姃延, 2002b, 「중서부지역 송국리복합체 연구 -주거지를 중심으로-」『韓國考古學報』47, 韓國考古學會.

윤기준, 1985, 「우리나라 청동기시대 집터에 관한 연구 -지역적 특성과 그 구조를 중심으로-」『백산학보』제32호, 백산학회.

尹武炳, 1975, 「無文土器型式分類試攷」『震檀學報』39, 震檀學會.

李基星, 2001, 「無文土器時代 住居樣式의 變化 -忠南地方을 中心으로-」『湖南考古學報』14輯, 湖南考古學會.

이기성, 2012, 「문화사적 시기 구분으로의 무문토기시대 조기 설정 재검토」『韓國上古史學報』第76號, 韓國上古史學會.

李建茂, 1991, 「韓國無文土器의 器種과 編年」『한일교섭의 고고학』, 야요이시대편, 六興出版.

이건무, 2006, 「韓國 靑銅器時代 早期設定에 대한 小考」『畿甸考古』제6호, 기전문화재연구원.

李旼熙·張載勳, 1984, 「侵蝕盆地의 形成과 河川과의 關係」『국토지리학회지』, 한국지리교육학회.

李白圭, 1974, 「京畿道出土 無文土器 磨製石器」『考古學』3.

李相吉, 2000, 「廢棄에 관한 考古學的 檢討」『慶北大學校 考古人類學科 20周年 紀念論叢』, 경북대학교 고

고학과.

李盛周, 2006, 「韓國 青銅器時代 '社會'考古學의 問題」『古文化』68, 한국대학박물관협회.

이송·김주현·정상국, 2001, 「화강토 지반 절취사면의 풍화특성에 관한 연구」『大韓土木學會論文集』第21卷 第4-C號, 대한토목학회.

李榮文, 2009, 「호남지역 지석묘의 특징과 그 성격」『巨濟 大錦里遺蹟』考察編, 慶南考古學研究所.

이융조·신숙정, 1988, 「중원지방의 빗살무늬토기 -금정리유적의 빗살무늬토기를 중심으로-」『孫寶基博士停年紀念 考古人類學論叢』.

이진민, 2008, 「서울·경기지역 전기 무문토기 문화의 시공간적 전개」『전통과 변화 -서울경기 무문토기문화의 흐름-』2008년도 서울경기고고학회 추계학술대회, 경기도박물관·서울경기고고학회.

李清圭, 1988, 「南韓地方 無文土器文化의 展開와 孔列土器文化의 位置」『韓國上古史學報』第一號, 韓國上古史學會.

李販燮, 2006, 「三國時代 山城의 監視半徑에 대하여 -三國時代 山城 配置의 體系性 檢討를 위한 豫備作業-」『湖西考古學』第15輯, 湖西考古學會.

이현석·권태용·문백성·유병록·김병섭, 2004, 「수혈건물의 폐기양식(pattern)」『발굴사례 연구논문집』, 한국문화재조사연구전문기관협회.

이현석, 2007, 「青銅器時代 火災住居址内 出土遺物로 본 空間分析 -울산지역 자료를 중심으로-」『東亞文化』特輯號, 財團法人 東亞細亞文化財研究院.

李賢淑, 1997, 『韓國 中西部地方 前期 無文土器研究 -天安 白石洞 出土品을 中心으로-』, 公州大學校 大學院 碩士學位論文.

李亨源, 1998, 「구순각목토기의 변천과 성격에 대하여」『百濟研究』28, 충남대학교.

_____, 2002, 『韓國 青銅器時代 前期 中部地域 無文土器 編年 研究』, 忠南大學校 大學院 碩士學位論文.

_____, 2003, 「青銅器時代 前期 聚落의 編年 및 構造 試論」『國立公州博物館紀要』3, 國立公州博物館.

_____, 2007a, 「湖西地域 可樂洞類型의 聚落構造와 性格」『湖西考古學』17, 호서고고학회.

이형원, 2007b, 「남한지역 청동기시대 전기의 상한과 하한」『한국청동기시대의 시기구분』한국청동기학회 제1회 학술대회 발표요지, 한국청동기학회.

李亨源, 2009, 「韓國 青銅器時代의 聚落構造와 社會組織」, 忠南大學校 大學院 博士學位論文.

李弘鍾, 1996, 『청동기사회의 토기와 주거』, 서경문화사.

_____, 1998, 「韓國 古代의 生業과 食生活」『한국고대사연구』, 한국고대사학회.

_____, 2000, 「初期 農耕社會의 住居와 聚落」『韓國古代文化의 變遷과 交涉』, 서경문화사.

_____, 2002, 「松菊里文化의 時空的 展開」『湖西考古學』6·7, 湖西考古學會.

이홍종a, 2003, 「忠南地域 松菊里型 住居址의 調査成果와 課題」『충남지역 매장문화재 발굴조사의 성과와 과제』, 충남역사문화연구소.

_____b, 2003, 「松菊里型 聚落의 景觀的 檢討」『湖西考古學』第9輯, 湖西考古學會.

李弘鍾a, 2005, 「松菊里文化의 文化接觸과 文化變動」『韓國上古史學報』48, 韓國上古史學會.

이홍종b, 2005, 「관창리 취락의 경관」『송국리문화를 통해 본 농경사회의 문화체계』, 고려대학교 고고환경연구소.

李弘鍾, 2006,「無文土器와 야요이토기의 實年代」『韓國考古學報』60, 韓國考古學會.

이홍종, 2006,「송국리문화의 전개과정과 실년대」『금강 : 송국리형 문화의 형성과 발전』호남·호서고고학회 합동 학술대회, 湖南考古學會·湖西考古學會.

_____, 2008,「호서지역의 고고환경」『湖西考古學』19, 湖西考古學會.

이홍종·손준호, 2012,「충적지 취락의 지형환경」『嶺南考古學』63, 嶺南考古學會.

이홍종·허의행, 2010,「청동기시대 전기취락의 입지와 생업환경」『韓國考古學報』74輯, 韓國考古學會.

李弘鍾·許義行, 2010,「湖西地域 無文土器의 變化와 編年」『湖西考古學報』23, 호서고고학회.

李花英, 2008,「靑銅器時代 赤色磨硏壺의 變遷」, 全南大學校大學院 碩士學位論文.

이희진, 2006,「지질고고학의 새로운 연구경향과 전망」『고고학』제5권 제1호, 서울경기고고학회.

林炳泰, 1969,「漢江流域 無紋土器의 年代」『李弘稙博士回甲紀念 韓國史學論叢』.

林尙澤, 2006,「한국 중서부지역 빗살무늬토기문화 연구 –문화변동과정을 중심으로–」, 서울대학교박사학위논문.

임영진, 1984,「한국 선사시대 움집의 변천」, 서울대대학원 석사학위논문.

林永珍, 1985,「움집의 分類와 變遷」『韓國考古學報』17·18, 韓國考古學會.

庄田愼矢, 2005,「湖西地域 出土 琵琶形銅劍과 彌生時代 開始年代」『湖西考古學報』12, 湖西考古學會.

庄田愼矢, 2007,『南韓 靑銅器時代의 生産活動과 社會』, 忠南大學校 大學院 博士學位論文.

張昊, 1995,「湖南平野와 論山平野內의 沖積平野 주변에 분포한 低丘陵의 土壤地理學的 硏究」『한국지형학회지』제2권 제2호, 한국지형학회.

鄭元喆, 2012,「中部地域 突帶文土器의 編年 硏究」『韓國靑銅器學報』第十一號, 韓國靑銅器學會.

鄭澄元, 1991,「初期農耕遺蹟의 立地環境」『韓日交涉의 考古學』弥生時代編, 六興出版社.

정찬영, 1974,「북창군 대평리유적 발굴보고」『고고학자료집』4.

정훈탁, 2002,「화재감식」『소방논문』제6집, 소방학회지.

趙亨倈, 1996,「竪穴住居의 壁과 壁溝에 관한 硏究」, 釜山大學校大學院 碩士學位論文.

蔡奎敦, 2001,「山淸郡 先史·古代 遺蹟立地」, 新羅大學校敎育大學院 碩士學位論文.

채현석, 2008,「漢江 本流域의 遺蹟層位 形成過程 硏究 –漢沙里·岩寺洞·風納洞 遺蹟을 中心으로–」, 세종大學校박사學位論文.

千羨幸, 2003,『無文土器時代 前期文化의 地域性硏究 –中西部地方을 中心으로–』, 釜山大學校 大學院 碩士學位論文.

_____, 2005,「한반도 돌대문토기의 형성과 전개」『韓國考古學報』第57輯, 韓國考古學會.

천선행, 2007,「조기설정과 시간적 범위」『한국청동기시대의 시기구분』한국청동기학회 제1회 학술대회 발표요지, 한국청동기학회.

崔仁建·庄田愼矢, 2007,「土器燒成實驗 成果報告」『土器燒成의 考古學』, 서경문화사.

崔夏榮, 2008,「3. 靑銅器時代 5號 住居址의 堆積過程과 有機物包含層에 대한 檢討」『천안 용곡동 두터골 유적』.

崔憲燮, 1998,「韓半島 中·南部 地域 先史聚落의 立地類型」, 慶南大學校大學院 史學科 碩士學位論文.

河仁秀, 1989,『嶺南地方丹塗磨硏土器에 대한 新考察』, 釜山大學校大學院 碩士學位論文.

河仁秀, 2000, 「南江流域 無文土器時代의 墓制」『진주남강유적과 고대일본-고대 한일문화교류의 제양상』, 경상남도·인제대학교 가야문화연구소.

河仁秀, 2006, 「末期 櫛文土器의 成立과 展開」『韓國新石器研究』第12號, 韓國新石器學會.

하진호, 2009, 「대구지역의 청동기시대 중심취락과 취락간 관계」『청동기시대 중심취락과 취락 네트워크』한국청동기학회 취락분과 제2회 워크샵 발표요지, 한국청동기학회.

허의행·오규진, 2006, 「청동기시대 취락입지와 경제활동」『공주박물관기요』5, 공주박물관.

許義行, 2006, 「無文土器時代 聚落立地와 生計經濟 研究」, 高麗大學校碩士學位論文.

허의행, 2007, 「호서지역 역삼동·흔암리유형 취락의 변천」『湖西考古學報』17, 湖西考古學會.

허의행·오규진, 2008, 「청동기시대 복원주거의 화재실험」『嶺南考古學報』44號, 嶺南考古學會.

許義行, 2008, 「前期 青銅器時代 竪穴遺構의 性格과 變化樣相」『韓國青銅器學報』제3號, 韓國青銅器學會.

허의행, 2009, 「청동기시대 전기주거지의 폐기와 소멸 연구 -토층 퇴적양상과 유물 출토량을 중심으로-」『韓國上古史學報』第65號, 韓國上古史學會.

許義行, 2011, 「호서지역 청동기시대 후기 저장수혈의 양상과 변화」『嶺南考古學』58, 嶺南考古學會.

허의행, 2012, 「층 구분과 기재법」『2012년도 매장문화재 전문교육 조사기초과정』, (사)한국문화재조사연구기관협회.

현대환, 2012, 「금강 중류역 돌대문토기의 양상」『남한지역 초기 무문토기의 지역양상』한국청동기학회 2012년 토기분과 워크샵, 한국청동기학회.

黃銀順, 2003, 「한반도 중부지역 무문토기문화 편년 -역삼동·흔암리유형을 중심으로-」, 서울大學校碩士學位論文.

황종국·김경택, 2010, 「송국리 54지구 고상주거 접합부 형식 추론」『부여 송국리유적으로 본 한국 청동기시대 사회』제38회 한국상고사학회 학술발표, 韓國上古史學會.

홍주희, 2004, 「漢江流域 青銅器時代 聚落의 立地形과 住居樣式과의 關係에 대한 研究」, 漢陽大學校碩士學位論文.

(2) 國外

大貫靜夫, 1996, 「欣岩里類型土器의 系譜論을めぐって」『東北アジアの考古學』第二, 東北亞細亞考古學研究會.

西脇對名夫, 2000, 「住居でない方形竪穴」『北海道考古學』第36輯, 29-46頁.

_____, 2006, 「爐のない住居」『ムラと地域の考古學』, 同成社.

後藤直, 1973, 「南朝鮮の無文土器」『考古學研究』19-3.

藤口建二, 1986, 「朝鮮無文土器と弥生土器」『弥生文化の研究3』弥生土器I, 雄山閣.

山梨縣考古學協會, 1996, 『すまいの考古學 -住居の廢絶をめぐって-』.

石野博信, 1990, 『日本原始·古代住居の研究』, 吉川弘文館.

石守 晃, 1995, 「復元住居用いた燒失驗の成果について」『研究紀要』12, 財團法人 群馬縣埋藏文化財調査事業団.

_____, 2001, 「復元住居用いた燒失實驗再び」『研究紀要』19, 財團法人 群馬縣埋藏文化財調査事業団.

淺川滋男, 2000,「燒失遺構からみた竪穴住居の構造」『先史時代の木造建築技術』, 奈良國立文化財研究所.

高田和德, 1999,「繩文土屋根住居の燒失實驗」『月刊 文化財』11, 文化廳文化財保護部.

_____, 2003,「燒失住居跡の分布とその意味」『月刊 考古學ジャーナル』509.

大島直行, 1999,「繩文時代火災住居の意味」『考古學ジャーナル』7月號, ニュー・サインス社.

小林謙一, 1994,「竪穴住居の廢絶時の姿 –SFC遺跡・大橋遺跡の繩文中期の事例から–」『日本考古學協會第60回總會研究發表要旨』.

_____, 1999,「いわゆり火災住居跡の調査と解釋」『考古學ジャーナル』7月號, ニュー・サインス社.

桐生直彦, 1996,「遺物出土狀態からみた竪穴住居の廢絶」『すまいの考古學 –住居の廢絶めぐって–』, 山梨縣考古學協會.

3. 發掘調查 報告書 및 略報告書

嘉耕考古學研究所, 2012,『평택 세교지구 도시개발사업지역 1, 2지역 문화유적 발굴조사 약식보고서』.

강태정・최봉균, 2011,『대전 상대동(중동골・양촌)』, 한국토지주택공사・대전도시공사・백제문화재연구원.

京畿文化財研究院・京畿都市公社, 2009,『汶山 堂洞里 遺蹟 –문산 LCD지방산업단지(당동지구)문화재 시・발굴조사–』.

_____, 2009,『安城 萬井里 신기 遺蹟』.

京畿文化財研究院・韓國土地公社, 2003,『龍仁 竹田宅地開發地區內 대덕골 遺蹟』.

_____, 2008,『방축리・행정리・도이리 유적』.

京畿文化財研究院・韓國土地住宅公社, 2010,『龍仁 靈德洞 遺蹟』.

丘冀鍾, 2009,『牙山 豊基洞 밤줄길 遺蹟II』, (財)忠淸文化財研究院.

구기종・김백범, 2009,『아산 갈매리 앞댕뱅이들 및 백암리 새논들・번개들 유적』, (재)충청문화재연구원.

畿甸文化財研究院・京畿都市公社, 2008,『烏山 佳長洞 遺蹟』.

畿甸文化財研究院・京畿地方公社, 2006,『平澤 土津里 遺蹟』.

기전문화재연구원・대한주택공사, 2004,『수원 율전동 유적』.

畿甸文化財研究院・(주)금강주택, 2006,『坡州 堂下里 遺蹟 –전원주택 신축부지내 문화유적 시・발굴조사보고서–』.

畿甸文化財研究院・(주)벽산건설, 2005,『수원 율전동II 유적』.

畿甸文化財研究院・(주)이카랜드, 2008,『수원 이목동 유적』.

畿甸文化財研究院・韓國水資源公社, 2002,『安養 冠陽洞 先史遺蹟 發掘調查 報告書』.

畿甸文化財研究院・河南市, 2009,『河南 德豊洞 수리골 遺蹟』.

畿甸文化財研究院・華城市, 2009,『華城 南陽洞 遺蹟』.

기호문화재연구원・(주)제2서해안고속도로, 2011,『華城 錦衣里 遺蹟』.

기호문화재연구원・한국토지주택공사, 2010,『金浦 馬松 遺蹟』.

金京鎬・李尙勳, 2006,『淸州 飛下洞遺蹟』, 中原文化財研究院.

김미선 · 윤지희 · 임종태, 2009, 『天安 斗南里 文化遺蹟 發掘調査 報告書』, 백제문화재연구원 · 충청남도 종합건설사무소.

金帛範, 2006, 『扶餘 佳中里 가좌 · 산직리 및 恩山里 상월리 遺蹟』, (財)忠淸文化財硏究院.

_____, 2008, 『牙山 大興里 큰선장 遺蹟』, (財)忠淸文化財硏究院.

김백범 · 나건주, 2005, 『홍성 장척리·상정리유적』, 충청문화재연구원.

金秉模 · 高才元, 1994, 『多栗里, 堂下里 支石墓 및 住居址』, 漢陽大學校 文化人類學科.

金秉模 · 金娥官 · 姜秉學 · 蔡娥覽 · 趙銀珍 · 吳垌澤 · 朴成南, 2008, 『平澤 素沙洞遺蹟』, (財)高麗文化財硏究院 · YM綜合建設株式會社.

김병모 · 안덕임, 1990, 『안면도 고남리 패총』, 한양대학교박물관.

金書貞, 2010, 『牙山 松村里·三巨里 遺蹟』, 韓國考古環境硏究所 · (주)원하종합건설.

김성남 · 이화영, 2012, 『서천 저산리·수성리유적』, 대전지방국토관리청 · 재단법인 부여군문화재보존센터.

김아관 · 이상걸 · 박성남 · 구준모 · 정우진, 2009, 『仁川 永宗島遺蹟』, (財)高麗文化財硏究院 · 仁川廣域市 經濟自由區域廳.

金良善 · 林炳泰, 1968, 「驛三洞 住居址 發掘報告」, 『史學硏究·金良善教授華甲紀念論叢』第20, 한국사학회.

金元龍 · 任孝宰 · 崔夢龍 · 呂重哲 · 郭乘勳, 1972, 『欣岩里 住居址』, 서울大學校 考古人類學叢刊.

金載元 · 尹武炳, 1967, 「交河里遺蹟」 『韓國支石墓硏究』, 國立博物館.

_____, 1967, 「玉石里遺蹟」 『韓國支石墓硏究』, 國立博物館.

_____, 1967, 「黃石里遺蹟」 『韓國支石墓硏究』, 國立博物館.

金貞仁, 2008, 『淸州 飛下洞遺蹟II』, 中原文化財硏究院.

김화정, 2008, 『梧倉 鶴巢里·場垈里遺蹟』, 財團法人 中原文化財硏究院.

羅建柱, 2006, 『唐津 自開里遺蹟(I)』, (財)忠淸文化財硏究院.

羅建柱 · 姜秉權, 2003, 『牙山 鳴岩里 遺蹟』, (財)忠淸埋藏文化財硏究院.

羅建柱 · 朴賢慶, 2007, 『아산 시전리 유적』, (재)충청문화재연구원.

_____, 2009, 『牙山 龍禾洞 가재골 遺蹟』, (財)忠淸文化財硏究院.

羅建柱 · 尹淨賢 · 南承勳, 2011, 『牙山 鳴岩里 遺蹟(12地點)』, (재)충청문화재연구원.

羅建柱 · 池珉周, 2010, 『서산 신송리 유적』, (재)충청문화재연구원.

羅建柱 · 崔夏榮, 2008, 『천안 용곡동 두터골 유적』, (재)충청문화재연구원.

_____, 2009, 『아산 풍기동 앞골유적』, (재)충청문화재연구원.

노혁진 · 정원철 · 김혜진 · 강세호, 2007, 『가평 달전리유적 -경춘선 가평역사부지 문화유적 발굴조사 보고서-』, 한림대학교박물관 · 철도청 · 현대산업개발(주).

류기정 · 류창선 · 정화영, 2006, 『공주 신관동유적』, 충청문화재연구원.

渼沙里先史遺蹟發掘調査團 · 京畿道公營開發事業團, 1994, 『渼沙里』1-5.

柳基正 · 朴大淳 · 柳昌善, 2003, 『舒川 花山里 古墳群』, (財)忠淸埋藏文化財硏究院 · 禮山國道維持建設事業所.

柳基正 · 梁美玉, 2001, 『天安 斗井洞 遺蹟(C · D地區)』(財)忠淸埋藏文化財硏究院 · 天安市經營 開發事業所.

柳基正 · 徐大源 · 李尙馥 · 金虎範 · 朴根成 · 全유리 · 朴鍾鎭, 2012, 『牙山 松村里 遺蹟·小東里 가마터』,

(財)錦江文化遺産硏究院.

박성희·이정범·박상윤, 2010, 『아산 백암리 점배골 유적』, 한국고고환경연구소·대전지방국토관리청.

박순발·이판섭·동보경·이형원, 2004, 『아산 명암리유적』, 충남대학교백제연구소.

박연서·이희준, 2008, 『淸州 雲東洞遺蹟』, 中原文化財硏究院.

朴有貞, 2010, 『洪城 南長里遺蹟』, (財)忠淸文化財硏究院.

朴賢慶, 2010, 『대전 원신흥동 덜레기 유적』, (재)충청문화재연구원.

朴亨順, 2008, 『舒川 烏石里 烏石山 遺蹟』, (財)忠淸文化財硏究院.

朴亨順·姜秉權, 2006, 『天安 龍谷洞 눈돌遺蹟』, (財)忠淸文化財硏究院.

朴亨順·韓昌均, 2008, 『예산 신가리 유적』, (財)忠淸文化財硏究院.

방기영·남궁윤, 2007, 『楊平 三星里遺蹟』, 財團法人 中原文化財硏究院.

裵基同·洪周希, 2002, 『軍浦市 大夜地區 土地區劃整理 事業地區內 試掘·發掘調査 報告書』, 軍浦市·漢陽大學校博物館.

배상훈, 2007, 『홍성 송월리·학계리 유적』, (재)충청문화재연구원.

裵相勳·安星泰, 2011, 『牙山 龍頭里 진터 遺蹟(I)』, (財)忠淸文化財硏究院.

백제문화재연구원, 2008, 「행정중심 복합도시 건설예정지역내 I-4지점 문화유적 발굴조사 지도위원회의 자료집- 공주 제천리 감나무골 유적」.

_____, 2010, 「행정중심복합도시 지방행정지역 생활권 3-1·2내 A지점 연기 대평리유적 -A지점-」.

富川市·漢陽大學校博物館/文化人類學科, 1996·1998·1999·2000, 『富川 古康洞 先史遺蹟 發掘調査 報告書』.

서대원·최욱, 2011, 『瑞山 日藍里 遺蹟』, (財)錦江文化遺産硏究院.

徐五善·權五榮, 1990, 「天安 淸堂洞遺蹟 發掘調査報告」『休岩里』, 국립박물관고적조사보고 제22책.

徐五善·權五榮·咸舜燮, 1991, 「天安 淸堂洞 第2次 發掘調査報告」『松菊里IV』, 국립박물관고적조사보고 제23책.

徐五善·咸舜燮, 1992, 「天安 淸堂洞 第3次 發掘調査報告書」『固城貝塚』, 국립박물관고적조사보고 제24책.

성정용, 1997, 「大田 新垈洞·比來洞 靑銅器時代遺蹟」『호남고고학의 제문제』제21회 한국고고학전국대회 발표요지문, 韓國考古學會.

성정용·이형원, 2002, 『용산동』, 충남대학교박물관.

成正鏞·李亨源·李吉成, 2002, 『天安 雙龍洞遺蹟』, 忠南大學校博物館.

손명수·김용건, 2010, 『曾坪 松山里遺蹟』, (재)한국선사문화연구원·한국토지주택공사.

宋滿榮·李笑熙·朴敬信, 2002, 『漣川 三巨里遺蹟』, 京畿道博物館.

숭실대학교 한국기독교박물관, 2010, 『水原 西屯洞 遺蹟』.

안성태, 2007, 『아산 밤줄길 유적』, (재)충청문화재연구원.

_____, 2008, 『牙山 長在里 안강골遺蹟(I)』, (財)忠淸文化財硏究院.

양혜진·이정호·이민경·이수현, 2009, 『靑陽 光岩里遺蹟』, 충청남도종합건설사업소·템피아건설(주)·백제문화재연구원.

오규진, 2005, 『瑞山 葛山里 무리치 遺蹟』, (財)忠淸文化財硏究院.

吳圭珍·李康烈·李惠瓊, 1999, 『天安 龍院里遺蹟 A地區』, (財)忠淸埋藏文化財硏究院·(株)高麗開發.

吳圭珍·李販燮·裵相勳·安星泰·崔慶淑, 2009, 「天安 白石洞 고재미골 遺蹟」, (財)忠淸文化財硏究院.

吳圭珍·李惠瓊·許義行, 2001, 『牙山 臥牛里·新法里 遺蹟』, (財)忠淸埋藏文化財硏究院·대림산업(주).

오종길·정상훈·최병주·정용준·정선애, 2010, 『大田 關雎洞 遺蹟』, 한국토지주택공사·백제문화재연구원.

禹在柄·梁慧珍·姜胎正·李芝英·韓辰淑, 2006, 『大田 上書洞遺蹟』, 忠南大學校博物館·大田廣域市.

윤무병, 1986, 「청주 향정·외북동유적 발굴조사보고」『중부고속도로 문화유적 발굴조사보고서』, 충북대학교박물관.

尹世英·李弘鍾, 1996, 『館山里遺蹟(I)』, 高麗大學校 埋藏文化財硏究所·(株)大宇.

윤정현, 2011, 「유리 유적」『천안 유리·독정리·도림리 유적』, (財)忠淸文化財硏究院·大田地方國土管理廳.

李康烈, 2001, 「新法里遺蹟」『牙山 臥牛里·新法里 遺蹟』, (財)忠淸埋藏文化財硏究院·대림산업(주).

이강승·박순발, 1995, 「신석기·청동기시대 유적 조사」『둔산』, 충남대학교박물관.

李康承·禹在柄·李亨源·梁慧珍·姜胎正·韓辰淑, 2006, 『弓洞』, 忠南大學校博物館.

한신대학교박물관, 2006, 『華城 泉川里 靑銅器時代 聚落』.

李南奭, 1996, 『君德里 住居遺蹟』, 公州大學校博物館.

李南奭, 1996, 『烏石里遺蹟』, 公州大學校博物館.

李南奭·李賢淑, 2000, 『白石·業成洞遺蹟』, 公州大學校博物館.

_____, 2002, 『鶴岩里遺蹟』, 公州大學校博物館·忠淸南道畜産試驗場.

_____, 2009, 『海美 機池里 遺蹟』, 공주대학교박물관·국방과학연구소.

李南奭·李勳·李賢淑, 1998, 『白石洞遺蹟』, 公州大學校博物館·忠淸南道 天安市.

이상엽·오규진, 2000, 『공주 귀산리유적』, 충청매장문화재연구원.

이선복·임상택·양시은·홍은경, 2006, 『용유도 남북동·을왕동I유적』, 서울대학교박물관·인천국제공항공사.

이융조·우종윤, 2001, 『충주 조동리 선사유적』I, 충북대학교박물관.

이융조·김주용·김경표·조태섭·공수진·김우성, 2002, 『진천 장관리유적』I, 충북대학교중원문화연구소.

이호형·박대순·지민주·박현경·김민선, 2011, 『靑陽 송방리 방축골 유적·불당골 고분』, (財)忠淸文化財硏究院.

이홍종·강원표, 2001, 『황탄리유적』, 고려대학교매장문화재연구소.

이홍종·손준호, 2004, 『舟橋里 遺蹟』, 高麗大學校 埋藏文化財硏究所·韓國道路公社.

李弘鍾·孫晙鎬·山本孝文·崔仁建, 2006, 『扶餘 -九龍間 道路擴張 및 鋪裝工事 區間內 文化遺蹟 發掘調査報告書-』, 高麗大學校考古環境硏究所·大田地方國土管理廳.

이홍종·허의행·조보람·오원철, 2010, 『燕岐 松潭里·松院里遺蹟』, 한국고고환경연구소·LH.

이홍종·현대환·양지훈, 2012, 『燕岐 大平里遺蹟』, 韓國考古環境硏究所·韓國土地住宅公社.

張英美, 2008, 『天安 龍井里 遺蹟』, (財)忠淸文化財硏究院.

정상훈, 2008, 「행정중심복합도시 건설예정구역 내 I-4(공주 장기면 제천리·당암리)유적」『2008 호서지

　　　역 문화유적 발굴성과』, 湖西考古學會.

정상훈 · 강주석 · 박준오, 2011, 『대전 원신흥동 유적』, 한국토지주택공사·백제문화재연구원.

정해준 · 김미선 · 윤지희, 2009, 『唐津 元堂里 文化遺蹟 發掘調査 報告書』, 백제문화재연구원.

정해준 · 윤지희 · 임종태, 2009, 『大田 渼湖洞 文化遺蹟 2次 報告書』, 한국수자원공사·백제문화재연구원.

정훈진 · 임영호 · 윤선영, 2004, 『始興 牧甘洞 遺蹟』, 京畿道安山敎育廳 · 韓國文化財保護財團.

趙順欽 · 白永鐘, 2006, 『長新里 遺蹟』, 中原文化財研究院 · 報恩郡.

趙鎭亨 · 金渶, 2009, 『牙山 新南里 遺蹟』, 韓國考古環境研究所 · (주)하이코리아.

중앙문화재연구원, 2001, 『보령 구룡리유적』.

_____, 2001, 『진천 사양리유적』.

_____, 2002, 『대전 관평동유적』.

_____, 2003, 『대전 가오동유적』.

_____, 2005, 『진천 신월리유적』.

_____, 2005, 『청원 대율리 · 마산리 · 풍정리유적』.

_____, 2005, 『平澤 七槐洞 · 土津里遺蹟』.

_____, 2006, 『청원 쌍청리 청동기시대유적』.

_____, 2007, 『대전 용산동 구석기유적』.

_____, 2007, 『峰潭 水營里遺蹟』.

_____, 2007, 「충주 장성리유적」, 『충주 용산동 · 대곡리 · 장성리유적』.

_____, 2008, 『軍浦 富谷洞 遺蹟』.

_____, 2008, 『대전 용산 · 탑립동유적』.

_____, 2008, 『華城 北陽洞遺蹟』.

中央文化財研究院 · 넥스트개발(주), 2008, 『安城 萬井里遺蹟』.

中央文化財研究院 · 大田廣域市敎育廳, 2007, 『大田 槐亭高等學校 新築敷地內 遺蹟 發掘調査報告書』.

中央文化財研究院 · 大田地方國土管理廳, 2004, 『陰城 下唐里遺蹟』.

中央文化財研究院 · (주)아산테크노밸리, 2008, 『牙山 石谷里遺蹟』.

_____, 2011, 『牙山 屯浦里遺蹟』.

中央文化財研究院 · SH公社 · (株)人本建設, 2005, 『松坡 長旨洞遺蹟』.

中央文化財研究院 · (주)서산테크노밸리, 2012, 『瑞山 旺井里遺蹟』.

中央文化財研究院 · 天安市, 2008, 『天安 新芳洞遺蹟 –I地區–』.

_____, 2008, 『天安 新芳洞遺蹟 –II地區–』.

_____, 2008, 『天安 新芳洞遺蹟 –III地區 · 試掘調査–』.

中央文化財研究院 · 韓國道路公社, 2004, 『報恩 上長里遺蹟』.

中央文化財研究院 · 韓國土地公社, 2006, 『淸州 江西洞遺蹟』.

_____, 2006, 『淸州 粉坪洞遺蹟』.

_____, 2006, 『淸州 山南洞遺蹟』.

中央文化財研究院 · 韓國土地住宅公社, 2012, 『始興 牧甘洞 · 烏南洞遺蹟』.

_____, 2009, 『燕岐 燕岐里遺蹟』.

中央文化財研究院 · 韓國土地住宅公社 · 大田都市公社, 2011, 『大田 龍溪洞遺蹟』.

中央文化財研究院 · 韓國土地住宅公社 · 仁川都市開發公社, 2011, 『仁川 雲西洞遺蹟』.

_____, 2011, 『仁川 中山洞遺蹟』.

中原文化財研究院 · 韓國道路公社, 2007, 『安城 般諸里遺蹟』.

池珉周, 2009, 『洪城 橋項里 탁골 遺蹟』, (재)忠淸文化財研究院 · (주)영화엔지니어링.

_____, 2009, 『아산 용두리 용머리 유적』, (재)忠淸文化財研究院 · (주)영신사.

池珉周 · 崔智姸, 2009, 『唐津 金川里 서죽골 遺蹟』, (재)忠淸文化財研究院 · (주)동해이엔씨.

차용걸, 1986, 「청주 내곡동유적 발굴조사보고」『중부고속도로 문화유적 발굴조사보고서』, 충북대학교박
　　　물관.

차용걸 · 노병식 · 박중균 · 한선경 · 김주미, 2002, 『청주 정북동 토성』II, 충북대학교중원문화연구소.

차용걸 · 박중균 · 노병식 · 한선경, 2004, 『淸州 鳳鳴洞遺蹟(III) -IV地區 調査報告-』, 忠北大學校博物館 ·
　　　淸州市.

차용걸 · 박중균 · 한선경 · 김정인, 2007, 『松節洞 遺蹟』, 中原文化財研究院.

崔慶淑, 2008, 『牙山 長在里 안강골遺蹟(II)』, (財)忠淸文化財研究院.

최몽룡 · 임영진, 1984, 「제원 양평리 B지구 유적 발굴조사보고」『충주댐 수몰지구 문화유적 발굴조사 종
　　　합보고서』I, 충북대학교박물관.

崔楨芯 · 河文植 · 皇甫慶, 2000, 『平澤 芝制洞遺蹟』, 世宗大學校博物館 · 韓國道路公社.

_____, 2001, 『제천 능강리』, 세종대학교박물관.

최정필 · 하문식 · 황보경 · 최민정 · 유용수, 2004, 『하남 망월동』, 세종대학교박물관 · 한국가스공사.

최하영 · 김백범, 2011, 『천안 청당동 진골 유적』, (재)충청문화재연구원.

忠南大學校博物館, 1996, 「경부고속도로 회덕 -증약간 확장예정구간내 文化遺蹟 發掘調査 現場說明會 資
　　　料-」.

충남대학교백제연구소, 2002, 『금산 수당리유적』.

충청남도역사문화원, 2004, 『아산 갈산리 유적』.

_____, 2007, 『鷄龍 豆溪里遺蹟』.

_____, 2007, 『공주 제천리유적』.

_____, 2007, 『금산 수당리유적』.

_____, 2008, 『연기 신흥리유적』.

_____, 2007, 『예산 삽교 두리유적』.

忠淸南道歷史文化院 · (주)우성씨에스, 2007, 『公州 濟川里遺蹟』.

忠淸南道歷史文化院 · 天安市經營開發事業所, 2004, 『天安 佛堂洞 遺蹟』.

忠淸南道歷史文化院 · 韓國道路公社, 2006, 『靑陽 鶴岩里 · 分香里遺蹟』

충청남도역사문화원 · 현대산업개발(주), 2005, 『牙山 豊基洞 遺蹟』.

충청남도역사문화연구원 · 국방과학연구소, 2007, 『瑞山 機池里遺蹟』.

충청남도역사문화연구원 · 대한주택공사, 2008, 『洪城 南長里遺蹟』.

충청남도역사문화연구원 · (주)대상종합개발, 2006, 『大田 場垈洞遺蹟』.

忠淸南道歷史文化硏究院, 2008, 『天安 白石洞 새가라골遺蹟』.

_____, 2011, 『唐津 道城里遺蹟(Ⅱ)』.

忠淸南道歷史文化硏究院 · 唐津邑內1地區都市開發事業組合, 2009, 『唐津 牛頭里遺蹟(Ⅰ)』.

_____, 2010, 『唐津 牛頭里遺蹟(Ⅱ)』.

충청남도역사문화연구원 · 대전지방국토관리청, 2011, 『아산 남성리 · 읍내리유적 1 · 2』.

충청남도역사문화연구원 · 삼성전자주식회사, 2011, 『牙山 鳴岩里 밖지므레遺蹟』.

충청남도역사문화연구원 · (주)심성전자, 2009, 『牙山 龍頭里 산골遺蹟』.

충청남도역사문화연구원 · (주)아산테크노밸리, 2010, 『아산 운용리유적』.

충청남도역사문화연구원 · 한국토지주택공사, 2010, 「행정중심복합도시 지방행정지역 생활권 3-1 · 2내 C지점 연기 대평리유적 -C지점-』.

忠淸南道歷史文化硏究院 · 合德産業團地開發株式會社, 2011, 『唐津 石隅里 · 素素里遺蹟』.

忠淸南道歷史文化硏究院 · 孝昌綜合建設(株), 2008, 『瑞山 富長里遺蹟』.

平澤市 公營開發事業所 · 忠北大學校 先史文化硏究所, 1996, 『平澤 玄華里 遺蹟』.

한강문화재연구원 · 시흥시청 · (주)동부건설, 2010, 『시흥 계수동 유적』.

한국고고환경연구소 · 충북대학교박물관·중부복합물류주식회사, 2010, 『연기 응암리 가마골 유적』.

한국문화재보호재단, 1999, 『청원 송대리유적』『청원 오창유적』I.

_____, 2000, 『청원 국사리유적』.

_____, 2000, 『청주 용암유적』I.

韓國文化財保護財團 · 경기도시공사, 2009, 『金浦 鶴雲洞 遺蹟』.

韓國文化財保護財團 · 仁川市 黔丹開發事業所, 2007, 『仁川 不老洞遺蹟』.

_____, 2007, 『仁川 元堂洞遺蹟(Ⅰ)』.

_____, 2008, 『仁川 元堂洞遺蹟(Ⅱ)』.

韓國文化財保護財團 · 仁荷大學校博物館 · 仁川市都市開發本部, 2003, 『仁川 黔丹土地區劃整理事業地區 文化遺蹟 調査報告書』.

韓國文化財保護財團 · 한국토지주택공사, 2011, 『高陽 九山洞 遺蹟』.

韓國土地公社 · 忠南大學校博物館, 1998, 『大田 老隱洞遺蹟 發掘調査報告』.

韓永熙 · 金在弘, 1995, 「아산 신달리 선사주거지 발굴보고」『淸堂洞Ⅱ』, 國立中央博物館.

한창균 · 김근완 · 류기정 · 허세연 · 전일용 · 서대원 · 구자진, 2003, 『대전 노은동유적』, 한남대학교중앙박물관.

황용훈, 1984, 「중원 지동리 A지구 유적 발굴조사보고 -1983년도-」『충주댐 수몰지구 문화유적 발굴조사 종합보고서』Ⅱ, 충북대학교박물관.

_____, 1984, 「중원 지동리 A지구 유적 발굴조사보고 -1984년도-」『충주댐 수몰지구 문화유적 발굴조사 종합보고서』Ⅱ, 충북대학교박물관.

_____, 1984, 「제원 계산리 B지구 주거지 발굴조사보고」『충주댐 수몰지구 문화유적 발굴조사 종합보고서』I, 충북대학교박물관.

許義行·姜秉權, 2004, 『天安 云田里 遺蹟』, (財)忠淸文化財硏究院·大田地方國土管理廳.

許義行, 2005, 『唐津 自開里 遺蹟Ⅱ』, (財)忠淸文化財硏究院.

부록

호서지역 청동기시대 취락 관련 자료 일람(2012년 12월 기준)

· 부록 1 · 주거지 일람

유형	지역	유적명	유구번호	장축	단축	깊이	장단비	면적	무시설식식노지	위석식노지	타원형토광	초석유무	화재유무	저장공
가락동	제천	능강리	1호	960	210(잔)	32							무	
가락동	제천	능강리	2호	360	160(잔)	22				1			무	
가락동	제천	능강리	3호	550	310(잔)	29				2			유	
가락동	진천	사양리	1호	640(잔)	400(잔)	20				1		유	무	
가락동	진천	사양리	2호	350(잔)	350	11				1			무	
가락동	진천	사양리	3호	1080	630(잔)	60				1		유	무	무
가락동	진천	사양리	4호	1260	560	78	2.25	70.56		2		유	무	유
가락동	진천	사양리	5호	630(잔)	380(잔)	15				1		유	무	
가락동	충주	장성리	1호	1194	490	58	2.44	58.51		3		유	무	무
가락동	충주	조동리	1호	325	270	11	1.20	8.78		1			유	유
가락동	충주	조동리	2호	646	378	10	1.71	24.42	1				유	무
가락동	충주	조동리	3호	650	483		1.35	31.40					유	무
가락동	충주	조동리	4호	461	344		1.34	15.86		1			무	무
가락동	충주	조동리	5호	455	376	13	1.21	17.11					무	무
가락동	충주	조동리	6호	232	210	10	1.10	4.87					유	
가락동	충주	조동리	7호	505	385	21	1.31	19.44		2			유	무
가락동	충주	조동리	8호	550	440	14	1.25	24.20					유	
가락동	음성	하당리	1호	1092	444	96	2.46	48.48	1	2		유	무	유
가락동	음성	하당리	2호	724(잔)	342(잔)	44			1	1			무	유
가락동	음성	하당리	3호	516	170(잔)	30				1			무	
가락동	음성	하당리	4호	772(잔)	272(잔)	60				2			무	유
가락동	음성	하당리	5호	856(잔)	396(잔)	28			2	1			무	유
가락동	음성	하당리	6호	1206	500	80	2.41	60.30		3		유	유	유
가락동	청원	대율리	1호	1040	650(잔)	20				1			유	유
가락동	청원	대율리	2호	375(잔)	290(잔)	47				1			유	유
가락동	청원	대율리	3호	440	190(잔)	30				1			유	유
가락동	청원	대율리	4호	640	310(잔)	66				1			유	유
가락동	청원	대율리	5호	660	240(잔)	60				1			유	
가락동	청원	대율리	6호	270(잔)	230(잔)	22							유	

232 I 청동기시대 전기 호서지역 취락 연구 I

가락동	청원	대율리	7호	600(잔)	370(잔)	38			1				유	유
가락동	청원	대율리	8호	620	190(잔)	40							무	
가락동	청원	대율리	9호	870	550	32	1.58	47.85	2				무	유
가락동	청원	마산리	1호	560(잔)	266(잔)	46			2				무	
가락동	청원	마산리	2호	350(잔)	60(잔)	15							무	
가락동	청원	국사리	1호	655	236(잔)	53							무	
가락동	청원	송대리	1호	580	284	40	2.04	16.47		1			무	
가락동	청원	풍정리	1호	1,460(잔)	580	42				3		유	유	유
가락동	청원	황탄리	KC005	574(잔)	220(잔)	50							무	유
가락동	청원	황탄리	KC007	1260	432	32	2.92	54.43		2			무	무
가락동	청주	정북동	1호	770	580	18	1.33	44.66	1				무	
가락동	청주	강서동	1호	1190	560	60	2.13	66.64				유	무	유
가락동	청주	강서동	2호	650	510	50	1.27	33.15		1		유	유	유
가락동	청주	강서동	3호	630(잔)	540	50				1			무	유
가락동	청주	강서동	4호	900(잔)	140(잔)	30						유	무	유
가락동	청주	내곡동	1호	630	460	30	1.37	28.98		1			유	유
가락동	청주	봉명동	A-11호	310	140(잔)	22			1				무	무
가락동	청주	봉명동	A-12호	435	230(잔)	20			1				무	무
가락동	청주	봉명동	A-13-1호	363	170(잔)	53			1				유	무
가락동	청주	봉명동	A-13-2호	275	265(잔)	36							무	무
가락동	청주	봉명동	A-14호	490	100(잔)	20							무	무
가락동	청주	봉명동	A-15호	320	125(잔)	30			1				무	무
가락동	청주	봉명동	A-1호	445	315	12	1.41	14.02	1				무	
가락동	청주	봉명동	A-4호	350	265	27	1.32	9.28	1				무	유
가락동	청주	봉명동	A-9호	320	212(잔)	32			1				무	무
가락동	청주	봉명동	B-12호	200	200	20	1.00	4.00	1				무	
가락동	청주	봉명동	B-13호	500	340	36	1.47	17.00	1		1		무	
가락동	청주	봉명동	B-17호	400(잔)	290	30			1				무	유
가락동	청주	봉명동	B-5호	530	142(잔)	20							무	
가락동	청주	봉명동	B-6호	340	164(잔)	25			1				무	
가락동	청주	용정동	I-1호	722	582	48	1.24	42.02	1	1		유	무	유
가락동	청주	용정동	I-2호					0.00		2		유	무	유
가락동	청주	용정동	II-10호	1,136(잔)	340	60				2		유	무	무
가락동	청주	용정동	II-11호	400	195(잔)	40			1			유	유	
가락동	청주	용정동	II-1호	1094	558	80	1.96	61.05		2		유	무	유
가락동	청주	용정동	II-2호	496	318	40	1.56	15.77					무	무
가락동	청주	용정동	II-3호	640(잔)	330	32				1		유	무	
가락동	청주	용정동	II-4호	796(잔)	372	62				1		유	유	유
가락동	청주	용정동	II-5호	690(잔)	440(잔)	20			1				무	
가락동	청주	용정동	II-6호	618	426(잔)	15				2			무	유
가락동	청주	용정동	II-7호	800	537	41	1.49	42.96		1			무	유
가락동	청주	용정동	II-8호	1074	357	103	3.01	38.34		2		유	무	유
가락동	청주	용정동	II-9호	560(잔)	265(잔)	20				1			무	
가락동	보은	상장리	1호	992(잔)	398	26			2	1			무	유
가락동	보은	상장리	2호	790	376(잔)	38			1				유	유
가락동	보은	상장리	3호	374(잔)	252(잔)	40							유	
가락동	보은	상장리	4호	1,274(잔)	396	52			1	1			무	
가락동	보은	상장리	5호	526(잔)	196(잔)	54							유	
가락동	보은	상장리	6호	250(잔)	164(잔)	20							무	
가락동	대전	관평동	I-2호	364(잔)	264(잔)	11							무	유
가락동	대전	관평동	II-10호	682	314	61	2.17	21.41					무	유

가락동	대전	관평동	II-11호	882	290	54	3.04	25.58		2	유	무	유
가락동	대전	관평동	II-2호	444	250	38	1.78	11.10	1			무	유
가락동	대전	관평동	II-3호	1344	580	10	2.32	77.95		2	유	무	유
가락동	대전	관평동	II-4호	724	474	44	1.53	34.32		2	유	무	무
가락동	대전	관평동	II-5호	576	408(잔)	32				1	유	무	무
가락동	대전	관평동	II-6호	858	502	36	1.71	43.07		1	유	무	유
가락동	대전	관평동	II-7호	580(잔)	282	20				1		무	
가락동	대전	관평동	II-8호	888	360	32	2.47	31.97		1		무	유
가락동	대전	관평동	II-9호	1126	380	89	2.96	42.79		3		무	무
가락동	대전	괴정동	1호	360	330(잔)	20				1		무	
가락동	대전	가오동	1호	940(산)	400	40				3	유	무	
가락동	대전	가오동	2호	684(잔)	354	10			4			무	
가락동	대전	가오동	3호	500(잔)	280(잔)	7				1		무	유
가락동	대전	가오동	4호	1,050(잔)	354	70				2	유	무	유
가락동	대전	둔산동	1호	730	420	67	1.74	30.66		1		무	유
가락동	대전	둔산동	2호	680	580	30	1.17	39.44			유	무	유
가락동	대전	둔산동	3호	580(잔)	400	67				1		무	유
가락동	대전	복룡동	1호	370	288(잔)	64			1			무	유
가락동	대전	용산, 탑립동	2-12호	916	292	76	3.14	26.75				무	유
가락동	대전	용산, 탑립동	2-14호	250(잔)	211(잔)	12			1			무	
가락동	대전	용산, 탑립동	2-15호	252(잔)	242	17						무	
가락동	대전	용산, 탑립동	2-16호	350	262(잔)	40			1			무	
가락동	대전	용산, 탑립동	2-1호	1280	442	48	2.90	56.58		2	유	무	유
가락동	대전	용산, 탑립동	2-2호	726(잔)	358	100				1	유	무	
가락동	대전	용산, 탑립동	2-3호	894	450	16	1.99	40.23		3	유	무	무
가락동	대전	용산, 탑립동	2-4호	807	396	66	2.04	31.96		1	유	무	유
가락동	대전	용산, 탑립동	2-5호	1292	512	50	2.52	66.15		3	유	무	유
가락동	대전	용산, 탑립동	4-1호	995	608	75	1.64	60.50		1	유	유	유
가락동	대전	용산, 탑립동	4-2호	666	608	45	1.10	40.49		1	유	무	유
가락동	대전	용산, 탑립동	4-3호	716	450(잔)	32						무	
가락동	대전	용산, 탑립동	4-4호	538(잔)	369(잔)	15					유		
가락동	대전	용산, 탑립동	4-5호	314	302	28	1.04	9.48				무	유
가락동	대전	용산, 탑립동	5-1호	871	524	63	1.66	45.64		1	유	무	유
가락동	대전	용산, 탑립동	6-10호	508	382	57	1.33	19.41				무	유
가락동	대전	용산, 탑립동	6-12호	968	332	69	2.92	32.14		2	유	무	유
가락동	대전	용산동	1호	816	550	44	1.48	44.88		1	유	유	유
가락동	대전	용산동	2호	470	238(잔)	26					유	유	유
가락동	대전	용산동 구석기	1호	256(잔)	158(잔)	15						무	
가락동	계룡	두계리	1호	778	636	138	1.22	49.48		1	유	무	무
가락동	계룡	두계리	2호	468	322	36	1.45	15.07		1	유	무	유
가락동	계룡	두계리	3호	834	660	26	1.26	55.04		1	유	무	
가락동	계룡	두계리	4호	563	424	70	1.33	23.87		1		무	유
가락동	계룡	두계리	5호					0.00		1		무	
가락동	연기	송담리	28-KC-001	644	500	96	1.29	32.20		1			무
가락동	연기	송담리	28-KC-002	670	520	130	1.29	34.84	1				유
가락동	연기	송담리	28-KC-003	720	400(잔)	55			1	1			무
가락동	연기	송담리	28-KC-004	720	360	40	2.00	25.92	2				유
가락동	연기	송담리	28-KC-005	600(잔)	580	40							무
가락동	연기	송담리	28-KC-006	744	350	92	2.13	26.04	1				유
가락동	연기	송담리	28-KC-007	534(잔)	198(잔)	48							유
가락동	연기	송담리	28-KC-008	944(잔)	540	113				1			무

가락동	연기	송담리	28-KC-009	590(잔)	230(잔)	48					무
가락동	연기	송담리	28-KC-010	870	340	40	2.56	29.58		2	무
가락동	연기	송담리	28-KC-011	600(잔)	520	22				1	무
가락동	연기	송담리	28-KC-012	600	330	57	1.82	19.80			무
가락동	연기	송담리	28-KC-013	566(잔)	400	28				1	유
가락동	연기	송담리	28-KC-014	862	280	46	3.08	24.14	1		유
가락동	연기	송담리	28-KC-015	1230	654	29	1.88	80.44		2	유
가락동	연기	송담리	28-KC-016	1144	356	57	3.21	40.73		3	유
가락동	연기	송담리	28-KC-017	1010	350	20	2.89	35.35		2	유
가락동	연기	송담리	28-KC-018	974(잔)	384	27				2	유
가락동	연기	송담리	28-KC-019	748	360	48	2.08	26.93		1	유
가락동	연기	송담리	28-KC-020	480	308	5	1.56	14.78	1		유
가락동	연기	송담리	28-KC-021	580(잔)	360	60				1	무
가락동	연기	송담리	28-KC-022	520(잔)	326	30				3	유
가락동	연기	송담리	28-KC-023	600(잔)	390	50			1		유
가락동	연기	송담리	28-KC-024	240(잔)	442	23					무
가락동	연기	송담리	28-KC-025	860	178	45	4.83	15.31		2	무
가락동	연기	송담리	28-KC-026	790	210(잔)	60				1	무
가락동	연기	송담리	28-KC-027	672	243	89	2.77	16.33	1		무
가락동	연기	송담리	28-KC-028	504(잔)	377	72				1	무
가락동	연기	송담리	28-KC-029	818(잔)	430	75				1	무
가락동	연기	송담리	28-KC-030	590	400	38	1.48	23.60	1		무
가락동	연기	송담리	28-KC-031	932	594	68	1.57	55.36		1	무
가락동	연기	송담리	28-KC-032	886	497	42	1.78	44.03		1	무
가락동	연기	송담리	28-KC-033	870	622	46	1.40	54.11		1	무
가락동	연기	송담리	28-KC-034	788(잔)	426	22				1	무
가락동	연기	송담리	28-KC-035	650	372	52	1.75	24.18			무
가락동	연기	송담리	28-KC-036	822	492(잔)	30				1	무
가락동	연기	송담리	28-KC-037	974(잔)	415	66			1	2	유
가락동	연기	송담리	28-KC-038	560(잔)	646	40					무
가락동	연기	송담리	28-KC-039	860	340	38	2.53	29.24	1	1	유
가락동	연기	송담리	28-KC-040	382(잔)	320(잔)	39				1	무
가락동	연기	송담리	28-KC-041	378	140(잔)	48			1		무
가락동	연기	송담리	28-KC-042	696	375	78	1.86	26.10		1	무
가락동	연기	송담리	28-KC-043	426(잔)	302	41			1		무
가락동	연기	송담리	28-KC-044	960(잔)	390	50				2	유
가락동	연기	송담리	28-KC-045	740(잔)	364	45			1	1	무
가락동	연기	송담리	28-KC-046	750(잔)	320	45				1	무
가락동	연기	송담리	28-KC-047	330	290	25	1.14	9.57	1		무
가락동	연기	송담리	28-KC-048	328(잔)	320(잔)					1	무
가락동	연기	송담리	28-KC-049	460(잔)	236	54			1		무
가락동	연기	송담리	28-KC-050	560(잔)	240(잔)	40				1	무
가락동	연기	송담리	28-KC-051	880	350	31	2.51	30.80	2		유
가락동	연기	송담리	28-KC-052	542(잔)	148(잔)						무
가락동	연기	송담리	28-KC-053	770(잔)	335(잔)	56				1	무
가락동	연기	송담리	28-KC-054	720(잔)	488	74				1	무
가락동	연기	송담리	28-KC-055	710	430	92	1.65	30.53			무
가락동	연기	송담리	29-1-KC-001	930	380	30	2.45	35.34		2	유
가락동	연기	송담리	29-1-KC-002	576	440	18	1.31	25.34		1	유
가락동	연기	송담리	29-2-KC-001	900	350	47	2.57	31.50	2		유
가락동	연기	송담리	29-2-KC-002	400(잔)	310(잔)	50					유

지역	유적	유구	번호	규모	규모	깊이	장폭비	면적	①	②	화재
가락동	연기	송담리	29-3-KC-001	620(잔)	600	56			2		무
가락동	연기	송담리	29-3-KC-002	528(잔)	24(잔)	10				1	무
가락동	연기	송담리	29-3-KC-003	368(잔)	320	27			1		무
가락동	연기	송담리	29-3-KC-004	834(잔)	390(잔)	26				2	유
가락동	연기	송담리	29-3-KC-005	860	400	96	2.15	34.40	2	1	유
가락동	연기	송담리	29-3-KC-006	700	490	47	1.43	34.30		1	유
가락동	연기	송담리	29-3-KC-007	176(잔)	360	20					무
가락동	연기	송담리	29-3-KC-008	750	540	83	1.39	40.50		1	유
가락동	연기	송담리	30-KC-001	760(잔)	660	27			1	1	유
가락동	연기	송담리	30-KC-002	442(잔)	346(잔)	10					유
가락동	연기	송담리	30-KC-003	418(잔)	348(잔)	13					무
가락동	연기	송담리	30-KC-004	670(잔)	350	15				1	유
가락동	연기	송담리	30-KC-005	1218	380	45	3.21	46.28		3	유
가락동	연기	송담리	30-KC-006	500(잔)	372	62				1	유
가락동	연기	송담리	30-KC-007	670(잔)	190	18				1	무
가락동	연기	송담리	30-KC-008	840	408	114	2.06	34.27		2	유
가락동	연기	송담리	30-KC-009	670(잔)	364	15			1		유
가락동	연기	송담리	34-KC-001	1014	360	28	2.82	36.50		3	유
가락동	연기	송담리	34-KC-002	960(잔)	428	36				3	유
가락동	연기	송담리	34-KC-003	176(잔)	440	85				1	무
가락동	연기	송담리	34-KC-004	850	444	45	1.91	37.74	1		유
가락동	연기	송담리	34-KC-005	824	380	45	2.17	31.31	1		무
가락동	연기	송담리	34-KC-006	550(잔)	480	48				1	유
가락동	연기	송원리	KC-001	332	304(잔)	46			1		무
가락동	연기	송원리	KC-002	292	190(잔)	40			1		무
가락동	연기	송원리	KC-003	814	308	33	2.64	25.07	1		유
가락동	연기	송원리	KC-004	494	140(잔)	22					무
가락동	연기	송원리	KC-005	904	346	48	2.61	31.28	2		무
가락동	연기	송원리	KC-006					0.00	1		무
가락동	연기	송원리	KC-007	311(잔)	280	20			1		무
가락동	연기	송원리	KC-008	653	333	20	1.96	21.74	1		무
가락동	연기	송원리	KC-009	880	510	20	1.73	44.88		2	유
가락동	연기	송원리	KC-010	721	350	40	2.06	25.24	1		무
가락동	연기	송원리	KC-011	1030	410	22	2.51	42.23		3	무
가락동	연기	송원리	KC-012	350(잔)	230	20			1		무
가락동	연기	송원리	KC-013	620	290	44	2.14	17.98			무
가락동	연기	송원리	KC-014	1,032(잔)	458(잔)	16				2	무
가락동	연기	송원리	KC-015	300	234	14	1.28	7.02	1		무
가락동	연기	송원리	KC-016	860	380	32	2.26	32.68		1	무
가락동	연기	송원리	KC-017	364	200	36	1.82	7.28	1		무
가락동	연기	송원리	KC-018	966	432(잔)	28				2	유
가락동	연기	송원리	KC-019	710	280(잔)	6					무
가락동	연기	송원리	KC-020	520(잔)	360(잔)	30				1	무
가락동	연기	송원리	KC-021	860(잔)	365	22				2	무
가락동	연기	송원리	KC-022	1243	436	21	2.85	54.19	1	1	유
가락동	연기	송원리	KC-023	756	316	30	2.39	23.89	1	1	유
가락동	연기	송원리	KC-024	494(잔)	300	19				2	무
가락동	연기	송원리	KC-025	1144	364	53	3.14	41.64	2	1	유
가락동	연기	송원리	KC-026	506	328(잔)	36			1		유
가락동	연기	송원리	KC-027	646	326	41	1.98	21.06	2		무
가락동	연기	송원리	KC-028	482	228	28	2.11	10.99			무

지역	구분	마을	번호	면적a	면적b	값	비1	비2	개수1	개수2	상태1	상태2	상태3
가락동	연기	송원리	KC-029	417(잔)	198(잔)	22			2				무
가락동	연기	송원리	KC-030	589	294	33	2.00	17.32	1				무
가락동	연기	송원리	KC-031	827(잔)	348	31			2	1			유
가락동	연기	송원리	KC-032	980	543	44	1.80	53.21		2			유
가락동	연기	송원리	KC-033	834	465	76	1.79	38.78		1			유
가락동	연기	송원리	KC-034	1210	432	54	2.80	52.27		1			유
가락동	연기	송원리	KC-035	1140	596	19	1.91	67.94		2			유
가락동	연기	송원리	KC-036	628(잔)	370	40			1	1			무
가락동	연기	송원리	KC-037	358(잔)	334	31			1				무
가락동	연기	송원리	KC-038	956(잔)	358	49							무
가락동	연기	송원리	KC-039	323(잔)	240(잔)	9							무
가락동	연기	송원리	KC-040	568	260	30	2.18	14.77	1				유
가락동	연기	송원리	KC-041	534	260	35	2.05	13.88	1				유
가락동	연기	송원리	KC-042	1106	480	45	2.30	53.09	3				유
가락동	연기	송원리	KC-043	664	433	48	1.53	28.75		1			유
가락동	연기	송원리	KC-044	1160	516	57	2.25	59.86		2			유
가락동	연기	송원리	KC-045	1218	472	26	2.58	57.49		1			유
가락동	연기	송원리	KC-046	870	292	26	2.98	25.40		1			무
가락동	연기	송원리	KC-047	926	524	31	1.77	48.52		1			무
가락동	연기	송원리	KC-048	360	272	20	1.32	9.79					무
가락동	연기	송원리	KC-049	600	320	59	1.88	19.20	1				무
가락동	연기	송원리	KC-050	1476	538	30	2.74	79.41	2	2			유
가락동	연기	송원리	KC-051	770	284	16	2.71	21.87					무
가락동	연기	송원리	KC-052	860	346	19	2.49	29.76		1			무
가락동	연기	송원리	KC-053	468	350	16	1.34	16.38	1				유
가락동	연기	송원리	KC-054	430	486	46	0.88	20.90					유
가락동	연기	송원리	KC-055	540	350	83	1.54	18.90		1			무
가락동	연기	송원리	KC-075	872	344	18	2.53	30.00		2			유
가락동	연기	송원리	KC-076	1097(잔)	336	38							유
가락동	연기	송원리	KC-077	202	202	20	1.00	4.08		1			무
가락동	연기	연기리	74-1호	1202	488	44	2.46	58.66	3				
가락동	연기	연기리	74-2호	1346	638	76	2.11	85.87					
가락동	연기	연기리	74-3호	1312	502	51	2.61	65.86	2				
가락동	연기	연기리	74-4호	279(잔)	255	31				1			
가락동	연기	연기리	78-1호	1205	318	39	3.79	38.32	4				
가락동	연기	연기리	78-2호	488	235	13	2.08	11.47	1				
가락동	연기	연기리	78-3호	1126	344	32	3.27	38.73	3				
가락동	금산	수당리	1호	990(잔)	640	10			1	1	유	무	
가락동	금산	수당리	6호	670	329(잔)	56					유		
가락동	금산	수당리(표고재배)	3호	942	400	12	2.36	37.68		2	유	무	
가락동	금산	수당리(표고재배)	4호	812	220(잔)	52					무		
가락동	금산	수당리(표고재배)	5호	216(잔)	78(잔)	18					무		
가락동	공주	신관동	1호	425	420	60	1.01	17.85					무
가락동	공주	제천리	1호	1040	560	65	1.86	58.24		2	유	유	유
가락동	공주	제천리	2호	1248	520	50	2.40	64.90		2	유	무	유
가락동	공주	제천리	3호	810	530	80	1.53	42.93		2	유	유	유
역삼동	태안	고남리	1호	470	310(잔)	56			1			무	무
역삼동	태안	고남리	2호	350	240(잔)	40			1			무	무
역삼동	태안	고남리	3호	410	280(잔)	65			1			유	무
역삼동	아산	군덕리	1호	520	350	56	1.49	18.20				무	무
역삼동	아산	군덕리	2호	420	350	50	1.20	14.70				무	무

역삼동	아산													
역삼동	아산	군덕리	3호	620	340	40	1.82	21.08					무	무
역삼동	아산	군덕리	4호	800	210(잔)	25							유	무
역삼동	아산	군덕리	5호	340	240(잔)	20							유	무
역삼동	아산	대흥리 큰선장	10호	504	184(잔)	30			1					
역삼동	아산	대흥리 큰선장	11호	1072	345	92	3.11	36.98	6					
역삼동	아산	대흥리 큰선장	12호	814	298	50	2.73	24.26	4					
역삼동	아산	대흥리 큰선장	13호	570	340	55	1.68	19.38	1					
역삼동	아산	대흥리 큰선장	14호	1066	411	102	2.59	43.81	3					
역삼동	아산	대흥리 큰선장	15호	504	336	65	1.50	16.93	1					
역삼동	아산	대흥리 큰선장	16호	688	248	45	2.77	17.06	1					
역삼동	아산	대흥리 큰선장	17호	450	408	80	1.10	18.36	1					
역삼동	아산	대흥리 큰선장	18호	590	210(잔)	48			1					
역삼동	아산	대흥리 큰선장	19호	492(잔)	170(잔)	20								
역삼동	아산	대흥리 큰선장	1호	1615	330	60	4.89	53.30	7					
역삼동	아산	대흥리 큰선장	20호	1046	310	60	3.37	32.43	3					
역삼동	아산	대흥리 큰선장	21호	461	250	34	1.84	11.53	2					
역삼동	아산	대흥리 큰선장	22호	542(잔)	260	35			1					
역삼동	아산	대흥리 큰선장	2호	1325	332	40	3.99	43.99	2					
역삼동	아산	대흥리 큰선장	3호	436	292	65	1.49	12.73	1					
역삼동	아산	대흥리 큰선장	4호	408	220	40	1.85	8.98	1					
역삼동	아산	대흥리 큰선장	5호	524	304	55	1.72	15.93	1					
역삼동	아산	대흥리 큰선장	6호	313	183	55	1.71	5.73						
역삼동	아산	대흥리 큰선장	7호	422	222	38	1.90	9.37	1					
역삼동	아산	대흥리 큰선장	8호	444(잔)	310(잔)	30			1					
역삼동	아산	대흥리 큰선장	9호	496(잔)	63(잔)	28			1					
역삼동	아산	명암리(6지점)	1호	720	380	48	1.89	27.36	1				무	무
역삼동	아산	명암리(7지점)	2호	300	150(잔)	48			1				무	
역삼동	아산	명암리 (11, 3-10지점)	11-전기9호	515	260	15	1.98	13.39	1				무	무
역삼동	아산	명암리 (11, 3-11지점)	11-전기10호	1220	226	68	5.40	27.57	4				무	유
역삼동	아산	명암리 (11, 3-12지점)	11-전기11호	908	226	68	4.02	20.52	4				무	유
역삼동	아산	명암리 (11, 3-13지점)	11-전기12호	716	258	59	2.78	18.47	2				무	무
역삼동	아산	명암리 (11, 3-14지점)	11-전기13호	638	278	58	2.29	17.74	1				무	유
역삼동	아산	명암리 (11, 3-2지점)	11-전기1호	423	200	56	2.12	8.46	1				무	무
역삼동	아산	명암리 (11, 3-3지점)	11-전기2호	993	306	54	3.25	30.39	3				무	유
역삼동	아산	명암리 (11, 3-4지점)	11-전기3호	1482	256	82	5.79	37.94	4				무	유
역삼동	아산	명암리 (11, 3-5지점)	11-전기4호	1563	318	26	4.92	49.70	8				무	무
역삼동	아산	명암리 (11, 3-6지점)	11-전기5호	310(잔)	250	31			2				무	무
역삼동	아산	명암리 (11, 3-7지점)	11-전기6호	825	334	20	2.47	27.56	3				무	무
역삼동	아산	명암리 (11, 3-8지점)	11-전기7호	978	268	80	3.65	26.21	4				무	유

역삼동	아산	명암리 (11, 3-9지점)	11-전기8호	322(잔)	293	27			1				무	
역삼동	아산	명암리(12)	1호	700(잔)	450	6			2					
역삼동	아산	명암리(12)	2호	820	350(잔)	30			1				유	
역삼동	아산	명암리(12)	3호	880	300	67	2.93	26.40	4					유
역삼동	아산	명암리(12)	4호	1060	320(잔)	40							유	
역삼동	아산	명암리(12)	5호	860	334(잔)	53								
역삼동	아산	명암리(12)	6호	1187	320	25	3.71	37.98	3					유
역삼동	아산	명암리(12)	7호	1720	346	88	4.97	59.51	7				유	유
역삼동	아산	명암리(12)	8호	1306	310	80	4.21	40.49	3				유	유
역삼동	아산	명암리(12)	9호	1460	320	74	4.56	46.72	6				유	유
역삼동	아산	명암리(12)	10호	600	225	6	2.67	13.50	2					
역삼동	아산	명암리(12)	11호	1206	290	36	4.16	34.97	5				유	유
역삼동	아산	명암리(12)	12호	816	250(잔)	60			2					
역삼동	아산	명암리(12)	13호	784	318	98	2.47	24.93	3				유	
역삼동	아산	명암리(12)	14호	574	250	56	2.30	14.35	1					유
역삼동	아산	명암리(12)	15호		380	10	0.00	0.00	1				유	
역삼동	아산	명암리(12)	16호	1074	330	87	3.25	35.44	3					유
역삼동	아산	명암리(12)	17호	1584	320	80	4.95	50.69	5				유	유
역삼동	아산	명암리(12)	18호	575	212	46	2.71	12.19						
역삼동	아산	명암리(12)	19호	1040	264	86	3.94	27.46	3					유
역삼동	아산	명암리(12)	20호	1123	254	113	4.42	28.52	3				유	유
역삼동	아산	명암리(12)	21호	1300	304	126	4.28	39.52	6					유
역삼동	아산	명암리(12)	22호	540	258	47	2.09	13.93	1					
역삼동	아산	명암리(12)	23호	902(잔)	200	10			3					유
역삼동	아산	밖지므레	2-1-10호	1480	393(잔)	100			5					
역삼동	아산	밖지므레	2-1-11호	376	328	78	1.15	12.33						
역삼동	아산	밖지므레	2-1-12호	475	320(잔)	34								
역삼동	아산	밖지므레	2-1-13호	1700	390	67	4.36	66.30	4					
역삼동	아산	밖지므레	2-1-17호	780(잔)	351	35			4					
역삼동	아산	밖지므레	2-1-1호	1080	204(잔)	38			1					
역삼동	아산	밖지므레	2-1-2호	1027	225(잔)	42			3					
역삼동	아산	밖지므레	2-1-3호	600(잔)	335(잔)	38			2					
역삼동	아산	밖지므레	2-1-5호	168(잔)	212(잔)	36			1					
역삼동	아산	밖지므레	2-1-6호	957	337(잔)	57			2					
역삼동	아산	밖지므레	2-1-7호	395	227(잔)	67								
역삼동	아산	밖지므레	2-1-8호	1095	353(잔)	60			3					
역삼동	아산	밖지므레	2-1-9호	900(잔)	308	50			5					
역삼동	아산	밖지므레	2-2-10호	2,493(잔)	426(잔)	57			5					
역삼동	아산	밖지므레	2-2-12호	663(잔)	122(잔)	16								
역삼동	아산	밖지므레	2-2-13호	452(잔)	420(잔)	72			2					
역삼동	아산	밖지므레	2-2-1호	1061	218(잔)	40			3					
역삼동	아산	밖지므레	2-2-2호	508	162(잔)	9								
역삼동	아산	밖지므레	2-2-3호	848	294(잔)	34			3					
역삼동	아산	밖지므레	2-2-4호	1080	290(잔)	60								
역삼동	아산	밖지므레	2-2-5호	680	236	17	2.88	16.05	2					
역삼동	아산	밖지므레	2-2-6호	404	40		10.10	1.62						
역삼동	아산	밖지므레	2-2-7호	928	236(잔)	30			3					
역삼동	아산	밖지므레	2-2-8호	672	172(잔)	52			3					
역삼동	아산	밖지므레	2-2-9호	597	271(잔)	72			2					
흔암리	아산	용두리 산골	I-1-1호	574	355	50	1.62	20.38	2					유

흔암리	아산	용두리 산골	I-1-2호	777	402	65	1.93	31.24	5				유
흔암리	아산	용두리 산골	I-1-3호	1123	460	56	2.44	51.66	4				유
흔암리	아산	용두리 산골	II-1-10호	630	200	6	3.15	12.60	1				무
흔암리	아산	용두리 산골	II-1-11호	372	370	27	1.01	13.76			1		무
흔암리	아산	용두리 산골	II-1-12호	390	308	20	1.27	12.01			1		무
흔암리	아산	용두리 산골	II-1-1호	640	318	45	2.01	20.35	2				유
흔암리	아산	용두리 산골	II-1-2호	1053	276	26	3.82	29.06	3				유
흔암리	아산	용두리 산골	II-1-3호	1574	382	110	4.12	60.13	3				유
흔암리	아산	용두리 산골	II-1-4호	2286	394	74	5.80	90.07	7				유
흔암리	아산	용두리 산골	II-1-5호	1322	314	62	4.21	41.51	5				유
흔암리	아산	용두리 산골	II-1-6호	690	324	95	2.13	22.36	1				유
흔암리	아산	용두리 산골	II-1-7호	990	312	54	3.17	30.89	3				유
흔암리	아산	용두리 산골	II-1-8호	900	284	30	3.17	25.56	3				유
흔암리	아산	용두리 산골	II-1-9호	1064	194	7	5.48	20.64	1				유
역삼동	아산	용두리 진터	1호	617	196(잔)	42			2				유
역삼동	아산	용두리 진터	2호	470	222(잔)	65			1				유
역삼동	아산	용두리 진터	3호	722	159(잔)	31			2				유
역삼동	아산	용두리 진터	4호	384	198(잔)	53			1				유
역삼동	아산	용두리 진터	5호	766	291	45	2.63	22.29	2				유
역삼동	아산	용두리 진터	6호	1955	323	40	6.05	63.15	7				유
역삼동	아산	용두리 진터	7호	1185	278	44	4.26	32.94	3				유
역삼동	아산	용두리 진터	8호	536	210	40	2.55	11.26	1				
역삼동	아산	용두리 진터	9호	1476	313	76	4.72	46.20	4				유
역삼동	아산	용두리 진터	10호	175(잔)	202	47							
역삼동	아산	용두리 진터	11호	2019	310	75	6.51	62.59	6				유
역삼동	아산	용두리 진터	12호	340	209(잔)	21			1			유	유
역삼동	아산	용두리 진터	13호	813	292(잔)	71			5				
역삼동	아산	용두리 진터	14호	876	122(잔)	42							
역삼동	아산	용두리 진터	15호	847	187(잔)	91			3				유
역삼동	아산	용두리 진터	16호	1462	261(잔)	97			5				유
역삼동	아산	용두리 진터	17호	1659	206(잔)	106			8				유
역삼동	아산	용두리 진터	18호	684	336	116	2.04	22.98	1				유
역삼동	아산	용두리 진터	19호	865	246	56	3.52	21.28	3				유
역삼동	아산	용두리 진터	20호	1973	281	72	7.02	55.44	7				유
역삼동	아산	용두리 진터	21호	835	304	93	2.75	25.38	1				유
역삼동	아산	용두리 진터	22호	917	161(잔)	26							
역삼동	아산	용두리 진터	23호	1249	181(잔)	52			4				유
역삼동	아산	용두리 진터	24호	1220	280	41	4.36	34.16	5				유
역삼동	아산	용두리 진터	25호	781	252	34	3.10	19.68	2				유
흔암리	아산	장재리 안강골	10호	994	304	74	3.27	30.22	3				유
흔암리	아산	장재리 안강골	11호	582	276	54	2.11	16.06	1				유
흔암리	아산	장재리 안강골	12호	1170	334	64	3.50	39.08	1				무
흔암리	아산	장재리 안강골	1호	232(잔)	370	48			1				무
흔암리	아산	장재리 안강골	2호	500(잔)	636	22			2				무
흔암리	아산	장재리 안강골	3호	1936	420	104	4.61	81.31	6				유
흔암리	아산	장재리 안강골	4호	1840(잔)	353	42			5				유
흔암리	아산	장재리 안강골	5호	542(잔)	292(잔)	26							유
흔암리	아산	장재리 안강골	6호	628	270	34	2.33	16.96	2				무
흔암리	아산	장재리 안강골	7호	786(잔)	330	47			1				유
흔암리	아산	장재리 안강골	8호	1042	340(잔)	74			2				무
흔암리	아산	장재리 안강골	9호	878	319	54	2.75	28.01	2				무

흔암리	아산	장재리 안강골	안강골1호	1922	336	64	5.72	64.58	4					유
흔암리	아산	장재리 안강골	안강골2호	915	387	54	2.36	35.41	2					유
흔암리	아산	풍기동	1호	788(잔)	240(잔)	20			2		.		무	유
흔암리	아산	풍기동	2호	1120	357	30	3.14	39.98	4				무	유
흔암리	아산	풍기동	3호	595	285	35	2.09	16.96	2				유	무
흔암리	아산	풍기동	4호	360	180(잔)	25							무	무
흔암리	아산	풍기동 밤줄길	1호	1234	230	56	5.37	28.38	4					
흔암리	아산	풍기동 밤줄길	4호	1558	274	72	5.69	42.69	4					
흔암리	아산	풍기동 밤줄길	5호	548(잔)	200(잔)	30			1					
흔암리	아산	풍기동 밤줄길	7호	1,200(잔)	120(잔)	65								
흔암리	아산	풍기동 밤줄길	8호	964	240	50	4.02	23.14	3					
흔암리	아산	풍기동 밤줄길	9호	408(잔)	175(잔)	33			1					
흔암리	아산	풍기동 앞골	10호주거지	?	?	35			2					
흔암리	아산	풍기동 앞골	11호주거지	1676	340	38	4.93	56.98	7		.			
흔암리	아산	풍기동 앞골	12호주거지	360(잔)	288	40			2					
흔암리	아산	풍기동 앞골	13호주거지	492(잔)	280	64			2					
흔암리	아산	풍기동 앞골	14호주거지	1135	298	28	3.81	33.82	3					
흔암리	아산	풍기동 앞골	15호주거지	959	289	21	3.32	27.72	2					
흔암리	아산	풍기동 앞골	16호주거지	1670	400	58	4.18	66.80	9					
흔암리	아산	풍기동 앞골	17호주거지	1936	304	69	6.37	58.85	10					
흔암리	아산	풍기동 앞골	18호주거지	282	222	51	1.27	6.26	1					
흔암리	아산	풍기동 앞골	19호주거지	810	332	66	2.44	26.89	2					
흔암리	아산	풍기동 앞골	1호주거지	774	284(잔)	63			3					
흔암리	아산	풍기동 앞골	20호주거지	1238	320	82	3.87	39.62	6					
흔암리	아산	풍기동 앞골	21호주거지	570	324	37	1.76	18.47	1					
흔암리	아산	풍기동 앞골	22호주거지	1,197(잔)	260(잔)	76			3					
흔암리	아산	풍기동 앞골	2호주거지	481(잔)	148(잔)	20			2					
흔암리	아산	풍기동 앞골	3호주거지	362	181(잔)	5								
흔암리	아산	풍기동 앞골	4호주거지	876(잔)	250	23								
흔암리	아산	풍기동 앞골	5호주거지	1233	327	90	3.77	40.32	7					
흔암리	아산	풍기동 앞골	6호주거지	560(잔)	420	36			1					
흔암리	아산	풍기동 앞골	7호주거지	724	309	60	2.34	22.37	2					
흔암리	아산	풍기동 앞골	8호주거지	976	295	36	3.31	28.79	3					
흔암리	아산	풍기동 앞골	9호주거지	1085	?	?			2					
흔암리	아산	용화동 가재골	10호	1217	300	48	4.06	36.51	2					
흔암리	아산	용화동 가재골	11호	?	291	41			2					
흔암리	아산	용화동 가재골	12호	379	253	42	1.50	9.59						
흔암리	아산	용화동 가재골	13호	1618	332	45	4.87	53.72	6					
흔암리	아산	용화동 가재골	14호	638	264	78	2.42	16.84	2					
흔암리	아산	용화동 가재골	15호	841	238	59	3.53	20.02	3					
흔암리	아산	용화동 가재골	16호	487	266	24	1.83	12.95	1					
흔암리	아산	용화동 가재골	18호	1029	331	77	3.11	34.06	4					
흔암리	아산	용화동 가재골	19호	925	258	40	3.59	23.87	3					
흔암리	아산	용화동 가재골	1호	866	280	30	3.09	24.25	3					
흔암리	아산	용화동 가재골	20호	870	309	25	2.82	26.88	3					
흔암리	아산	용화동 가재골	21호	?	236	16			3					
흔암리	아산	용화동 가재골	22호	468	222	48	2.11	10.39	2					
흔암리	아산	용화동 가재골	24호	284	267	45	1.06	7.58						
흔암리	아산	용화동 가재골	25호	?	382	36			8					
흔암리	아산	용화동 가재골	26호	452	?	31								
흔암리	아산	용화동 가재골	27호	533	?	29								

흔암리	아산	용화동 가재골	28호	768	?	?								
흔암리	아산	용화동 가재골	29호	1363	327	25	4.17	44.57	4					
흔암리	아산	용화동 가재골	2호	116	290	50	0.40	3.36	2					
흔암리	아산	용화동 가재골	31호	868	260	57	3.34	22.57	2					
흔암리	아산	용화동 가재골	3호	824	210	34	3.92	17.30	2					
흔암리	아산	용화동 가재골	4호	838	300	44	2.79	25.14	2					
흔암리	아산	용화동 가재골	6호	1330	356	64	3.74	47.35	4					
흔암리	아산	용화동 가재골	7호	710	250	23	2.84	17.75	2					
흔암리	아산	용화동 가재골	8호	2072	290	57	7.14	60.09	6					
흔암리	아산	용화동 가재골	9호	496	222	18	2.23	11.01	1					
흔암리	아산	와우리	1호	668	348	104	1.92	23.25	2				무	무
흔암리	아산	와우리	2호	900	360	104	2.50	32.40	2				무	유
흔암리	아산	와우리	3호	792	388	86	2.04	30.73	2				무	무
흔암리	아산	와우리	4호	452	210(잔)	22							무	무
흔암리	아산	와우리	5호	1104	360	174	3.07	39.74	3				무	무
흔암리	아산	와우리	6호	1350	364	130	3.71	49.14	3				무	무
흔암리	아산	와우리	7호	500(잔)	118(잔)	64							무	무
흔암리	아산	와우리	8호	1900	400	84	4.75	76.00	2				무	무
흔암리	아산	와우리	9호	354	255(잔)	60							무	무
흔암리	아산	와우리	10호	382	330(잔)	74							무	무
흔암리	아산	와우리	11호	506	184(잔)	40							무	무
흔암리	아산	와우리	12호	480	225(잔)	46							무	무
역삼동	아산	남성리	1-10호	542	382(잔)	47				1				무
역삼동	아산	남성리	1-11호	828	273(잔)	50			1					무
역삼동	아산	남성리	1-12호	1308	314	55	4.17	41.07	4					무
역삼동	아산	남성리	1-13호	550	253	40	2.17	13.92	2					무
역삼동	아산	남성리	1-14호	870	340	48	2.56	29.58	2					무
역삼동	아산	남성리	1-15호	770	388	72	1.98	29.88	2					무
역삼동	아산	남성리	1-16호	388	180(잔)	11				1				무
역삼동	아산	남성리	1-1호	448	264(잔)	12				1				무
역삼동	아산	남성리	1-2호	452	364	18	1.24	16.45		1				무
역삼동	아산	남성리	1-3호	414	350	14	1.18	14.49		1				무
역삼동	아산	남성리	1-4호	311	204(잔)	4								무
역삼동	아산	남성리	1-5호	386	332	8	1.16	12.82		1				무
역삼동	아산	남성리	1-6호	473	412	65	1.15	19.49		1				무
역삼동	아산	남성리	1-7호	276(잔)	188(잔)	2				1				무
역삼동	아산	남성리	1-8호	299	227	7	1.32	6.79		1				무
역삼동	아산	남성리	1-9호	443	378	26	1.17	16.75		1				무
역삼동	아산	남성리	2-10호	759	127(잔)	5								무
역삼동	아산	남성리	2-11호	395	255	13	1.55	10.07	1					무
역삼동	아산	남성리	2-12호	788(잔)	406(잔)	26				1				유
역삼동	아산	남성리	2-13호	710(잔)	300(잔)	30				1				무
역삼동	아산	남성리	2-14호	630	232	21	2.72	14.62	2					유
역삼동	아산	남성리	2-15호	1227	438	15	2.80	53.74	3					유
역삼동	아산	남성리	2-16호	492	154(잔)	27				1				무
역삼동	아산	남성리	2-17호	607	311	34	1.95	18.88	1					무
역삼동	아산	남성리	2-18호	)388	169(잔)	19								유
역삼동	아산	남성리	2-19호	268(잔)	246	10								무
역삼동	아산	남성리	2-1호	693	285	17	2.43	19.75	2					유
역삼동	아산	남성리	2-20호	588	218(잔)	14				1				무
역삼동	아산	남성리	2-21호	1854	278	14	6.67	51.54	7					유

역삼동	아산	남성리	2-22호	682	325	22	2.10	22.17	3			유
역삼동	아산	남성리	2-23호	1360	330	35	4.12	44.88	4			유
역삼동	아산	남성리	2-24호	409(잔)	224	23						무
역삼동	아산	남성리	2-25호	1077	283(잔)	23			4			무
역삼동	아산	남성리	2-26호	500	254(잔)	20			1			무
역삼동	아산	남성리	2-27호	467	207	7	2.26	9.67	1			무
역삼동	아산	남성리	2-28호	558	212(잔)	23			1			유
역삼동	아산	남성리	2-2호	2004	360	48	5.57	72.14	7			무
역삼동	아산	남성리	2-3호	367	250	7	1.47	9.18		1		무
역삼동	아산	남성리	2-4호	389	222	6	1.75	8.64				무
역삼동	아산	남성리	2-5호	736	370(잔)	11			2			유
역삼동	아산	남성리	2-6호	1446	318	36	4.55	45.98	4			유
역삼동	아산	남성리	2-7호	404	266	15	1.52	10.75	1			무
역삼동	아산	남성리	2-8호	365	238	18	1.53	8.69				유
역삼동	아산	남성리	2-9호	248	169(잔)	4			1			무
흔암리	아산	갈산리	1호	712	230	22	3.10	16.38	2		무	유
흔암리	아산	갈산리	2호	2272	322	38	7.06	73.16	4		무	유
흔암리	아산	갈산리	3호	540(잔)	334	26			1		무	유
흔암리	아산	갈산리	4호	1632	230	52	7.10	37.54	3		무	유
역삼동	아산	신법리	1호	456	278	20	1.64	12.68	1		무	무
흔암리	아산	신달리	1호	580	480	40	1.21	27.84	3		무	무
흔암리	아산	신달리	2호	700(잔)	370	35					무	유
흔암리	아산	신달리	3호	430	430	7	1.00	18.49	1		유	무
흔암리	아산	신달리	4호	850(잔)	200(잔0)	10					무	무
흔암리	아산	둔포리	2=4	330	315	26	1.05	10.40			유	유
흔암리	아산	둔포리	2=5	400	210	25	1.90	8.40			유	유
흔암리	아산	둔포리	4=1	424	96(잔)	23					무	무
흔암리	아산	송촌리(금강문화)	2=1	750	610	42	1.23	45.75	1		무	유
흔암리	아산	송촌리(금강문화)	2=2	865	500	20	1.73	43.25	1		무	무
흔암리	아산	송촌리(금강문화)	3=1	333	299	62	1.11	9.96	1		무	무
흔암리	아산	송촌리(금강문화)	3=2	1200	480(잔)	80			2		무	무
역삼동	천안	불당동	II-10호	804(잔)	334	40			4		무	유
역삼동	천안	불당동	II-11호	434	424	11	1.02	18.40			무	무
역삼동	천안	불당동	II-19호	394	266	64	1.48	10.48			유	무
역삼동	천안	불당동	II-1호	1480	340	50	4.35	50.32	6		무	유
역삼동	천안	불당동	II-20호	918	314	72	2.92	28.83	3		유	유
역삼동	천안	불당동	II-2호	2260	380	22	5.95	85.88	10		유	무
역삼동	천안	불당동	II-3호	920	300	60	3.07	27.60	3		무	유
역삼동	천안	불당동	II-4호	714	360	28	1.98	25.70	1		무	유
역삼동	천안	불당동	II-5호	510	360	18	1.42	18.36	1		무	유
역삼동	천안	불당동	II-6호	1,084(잔)	300	26			5		무	유
역삼동	천안	불당동	II-7호	744	344	62	2.16	25.59	2		무	유
역삼동	천안	불당동	II-8호	996(잔)	294	60			2		무	유
역삼동	천안	불당동	II-9호	360(잔)	280	32			2		무	무
역삼동	천안	불당동	III-10호	590	250	20	2.36	14.75	1		무	유
역삼동	천안	불당동	III-11호	900(잔)	320	20				2	무	유
역삼동	천안	불당동	III-12호	1270	320	15	3.97	40.64	4		무	유
역삼동	천안	불당동	III-13호	976(잔)	380	18			2		유	무
역삼동	천안	불당동	III-14호	490	240	10	2.04	11.76	1		무	유
역삼동	천안	불당동	III-1호	590	300	45	1.97	17.70	1		무	유
역삼동	천안	불당동	III-2호	820	260	32	3.15	21.32	3		무	유

역삼동	천안	불당동	III-3호	1,620(잔)	392	60			7				무	유
역삼동	천안	불당동	III-4호	815	260	40	3.13	21.19	2				무	유
역삼동	천안	불당동	III-5호	1320	310	20	4.26	40.92	5				무	유
역삼동	천안	불당동	III-6호	1476	356	54	4.15	52.55	8				무	유
역삼동	천안	불당동	III-7호	1070	390	80	2.74	41.73	3				무	유
역삼동	천안	불당동	III-8호	1458	260	18	5.61	37.91	3				무	무
역삼동	천안	불당동	III-9호	1170	390	40	3.00	45.63	5				무	유
역삼동	천안	쌍용동	3-1호	810	304	20	2.66	24.62	2				유	유
역삼동	천안	쌍용동	3-2호	480(잔)	256	30							무	무
역삼동	천안	쌍용동	3-3호	440	300	34	1.47	13.20					무	무
역삼동	천안	쌍용동	3-4호	380	300(잔)	12							무	무
역삼동	천안	쌍용동	3-5호	540	518	28	1.04	27.97	1				무	무
역삼동	천안	쌍용동	4-1호	160(잔)	114(잔)	40							유	무
역삼동	천안	쌍용동	4-2호	694	526	30	1.32	36.50					무	무
역삼동	천안	쌍용동	4-3호	560	320(잔)	34							무	무
역삼동	천안	업성동	1호	290	230	25	1.26	6.67					무	무
역삼동	천안	용곡동 눈돌	1호	1,120(잔)	260	28			2				무	유
역삼동	천안	용곡동 눈돌	2호	990	280	66	3.54	27.72	3				무	유
흔암리	천안	고재미골	1-1호	890	525	19	1.70	46.73	1					무
흔암리	천안	고재미골	1-2호	513	347	56	1.48	17.80	1					유
흔암리	천안	고재미골	1-3호	1644	296	41	5.55	48.66	6					유
흔암리	천안	고재미골	1-4호	962	330	52	2.92	31.75	2					유
흔암리	천안	고재미골	2-10호	1218	332	34	3.67	40.44	4					유
흔암리	천안	고재미골	2-11호	1796	437	107	4.11	78.49	7					무
흔암리	천안	고재미골	2-12호	1279	387	118	3.30	49.50	4					무
흔암리	천안	고재미골	2-13호	2115	428	74	4.94	90.52	7					무
흔암리	천안	고재미골	2-14호	1120	344	20	3.26	38.53	2					유
흔암리	천안	고재미골	2-15호	1445	365	83	3.96	52.74	3					무
흔암리	천안	고재미골	2-16호	1003	302	51	3.32	30.29	3					무
흔암리	천안	고재미골	2-17호	1242	209	21	5.94	25.96	4					무
흔암리	천안	고재미골	2-18호	1225	290	63	4.22	35.53	4					무
흔암리	천안	고재미골	2-19호	1234	230	79	5.37	28.38	2					무
흔암리	천안	고재미골	2-1호	1391	372	64	3.74	51.75	4					무
흔암리	천안	고재미골	2-20호	1062	312	70	3.40	33.13	4					유
흔암리	천안	고재미골	2-21호	957	349	87	2.74	33.40	1					유
흔암리	천안	고재미골	2-22호	997	133	35	7.50	13.26	2					무
흔암리	천안	고재미골	2-23호	1428	281	41	5.08	40.13	4					유
흔암리	천안	고재미골	2-24호	1450	494	79	2.94	71.63	2					무
흔암리	천안	고재미골	2-25호	882	352	61	2.51	31.05	2					유
흔암리	천안	고재미골	2-26호	1085	345	45	3.14	37.43	3					유
흔암리	천안	고재미골	2-27호	468	250	37	1.87	11.70	1					유
흔암리	천안	고재미골	2-28호	957	478	76	2.00	45.74	2					무
흔암리	천안	고재미골	2-29호	980	359	103	2.73	35.18	2					유
흔암리	천안	고재미골	2-2호	2358	341	93	6.91	80.41	6					무
흔암리	천안	고재미골	2-30호	762	250	95	3.05	19.05	2					무
흔암리	천안	고재미골	2-31호	720	331	114	2.18	23.83	3					유
흔암리	천안	고재미골	2-33호	818	404	79	2.02	33.05	3					유
흔암리	천안	고재미골	2-34호	531	221	35	2.40	11.74						무
흔암리	천안	고재미골	2-35호	526	238	39	2.21	12.52	1					유
흔암리	천안	고재미골	2-36호	519	258	49	2.01	13.39	1					유
흔암리	천안	고재미골	2-37호	292	180	33	1.62	5.26	1					무

혼암리	천안	고재미골	2-38호	530	287	38	1.85	15.21	1				유
혼암리	천안	고재미골	2-39호	816	268	29	3.04	21.87	3				무
혼암리	천안	고재미골	2-3호	2106	330	49	6.38	69.50	5				유
혼암리	천안	고재미골	2-40호	458	267	34	1.72	12.23	2				유
혼암리	천안	고재미골	2-41호	345	264	21	1.31	9.11	1				무
혼암리	천안	고재미골	2-42호	527	208	27	2.53	10.96	1				무
혼암리	천안	고재미골	2-4호	661	405	15	1.63	26.77	2				무
혼암리	천안	고재미골	2-5호	234(잔)	129(잔)	45			1				무
혼암리	천안	고재미골	2-6호	2023	313	45	6.46	63.32	7				무
혼암리	천안	고재미골	2-7호	1759	369	147	4.77	64.91	6				유
혼암리	천안	고재미골	2-8호	1268	317	129	4.00	40.20	3				무
혼암리	천안	고재미골	2-9호	1215	214	52	5.68	26.00	4				유
혼암리	천안	고재미골	3-10호	717	360	57	1.99	25.81	2				무
혼암리	천안	고재미골	3-11호	998	349	62	2.86	34.83	3				유
혼암리	천안	고재미골	3-12호	772	233	38	3.31	17.99	1				무
혼암리	천안	고재미골	3-13호	1635	383	42	4.27	62.62	6				유
혼암리	천안	고재미골	3-14호	716	315	25	2.27	22.55	1				무
혼암리	천안	고재미골	3-15호	1322	344	80	3.84	45.48	5				유
혼암리	천안	고재미골	3-16호	960	490	40	1.96	47.04	3				유
혼암리	천안	고재미골	3-17호	946	361	32	2.62	34.15	2				유
혼암리	천안	고재미골	3-19호	1028	289	18	3.56	29.71	2				유
혼암리	천안	고재미골	3-1호	774	445	87	1.74	34.44	1				무
혼암리	천안	고재미골	3-21호	820	559	29	1.47	45.84	1				유
혼암리	천안	고재미골	3-22호	382	320	13	1.19	12.22					무
혼암리	천안	고재미골	3-26호	462	303	20	1.52	14.00	1				무
혼암리	천안	고재미골	3-27호	609	337	37	1.81	20.52	1				무
혼암리	천안	고재미골	3-2호	1365	373	89	3.66	50.91	4				유
혼암리	천안	고재미골	3-32호	580	350	39	1.66	20.30	1				무
혼암리	천안	고재미골	3-35호	468	264	18	1.77	12.36	1				무
혼암리	천안	고재미골	3-3호	943	346	79	2.73	32.63	2				유
혼암리	천안	고재미골	3-4호	1118	519	18	2.15	58.02	2				유
혼암리	천안	고재미골	3-5호	1085	392	76	2.77	42.53	5				유
혼암리	천안	고재미골	3-6호	1085	392	76	2.77	42.53	3				무
혼암리	천안	고재미골	3-7호	1176	338	67	3.48	39.75	4				유
혼암리	천안	고재미골	3-8호	1461	374	67	3.91	54.64	4				무
혼암리	천안	고재미골	3-9호	1188	370	79	3.21	43.96	3				유
혼암리	천안	고재미골	4-10호	675	361	26	1.87	24.37	2				무
혼암리	천안	고재미골	4-11호	1299	333	80	3.90	43.26	3				유
혼암리	천안	고재미골	4-12호	1493	315	50	4.74	47.03	5				유
혼암리	천안	고재미골	4-13호	1025	412	13	2.49	42.23	3				유
혼암리	천안	고재미골	4-14호	862	286	28	3.01	24.65	3				무
혼암리	천안	고재미골	4-15호	749	265	26	2.83	19.85	3				무
혼암리	천안	고재미골	4-16호	916	287	44	3.19	26.29					무
혼암리	천안	고재미골	4-17호	1497	437	23	3.43	65.42	5				무
혼암리	천안	고재미골	4-18호	996	328	25	3.04	32.67	2				무
혼암리	천안	고재미골	4-19호	899	426	47	2.11	38.30	1				유
혼암리	천안	고재미골	4-1호	990	272	43	3.64	26.93	2				유
혼암리	천안	고재미골	4-20호	466	355	16	1.31	16.54	1				무
혼암리	천안	고재미골	4-21호	473	218	33	2.17	10.31	1				유
혼암리	천안	고재미골	4-22호	486	233	16	2.09	11.32					유
혼암리	천안	고재미골	4-23호	515	359	55	1.43	18.49	1				무

흔암리	천안	고재미골	4-24호	371	259	33	1.43	9.61	1				유
흔암리	천안	고재미골	4-25호	555	204	24	2.72	11.32	1				무
흔암리	천안	고재미골	4-28호	420	399	57	1.05	16.76	1				무
흔암리	천안	고재미골	4-2호	456	276	18	1.65	12.59	1				유
흔암리	천안	고재미골	4-3호	1006	358	79	2.81	36.01	3				유
흔암리	천안	고재미골	4-4호	1562	400	51	3.91	62.48	4				유
흔암리	천안	고재미골	4-5호	1632	310	38	5.26	50.59	5				유
흔암리	천안	고재미골	4-6호	806	313	79	2.58	25.23	2				유
흔암리	천안	고재미골	4-7호	883	266	18	3.32	23.49	2				유
흔암리	천안	고재미골	4-8호	705	402	76	1.75	28.34	2				무
흔암리	천안	고재미골	4-9호	603	110	24	5.48	6.63	1				무
흔암리	천안	두정동	1호	1030	587	38	1.75	60.46	2			유	유
흔암리	천안	두정동	2호	895	480	20	1.86	42.96	1			유	무
흔암리	천안	두정동	3호	736	470	50	1.57	34.59	1			유	유
흔암리	천안	백석동	A-10호	520	270	46	1.93	14.04	1			무	유
흔암리	천안	백석동	A-11호	790	328	30	2.41	25.91	3			유	유
흔암리	천안	백석동	A-1호	650	310	54	2.10	20.15	2			무	무
흔암리	천안	백석동	A-2호	1270	360	32	3.53	45.72	2			무	무
흔암리	천안	백석동	A-3호	574	250	90	2.30	14.35	2			무	무
흔암리	천안	백석동	A-4호	1562	322	64	4.85	50.30	6			무	유
흔암리	천안	백석동	A-5호	1806	332	70	5.44	59.96	3			무	유
흔암리	천안	백석동	A-6호	1498	310	64	4.83	46.44	3			무	유
흔암리	천안	백석동	A-7호	652	264	58	2.47	17.21	3			무	무
흔암리	천안	백석동	A-8호	2200	350	68	6.29	77.00	6			무	유
흔암리	천안	백석동	A-9호	1075	370	38	2.91	39.78	3			무	유
흔암리	천안	백석동	B-10호	616	280	46	2.20	17.25	2			무	무
흔암리	천안	백석동	B-11호	1004	280	64	3.59	28.11	2			무	무
흔암리	천안	백석동	B-12호	1124	350	36	3.21	39.34	3			무	무
흔암리	천안	백석동	B-13호	1636	324	45	5.05	53.01	7			무	유
흔암리	천안	백석동	B-14호	856	266	20	3.22	22.77	4			무	유
흔암리	천안	백석동	B-15호	1068	352	64	3.03	37.59	2			무	유
흔암리	천안	백석동	B-16호	716(잔)	210(잔)	36						무	
흔암리	천안	백석동	B-17호	600	260	35	2.31	15.60	2			무	무
흔암리	천안	백석동	B-18호	452	240	26	1.88	10.85	1			유	무
흔암리	천안	백석동	B-19호	1216	282	11	4.31	34.29	4			무	유
흔암리	천안	백석동	B-1호	1130	350	35	3.23	39.55	4			무	유
흔암리	천안	백석동	B-20호	1816	292	22	6.22	53.03	4			무	유
흔암리	천안	백석동	B-21호	962	286	42	3.36	27.51	4			무	유
흔암리	천안	백석동	B-22호	1418	302	76	4.70	42.82	3			유	유
흔암리	천안	백석동	B-2호	1160	350	98	3.31	40.60	3			유	유
흔암리	천안	백석동	B-3호	1005	260	14	3.87	26.13	1			무	무
흔암리	천안	백석동	B-4호	672	225	28	2.99	15.12	2			무	무
흔암리	천안	백석동	B-5-1호	492	372	45	1.32	18.30				무	무
흔암리	천안	백석동	B-5-2호	460	258	16	1.78	11.87	1			무	무
흔암리	천안	백석동	B-6호	592	329	40	1.80	19.48			1	무	무
흔암리	천안	백석동	B-7호	640	240	32	2.67	15.36	1			무	무
흔암리	천안	백석동	B-8호	846	384	34	2.20	32.49	2			무	무
흔암리	천안	백석동	B-9호	860	320	26	2.69	27.52	2			무	유
흔암리	천안	백석동	I-10호	463	202(잔)	96			1			유	무
흔암리	천안	백석동	I-11호	974	377	46	2.58	36.72	2			무	유
흔암리	천안	백석동	I-12호	1444	356	63	4.06	51.41	3			무	유

흔암리	천안	백석동	I-13-1호	1412	311	61	4.54	43.91	3				무	유
흔암리	천안	백석동	I-13-2호	516	208	101	2.48	10.73	1				무	유
흔암리	천안	백석동	I-14호	240	223	21	1.08	5.35	1				무	무
흔암리	천안	백석동	I-15호	590	328	63	1.80	19.35	1				무	유
흔암리	천안	백석동	I-16-1호	922	347	45	2.66	31.99	2				무	무
흔암리	천안	백석동	I-16-2호	743	273	27	2.72	20.28	3				유	유
흔암리	천안	백석동	I-17호	756	237	40	3.19	17.92	2				무	유
흔암리	천안	백석동	I-18호	732	409	75	1.79	29.94	2				무	유
흔암리	천안	백석동	I-19호	782	314(잔)	81			1				무	무
흔암리	천안	백석동	I-1호	792	264(잔)	24			1				무	무
흔암리	천안	백석동	I-20호	406	164(잔)	56			1				무	무
흔암리	천안	백석동	I-21호	408	168(잔)	58			1				무	무
흔암리	천안	백석동	I-22호	324	173(잔)	49			2				무	무
흔암리	천안	백석동	I-23호	1486	512	108	2.90	76.08	3				무	유
흔암리	천안	백석동	I-24호	1210	467	103	2.59	56.51	4				무	유
흔암리	천안	백석동	I-2호	431	146	26	2.95	6.29	1				유	무
흔암리	천안	백석동	I-3호	702	263	51	2.67	18.46	2				무	무
흔암리	천안	백석동	I-4호	350	146(잔)	32			1				무	무
흔암리	천안	백석동	I-5호	612	305	38	2.01	18.67	1				무	무
흔암리	천안	백석동	I-6호	532	244	34	2.18	12.98	1				무	무
흔암리	천안	백석동	I-7호	358	164(잔)	32							무	
흔암리	천안	백석동	I-8호	816	233	38	3.50	19.01	1				무	무
흔암리	천안	백석동	I-9호	268	172(잔)	43			1				무	무
흔암리	천안	백석동	II-10호	1344	335(잔)	43							무	무
흔암리	천안	백석동	II-1호	1216	270	45	4.50	32.83	4				무	유
흔암리	천안	백석동	II-2호	804	309	65	2.60	24.84	2				무	무
흔암리	천안	백석동	II-3호	662	283	45	2.34	18.73	1				유	무
흔암리	천안	백석동	II-4호	556	338	32	1.64	18.79	1				무	무
흔암리	천안	백석동	II-5호	768(잔)	374	56			2				무	무
흔암리	천안	백석동	II-6호	1026	265	53	3.87	27.19	2				유	유
흔암리	천안	백석동	II-7호	934	336(잔)	87			2				무	유
흔암리	천안	백석동	II-8호	494	192(잔)	47							무	무
흔암리	천안	백석동	II-9호	1255	373	62	3.36	46.81	3				유	유
흔암리	천안	백석동	III-1호	687	343	102	2.00	23.56	2				유	유
흔암리	천안	백석동	III-2호	752	380(잔)	49			3				무	유
흔암리	천안	백석동	III-3호	1022	318	33	3.21	32.50	3				유	무
흔암리	천안	백석동	III-4호	1014	270	65	3.76	27.38	2				유	유
흔암리	천안	백석동	III-5호	1082	316(잔)	41			3				무	무
흔암리	천안	백석동	III-6호	588	288(잔)	49							무	무
흔암리	천안	백석동	III-7호	400	220(잔)	16			1				무	무
흔암리	천안	백석동	III-8호	706(잔)	365	23			1				유	유
흔암리	천안	백석동	III-9호	1075	289	65	3.72	31.07	3				무	유
흔암리	천안	백석동	IV-1호	1,196(잔)	256	18			4				무	무
흔암리	천안	백석동	IV-2호	1673	318	58	5.26	53.20	5				무	무
흔암리	천안	백석동	IV-3호	665	298	37	2.23	19.82	1				무	무
흔암리	천안	백석동	IV-4호	1256	338	38	3.72	42.45	5				무	유
흔암리	천안	백석동	새-10호	1306	378	45	3.46	49.37	4				무	유
흔암리	천안	백석동	새-11호	790	296	50	2.67	23.38	2				무	유
흔암리	천안	백석동	새-1호	1815	289	87	6.28	52.45	4				무	무
흔암리	천안	백석동	새-2호	1182	300	67	3.94	35.46	3				유	유
흔암리	천안	백석동	새-3호	1398	360	95	3.88	50.33	4				유	유

흔암리	천안	백석동	새-4호	735	160(잔)	26					무	무
흔암리	천안	백석동	새-5호	838	322	37	2.60	26.98	2		무	무
흔암리	천안	백석동	새-6호	698	300	62	2.33	20.94	2		무	무
흔암리	천안	백석동	새-7호	732	285	40	2.57	20.86	2		무	유
흔암리	천안	백석동	새-8호	485(잔)	264(잔)	22			1		무	유
흔암리	천안	백석동	새-9호	300	210(잔)	10					무	무
흔암리	천안	신방동	I-10호	354(잔)	255(잔)	15			2			
흔암리	천안	신방동	I-11호	1,009(잔)	256	12			3			
흔암리	천안	신방동	I-12호	692	263	22	2.63	18.20	3			
흔암리	천안	신방동	I-13호	301	223	36	1.35	6.71				
흔암리	천안	신방동	I-14호	243	148(잔)	12						
흔암리	천안	신방동	I-15호	804(잔)	285	43			4			
흔암리	천안	신방동	I-16호	390	194(잔)	18			1			
흔암리	천안	신방동	I-17호	460	420	43	1.10	19.32		1		
흔암리	천안	신방동	I-18호	918(잔)	275	14			2		유	
흔암리	천안	신방동	I-19호	336(잔)	311	21			2			
흔암리	천안	신방동	I-1호	1,030(잔)	374	15			6			
흔암리	천안	신방동	I-20호	1601	398	15	4.02	63.72	5			
흔암리	천안	신방동	I-21호	682(잔)	360	22			2		유	
흔암리	천안	신방동	I-22호	559(잔)	220	10			2			
흔암리	천안	신방동	I-23호	298(잔)	269	7			1			
흔암리	천안	신방동	I-24호	757	274	40	2.76	20.74				
흔암리	천안	신방동	I-25호	523	258	21	2.03	13.49	1			
흔암리	천안	신방동	I-2호	323	323	10	1.00	10.43		1		
흔암리	천안	신방동	I-3호	468	432	32	1.08	20.22		1		
흔암리	천안	신방동	I-4호	443	396	35	1.12	17.54				
흔암리	천안	신방동	I-5호	473	430	30	1.10	20.34		1		
흔암리	천안	신방동	I-6호	898	335	24	2.68	30.08	1		유	
흔암리	천안	신방동	I-7호	1,764(잔)	315	49			6			
흔암리	천안	신방동	I-8호	1013	377	45	2.69	38.19	5			
흔암리	천안	신방동	I-9호	410	208	32	1.97	8.53				
흔암리	천안	신방동	II-10호	952(잔)	285	42			2			
흔암리	천안	신방동	II-11호	991(잔)	316	40			2		유	
흔암리	천안	신방동	II-12호	1,342(잔)	314	43			4			
흔암리	천안	신방동	II-13호	665	270	40	2.46	17.96	1			
흔암리	천안	신방동	II-14호	1,016(잔)	330	36			4			
흔암리	천안	신방동	II-15호	1438	290	60	4.96	41.70	6			
흔암리	천안	신방동	II-16호	849(잔)	332	43			3			
흔암리	천안	신방동	II-17호	470	260	45	1.81	12.22	2			
흔암리	천안	신방동	II-18호	624(잔)	139	18						
흔암리	천안	신방동	II-19호	1357	357		3.80	48.44	4			
흔암리	천안	신방동	II-1호	1806	320	54	5.64	57.79	5			
흔암리	천안	신방동	II-20호	1,590(잔)	190(잔)	67			5			
흔암리	천안	신방동	II-21호	828	228(잔)	45			3		유	
흔암리	천안	신방동	II-22호	618	249	34	2.48	15.39	1			
흔암리	천안	신방동	II-23호	1297	315	43	4.12	40.86	3		유	
흔암리	천안	신방동	II-24호	445(잔)	88(잔)	12						
흔암리	천안	신방동	II-25호	1278	240	34	5.33	30.67	4			
흔암리	천안	신방동	II-26호	874(잔)	323	28			4			
흔암리	천안	신방동	II-27호	433	286(잔)	37						
흔암리	천안	신방동	II-28호	708	298	83	2.38	21.10	2			

혼암리	천안	신방동	II-2호	1193	288	56	4.14	34.36	2				
혼암리	천안	신방동	II-3호	1,338(잔)	314	36			4				
혼암리	천안	신방동	II-4호	1,486(잔)	305	40			7				
혼암리	천안	신방동	II-5호	705	291	72	2.42	20.52	2				
혼암리	천안	신방동	II-6호	1092	314	75	3.48	34.29	4				
혼암리	천안	신방동	II-7호	869	287	22	3.03	24.94	3				
혼암리	천안	신방동	II-8호	1085	275	23	3.95	29.84	3				
혼암리	천안	신방동	II-9호	461(잔)	278	41			1				
혼암리	천안	신방동	III-10호	697	333	70	2.09	23.21					
혼암리	천안	신방동	III-11호	483	420	20	1.15	20.29			1		
혼암리	천안	신방동	III-12호	1326	335	40	3.96	44.42	4				
혼암리	천안	신방동	III-13호	905	300	35	3.02	27.15	2				
혼암리	천안	신방동	III-14호	790	232(잔)	15			2				
혼암리	천안	신방동	III-15호	1410	341	45	4.13	48.08	5				유
혼암리	천안	신방동	III-1호	1494	314	34	4.76	46.91	3				
혼암리	천안	신방동	III-2호	1141	370	107	3.08	42.22	3				
혼암리	천안	신방동	III-3호	587	325	50	1.81	19.08	1				
혼암리	천안	신방동	III-4호	532	210(잔)	32							
혼암리	천안	신방동	III-5호	708	244(잔)	31			2				
혼암리	천안	신방동	III-6호	790	221(잔)	33			2				
혼암리	천안	신방동	III-7호	634	218(잔)	31			1				
혼암리	천안	신방동	III-8호	708	282	77	2.51	19.97	2				
혼암리	천안	신방동	III-9호	555	250	23	2.22	13.88	1				
혼암리	천안	신방동	시굴-1호	537(잔)	176(잔)	18			1				
혼암리	천안	용곡동 두터골	10호주거지	770	393	70	1.96	30.26	2				유
혼암리	천안	용곡동 두터골	11호주거지	611	355	92	1.72	21.69	1				유
혼암리	천안	용곡동 두터골	1호주거지	557	248	76	2.25	13.81	1				유
혼암리	천안	용곡동 두터골	2호주거지	1831	318	59	5.76	58.23	5				유
혼암리	천안	용곡동 두터골	3호주거지	1151	419	57	2.75	48.23	3				유
혼암리	천안	용곡동 두터골	4호주거지	537	259	52	2.07	13.91					무
혼암리	천안	용곡동 두터골	5호주거지	803	317	79	2.53	25.46	2				유
혼암리	천안	용곡동 두터골	6호주거지	900	295	96	3.05	26.55	5				유
혼암리	천안	용곡동 두터골	7호주거지	1101	326	69	3.38	35.89	6				무
혼암리	천안	용곡동 두터골	8호주거지	1029	287	93	3.59	29.53	4				유
혼암리	천안	용곡동 두터골	9호주거지	550	?	98							무
혼암리	천안	용정리	I-1-1호	820	570	40	1.44	46.74	1				
혼암리	천안	용정리	I-1-2호	790	370	60	2.14	29.23	3				
혼암리	천안	용정리	I-1-3호	720	300	50	2.40	21.60	3				
혼암리	천안	용정리	I-1-4호	1320	300	140	4.40	39.60	5				
혼암리	천안	용정리	I-1-5호	730	280	80	2.61	20.44	2				
혼암리	천안	용정리	I-1-6호	940	550	110	1.71	51.70	2				
혼암리	천안	용정리	I-1-7호	360(잔)	396	14			1				
혼암리	천안	용정리	I-2-1호	680	320	60	2.13	21.76					
혼암리	천안	용정리	I-2-2호	760	300	70	2.53	22.80	2				
혼암리	천안	용정리	I-2-3호	1560	480	32	3.25	74.88	4				
혼암리	천안	용정리	I-2-4호	480	384(잔)								
혼암리	천안	용정리	II-1호	1,562(잔)	400	32			1				
혼암리	천안	용정리	II-2호	464(잔)	224(잔)	24			1				
혼암리	천안	용정리	III-1호	544	284	45	1.92	15.45	2				
혼암리	천안	용정리	III-2호	517	352	86	1.47	18.20	1				
혼암리	천안	용정리	III-3호	1815	344	65	5.28	62.44	5				

흔암리	천안	용정리	III-4호	875	298	76	2.94	26.08	2				
흔암리	천안	운전리	A-1호	702	325	38	2.16	22.82	2			무	유
흔암리	천안	운전리	A-2호	880	250	57	3.52	22.00	1			유	유
흔암리	천안	운전리	A-3호	960	350	56	2.74	33.60	2		유	무	유
흔암리	천안	운전리	A-4호	920	116(잔)	50						무	유
흔암리	천안	운전리	B-1호	614(잔)	300	59			2			무	유
흔암리	천안	운전리	B-2호	584	230(잔)	54						무	무
흔암리	천안	운전리	B-3호	1,810(잔)	385	14			6			무	무
흔암리	천안	운전리	B-4호	1322	394	96	3.36	52.09	3		유	유	무
흔암리	천안	운전리	B-5호	1263	302	47	4.18	38.14	3		유	유	무
흔암리	천안	운전리	B-6호	624	347	29	1.80	21.65	1			무	유
흔암리	천안	운전리	C-1호	824	330	93	2.50	27.19	1			무	무
흔암리	천안	운전리	C-2호	816	320	64	2.55	26.11	1			무	무
흔암리	천안	운전리	C-3호	650	320	32	2.03	20.80	3			무	무
흔암리	천안	청당동	1호	650	330	45	1.97	21.45	1			무	유
흔암리	천안	청당동	2호	680	385	56	1.77	26.18	1			무	유
흔암리	천안	청당동	3호	295(잔)	103(잔)	7						무	무
흔암리	천안	청당 동진골	1호	1100	455	32	2.42	50.05	2			유	유
흔암리	천안	청당 동진골	3호 수혈	338	220	70	1.54	7.44	1			무	무
흔암리	천안	유리	1호	537	408	44	1.32	21.91	1			유	무
흔암리	보령	관산리	KC004	2040	580	80	3.52	118.32	2			유	유
흔암리	보령	관산리	KC005	292	98(잔)	12			1			무	무
흔암리	보령	관산리	KC006	368	256	24	1.44	9.42	1			무	무
흔암리	보령	관산리	KC007	237	222	13	1.07	5.26	2			무	무
흔암리	보령	관산리	KC008	286	190(잔)	26			2			무	무
흔암리	보령	관산리	KC009	1584	368	50	4.30	58.29	1			유	유
흔암리	보령	관산리	KC010	1150	320	30	3.59	36.80				무	무
흔암리	보령	관산리	KC011	552	270(잔)	42			2			유	유
흔암리	보령	관산리	KC012	254	202	23	1.26	5.13	6			무	무
흔암리	보령	관산리	KC013	2223	540	40	4.12	120.04				무	무
흔암리	보령	주교리	KC007	265	215	31	1.23	5.70	1			무	무
흔암리	보령	주교리	KC008	1260	552	15	2.28	69.55	2			무	무
흔암리	보령	주교리	KC011	390(잔)	180(잔)	30			1			유	무
흔암리	보령	주교리	KC012	420	360	40	1.17	15.12	2			무	유
흔암리	보령	주교리	KC013	900	372	30	2.42	33.48	2			유	유
흔암리	보령	주교리	KC014	1086	366	30	2.97	39.75	1			무	유
흔암리	보령	주교리	KC015	452	234	50	1.93	10.58				무	무
흔암리	보령	주교리	KC016	414	240	10	1.73	9.94	1			무	무
흔암리	보령	주교리	KC017	512	480	40	1.07	24.58				무	무
흔암리	보령	주교리	KC018	1476	414	20	3.57	61.11	3			무	유
흔암리	보령	주교리	KC019	950	390	28	2.44	37.05	1			무	무
흔암리	보령	주교리	KC021	307	234	20	1.31	7.18	1			무	무
흔암리	보령	죽청리 '가'	11호	321	176	28	1.82	5.65	1			무	무
흔암리	보령	구룡리	1호	528(잔)	224(잔)	39			1			무	무
흔암리	예산	두리	1호	1166	366	20	3.19	42.68	3			무	유
흔암리	예산	두리	2호	1,164(잔)	364(잔)	3			3			무	유
흔암리	예산	두리	3호	728	413	43	1.76	30.07	2			무	유
흔암리	예산	두리	4호	706	368	16	1.92	25.98	1			유	유
흔암리	당진	석우리, 소소리	I-A-1	582	320	32	1.82	18.62	1				
흔암리	당진	석우리, 소소리	I-A-2	520	350	50	1.49	18.20	1				
흔암리	당진	석우리, 소소리	I-A-3	697	385	51	1.81	26.83	1				

흔암리	당진	석우리, 소소리	I-A-4	190(잔)	185(잔)	12			1			
흔암리	당진	석우리, 소소리	I-B-1	590(잔)	382	40						
흔암리	당진	석우리, 소소리	II-1-B-1	528	320	46	1.65	16.90	1			
흔암리	당진	석우리, 소소리	II-2-A-1	788	323	38	2.44	25.45	1			
역삼동	당진	자개리 I	11호	730	260	40	2.81	18.98	2		무	무
역삼동	당진	자개리 I	12호	732	274(잔)	56			2		무	무
역삼동	당진	자개리 I	13호	416	279(잔)	70			1		무	무
역삼동	당진	자개리 I	15호	694	319	22	2.18	22.14	1		무	무
역삼동	당진	자개리 I	34호	427	367(잔)	31			1		무	무
역삼동	당진	자개리 I	41호	377	256	32	1.47	9.65	1		무	무
역삼동	당진	자개리 I	42호	809	276	36	2.93	22.33	1		무	유
역삼동	당진	자개리 I	43호	428	177	19	2.42	7.58	1		무	무
역삼동	당진	자개리 I	58호	432	172(잔)	43			2		무	무
역삼동	당진	자개리 II	7호	626	212(잔)	30			4		무	무
역삼동	당진	자개리 II	8호	700	344(잔)	50					무	무
역삼동	당진	자개리 II	9호	832(잔)	212(잔)	33					무	무
역삼동	당진	자개리 II	10호	371	348	50	1.07	12.91		1	무	
역삼동	당진	자개리 II	11호	500	310(잔)	60					무	
역삼동	당진	자개리 II	12호	390	152(잔)	20					무	
역삼동	당진	자개리 II	13호	362	228	70	1.59	8.25			무	
역삼동	당진	자개리 II	14호	460	390	63	1.18	17.94		1	무	
역삼동	당진	자개리 II	15호	420	140(잔)	35			1		무	무
역삼동	당진	자개리 II	16호	1072	262(잔)	29			1		무	무
역삼동	당진	자개리 II	17호	406	102(잔)	19					무	무
역삼동	당진	자개리 II	18호	380	100(잔)	31					무	무
역삼동	당진	자개리 II	19호	424	258(잔)	46			1		무	무
역삼동	당진	자개리 II	20호	304	202	12	1.50	6.14	1		무	무
역삼동	당진	자개리 II	21호	756(잔)	260(잔)	17			3		무	무
역삼동	당진	자개리 II	22호	372	182	36	2.04	6.77			무	무
흔암리	당진	우두리	I-I-12호	934	243(잔)	50			1			
흔암리	당진	우두리	I-I-13호	606(잔)	376(잔)	22			1			
흔암리	당진	우두리	I-I-36호	656	224(잔)	24			1			
흔암리	당진	우두리	I-I-40호	1216	216(잔)	20			1			
흔암리	당진	우두리	I-I-41호	960	420	60	2.29	40.32	1			
흔암리	당진	우두리	I-I-42호	350(잔)	68(잔)	12						
흔암리	당진	우두리	I-I-4호	422	218(잔)	24			1			
흔암리	당진	우두리	I-I-9호	746	336	35	2.22	25.07	2			
흔암리	당진	우두리	II-II-71	1250	500	40	2.50	62.50	3			
흔암리	당진	우두리	IV-IV-1호	930(잔)	150(잔)	32			2			
흔암리	당진	우두리	IV-IV-2호	1300	280(잔)	60			5			
흔암리	당진	우두리	IV-IV-3호	940(잔)	150(잔)	5			4			
흔암리	당진	우두리	IV-IV-4호	214(잔)	150(잔)	5			1			
흔암리	당진	우두리	도로-1	530(잔)	280(잔)	60			1			
흔암리	당진	우두리	도로-2	600(잔)	112(잔)	20						
흔암리	당진	우두리	도로-3	156(잔)	284	28			1			
흔암리	서산	갈산리, 무리치	1호	969	300	70	3.23	29.07			무	무
흔암리	서산	갈산리, 무리치	2호	1210	430	38	2.81	52.03	6		무	무
흔암리	서산	갈산리, 무리치	3호	628	340	51	1.85	21.35	2		무	무
흔암리	서산	갈산리, 무리치	4호	659	390	42	1.69	25.70	2		무	무
흔암리	서산	갈산리, 무리치	5호	1340	430	62	3.12	57.62	3		무	유
흔암리	서산	갈산리, 무리치	6호	630	400	62	1.58	25.20	1		무	무

유적	지역	세부지역	호수	장축	단축	깊이	장폭비	면적				
혼암리	서산	갈산리, 무리치	7호	940	352	72	2.67	33.09	3		무	무
혼암리	서산	갈산리, 무리치	8호	590	264	48	2.23	15.58	2		무	무
역삼동	서산	신송리	12호주거지	360(잔)	620(잔)	26			1			유
역삼동	서산	신송리	13호주거지	562	336(잔)	28			1			무
역삼동	서산	신송리	16호주거지	1010	448	52	2.25	45.25	2			유
역삼동	서산	신송리	3호주거지	892	494	30	1.81	44.06	2			무
역삼동	서산	신송리	4호주거지	1032	350	45	2.95	36.12	1			무
역삼동	서산	신송리	5호주거지	554	190(잔)	22						
혼암리	서산	일람리	1호	1034	333		3.11	34.43	1			무
혼암리	서산	일람리	2호	843	329		2.56	27.73	1			무
혼암리	서산	신송리	6호주거지	560(잔)	270(잔)	42			1			무
혼암리	서산	왕정리	I-1호	1245	350	53	3.56	43.58	4			무
혼암리	서산	왕정리	I-3호	1100	260	60	4.23	28.60	3			무
혼암리	서산	왕정리	I-9호	795	335	20	2.37	26.63	1			무
혼암리	서산	왕정리	I-10호	840	375	80	2.24	31.50	2			무
혼암리	서산	왕정리	I-11호	1746	975	59	1.79	170.24	4			무
혼암리	서산	왕정리	II-1호	973	350	50	2.78	34.06	1	1		무
혼암리	서산	왕정리	II-2호	928	260	50	3.57	24.13	2			무
혼암리	서산	왕정리	II-3호	1035	370	40	2.80	38.30	2			무
혼암리	서산	왕정리	II-4호	840	360	45	2.33	30.24	2			무
혼암리	서산	왕정리	II-5호	644	330	72	1.95	21.25	1			무
혼암리	서산	왕정리	II-6호	608	284	64	2.14	17.27	1			무
혼암리	서산	왕정리	II-7호	1075	334	92	3.22	35.91	2			무
혼암리	서산	부장리	I-16호	470	303	20	1.55	14.24				
혼암리	서산	부장리	I-18호	1200(잔)	332	30			1			
혼암리	서산	부장리	I-34호	960(잔)	520	30						
혼암리	서산	부장리	I-41호	376	294	30	1.28	11.05				
혼암리	서산	부장리	I-42호	990	425	20	2.33	42.08	2			
혼암리	서산	부장리	I-46호	260(잔)	258	30				1		
혼암리	서산	부장리	I-47호	572(잔)	520(잔)	10						
혼암리	서산	부장리	I-48호	368	305	40	1.21	11.22		1		
혼암리	서산	부장리	I-4호	550	498	40	1.10	27.39		1		
혼암리	서산	부장리	I-50호	995	317(잔)	20			2			
혼암리	서산	부장리	I-51호	1819(잔)	384	30			4			
혼암리	서산	부장리	I-52호	429(잔)	229(잔)	30				1		
혼암리	서산	부장리	I-53호	415		50				3		
혼암리	서산	부장리	I-54호	395	329	20	1.20	13.00		1		
혼암리	서산	부장리	I-55호	367	297	32	1.24	10.90		1		
혼암리	서산	부장리	I-59호	346	268	36	1.29	9.27		1		
혼암리	서산	부장리	I-5호	382(잔)	329(잔)	40						
혼암리	서산	부장리	I-60호	430(잔)	134(잔)	10						
혼암리	서산	부장리	I-61호	794	351	27	2.26	27.87	2			
혼암리	서산	부장리	I-72호	551	325	36	1.70	17.91	1			
혼암리	서산	부장리	I-73호	519(잔)	316	26			1			
혼암리	서산	부장리	I-74호	267		38						
혼암리	서산	부장리	II-1호	610	280(잔)	40			2			
혼암리	서산	부장리	II-2호	600	400	40	1.50	24.00	1			
혼암리	서산	부장리	II-3호	790	320	20	2.47	25.28	4			
혼암리	서산	부장리	II-4호	1006(잔)	360(잔)	40						
혼암리	서산	부장리	II-5호	360(잔)	230(잔)	30			2			
혼암리	서산	부장리	II-6호	400(잔)	130(잔)	30				1		

흔암리	서산	부장리	II-7호	1100(잔)	430	30			4					
흔암리	서산	부장리	II-8호	370(잔)	210	20			2					
흔암리	서산	부장리	II-9호	790	490(잔)	40			2					
흔암리	홍성	남장리(충문연)	1호	720	104(잔)	22								무
흔암리	홍성	남장리(충문연)	2호	1340	108(잔)	24								무
흔암리	홍성	남장리(충문연)	3호	1004	220(잔)	52			2					무
흔암리	홍성	남장리(충문연)	4호	940	268(잔)	26			2				유	무
흔암리	홍성	남장리(충문연)	5호	1023	220(잔)	26			2				유	무
흔암리	홍성	남장리(충문연)	6호	448	204(잔)	32			1					무
흔암리	홍성	남장리(충문연)	7호	380	210(잔)	20							유	무
흔암리	홍성	남장리(충문연)	8호	580	306	44	1.90	17.75	1					무
흔암리	홍성	남장리(충문연)	9호	580	288	26	2.01	16.70	1				유	무
흔암리	홍성	남장리(충문연)	10호	458	350	58	1.31	16.03	1					무
흔암리	홍성	남장리(충문연)	11호	384	288	62	1.33	11.06						무
흔암리	청양	광암리	5호	460	314	50	1.46	14.44	1					무
흔암리	서천	저산리	4=1	498	304(잔)	20			1					유
흔암리	서천	저산리	4=2	774	426(잔)	96			1					유
흔암리	서천	저산리	4=3	450	348(잔)	78			1					
흔암리	서천	저산리	6=1=1	542	320	23	1.69	17.34	1				유	
흔암리	서천	저산리	6=1=2	918(잔)	585	117			1					유
흔암리	서천	저산리	6=1=3	306	210(잔)	37								

• 부록 2 • 수혈유구 일람(음영: 노지설치 수혈유구, 소·수:소형수혈, 소·구: 소형구덩이, 노: 노지, 주: 주공, 무: 없음, 자: 자연퇴적)

유적	유구명	평면형태	규모			내부시설	퇴적양상	출토유물
			장×단×깊이	장단비	면적			
석곡리	KC-003	원형	210×190×20	1.1	3.4	노	목(자)	저
	KC-005	원형	237×165×18	1.4	4.4	노	?	발,석도
	KK-101	타원형	270×155×30	1.7	3.3	무	목	저
	KK-102	타원형	270×177×32	1.5	3.8	무	목	발
	KK-103	타원형	231×182×10	1.3	3.3	무	?	저
	KK-104	타원형	225?×202?×62	1.1	3.6?	무	자	호, 촉, 착
	KK-105	원형	235×204×12	1.1	3.8	무	?	
	KK-106	타원형	280?×156×24	1.8	3.4?	무	자(목)	저
	KK-107	타원형	209×131×36	1.6	2.1	무	목	구
	KK-108	타원형	217?×163×13	1.3	2.8?	무	?	저
	KK-109	타원형	153×112×14	1.4	1.3	무	?	
	KK-110	타원형	184×102×12	1.8	1.5	무	?	저
	KK-111	말각방형	126×102×18	1.2	1.3	무	?	저
갈산리	6호	원형	180×180×74	1.0	2.5	무	자	발
군덕리	1호 소형유구	타원형				무	탄	공열, 저
	2호 소형유구A	원형	190×150×15	1.3	2.8	무	탄	발형토기, 공열, 석촉편
	B	원형	110×110×14	1.0	0.9	무	흑(자)	
	C	원형	110×90×14	1.2	0.9	무	흑(자)	
	D	부정형	30×30×5	1.0	0.3	무	흑(자)	
	3호 소형유구	타원형	192×140×20	1.4	2.1	무, 주(외)	흑(자)	저
	4호 소형유구	타원형	270×140×20	1.9	3	무	다(자)	저
	5호 소형유구	원형	210×210×36	1.0	3.4	무	흑(자)	발, 공열
불당동	II-1	방형	210×80×12	2.6	1.7	무	자	저
	II-2	방형	140×124×8	1.1	1.7	무	자	저
	III-1	말각방형	180×140×18	1.3	2.5	노	자	발,구순
	III-2	방형	140×140×25	1.0	2	무	자	발
	III-3	장방형	240×95×46	2.5	2.3	무	목	편
	III-4	원형	220×370×30	1.7	3.8	무	목	
	III-5	원형	200×200×15	1.0	3.1	무	자	
운전리	B-2	원형	241×186×53	1.3	4.5		탄	저,구
	B-3	부정형(원)	200×174×24	1.1	3.1		자	
	B-4	방형	361×256×55	1.4	9.2	노	흑(탄)	발, 공열,석촉
	B-5	원형	228×231×43	1.0	4.1	노	자	호,옹,발,공열
	C-2	방형	280×243×61	1.2	6.8	노,주	목	완, 이중, 공열
	C-3	원형	225×209×58	1.1	4	노	목	발, 서굽
	C-4	원형	192×194×48	1	2.9	노	자	완, 이단
백석동	C-5	말각방형	250×175(잔)×15	1.4	4.4	노	자	발
	I-9	방형	268×172×43	1.6	4.6	노,주	자	
	I-14	방형	223×220×21	1	4.9	노	탄	저, 삼각만입촉
	II-11	방형	1780×128×45	1.4	2.3	노		
	1호(소형)	장방형	300×130×70	2.3	3.9	무	자	저,공열
	2호(소형)	방형	190×128×26	1.5	2.4	노	?	저
	3호(소형)	방형	180×100×23	1.8	1.8	무	자	동
	4호(소형)	타원형	180×104×57	1.7	1.5	무	자	
	5호(소형)	말각방형	208×150×20	1.4	3.1	노	자	발, 공열, 석촉편
	6호(소형)	방형	160×140×21	1.1	2.2	노(추)	?	발, 호,석촉

	호	형태	규모	비1	비2			유물
	7호(소형)	장방형	310×196×26	1.6	6.1		탄	호, 발, 석촉
	A	원형	108×96×23	1.1	0.9	무	자	발3
명암리 (11)	1호(소·수)	방형	308×260×	1.2	8	노	자	저
	2호(소·수)		?×146×			노	자	
	3호(소·수)		239×?×			무	흑	
	4호(소·수)		317×?×			무	자	
	5호(소·수)		396×?×			무	흑(목)	저(투), 석, 방
	6호(소·수)	장방형	314×150×	2.1	4.7	무	자	저(투), 촉, 지석
	7호(소·수)	방형	318×198×	1.6	6.3	주	자	저, 석도
	8호(소·수)	방형	296×246×	1.2	7.3	주	?	석부및지석편
	9호(소·수)	방형	270×209×	1.3	5.6	주	자	저
	10호(소·수)	장방형	257×125×	2	3.2	무	목	저
	11호(소·수)	방형	298×175×	1.7	5.2	무	자	
	12호(소·수)	장방형	289×144×	2	4.2	주	자	저(투), 일경촉
	13호(소·수)		343×?×			무	자	
	14호(소·수)	방형	264×194×	1.4	5.1	주	자	공열, 착
	15호(소·수)	방형	248×198×	1.2	4.9	주	자	
	16호(소·수)		234×?×			주	자	저(투), 환상석부
	17호(소·수)	방형	240×166×	1.4	4	무	목	저(투)석도
	18호(소·수)		222×?×			무	자(목)	
	19호(소·수)	방형	282×184×	1.5	5.2	주	목	저(투)
	20호(소·수)		230×?×			무	자	?
	21호(소·수)		?×100×				목(탄)	
	22호(소·수)	방형	216×158×	1.4	3.4	노	자	옹형, 석기
	23호(소·수)	장방형	318×124×	2.6	3.9	무	자	
	24호(소·수)		246×?×			노	자(탄)	저(투)
	25호(소·수)		292×?×			노	자	공열, 저
	26호(소·수)		224×?×			노	자	저
	27호(소·수)	장방형	246×126×	1.9	3.1	무	자	
	28호(소·수)	장방형	250×138×	1.8	3.4	무	자	
	29호(소·수)	장방형	310×152×	2	4.7	무	자	
	30호(소·수)	방형	197×190×	1	3.7	노,주	자	
	31호(소·수)	방형	201×150×	1.3	3	노,주	자	구순각목
	32호(소·수)		207×?×			무	흑	
	33호(소·수)	방형	255×172×	1.5	4.4	노	자	공열, 만입촉
	1호(소·구)	원형	180×154×44	1.2	2.5	무	탄	공열, 호형
	2호(소·구)	타원형	240×107×31	2.2	2	무	자	저, 구
	3호(소·구)	타원형	177×168×22	1	2.3	무	자	저, 구
	4호(소·구)	타원형	222×139×35	1.6	2.4	무	자	저
	5호(소·구)	타원형	319×238×17	1.3	6	무	자	저, 지석
	6호(소·구)	타원형	195×130×13	1.5	2	무	목	저
	7호(소·구)	타원형	168×85×12	2	1.1	무	자	저
	8호(소·구)	타원형	197×180×64	1.1	2.8	무	자	저
	9호(소·구)		?×?×17			무	?	저
	10호(소·구)		?×128×20			노,주	?	저
	11호(소·구)	타원형	168×?×20			노	자	저
	12호(소·구)	말각방형	173×139×30	1.2	2.4	무	자	저
	13호(소·구)	원형	131×?×33			노	자	
	14호(소·구)	타원형	125×88×44	1.4	0.9	구덩	자	
	15호(소·구)	타원형	?×?×13			무	자	
	16호(소·구)	원형	250×245×29	1	4.9	무	탄	공열, 저(투), 발

	17호(소·구)	원형	206×?×23			주	자	호, 석
	18호(소·구)	방형	156×?×34			무	자	저
	19호(소·구)	타원형	150×102×42	1.5	1.2	주	자	
	20호(소·구)	타원형	178×127×71	1.4	1.8	무	자	
	21호(소·구)	부정형	102×88×21	1.1		무	자	석부
	22호(소·구)	원형	157×146×43	1.1	1.9	무	자	저
	23호(소·구)	장방형	183×96×26	1.9	1.7	무	자	
	24호(소·구)	타원형	164×100×40	1.6	1.3	무	자	공열, 호
	25호(소·구)	타원형	183×109×23	1.7	1.6	무	자	
	26호(소·구)	타원형	182×109×23	1.7	1.6	무	자	
	27호(소·구)	타원형	151×70×34	2.1	0.8	무	자	
	28호(소×구)	방형	134×105×24	1.3	1.4	무	자	발형공열
	29호(소·구)	원형	155×36	4.3	1.9	무	자	발, 저(투)
	30호(소·구)	원형	164×49	3.3	2.1	무	자(흑)	저, 지석
	31호(소·구)	타원형	130×91×20	1.4	0.9	무	자	발
명암리 (12)	2	부정형	116(잔)×192×36			무	자	
	3	부정형	128×104×17	1.23		무	자	
	4	부정형	162×158×15	1.02		무	자	
	5	타원형	44×32×6	1.37		무	자	저부
	6	말각방형	148×144×15	1.02	2.13	무	자	발형, 저부
	7	방형?	360×218(잔)×10			무	자	구연, 저부
	8	부정형	364(잔)×228×28			무	자	저부, 석촉, 석착
	10	방형	160×148×48	1.08	2.36	노	자	발형
	12	방형	288×190×28	1.51	5.47	노	자	
	16	방형	160×140×39	1.14	2.24	노	자	발형
	18	원형	224×224×64	1.0	3.93	무	자	
	19	방형	182×182×48	1.0	3.31	노	자	발형
주교리	KK-001	타원형	302×150×20	2	3.6	무	자	저, 미석촉
	KK-002	원형	135×135×30	1	1.4	무	자	구(흔암리)
	KK-003	원형	210×168×14	1.2	2.8	무	목(자)	동
	KK-004	원형	198×160×25	1.2	2.5	무	자	할석
	KK-005	부정형	155×70×35	2.2	0.5	무	자	무
	KK-006	방형	175×160×10	1.1	2.8	무	자	무
	KK-007	부정형	169×104×30	1.6	1.4	무	자	무
	KK-008	원형	104×104×20	1	0.8	무	자	무
	KK-009	부정형	170×120×6	1.4	1	무	자	저
	KK-010	장방형	232×41×6	5.6	1	무	자	무
	KK-011	타원형?	376×270(잔)×20	1.4	8	무	목	저, 석검편
	KK-012	장방형	112×60×25	1.9	0.7	무	자	무
	KK-013	장방형	130×80×20	1.6	1	무	자	무
	KK-014	타원형	176×115×25	1.5	1.6	무	자	무
	KK-015	타원형	151×90×15	1.7	1.1	무	자	할석
	KK-016	타원형	184×82×30	2.2	1.2	무	자	저
	KK-017	타원형	240×170×14	1.4	3.2	주	자	저
	KK-018	원형	80×80×30	1	0.5	무	자	할, 저
풍기동	1	방형	180×200×35	1.1	3.6	노	자(목)	저, 호
	2	방형	240×120×20	2	2.9	노	자(목)	발
	3							
	4	방형	240×140×40	1.7	2.4	무	자	토기편
명암리6	1	방형	220×160×24	1.3	3.5	노	자(목)	토기편
밤줄길II	2	방형	248×166	1.5	4.1	주	자	저, 호

	3	방형	310×194	1.6	6.1	무	자	
	4	원형	304×304	1.0	7.2	무	자	토기편
	5	방형	245×245×20	1.0	6.0	무?	자?	발, 장경호
용두리 산골	I -1-1(후기?)	원형	217×217×23	1.0	3.6	노	자	저(투), 토기편
	I -1-2	타원(말각?)	198×198×25	1.0	3.1	노	자(목)	발
	II-1-6	방형	264×192×92	1.3	5.0	무	자	
용두리 진터	1	부정형	107×83×81			무	자(목)	구연, 저부
	2	타원(말각?)	153×140×54	1.09	2.14	무	자(목)	호형, 발형
	4	장방형	285×138×28	2.06	3.93	무	자	
	5	장방형	219×126×17	1.73	2.75	무	자	저부, 석촉, 석재편
	6	장방형	400×198×65	2.02	7.92	무	자(점질토)	
	7	(타)원형	242×159×27	1.52		무	자	발형, 저부, 옹형
	8	부정형	175×97×27			무	목탄띠	저부
	9	타원형	170×121×51	1.41		무	자(목)	호형
	10	방형	279×106(잔)×51			노	자	
	11	방형	244×192×54	1.27	4.68	주	자	
	12	방형?	50×43(잔)×14			주	자	발형
	14	타원형	180×137×31	1.31		무	자(목)	발형, 석재편
	15	부정형	203×155×36			무	자	토기편
	16	(타)원형	155×95×36	1.63		무	자	구연, 저부편
	17	부정형	158×68×39			무	자	호형, 발형
백암리 새논들	1(남)	타원형	169×73×32	2.3	1.2	무	자	저부편
	1(북)	타원형	128×108×36	1.1	1.4	무	자	저부편
	2	원형	110×97×22	1.1	0.9	무	자	
	3	원형	106×101×39	1.0	0.8	무	자	토기편
	4	타원형	106×84×39	1.2	0.9	무	자	호, 석재편
	5	타원형	215×117×76	1.8	2.5	주	자	저(투공)
	6	방형	171×161×59	1.0	2.7	무	자	
대흥리 큰선장	1	방형	261×268×25	1.2	6.9	무	자	호, 토기편
	2	방형	155×104×13	1.4	1.6	무	자	저부편
	3	타원형	106×69×30	1.5	0.7	무	자	
	5	타원형	154×119×25	1.2	1.8	무	자	호, 저부편
	6	부정형	234×171×28	1.3		무	자	
	7	방형	155×169×13	1.1	2.6	주	자	
	8	방형	161×148×20	1.1	2.3	노	자	저부편
	9	방형	169×145×20	1.1	2.4	구상	자	토기편
	10	방형	252×159×38	1.6	4.0	노	자	호, 석기편
	12	부정형	176×110×32	1.6		무		저부(투), 석착
	13	방형	241×119×60	2.0	2.8	무	자	
	21	원형	163×163×38	1.0	2.1	무	자	
	24	방형	207×117×30	1.7	2.4	무	자	토기편
고재미골	I -1	방형	313×127×31	2.4	1.3	노	자(목)	저부, 토기편
	II-1	방형	297×296×30	1	6.5	주	자	저부(투)
	II-2	방형	282×237×35	1.1	9.5	노	자	구연부편
	II-3	방형	447×170×24	2.0	6.5	무	자	토기편
	II-4	방형	253×195×47	1.2	3.5	노	자	토기편
	II-5	방형	324×220×75	1.4	4.3	노	자	호, 발
	II-6	방형	303×149×14	2.03	4.5	노	자(목)	저부편
	II-7	타원형	239×135×15	3.4	2.3	무	자	석부편, 토기편
	II-8	원형	131×118×10	1.1	1.5	무	자	
	II-9	원형	243×234×59	1.1	7.1	무	자	저부(투)

	II-10-2	부정형	200×140×47	1.6	1.4	무	자	토기편
	II-11	부정형	139×114×38	1.2	0.8	무	자	토기편
	II-13	방형	169×166×25	1.0	5.8	무	자	토기편
	II-14	방형	128×120×16	1.2	4.3	무	자	저부편
	II-15	원형	175×173×34	1.0	5.1	무, 소결	자	단사선
	II-16	방형	228×156×19	1.4	3.3	노	자	
	II-17	방형	264×241×32	1.1	6.3	노	자(목)	
	II-21	방형	194×165×12	1.1	2.5	무	자	토기편
	II-22	방형	323×262×57	1.2	6.7	무	자	토기편
	II-23	방형	135×106×13	1.2	1.0	무	자	토기편
	III-2	타원형	153×78×12	2.0	1.19	무	자	토기편
	III-3	말각방형	312×226×17	1.3	7.0	무	자	토기편
	III-4	말각방형	229×195×14	1.2	4.4	무	자	저부편
	III-5	방형	103×80×7	1.3	0.92	무	자	저부편
	III-6	방형	308×149×85	2.2	2.9	무	자	저부편
	III-7	방형	314×146×17	2.2	3.3	구상	자	저부편
	III-8	원형	138×123×15	1.1	1.0	무	자	토기편, 저부편
	III-9	방형	240×172×15	1.4	4.2	무	자	토기편
	III-10	방형	347×144×21	2.6	4.1	무	자	저부편
	III-11	타원형	378×230×21	1.6	6.4	무	자(목)	호, 발, 석촉
	III-13	원형	259×171×19	1.5	3.6	주	자	저부편
	III-14	부정형	379×195×13	1.9	5.3	무(소결)	자(목)	석재편
	III-15	방형	370×229×12	1.6	6.9	주	자	저부편
	III-16	타원형	242×167×25	1.5	2.8	무	자	저부편
	III-17	타원형	265×196×32	1.4	3.5	무	자	저부(투)
	III-19	원형	175×150×20	1.1	1.6	노	자	구연, 저부편
	III-20	타원형	136×91×12	1.5	0.8	무	자	석착, 저부
	IV-1	방형	199×176×84	1.1	2.8	무	자(목)	
	IV-2	방형	334×160×37	2.1	3.3	노	자	저부편
	IV-3	방형	285×257×37	1.1	4.7	주	자	
	IV-4	말각방형	229×195×144	1.2	4.4	무	자	
	IV-5	말각방형	167×131×6	1.2	1.6	무	자	저부편
	IV-6	방형	173×100×31	1.3	1.5	무	자	구연편
	IV-7	방형	168×167×17	1.0	1.9	무	자	구연, 저부편
	IV-8	방형	219×203×23	1.0	1.0	노	자(목)	구연, 저부편
용곡동 두터골	1	방형	137×51(잔)×12			노	자(목)	저부편
	2	방형	215×114(잔)×25			무	자(목)	저부편
	3	방형	156×86(잔)×20			무	자(목)	
	4	방형	140×134×38	1.1	1.6	노	자(목)	
	5	원형	157×157×11	1.0	1.6	무	자	
	6	말각방형	175×175×25	1.0	2.4	무	자(목)	석재
	7	방형?	105×53(잔)×17			무	자	
	8	타원형	166×116×49	1.4	1.48	무	자	발, 저부편
	9	말각방형	182×108×31	1.2	2.02	무	자	
	10	방형	238×166(잔)×56		3.21	노	자	
신방동	I-1	방형	200×118×25	1.69	2.3	무	자	
	I-2	방형	126×110×13	1.14	1.3	무	자	
	I-3	방형	214×145×19	1.47	3.1	무	자	저부편, 토기
	I-4	원형	140×131×18	1.0	1.5	무	자	대부, 저부
	I-5	방형	185×140×20	1.32	2.6	무	자	
	I-6	방형	247×152×17	1.62	3.7	무	자	

	I-7	방형	141×126×13	1.11	1.7	무	자	소호, 저부편
	I-8	부정형	230×230×39	1.0		무	자	저부편
	I-9	원형	152×152×9	1.0	1.8	무	자	
	I-10	원형	123×117×15	1.0	1.2	무	자	
	I-11	방형	233×137×20	1.73	3.2	노	자	발, 마연
	I-12	방형	110×75×7	1.46	0.8	무	자	석부
	I-13	방형	259×171×23	1.51	4.4	무	자	발, 석부
	I-14	방형	208×146×34	1.42	3.0	무	자	저부편
	I-15	원형	133×123×22	1.0	1.4	무	자	토기편
	I-16	방형	157×126×51	1.24	1.9	무	자	소호, 석부, 석촉
	I-17	방형	185×122×36	1.51	2.2	무	자	저부, 석도
	I-18	말각방형	159×150×46	1.1	2.1	무	자	저부편
	I-19	말각방형	173×160×55	1.08	2.8	무	자	
	I-20	말각방형	150×124×36	1.20	1.9	무	자	
	I-21	타원형	236×157×35	1.5	3.7	무	자	마연호
	I-22	원형	98×98×10	1.0	0.7	무	자	
	I-23	방형	158×123×17	1.28	1.9	무	자	
	I-24	부정형	266×260×15	1.0		무	자	저부편
	I-26	방형	211×117(잔)×11			무	자	저부편
	I-27	방형	242×139(잔)×7			무	자	석부, 저부편
	I-29	원형	171×147×20	1.16	2.3	무	자	
	I-35	원형	110×92×10	1.1	0.9	무	자	저부편
	I-36	원형	112×103×13	1.1	1.0	구상	자	저부편, 석착
	I-37	원형	65×21×7	3.0	0.3	무	자	
	I-38	원형	192×176×16	1.1	2.9	무	자	
	I-39	원형	192×176×16	1.1	2.9	무	자	
	I-40	원형	131×130×18	1.0	1.3	무	자	
	I-41	원형	136×116×27	1.1	1.4	무	자	
	I-42	원형	63×61×21	1.0	0.3	무	자	
	I-43	원형	224×180×30	1.2	3.7	무	자	저부(투)
	I-44	원형	180×164×10	1.1	2.5	무	자(목)	
	I-45	원형	282×164×16	1.7	6.1	무	자	
	I-46	타원형	231×175×6	1.3	4.0	주	자	
	I-47	원형	131×104×25	1.2	1.3	무	자	구연편(공렬)
	I-48	원형	139×129×12	1.0	1.3	무	자	
	I-49	원형	60×60×15	1.0	0.2	무	자	
	I-50	원형	119×114×6	1.0	1.0	무	자	
	I-51	원형	190×169×21	1.1	2.8	무	자	마연대부호, 발
	I-52	원형	110×105×13	1.0	0.9	무	자	
	II-1	방형	150×135×15	1.1	2.0	무	자	
	II-2	원형	120×113×28	1.0	1.1	무	자	
	II-3	원형	110×100×10	1.0	0.9	무	자	
	II-4	방형	144(잔)×86×27			무	자	발(공렬)
	II-5	원형	198×176×26	1.1	2.8	무	자	지석, 석부, 저부편
	II-6	방형	200×130(잔)×17			무	자	저부편
	II-7	타원형	105×93×25	1.1	0.9	무	자	저부편
천안 용정리	I-1-1	방형	280×260×40	1.1	7.3	노	자	저부, 석촉편
	I-1-2	방형	390×270×30	1.4	10.5	노	자	석부
	I-1-3	원형	220×200×40	1.1	3.7	노	자	발형, 저부편
	III	원형	304×304×42	1.0	7.2	노	자	토기(공렬)
	1호	방형	270×120×58	2.25	3.24	노	자	저부

청당동 진골	2호	부정형	322×240×62			노	자	저부
	4호	부정형	156×84×16		1.2	무	자	구연편
	5호	방형	282×154×27	1.83	3.71			
풍기동 앞골	1	원형	219×219×9	1.0	3.7	무	자	
	2	부정형	222×162×18			무	자	토기편
	4	부정형	296×204×16			무	자	저부편
	5	방형	216×200×14	1.0	4.3	무	자	저부(투)
	6	방형	140×128×10	1.1	1.7	노	자	토기편
	7	방형	214×120×9	1.6	2.5	노	자(목)	토기편
용화동가 재골	1	원형	132×129×18	1.0	1.36	무	자	
	2	원형	209×204×46	1.0	3.37	무	자(목)	단사선문, 석촉
	3	방형	181×166×37	1.0		무	지	
	4	방형	224×166×41	1.3	3.55	무	자	토기편
	5	부정형	188×70×30			무	자	
	6	원형	143×129×16	1.1	1.48	무	자(목)	저부편, 석재
	7	방형	294×156×40	1.8	4.16	주	자	
	8	방형	243×140×60	1.7	2.97	무	자	저부편
	9	타원형	107(잔)×108×24			무	자	
	10	방형	199×196×60	1.0	3.37	노	자	호형, 발, 석촉
	11	원형	171×169×32	1.0	2.34	노	자(목)	대부소호, 저부
	12	부정형	170×98×31			무	자	
	13	부정형	230×96×25			무	자	
	14	말각방형	171×169×44	1.0	2.34	노	자	호형, 발
	15	타원형	147×104×18	1.4	1.10	무	자	
	16	부정형	168×136×0.4			주	자	
	17	부정형	201×168×15			무	자	토기편
	18	부정형	202×176×30			무	자	
	19	말각방형	175×128×40	1.3	1.94	노	자	발, 저부
	20	방형	184×147×20	1.2	2.47	주	자	
	21	방형	165×142×59	1.1	2.11	노	자(목)	발
남장리 (충문연)	주-12호	방형	350×208×50	1.68	7.28	무	자(목)	석재편
	주-13호	방형	306×184×48	1.66	5.63	무	자(목)	저부
	주-14호	방형	292×192×64	1.52	5.61	무	자(목)	
	주-15호	방형	260×150×38	1.73	3.90	노	자	
	주-16호	방형	256×130×12	1.97	3.33	무	자	
	주-17호	방형	214×240×28	0.89	5.14	노	자(목)	호형, 마연, 완, 발
	1	방형	156×142×12	1.09	2.21	무	자	저부
	2	방형	188×242×45	0.77	4.54	무	자	저부
	3	방형	140×206×46	0.67	2.88	무	자	
	4	방형	92×148(잔)×32			무	자	
	5	원형	126×126×18	1.0	1.24	무	자	
	6	방형	186×160×48	1.16	2.97	무	자	저부
	7	방형	155×148×16	1.04	2.29	무	자	발, 저부
왕정리	I-4	방형	302×270×58	1.11	8.15	노	자	구연, 석촉
	I-5	방형	312×304×33	1.02	9.48	노	자	구연, 석재
	I-7	방형	280×148(잔)×13			무	자	저부
	I-8	방형	212×130(잔)×20			무	자	

지역	유적	유구	측정값(BP)	교정연대(BC)		측정기관
				1σ(68.2%)	2σ(95.4%)	
제천	능강리	1호	2810±70	1045~895	1130~820	Geochron
		2호	2970±130	1318~1017	1454~894	
		3호	3000±110	1323~1111	1454~967	
		3호	2940±110	1265~1000	1412~896	
		3호	2730±60	1323~1111	999~801	
청주	용암 용정동	I -1호	2930±50	1260~1240, 1220~1050	1310~980	국립문화재연구소
		II-1호	2900±50	1200~1000	1260~970, 960~930	
		II-4호	3030±50	1390~1250, 1240~1210	1420~1120	
		II-4호	2490±50	770~530	790~480, 470~410	
	강서동	1호	2960±50	1270~1110, 1100~1080	1370~1340, 1320~1010	Geochron
		2호	3050±80	1420~1210	1460~1050	
	비하동	2호	3050±80	1410~1210, 1200~1190, 1140~1130	1500~1470, 1460~1040	서울대
	비하동II	1호	4180±60	2890~2830, 2820~2670	2900~2580	서울대
		4호	2950±60	1270~1050	1380~990	
		5호	2850±60	1120~920	1220~890, 880~840	
		5호	2800±50	1020~890, 870~860	1120~890, 880~840	
		5호	2950±50	1270~1080, 1070~1050	1370~1350, 1320~1000	
		5호	2930±60	1260~1230, 1220~1040	1320~970, 960~930	
		5호	2950±60	1270~1050	1380~990	
		6호	2830±50	1050~910	1130~840	
		7호	2870±60	1130~970, 960~930	1260~900	
		8호	2810±60	1050~890	1130~820	
	운동동	1호	2920±60	1220~1020	1310~930	서울대
		1호	2850±60	1120~920	1220~890, 880~840	
		1호	3050±60	1410~1250, 1230~1220	1440~1120	
		3호	2900±60	1210~1000	1270~910	
		3호	2930±60	1260~1230, 1220~1040	1320~970, 960~930	
	봉명동	A-14	3070±140	1500-1120	1650-900	Geochron
		B-6	2760±80	1000-820	1130-790	
대전	상서동	8호	2830±40	1015~915	1065~890	Beta
			2900±70	1170~980	1285~900	
			2690±130	940~785	1135~485	
			2890±40	1120~1000	1170~930	
	용산동	1호	2820±60	1020~900	1130~825	Beta
			2860±70	1120~915	1250~835	
	가오동	1호	2760±60	980~950, 940~830	1050~800	서울대
			2670±40	895~875, 840~795	900~790	
		2호	2630±30	822~796	840~760	
	용산·탑립동	II-1	2890±60	1200~970	1270~910	서울대
		II-2	2940±50	1260~1230, 1220~1050	1320~1000	
		II-3	2810±60	1050~890	1130~820	
		II-4	2860±60	1130~970, 960~930	1260~1230, 1220~890	
		II-4	2830±60	1110~1100, 1080~900	1200~830	
		II-5	2860±60	1130~970, 960~930	1260~1230, 1220~890	
		II-5	2900±60	1210~1000	1270~910	
		II-12	2880±50	1130~970	1260~1230, 1220~920	
		II-14	3060±80	1430~1210	1500~1050	

		IV-1	2970±80	1310~1050	1410~970	
		IV-2	2720±50	910~815	980~790	
		IV-2	2850±60	1120~920	1220~890, 880~840	
		IV-2	2870±50	1130~970, 960~940	1220~910	
		IV-5	2860±60	1130~970, 960~930	1260~1230, 1220~890	
		V-1	2790±60	1010~890, 880~840	1120~810	
		VI-10	2800±60	1030~890, 880~840	1120~820	
		VI-12	2710±60	905~805	1000~790	
		VI-12	2750±60	980~950, 940~820	1040~800	
	관평동	I-2	2650±40	832~796	900~780	서울대
	궁동	2호	3370±130	1865~1835, 1780~1510	1975~1400	Beta
		13호	2980±80	1360~1355, 1315~1055	1415~975	
		13호	2900±50	1140~1000	1260~930	
	관저동	8호	2770±40	980~890, 880~840	1010~820	한국지질자원 연구원
		6호	2880±40	1130~1000	1210~920	
		17호	2880±50	1130~970	1260~1230, 1220~920	
		7호	2850±50	1120~1100, 1090~930	1210~890	
		6호	2890±50	1190~1170, 1160~990	1260~1230, 1220~920	
		9호	2910±50	1200~1010	1270~970, 960~930	
		6호	2810±40	1010~910	1090~840	
		8호	2880±40	1130~1000	1210~920	
		15호	2810±40	1010~910	1090~840	
		8호	3000±40	1370~1360, 1320~1190, 1180~1160, 1150~1130	1390~1120	
		14호	2840±40	1050~920	1130~900	
		21호	2830±40	1040~920	1130~890	
		20호	2910±40	1200~1170, 1160~1020	1260~980	
		8호	2900±40	1190~1180, 1160~1140, 1130~1010	1260~1230, 1220~970	
		15호	2890±40	1130~1000	1220~970, 960~930	
		16호	2840±40	1050~920	1130~900	
	원신흥동 덜레기	1	2920±50	1220~1040	1300~970	서울대
		2	2840±50	1070~910, 1110~1100	1200~890, 880~840	
		4	2820±50	1050~900	1130~840	
	상대동	5	2840±40	1050~920	1130~900	서울대, 한국지질자원 연구원
		8	2890±40	1130~1000	1220~970, 960~930	
	용계동	1	3030±50	1390~1250, 1240~1210	1420~1120	
		2(상부)	2780±50	1000~890, 870~840	1050~810	
		2(하부)	2860±50	1120~970, 960~940	1210~900	
		2	2790±40	1000~890	1040~830	서울대
		3	2920±50	1220~1040	1300~970	
		4	2820±40	1020~910	1120~890, 870~850	
금산	수당리(충남대)	S-1	2960±50	1270~1105	1360~1355, 1315~1010	Beta
		S-6	2830±50	1030~915	1120~845	
	수당리(표고)	3호	2840±60	1120~1100, 1090~910	1210~840	서울대
		3호	2950±50	1270~1080, 1070~1050	1370~1350, 1320~1000	
		3호	3020±80	1400~1190, 1180~1160	1440~1020	
		4호	2970±60	1310~1110	1390~1010	
보은	상장리	2호	2700±80	970~960, 930~790	1150~750, 700~550	서울대
		3호	2710±80	970~960, 930~800	1150~750	

지역	유적	호				기관
		5호	2680±80	920~790	1050~750, 700~500	
청원	황탄리	KC-005	2750±40	920~830	1000~820	서울대
	대율리	1호	3130±40	1440~1370, 1340~1310	1520~1290, 1280~1260	서울대
		1호	3060±40	1400~1260	1430~1210	
		2호	2690±80	920~790	1050~750, 700~500	
		3호	3290±50	1680~1670, 1630~1510	1690~1440	
		4호	3090±60	1430~1290, 1280~1260	1500~1190, 1140~1130	
		4호	3120±120	1530~1250, 1240~1210	1700~1000	
		5호	2990±80	1380~1330, 1100~1090	1430~990	
		5호	2950±60	1260~1230, 1220~1040	1380~1340, 1320~970	
		6호	2910±80	1260~1230, 1220~970	1380~1330, 1320~900	
		6호	2760±60	980~950, 940~830	1050~800	
		7호	2850±60	1130~920	1220~890, 880~830	
		7호	3080±60	1420~1260	1500~1470, 1460~1120	
	학소리	I-2	3000±50	1370~1350, 1320~1130	1400~1050	서울대
		I-1	2930±50	1260~1240, 1220~1050	1310~980	
		I-3	2910±60	1210~1010	1300~920	
		II-1	3010±60	1380~1190, 1150~1130	1420~1050	
		II-2	2900±60	1210~1000	1270~910	
진천	장관리	집자리	2760±80	1000~820	1130~790	서울대
	신월리	1호	2920±80	1260~1230, 1220~1000	1380~1330, 1320~910	서울대
음성	하당리	6호	2570±40	810~760, 690~660, 630~590, 580~560	830~750, 720~540	서울대
		6호	2610±40	830~780, 775~765	900~870, 840~750, 640~590, 580~550	
		6호	2750±40	920~830	1000~820	
		6호	3370±70	1740~1600, 1570~1520	1880~1500	
연기	연기리	74-1	2904±50	1200~1010	1270~970, 960~930	서울대
		74-1	2920±50	1220~1040	1300~970	
		74-2	2810±50	1040~900	1120~830	
		74-2	3170±60	1510~1390	1610~1300	
		74-3	2940±50	1260~1230, 1220~1050	1320~1000	
		78-1	2780±50	1000~890, 870~840	1050~810	
		78-1	2770±50	980~840	1040~810	
		78-2	2850±50	1120~1100, 1090~930	1210~890	
		78-3	2880±50	1130~970	1260~1230, 1220~920	
		74-1	2790±40	1000~890	1040~830	한국지질자원연구원
		74-2	2840±40	1050~920	1130~900	
		74-2	2860±60	1130~970, 960~930	1260~1230, 1220~890	
		74-2	2810±40	1010~910	1090~840	
		74-3	2680±50	895~865, 860~800	930~780	
		78-1	2700±60	905~805	1000~780	
		78-1	2810±40	1010~910	1090~840	
		78-2	2820±40	1020~910	1120~890, 870~850	
		78-3	2810±50	1040~900	1120~830	
		78-3	2810±40	1010~910	1090~840	
	보통리	1호	3100±60	1440~1290	1500~1210	서울대
			2870±60	1130~970, 960~930	1260~900	
		2호	2810±60	1050~890	1130~820	
			2770±60	980~840	1070~800	
		3호	2720±60	920~810	1010~790	

		2850±60	1120~920	1220~890, 880~840	
	4호	2730±60	930~810	1010~790	
		2950±60	1270~1050	1380~990	
	5호	2750±60	980~950, 940~820	1040~800	
		2880±60	1190~1170, 1160~1140, 1130~970, 960~940	1260~900	
	7호	2850±60	1120~920	1220~890, 880~840	
		2940±60	1260~1050	1380~1340, 1320~970	
	8호	2980±60	1320~1120	1390~1020	
		2900±60	1210~1000	1270~910	
	9호	2850±60	1120~920	1220~890, 880~840	
		2900±60	1210~1000	1270~910	
용호리	1호	2740±40	920~830	980~800	서울대, 한국지질자원 연구원
		2840±50	1110~1100, 1070~910	1200~890, 880~840	
	2호	2800±50	1020~890, 870~860	1120~1100, 1090~830	
	6호	2840±50	1110~1100, 1070~910	1200~890, 880~840	
	11호	2790±50	1010~890, 870~850	1080~810	
		2780±50	1000~890, 870~840	1050~810	
송담리28	KC-001	2890±50	1190~1170, 1160~990	1260~1230, 1220~920	
	KC-012	2730±50	920~820	1000~800	
	KC-031	2960±50	1270~1110, 1100~1080	1370~1340, 1320~1010	
송담리 29~1	KC-002	2840±50	1110~1100, 1070~910	1200~890, 880~840	
송담리 29~3	KC-006	2880±50	1130~970	1260~1230, 1220~920	
	KC-008	2860±50	1120~970, 960~940	1210~900	
송담리 30	KC-001	2970±50	1130~970, 960~940	1220~910	
	KC-005	2890±50	1190~1170, 1160~990	1260~1230, 1220~920	
송원리	KC-003	2800±50	1020~890, 870~860	1120~1100, 1090~830	서울대
	KC-011	2590±50	820~750, 690~660, 640~590	850~720, 700~530	
	KC-014	2700±50	895~810	980~950, 940~790	
	KC-017	2760±50	980~950, 940~830	1020~800	
	KC-022	2930±50	1260~1240, 1220~1050	1310~980	
	KC-025	2870±60	1130~970, 960~930	1260~900	
	KC-025	2950±50	1270~1080,1070~1050	1370~1350, 1320~1000	
	KC-030	2900±80	1260~1230, 1220~970	1380~1340, 1320~890	
	KC-030	2860±50	1120~970, 960~940	1210~900	
	KC-032	2880±50	1130~970	1260~1230, 1220~920	
	KC-032	2940±50	1260~1230, 1220~1050	1320~1000	
	KC-033	2860±50	1120~970, 960~940	1210~900	
	KC-034	2920±50	1220~1040	1300~970	
	KC-035	2850±50	1120~1100, 1090~930	1210~890	
	KC-036	2930±50	1260~1240, 1220~1050	1310~980	
	KC-038	2870±50	1130~970, 960~940	1220~910	
	KC-041	2790±50	1010~890, 870~850	1080~810	
	KC-042	2800±50	1020~890, 870~860	1120~1100, 1090~830	
	KC-042	2880±50	1130~970	1260~1230, 1220~920	
	KC-045	2890±60	1200~970	1270~910	
	KC-045	2720±60	920~810	1010~790	
	KC-049	2940±50	1260~1230, 1220~1050	1320~1000	
	KC-076	2660±80	920~770	1010~720, 700~540	
대평리A	5	2950±50	1262~1112	1315~1009	

		11	2750±50	931~832	1004~810	
		12	3070±50	1410~1292	1442~1207	
	대평리B	KC-003	2990±40	1310~1190, 1180~1130	1390~1110, 1100~1080	서울대
		KC-004	2970±40	1270~1120	1370~1340, 1320~1050	
			2930±50	1260~1240, 1220~1050	1310~980	
		KC-005	2890±40	1130~1000	1210~920	
			2880±40	1130~1000	1220~970, 960~930	
		KC-007	2970±40	1270~1120	1370~1340, 1320~1050	
			2880±40	1130~1000	1210~920	
		KC-010	2970±40	1270~1120	1370~1340, 1320~1050	
			2900±40	1190~1180, 1160~1140, 1130~1010	1260~1230, 1220~970	
		KC-011	4140±70	2870~2800, 2780~2620	2900~2560, 2530~2490	
		KC-012	3540±60	1950~1770	2040~1730, 1720~1690	
			2830±40	1040~920	1130~890	
		KC-013	2950±40	1260~1110	1300~1020	
			2720±50	910~815	980~790	
		KC-014	2850±60	1120~920	1220~890, 880~840	
		KC-017	2930±40	1210~1050	1270~1000	
		KC-018	2720±50	910~815	980~790	
	응암리 가마골	1	2920±50	1220~1040	1300~970	서울대
			2560±60	810~740, 690~660, 650~550	830~500, 440~410	
증평	송산리	1	3070±50	1410~1290, 1280~1270	1450~1190	서울대
			2980±50	1300~1120	1390~1050	
		2	3230±50	1610~1590, 1540~1430	1620~1410	
			2910±50	1200~1010	1270~970, 960~930	

• 부록 4 • 역삼동유형 탄소연대 현황표

지역	유적	유구	측정값(BP)	교정연대(BC)		측정기관
				1σ(68.2%)	2σ(95.4%)	
보령	관산리	KC-004	2890±60	1130~980	1260~905	Beta
		KC-009	2750±60	930~825	1015~805	
		KC-011	2570±70	805~760, 625~560	830~485, 465~425	
		KC-012	2780±70	1000~830	1110~805	
		KC-013	2920±70	1215~1000	1305~910	
	주교리	KC-008	2620±40	828~788	900~760	서울대
		KC-011	2770±40	980~950	1000~820	
		KC-013	2850±80	1130~900	1220~830	
		KC-018	2840±40	1050~920	1130~890	
아산	명암리(6)	1호	2900±40	1130~1010	1210~970	Beta
	풍기동 밤줄길	4호	2700±40	895~865, 860~810	920~790	서울대
		4호	2810±90	1120~1100, 1080~840	1260~1230, 1220~800	
		5호	2750±100	1010~800	1300~750	
	풍기동 밤줄길 II	12호	2820±50	1050~900	1130~840	서울대
	용두리 산골	I-1-2	2840±40	1050~920	1130~900	?
		II-1-1	2770±50	980~840	1040~810	
		II-1-1	2830±50	1050~910	1130~840	
		II-1-1	2870±50	1130~970, 960~940	1220~910	
		II-1-2	2820±40	1030~910	1120~890	
		II-1-2	2800±50	1020~890, 870~860	1120~1100, 1090~830	
		II-1-2	2880±50	1130~970	1260~1230, 1220~920	
		II-1-4	2870±50	1130~970, 960~940	1220~910	
		II-1-4	2860±50	1120~970, 960~940	1210~900	
		II-1-5	2850±50	1120~1100, 1090~930	1210~890	
		II-1-5	2810±50	1040~900	1120~830	
		II-1-8	2880±50	1130~970	1260~1230, 1220~920	
		II-1-9	2890±50	1190~1170, 1160~990	1260~1230, 1220~920	
		II-1-9	2830±40	1040~920	1130~890	
		II-1-9	2710±40	900~820	930~800	
		II-1-9	2780±40	1000~890, 870~850	1020~820	
		II-1-11	2550±40	800~740, 690~660, 650~590	810~710, 700~530	
	석곡리	A-5-1호	2660±50	895~875, 850~790	900~760	서울대
	풍기동(역)	1호	2850±60	1130~920	1220~890, 880~830	서울대
	백암리 점배골	KC-004	2760±50	980~950, 940~830	1020~800	서울대
		KC-004	2910±50	1200~1010	1270~970, 960~930	
		KC-004	2880±50	1130~970	1260~1230, 1220~920	
	용화동 가재골	I-13	2810±50	1040~900	1120~830	서울대
		I-23	2480±60	760~510	780~410	
		I-22	2850±50	1120~1100, 1090~930	1210~890	
		I-24	2550±60	800~740, 690~660, 650~550	820~480, 470~410	
		I-24	2940±60	1260~1050	1380~1340, 1320~970	
		2-3	2840±60	1120~1100, 1090~910	1210~840	
		2-3	2920±60	1220~1020	1310~930	
		2-3	2830±50	1050~910	1130~840	
		2-3	2870±50	1130~970, 960~940	1220~910	

지역	유적	시료	연대	보정연대(1σ)	보정연대(2σ)	측정기관
	명암리(11)	7호	2650±40	832~796	900~780	서울대
		7호	2530±40	800~750, 690~660, 650~540	800~510	
		14호	2690±60	900~800	1000~780	
		14호	2900±60	1220~990	1290~910	
	명암리(12)	4	2810±50	1040~900	1120~830	서울대
		7	2770±50	980~840	1040~810	
		9	2850±50	1120~1100, 1090~930	1210~890	
		20	2820±50	1050~900	1130~840	
		22	2860±60	1130~970, 960~930	1260~1230, 1220~890	
	대흥리 큰선장	1호	2820±60	1060~890	1130~820	서울대
			2830±70	1120~1100, 1090~900	1210~820	
			2690±60	895~805	980~770	
		3호	2520±100	800~520	830~400	
		11호	2850±50	1120~1100, 1090~930	1210~890	
		14호	2890±50	1190~1170, 1160~990	1260~1230, 1230~920	
		14호(탄화미)	2830±50	1050~910	1130~840	
	장재리 안강골	8호	2950±60	1270~1050	1380~990	서울대
		11호	2830±60	1160~1100, 1080~900	1200~830	
	용두리 진터	6	2730±40	910~830	980~800	서울대, 한국지질자원연구원
		9	2810±40	1010~910	1090~840	
		11	2830±40	1040~920	1130~890	
		12	2720±40	905~825	970~950, 940~800	
		19	2780±40	1000~890, 1020~820	870~850	
		20	2820±40	1020~910	1120~890, 870~850	
		21	2770±40	980~890, 880~840	1010~820	
		24	2920±50	1220~1040	1300~970	
		25	2840±40	1050~920	1130~900	
	둔포리	2-4	2680±50	895~865, 860~800	930~780	서울대, 한국지질자원연구원
천안	업성동	4호	2580±80	830~730, 690~660, 650~540	900~480, 470~410	Purdue University
		4호	2840±80	1130~900	1260~1230, 1220~820	
	백석동 (새천안)	2호	2790±80	1030~830	1200~800	
		2호	2860±80	1190~1180, 1160~1140, 1130~910	1270~830	
		3호	3460±110	1920~1630	2150~1500	
		3호	4460±140	3350~3000, 2980~2940	3650~2750	
		3호	2830±80	1120~900	1260~1230, 1220~820	
	백석동	94-B-15	2780±60	1010~890, 880~840	1090~800	LLNL
		94-B-2	2690±60	895~805	980~770	
		94-B-19	2550±60	800~740, 690~660, 650~550	820~480, 470~410	
		94-B-13	2850±50	1120~1100, 1090~930	1210~890	
		94-B-19	2640±60	900~860, 850~770	930~740, 690~660, 650~550	
		94-B-14	2820±60	1060~890	1130~820	
		95-II-7	2820±60	1060~890	1130~820	
		95-II-7	2800±60	1030~890, 880~840	1120~820	
		95-II-2	2840±60	1120~1100, 1090~910	1210~840	

		95-Ⅱ-2	2780±50	1000~890, 870~840	1050~810	
		95-Ⅲ-5	2770±70	1000~830	1120~800	
		95-Ⅲ-5	2790±40	1000~890	1040~830	
		95-Ⅲ-1	2760±60	980~830	1050~800	
백석동 고재미골	1-2	2890±40	1130~1000	1220~970, 960~930	서울대
	1-3	2890±40	1130~1000	1220~970, 960~930	
	2-3	2800±40	1005~905	1050~830	
	2-18	2770±40	980~890, 880~840	1010~820	
	2-25	2830±40	1040~920	1130~890	
	2-26	2930±40	1210~1050	1270~1000	
	2-29	2870±40	1120~970	1200~920	
	2-35	2770±40	980~890, 880~840	1010~820	
	2-49	2820±40	1020~910	1120~890, 870~80	
	3-4	2810±40	1010~910	1090~840	
	3-7	2790±40	1000~890	1040~830	
	3-8	2750±40	925~830	1000~810	
	3-13	2830±40	1040~920	1130~890	
	3-16	2950±40	1260~1100	1300~1020	
	3-21	2910±40	1200~1170, 1160~1020	1260~980	
	4-1	2640±40	835~790	900~770	
	4-4	2880±40	1130~1000	1210~920	
	4-7	2780±40	1000~890, 870~850	1020~820	
	4-15	2830±40	1040~920	1130~890	
	4-17	2930±40	1210~1050	1270~1000	
	4-19	2940±40	1260~1230, 1220~1080, 1070~1050	1290~1010	
	4-21	2820±40	1020~910	1120~890, 870~850	
	4-27	2590±40	810~760, 690~670	830~740, 690~660, 650~550	
용곡동 두터골	1호	2800±50	1020~890, 870~860	1120~1100, 1090~830	서울대
	1호	2760±50	980~950, 940~830	1020~800	
	2호	2840±50	1110~1100, 1070~910	1200~890, 880~840	
	2호	2670±50	895~865, 850~795	930~770	
	2호	2840±50	1110~1100, 1070~910	1200~890, 880~840	
	3호	2840±50	1110~1100, 1070~910	1200~890, 880~840	
	4호	2770±60	980~840	1070~800	
쌍용동	3-1	2620±60	820~785	855~760, 635~560	Beta
	3-1	2730±60	915~815	1000~800	
	3-1	2760±60	940~825	1020~805	
	3-5	2500±50	780~515	795~410	
운전리	A-2	2990±80	1030~1300	1405~930	Beta
	A-2	2790±80	1010~830	1130~805	
	A-3	2940±40	1190~1030	1260~995	
	B-4	2750±70	920~810	1010~790	
	B-5	2940±40	1060~970	1130~920	
두정동	1호	3140±140	1524~1220	1737~1005	Geochron
	3호	2930±60	1258~1012	1370~933	
백석동 새가라골	1호	2880±50	1130~970	1260~1230, 1220~920	서울대
신방동	Ⅰ-14	2740±40	920~830	970~820	Beta
	Ⅰ-21	2810±60	1020~895	1120~825	

		II-1	2360±40	410~390	520~380	
		II-2	2850±60	1105~920	1105~845	
		II-11	2820±50	1020~910	1115~840	
		II-17	2890±60	1140~985	1270~910	
		II-19	2930±60	1245~1020	1305~940	
	불당동	II-2	2830±35	1020~920	1120~900	Geochron
		II-10	2810±35	1005~915	1060~890, 880~840	
		II-12	2670±35	890~880, 845~795	900~790	
		III-3	2834±39	1050~920	1130~900	
		III-6	2708±40	895~815	930~800	
		III-9	2747±40	925~830	1000~810	
		III-13	2834±39	1050~920	1130~900	
	청당동 진골	1	2850±50	1120~1100, 1210~890	1090~930	서울대, 한국지질자원연구원
	유리	1	2830±40	1040~920	1130~890	서울대, 한국지질자원연구원
			2790±40	1000~890	1040~830	
			2770±40	980~890, 880~840	1010~820	
			2720±40	905~825	970~950, 940~800	
청양	학암리	I-1	2889±38	1130~1000	1220~970, 960~930	NSF Arizona AMS센터
		I-1	2934±41	1220~1050	1270~1000	
		I-1	3116±46	1440~1360, 1350~1310	1500~1260	
		II-1	3054±50	1400~1260	1430~1190, 1180~1160, 1150~1130	
		II-1	3051±40	1390~1260	1420~1200	
		II-1	3061±45	1400~1290, 1280~1270	1440~1200	
		II-4	3157±41	1495~1470, 1460~1400	1520~1370, 1350~1310	
서산	신송리	3호	2540±50	800~740, 690~660, 650~550	810~500	서울대
		12호	2940±50	1260~1230, 1220~1050	1320~1000	
		12호	2810±60	1050~890	1130~820	
		13호	2670±60	895~795	980~760	
		16호	2910±60	1210~1010	1300~920	
		16호	2920±50	1220~1040	1300~970	
	왕정리	I-1	2810±60	1050~890	1130~820	서울대
			2890±50	1190~1170, 1160~990	1260~1230, 1220~920	
			2860±50	1120~970, 960~940	1210~900	
		I-5	2850±50	1120~1100, 1090~930	1210~890	
		I-11	2870±60	1130~970, 960~930	1260~900	
		II-1	2880±50	1130~970	1260~1230, 1220~920	
		II-3	2800±60	1030~890, 880~840	1120~820	
		II-4	2810±50	1040~900	1120~830	
	일람리	1	2860±60	1130~930	1260~1230, 1220~890	서울대, 한국지질자원연구원
			2840±50	1060~910	1200~890, 880~840	
			2830±50	1060~910	1130~840	
		2	2900±50	1200~1000	1260~930	
			2820±60	1060~890	1160~820	
			2990±50	1310~1120	1390~1050	
예산	신가리	I-1	2910±60	1210~1010	1300~920	서울대
		I-1	2920±60	1220~1020	1310~930	
		I-1	2900±60	1210~1000	1270~910	

		I-2	2870±60	1130~970, 960~930	1260~900	
		I-2	3140±60	1500~1370, 1340~1320	1530~1260	
		I-3	2960±50	1270~1110, 1100~1080	1370~1340, 1320~1010	
		II-3	2780±60	1010~890, 880~840	1090~800	
		II-5	2980±60	1320~1120	1039~1020	
		II-5	2760±50	980~950, 940~830	1020~800	
		II-6	2780±50	1010~890, 880~840	1090~800	
		II-3	2950±50	1270~1080, 1070~1050	1370~1350, 1320~1000	
		III-7	2860±60	1130~970, 960~930	1260~1230, 1220~890	
당진	자개리II	2호	2680±40	840~800, 860~850, 900~875	910~790	서울대
		2호	2860±60	1130~930	880~840, 1220~890, 1260~1230	
		16호	2990±80	1100~1090, 1320~1110, 1380~1330	1430~990	
		16호	2630±50	840~760, 890~880	910~750, 690~660, 640~590, 580~550	
		19호	2710±60	905~805	1000~790	
		19호	2780±40	1000~900, 980~890, 880~840	1010~820	
	우두리I	1호	2900±40	1190~1180, 1130~1010, 1160~1140	1260~1230, 1220~970	한국지질자원연구원
		1호	2900±50	1200~1000	1260~970, 960~930	
		1호	2760±40	970~960, 940~840	1010~820	
	석우리, 소소리	I-A-2	2810±50	1040~900	1120~830	한국지질자원연구원
		I-A-3	2770±50	980~840	1040~810	
		I-B-1	2820±40	1020~910	1120~890, 870~850	
		II-1 B-1	2680±40	895~870, 850~800	910~790	
		II-2 A-1	2880±50	1130~970	1260~1230, 1220~920	
부여	가중리 산직리	1호	2400±60	730~690, 660~650, 550~390	760~680, 670~380	서울대
		2호	2850±60	1120~920	1220~890, 880~840	
		2호	2900±50	1200~1000	1260~970, 960~930	
		3호	2850±60	1120~920	1220~890, 880~840	
		3호	2820±60	1060~890	1130~820	
		2호(씨앗)	2790±60	1010~890, 880~840	1120~810	
홍성	장척리	1호	2980±90	1320~1030, 1360~1310	1420~920	Beta
	송월리II	II-1	2990±50	1310~1120	1390~1050	서울대
		II-1	2860±50	1120~970, 960~940	1210~900	
	남장리	4호	2810±70	1060~890, 880~840	1200~810	서울대
	남장리 (충문연)	2	2670±40	895~875, 845~795	910~790	한국지질자원연구원
		3	2800±50	1020~890, 870~860	1120~1100, 1090~830	
		5	2740±40	920~830	980~800	
			2770±40	980~890, 880~840	1010~820	
			2700±40	895~865, 860~810	920~790	
			2660±40	890~880, 845~795	900~780	
			2650±40	840~790	900~780	
		12	2660±40	890~880, 845~795	900~780	
		17	2790±50	1010~890, 870~850	1080~810	

사진 1_대지조성 및 주거지 지반 공사

사진 2_대지조성 및 주 기둥설치

사진 3_기둥 설치 1

사진 4_기둥 설치 2

사진 5_대기둥 및 보 도리 설치

사진 6_기둥 및 지붕 결구모습

사진 7_지붕 설치모습

사진 8_지붕 설치

사진 9_지붕 설치모습

사진 10_설치 완료 후

사진 11_지붕 설치

사진 12_지붕 설치

사진 13_지붕 설치 모습

사진 14_지붕설치 모습

사진 15_내부 벽체 시설

사진 16_내부 벽체 시설

사진 17_출입구 시설

사진 18_주거지 바닥 점토 다짐

사진 19_복원 완료 후

사진 20_복원 완료 후 세부

사진 21_복원 완료 후(내부에서)

사진 22_복원 완료 후

사진 23_지붕구조 세부

사진 24_노지 세부

사진 1_4월초 주거 내부 퇴적모습(사면 경사 5도)

사진 2_주거 벽면 근처 토양퇴적 모습

사진 3_9월초 주거 내부 퇴적모습

사진 4_주거 벽면 근처 토양퇴적 모습

사진 5_5월초 주거 퇴적모습(사면 경사 20도)

사진 6_주거 내부 퇴적모습 세부

사진 7_주거 벽면 근처 토양퇴적 모습

사진 8_주거 벽면근처 토양 퇴적모습

사진 9_주거 벽면 토양 퇴적모습(벽 붕괴모습)

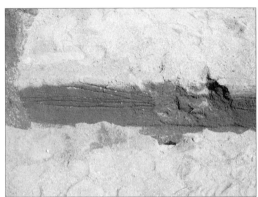

사진 10_주거 내부 퇴적토 모습(바닥 퇴적토 단면)

• 부록 6-2 • 청동기시대 주거지 폐기 실험(화재폐기)

사진 1_점화

사진 2_전소과정 1

사진 3_전소과정 2

사진 4_주거 지붕 중앙부 도괴 1

사진 5_주거 지붕 중앙부 도괴 2

사진 6_서까래 완전 도괴

사진 7_보 · 도리 도괴 모습 1

사진 8_보 · 도리 도괴 모습 2

사진 9_서단벽 붕괴 모습

사진 10_남장벽 붕괴 모습

사진 11_출입시설 전소 모습

사진 12_폐기 후 모습 1

사진 13_폐기 후 모습 2

사진 14_주거지 주변 재층 퇴적상태

사진 15_붕괴된 벽 및 유물의 모습

사진 16_초본류 벽체 설치

사진 17_점토 다짐 벽체 모습

사진 18_무시설 벽체 모습

사진 19_유물 노출 모습

사진 20_저장공 내 유물 모습

사진 21_저장공 토기 내부 탄화곡물

사진 22_탄목 제거 후 바닥 모습

索 引
찾아보기